Wilma von Vukelich

Spuren der Vergangenheit

Osijek um die Jahrhundertwende

D1730357

Veröffentlichungen des Südostdeutschen Kulturwerks
Reihe C: Erinnerungen und Quellen
Herausgegeben von Anton Schwob
Band 12

WILMA von VUKELICH

SPUREN DER VERGANGENHEIT

Erinnerungen aus einer k.u.k. Provinz

Osijek um die Jahrhundertwende

Herausgegeben von Vlado Obad

Verlag Südostdeutsches Kulturwerk
München 1992

Einbandgestaltung mittels eines Aquarells des Osijeker Kasinos
und Stadttheaters von Branko Senoa

Die Deutsche Bibliothek – CIP-Einheitsaufnahme

Vukelich, Wilma von: Spuren der Vergangenheit: Erinnerungen aus einer
k. u. k. Provinz; Osijek um die Jahrhundertwende / Wilma von Vukelich.
Hrsg. von Vlado Obad, Südostdeutsches Kulturwerk.
München: Südostdeutsches Kulturwerk, 1992
(Veröffentlichungen des Südostdeutschen Kulturwerks: Reihe C,
Erinnerungen und Quellen; Bd. 12)
ISBN 3-88356-081-2
NE: Südostdeutsches Kulturwerk: Veröffentlichungen des Südostdeutschen
Kulturwerks / C
© Südostdeutsches Kulturwerk
Leo-Graetz-Straße 1, D-8000 München 70, Germany

Herstellung: Druckerei Josef Jägerhuber GmbH, Starnberg

Inhaltsverzeichnis

Wilma von Vukelich (geb. Miskolczy) [1]

Vorwort

Das Zusammenleben von Deutschen und Slawen ist in der deutschen Gegenwartsliteratur des öftern thematisiert worden. Während jedoch bislang vorwiegend Ostpreußen, Schlesien, Galizien literarisch erschlossen wurden, ist die Welt Südosteuropas, wo Slowenen, Kroaten, Serben, Deutsche, Juden, Ungarn und andere Völker und Völkerschaften in einem spannungsreichen Mit- und Gegeneinander lebten, bisher literarisch nicht aufgearbeitet worden.

Völlig in Vergessenheit geraten ist auch die „*Urbs metropolis Slavoniae*", das heutige nahe der Draumündung in die Donau gelegene Osijek, das zur Zeit der alten Habsburger Monarchie Essek oder Esseg hieß und zu den „ältesten deutschen Städten im Südosten" gezählt wurde.

Bald nach der Vertreibung der Türken aus Slawonien, zwischen Save und Drau gelegen (1687), hatten die Österreicher in Essek eine moderne Festung errichtet und dort eine starke militärische Besatzung stationiert. In den Schutz der Festung begaben sich dann viele Fremde, besonders Österreicher und Schwaben, zumeist Handwerker und Kaufleute. Die verödeten Ländereien in Slawonien wurden den fremden Adligen als Belohnung für ihre militärische Hilfe zugeteilt, die sie in den Türkenkriegen dem Kaiserreich erbracht hatten. Auch sie kolonisierten ihrerseits deutsche Handwerker und Landarbeiter. Die einheimische kroatische Bevölkerung, durch die türkische Gewaltherrschaft zwischen 1526 und 1687 ohnehin unterdrückt und in ihrer Entwicklung behindert, erlag bald ökonomisch, politisch und kulturell dem Andrang vom Norden. So wurde die Stadt Essek für zwei Jahrhunderte vom deutschen Stadtbürgertum beherrscht; im 19. Jahrhundert hatte sie sogar eine auffallende Mehrheit in jenem für die k. u. k. Monarchie so überaus charakteristischen Völkergemisch: im Jahre 1880 beispielsweise gab es in der Stadt 9000 deutschsprachige Einwohner, etwa 7500 Kroaten und Serben, 1100 Ungarn, 270 Tschechen, 125 Slowenen, 78 Italiener, 60 Slowaken, 23 Polen und 20 Bulgaren. Noch im Jahre 1921, in der Zeit, als sich Essek bereits zu einer kroatischen Stadt im jugoslawischen Staatsgebilde gewandelt hatte, lebten dort noch 10000 Deutsche, die mehr als 30 % der Gesamtbevölkerung ausmachten. Erst nach dem Zweiten Weltkrieg verstummte die deutsche Sprache auf den Straßen Esseks.

Die Spuren einer ganz Mitteleuropa prägenden Kultur bestimmen jedoch noch heute das Stadtbild. In der alten Festung mit ihren militärischen, zivilen und sakralen Bauten sind die städtebauliche Konzeption und der einheitliche Barockstil durchaus bewahrt worden. Das 19. Jahrhundert verzierte die Oberstadt mit einer ganzen Reihe im pseudo-klassizistischen Stil errichteter Gebäude; die Jahrhundertwende fügte dem Stadtbild noch eine prächtige Jugendstil-Straße hinzu. Da der Wiener Kunstsinn auch in der Stadt an der Drau tonangebend war, setzte sich die deutsche Kultur allgemein vor der kroatischen durch, forderte diese heraus und verhalf ihr allmählich zum Durchbruch.

Die lokale deutschsprachige Presse datiert seit 1864. Ihr ist es zu verdanken, daß die Esseker bald zwei Tageszeitungen und eine Illustrierte lesen konnten. *Die Drau* wurde kontinuierlich bis zum Jahre 1929 herausgegeben, die erste kroatische Zeitung erschien 1902.

Im Laufe des 18. Jahrhunderts wurde Essek regelmäßig von deutschen Wandertruppen besucht. Seit etwa 1750 wirkte in der Festung ein Garnisontheater, im Jahre 1866 wurde ein dekoratives Theaterhaus errichtet, in dem jedoch die erste Vorstellung in kroatischer Sprache erst 1907 stattfand. Die beiden Esseker Maler, Hugo Hötzendorf und Adolf Waldinger, die ihre künstlerische Ausbildung an der Wiener Akademie erhalten hatten, waren die Leiter der ersten Schule für bildende Künste im slawischen Süden. Auch der Begründer der kroatischen Musikfolkloristik und unermüdliche Sammler slawischer Volkslieder und -tänze war ein Esseker Deutscher – Franz Koch.

Die intensive kulturelle Betätigung der deutschen Bevölkerung blieb auch im literarischen Bereich nicht aus. Doch auch die Esseker Schriftsteller teilten das Mißgeschick ihrer Heimat und gerieten rasch in Vergessenheit. Roda Roda, der geschätzte Humorist und Meister der satirischen Kleinform und der psychologisch vertieften Novellette, ist zwar allgemein bekannt, wer weiß aber heute noch von der „slawonischen" und Esseker Periode in seinem Werk? Kaum jemand wird seine herrlichen heimatbezogenen Erzählungen lesen, obwohl diese zweifellos zu seinen besten literarischen Leistungen gehören. Trotz seiner humorvollen, realistischen und voller Anteilnahme für die urwüchsigen Bauern seiner Heimat geschriebenen Erzählungen ist der Name Victor von Reisners in keiner Sammlung deutscher Dorfgeschichten vertreten.

Aus dem „Esseker Kreis", der literaturhistorisch noch nicht erschlossen worden ist, veröffentlichen wir zunächst ein bislang bloß als Typoskript aufliegendes Werk der Schriftstellerin Wilma von Vukelich, das sowohl die wechselvolle, in einen größeren Rahmen eingebettete Geschichte der Stadt nachzeichnet als auch wichtige Stationen aus dem Leben der Schriftstellerin selbst festhalten möchte.

Wilma von Vukelich wurde im Jahre 1880 in der angesehenen Esseker Kaufmannsfamilie Miskolczy geboren. Beide Eltern waren jüdischer Herkunft und ihre Vorfahren waren aus Ungarn zugewandert. Die überkommenen jüdischen Sitten und Bräuche wurden in ihrer Familie jedoch nicht praktiziert, man widersetzte sich der Assimilation kaum. Alles, was die Provinzstadt an Bildung anzubieten hatte, eignete sich Wilma enthusiastisch an. Um ihr Wissen zu vervollkommnen und Lebenserfahrung zu sammeln, wurde sie für zwei Jahre in ein Wiener Internat geschickt. Danach sollte, wie das zu jener Zeit in einer Kleinstadt allgemein üblich war, eine günstige Heiratsgelegenheit abgewartet werden. Mit dem ihr zugewiesenen Los gab sich Wilma jedoch keineswegs zufrieden. Sie wollte sich selbstbewußt weiterbilden, ihr Wissen vertiefen und eine Universität besuchen, was damals für Frauen alles andere als selbstverständlich war. Nicht zuletzt wollte sie den Mann heiraten, den sie liebte, und nicht einen von jenen Kandidaten, die die Familie und die Verwandtschaft für sie ausgewählt und bestimmt hatten. Von all ihren Wünschen vermochte sie zunächst und nach langen zermürbenden Kämpfen und Wartezeiten nur die freie Gattenwahl durchzusetzen. Über all dies berichtet die Schriftstellerin ausführlich im vorliegenden Buch, wobei sie das Dargebotene mit all seinen biographischen, historischen und gesellschaftlichen Implikationen zu gestalten versucht.

Slawonien zwischen der Drau und der Save [2]

1876—1903

Mit dem Jahr 1904 enden die Memoiren Wilma von Vukelichs. In den Lebensabschnitten danach machen sich die Cha-
rakterzüge ihrer starken und eigenwilligen Persönlichkeit
jedoch nicht minder bemerkbar. Sie können in die Worte
gefaßt werden: Wissensdrang, zielbewußte Entschlossenheit,
literarische Begabung und gesellschaftliches Engagement.
Nachdem sie in Budapest und Fünfkirchen (Pécs) als Gattin
eines an den dortigen Kadettenschulen wirkenden Lehrers vier
Kindern das Leben geschenkt hatte, erkannte sie, daß die
engen Grenzen einer bürgerlichen Familie ihr keinen Raum für
die freie Entfaltung ihres überschwenglichen Temperaments
und ihres scharfen Intellekts bieten könnten. Sie rebellierte
gegen die im 19. Jahrhundert weit verbreitete Auffassung von
den sogenannten „weiblichen Tugenden" Bescheidenheit,
Mutterschaft, Selbstbeschränkung usw. und die Ideologie von
der allesbestimmenden „Natur der Frau", die darauf aus
waren, den Verzicht der Frau auf Ausbildung, öffentliche und
künstlerische Betätigung zu sanktionieren. Wilma holte das
Abitur nach und begab sich 1912 nach München, wo sie drei
Jahre Biochemie studierte. Die bayerische Metropole war in
jenen Vorkriegsjahren ein Brennpunkt des literarischen
Lebens in Deutschland. Wilma wurde mit der Atmosphäre
vertraut, die den Expressionismus hervorbringen sollte, und
entdeckte selber ihre Berufung zum Schreiben.

Im Jahre 1918, nach dem Zerfall der österreichisch-ungarischen Monarchie, kehrten Vukelichs nach Kroatien zurück.
Der Gatte, der von den alten Ordnungsprinzipien und dem
Kaisergedanken nicht loskommen konnte, wurde ein apathi-
scher Offizier der jugoslawischen Armee. Wilma hingegen
lebte regelrecht auf und gab sich ganz dem Geist der neuen Zeit
hin. Sie las die neuesten Werke auf dem Gebiete der Psychologie und Soziologie, schrieb und veröffentlichte ihren ersten
Roman *Die Heimatlosen* (Wien/Leipzig, 1923). Ihr Agramer
(Zagreber) Heim wurde zu einem Treffpunkt junger, fort-
schrittlicher Intellektueller und Schriftsteller. Die beiden
Söhne schlossen sich der revolutionären Arbeiterbewegung an,
wurden polizeilich verfolgt, und so sah sich Wilma von Vukelich 1926 genötigt, mit ihren Kindern nach Paris zu fliehen.
Mehrere Jahre verkehrte sie dort in linksorientierten Kreisen.

Die Kriegsjahre in Agram (1941–1945) zählten zu den schlimm-
sten ihres Lebens. Als Jüdin lebte sie in ständiger Angst vor
Deportationen. Hinzu kamen noch die Befürchtungen um das
Schicksal ihrer Söhne, die als verschollen galten. Mehrere
Jahre nach Kriegsende erfuhr sie erst, daß Branko und Slavko
ihr junges Leben im Glauben an eine menschenwürdigere und
gerechtere Welt geopfert hatten. Von diesem Schlag konnte
sich die Schriftstellerin nicht mehr erholen. Ihre letzten Jahre
lebte sie in äußerster Zurückgezogenheit, ganz der Familie
einer der Töchter hingegeben: „Ich habe in meiner Trauer und
Einsamkeit zu dem alten erprobten Mittel gegriffen: Ich
arbeite an meinen Büchern, feile, vertiefe, bringe neue
Momente und neue Zusammenhänge hinein", bekennt sie in
einem Brief an eine Freundin aus dem Jahre 1949. Das Schreiben bedeutete ihr in diesen Jahren nicht nur Trost, es wurde
auch als Rechtfertigung der eigenen Existenz verstanden.
Wilma wurde nicht müde zu beteuern: „Die Arbeit ist jetzt
mein alles . . ., der einzige Lichtblick in meinem jetzigen
Leben." Da ihre Gegenwart nur noch aus grauem Alltag
bestand, verspürte sie kein Bedürfnis, über aktuelle Themen zu
berichten. Statt dessen wollte sie das Vergangene beschwören
und literarisch festhalten. In der Gewißheit, Zeugin einer
historisch bedeutsamen und bewegten Zeit gewesen zu sein,
ruft sie die Ereignisse und Menschen aus ihrer Erinnerung
herauf, bemüht sich, „mit allem ins Reine zu kommen", d. h.,
die Vergangenheit zu objektivieren und dem kritischen Urteil
der Nachwelt vorzuführen. Erfahrungen einer Zeit voller
schicksalhafter Umbrüche will sie vermitteln, über Sinn und
Folgen eingetretener Veränderungen nachdenken.

Zwischen 1947 und ihrem Tode im Jahre 1956 entstanden in
rascher Folge sechs Romane und die hier vorliegenden Memoiren. Es war ein Wettlauf mit der Zeit, denn die Autorin
empfand immer deutlicher, daß ihr Leben zur Neige ging: „Ich
möchte nicht gerne sterben, ehe ich das niedergeschrieben
habe. Ich weiß zwar nicht, für wen, aber es verlangt mich
dringend danach, es zu gestalten". Dies reiche literarische
Panorama betrachtete sie als ein zusammenhängendes Werk,
als „Resümee meines ganzen Lebens", wobei sie die einzelnen
Romane als Glieder einer logischen und chronologischen
Reihe auffaßte.

Der einzige von ihren sieben Romanen, der an die Öffentlichkeit gelangte, war der Erstling *Die Heimatlosen*. Schon aus dem Titel geht hervor, daß das Werk nicht einem Helden oder einem privaten Schicksal, sondern einer Gruppe gewidmet ist. Es ist eine sozialkritische Studie über die Juden in Ungarn, eine ethnisch-konfessionelle Gemeinschaft, die mit ihrer Wahlheimat und den Menschen, die darin wohnen, nicht recht verbunden ist. Diese permanente Heimatlosigkeit fügt ihnen unterschiedliche innere Schäden zu, macht aber auch für alle möglichen Gedanken, Lebensauffassungen und Moden empfänglich, die sie in der Absicht aufnehmen, irgendwo doch Wurzeln zu schlagen und ein Zuhause zu finden. Der Roman verfolgt die mühsame, von Irrtümern und Rückfällen nicht unverschont gebliebene Entwicklung von fünf jüdischen Jünglingen, die gegen die Normen der bürgerlichen Gesellschaft rebellieren und sich an allen nur denkbaren Ideen wahllos berauschen. Sie huldigen sowohl dem Marxismus als auch dem Zionismus und Buddhismus. Der von der Ekstatik des Expressionismus nicht unberührt gebliebene Roman entwirft ein authentisches Bild der Großstadt Budapest im letzten Jahrzehnt vor dem Ausbruch des Ersten Weltkriegs.

Im Zusammenhang mit den Memoiren ist der Roman *In engen Grenzen* von besonderer Bedeutung. Roman und Memoiren behandeln das gleiche Thema und beleuchten, indem sie sich unterschiedlicher Gestaltungsmittel bedienen, die Geschichte der Stadt Essek zur Zeit der tyrannischen Herrschaft Khuen-Hédervárys in Kroatien (1883–1903). Fiktion als ein poetisches und Freiheit gewährendes Kunstmittel sowie eine gezielte Auswahl der Begebenheiten, ein höherer Grad an Stilisierung und philosophischer Überlegung, die den Roman charakterisieren, werden zweckmäßig durch das Dokumentarische und die Unmittelbarkeit der Memoiren ergänzt.

Von Wilmas literarischen Werken verdient auch der Roman *Zwölf um den Tisch* hervorgehoben zu werden, der hinter der eucharistischen Anspielung im Titel die Schicksale von modernen Märtyrern und Aposteln verbirgt, die aber nicht im Dienste einer universalen christlichen Mission stehen, sondern ihr Leben im Kampf für soziale Gerechtigkeit opfern. Es ist ein Emigrantenroman, dessen Handlung sich in Paris, im Vorfeld des bevorstehenden Zweiten Weltkrieges, zuträgt. Die Protagonisten sind Emigranten aus vielen Ländern, vor allem Südslawen, aber auch Polen, Rumänen, Ostjuden, Deutsche u. a., die sich an einem Stammtisch auf dem Montmartre zusammengefunden haben.

Die übrigen Romane Wilma von Vukelichs sind der neueren kroatischen Geschichte – insbesondere jener der Stadt Agram – gewidmet und daher für die mitteleuropäischen Leser von geringerem Interesse. Was an Wilmas Werk in erster Linie beeindruckt, ist nicht so sehr die große Anzahl ihrer Romane als die Tatsache, daß sie überhaupt zustandegekommen sind. „Es ist meine Tragik, daß ich nur deutsch schreiben kann", diagnostiziert sie selber ihre paradoxe Stellung einer deutschschreibenden Schriftstellerin in Kroatien. Neben Französisch beherrschte sie auch Englisch, Ungarisch und Kroatisch, letzteres aber nie genug, um sich in dieser Sprache stilistisch gewandt ausdrücken zu können. Unter diesen Voraussetzungen waren ihre Bücher von vorneherein dazu verurteilt, ungelesen zu bleiben. Sie war sich dessen durchaus bewußt, fand jedoch die innere Kraft, weiter zu arbeiten und zu hoffen. Die führenden kroatischen Autoren, Krleža beispielsweise, haben zwar günstige Gutachten über ihre Werke verfaßt, übersetzt und veröffentlicht wurde jedoch keine Zeile. Der Hauptgrund liegt wohl darin, daß in der Nachkriegszeit viele Wunden noch offen lagen und man Vorbehalte gegenüber allem hegte, was deutsch war. In diesem Zusammenhang heißt es in einem der Briefe:

> Ich bin zu alt, um einen Erfolg zu wünschen und zu genießen. Aber auch die Leute, für die ich schreiben könnte, sind nicht mehr da: sie sind desinteressiert, tot oder fort (. . .). Materiell hätte ich nur wenig davon. Die Sachen müssen übersetzt werden, Übersetzungen sind hier aber teuer. Das Honorar würde also fast ganz aufgehen. Und doch, ich möchte um keinen Preis der Welt, daß ich meine Bücher nicht geschrieben hätte.
>
> Manchmal komme ich mir wie eine Wahnsinnige vor. Ich fülle Wasser in ein Faß ohne Boden, frage mich – wozu? Nicht einmal meine Enkel können es lesen, sie sprechen ja kein Deutsch. Dann sage ich mir: Man spielt auch Klavier zu seinem eigenen Vergnügen . . . also, ganz sinnlos ist es ja nicht! Oder vielleicht doch? Ich kann mir wirklich keine entschiedene Antwort darauf geben!

Fast vierzig Jahre sind vergangen, seit diese schmerzliche Frage gestellt wurde. Dem Leser allein bleibt es überlassen, darüber zu urteilen, ob ihr von Leidenschaft geprägtes Schreiben umsonst war oder nicht.

Wilma von Vukelichs Memoiren sind eine poetische Darlegung der inneren Geschichte der österreichisch-ungarischen Monarchie und zugleich ein Teilstück der mitteleuropäischen Geistes- und Kulturgeschichte. Da wird nicht über die Herrscher und die Obrigkeit berichtet, der Bürger kommt zu Wort, mit all seinen kleineren und größeren Sorgen und Freuden:

> Das Interesse an Menschen war überhaupt stärker und ursprünglicher in mir entwickelt als alles andere. Ich gewöhnte mich daran, meine Nebenmenschen nicht nur als das zu nehmen, was sie waren oder zu sein vorgaben, sondern ich suchte, sie zu analysieren und bei ihren Handlungen die inneren Beweggründe zu erraten,

behauptet die Esseker Schriftstellerin und bekräftigt ihre Aussage durch die fast hundert Porträts, die sie, mal kürzer und· präziser, mal ausschweifender und verschwommener, in ihrem Buch zeichnet. Ihre Galerie reicht von den durch die Autorin diskret bewunderten Personen, die sich durch Güte und Selbstlosigkeit auszeichnen, über die sogenannten „Sonderlinge", die auf einem Gebiet eine besondere Begabung vorweisen und auf ihre Art sehr originell sein können, bis zu jenen meist unglücklichen Menschen, die infolge ihrer sozialen Stellung unter ihrer Mit- und Umwelt oft zu leiden haben und deren Leben meist tragisch endet.

Beeindruckend ist auch die Vielzahl von Zeitfragen, die in ihrem Werk aufgeworfen werden. Obwohl Wilma von Vukelich konfessionell eher gleichgültig war, wird an mehreren Stellen der Memoiren die jüdische Problematik behandelt; geistreiche historische Anekdoten über Rabbi Löw und Sabbatai Zewi wechseln mit Erörterungen zu Talmud und Kabbala, Meinungen, oft kontrovers ausgetragen, die Assimilation der Juden betreffend, treten hinzu.

Da das Buch auf weiten Strecken Wilmas Kindheit und Jugend nacherzählt, ist es verständlich, daß die Erziehungsfehler, die im Rahmen eines autoritären pädagogischen Systems, wie es das ausgehende 19. Jahrhundert kannte, begangen worden sind, mit Vorliebe zur Diskussion gestellt werden. Mehr als über die Schule empörte sich die Verfasserin über die häuslichen Maßregeln, die auf Kleinlichkeit, Engherzigkeit und Formalismus hinausliefen. In den wohlhabenden bürgerlichen Häusern wurde die Erziehung der Kinder in der Regel herzlosen Gouvernantinnen überlassen. Damit ist auch der Generationskonflikt verbunden, die Auflehnung der skeptischen und kritischen „Jungen" gegen die Welt der „Alten". Diese Auseinandersetzung wird auf zwei Ebenen verfolgt: im privaten Familienkreis und auf geistigem Gebiet, im Zusammenhang mit dem Durchbruch der „Moderne" im künstlerischen und wissenschaftlichen Leben der Zeit. Wilma von Vukelich zählt eindeutig zu den ersten Frauenrechtlerinnen, die sich gegen die bis dahin unantastbare Autorität des Vaters und des Gatten auflehnten. Deshalb sind ständig wiederkehrende Motive dieser Chronik: die Frau als Modepuppe, die „Vernunftheirat" und die verleugnete Sexualität. Im Mittelpunkt ihrer Betrachtungen steht jedoch die Kleinstadt, die das eigentliche Thema ihrer Memoiren ausmacht. Die Welt des Kleinbürgers wird von der Schriftstellerin als ein bunter Bilderbogen entfaltet, sie wird literarisch sehr anziehend gestaltet, nicht zuletzt durch den ständigen Wechsel der Perspektive und der Haltung der Autorin, die zwischen Bewunderung und Ironie schwankt. Der Leser erfährt von der „Magie der vier Wände", die zwar Bequemlichkeit bieten, aber auch von der Ordnungssucht der Hausherrin dominiert werden. Höflichkeitsbesuche und -empfänge, Frauenkränzchen und Männertreffen, gegenseitiges Verleumden, Hochzeits- und Geburtstagsfeste, Wohltätigkeits- und Maskenbälle werden ebenso geschildert wie die Behandlung und das Leben der Dienerschaft. All das trägt sich – wie im Leben selbst – in einem Spannungsfeld von Sentimentalität und Brutalität, Entzücken und Banalität zu.

In Memorien, die stark auf die Geschehnisse und Zustände in der kleinen und großen Welt ausgerichtet sind, erwartet man in der Regel keine ästhetisch anspruchsvolle Erzähltechnik. Dennoch sind Wilmas „Spuren der Vergangenheit", im Unterschied zu anderen Lebenserinnerungen, eher poetischer Natur. Was die Autorin jedoch bietet, ist keineswegs die Idealisierung der „guten alten Zeit". Das Gute an der Welt von gestern bleibt zwar nicht unerwähnt, jedoch auch ihre Mängel, vor denen sie die Augen nicht verschließt, werden aufgebreitet.

16

Jüdische Herkunft und heimatliche Ungebundenheit machten sie in jenem „neuen Sinne frei", von dem ihr Generationsgenosse Stefan Zweig im Zusammenhang mit dem Heimatlosen sprach, der „auf nichts mehr Rücksicht zu nehmen" brauche und deshalb aufrichtig und unbefangen berichten könne. Wilmas Aufrichtigkeit wird dort am eindeutigsten erkennbar, wo sie unverhüllt über die Versäumnisse und Fehler in ihrem Leben spricht.

Die Darstellungsweise der Schriftstellerin ist von einer feinen Ironie und einem gutmütigen Humor durchsetzt. Die Satire liegt ihr nicht, wie sie sich auch in der Verbitterung der letzten Jahre davor hütet, moralisierend zu wirken. Selbst in besonderen Situationen bringt sie Verständnis für menschliche Schwächen und Verfehlungen auf.

Viele Züge des Buches deuten darauf hin, daß sein Verfasser eine Frau ist. Da sind zunächst die zahlreichen Blumenarten, die mit ausnehmender Begeisterung und Beobachtungsgabe beschrieben werden. Anhand von Wilmas detaillierten Schilderungen der Frauenmode vor 1900 könnte ein Fachmann regelrecht Studien anstellen. Und nicht zuletzt ist es ihr Interesse an der Ausstattung eines bürgerlichen Hauses, dessen Einrichtungen mit herausragender Detailfreudigkeit vermerkt werden.

Die Verfasserin verfügt über ein immenses und solides Wissen, das es ihr ermöglicht, nicht nur kompetent und qualifiziert über zahlreiche wissenschaftliche Bereiche (Psychologie, Pädagogik, Soziologie, Biologie, Medizin) zu urteilen, sondern auch zuverlässige Einschätzungen der jeweiligen politischen und historischen Situation vorzunehmen.

Osijek, im August 1989 **Vlado Obad**

Ein Glied in der Kette der Generationen

Zuerst etwas über meine Geburtsstadt Essek. Sie liegt in einer der fruchtbarsten und ertragreichsten Ebenen Europas am Unterlaufe der Drau, eines schiffbaren Flusses, der unweit der Stadt bei Draueck in die Donau einmündet, und wird außerdem von einer der wichtigsten Verkehrsstraßen des Kontinents berührt, die von Wien über Essek bis nach Konstantinopel führt. Das Exportgeschäft mit den Rohprodukten des Landes: Holz, Leder, Getreide und Wein, sowie mit den Erzeugnissen einer rasch aufblühenden Manufaktur nahm nach dem Jahre 1848 einen überraschenden Aufschwung. Es waren leichte Verdienstmöglichkeiten gegeben, und dieser Umstand bewog eine Reihe findiger Kaufleute aus Mähren, Böhmen, Ungarn und der Slowakei, sich hier anzusiedeln und der Stadt mit ihren Sitten und ihrem Sprachengemisch ein besonderes Gepräge zu geben, so daß sie sich von allen anderen Städten in Kroatien deutlich unterschied.

Dazu kam noch der Umstand, daß Essek aus mehreren beziehungslosen und getrennt voneinander existierenden Stadtteilen bestand, die sich in Sitten und Gebräuchen stark voneinander unterschieden und noch zu Maria Theresias Zeiten verschiedene Gemeinden dargestellt hatten[1]). Die Unterstadt befand sich, was die Zahl ihrer Einwohner sowie deren Reichtum anbelangte, an erster Stelle. Noch unter Maria Theresia, als es in der Oberstadt kaum 378 Häuser und im ganzen vier Kaufläden gab, wohnten in der Unterstadt 529 Familien, davon 137 serbische, 43 deutsche und sogar zwei jüdische, als Juden und Serben in der ärarischen Festung und der katholischen Oberstadt noch kein Wohnrecht besaßen. Die Vereinigung der drei Stadtgemeinden wurde mit der Begründung abgelehnt, daß die Verbindungsstraßen von einem Viertel ins andere besonders im Winter unwegsam waren. Die Stadt versank um diese Zeit in einem Morastmeer, und ein Stadtrichter konnte unmöglich in allen drei Stadtteilen gleichzeitig seines Amtes walten.

Aber es waren nicht nur die Schwierigkeiten des Terrains, die die Stadtgemeinden voneinander trennten, sondern auch ihr gegenseitiger Antagonismus und das unterschiedliche

19

Tempo in ihrer Entwicklung. Schon zu Anfang des 19. Jahrhunderts hatte die Oberstadt die Unterstadt überholt, der Antagonismus aber bestand fort, verschärfte sich sogar und teilte noch in den Jahren zwischen 1880 und 1900 die Stadt in zwei Lager, die nichts miteinander gemeinsam hatten außer dem Umstand, daß sowohl die einen als auch die anderen stolz auf ihr „Essekertum" waren. Während sich die oben mit ihrer Entwicklung sehr beeilten und alle Fehler und Vorzüge von Emporkömmlingen aufwiesen, blieben die unten auf dem einmal eingenommenen Standpunkt stehen, ja gingen sogar langsam zurück. Die oben bekannten sich, gestützt auf ihre günstige materielle Lage, zu einem utilitaristischen Modernismus und ahmten alles getreulich nach, was aus den Großstädten Wien und Budapest stammte. Die unten hielten sie für leichtsinnige Schwadroneure, bekämpften ihre fortschrittlichen Tendenzen, die sich im Gemeinderat in zahlreichen kostspieligen Projekten äußerten, und konnten es nicht verschmerzen, daß sich die Oberstädter trotz ihrer Untugenden nicht nur die größere Prosperität, sondern auch im Gemeinderat den größeren Einfluß reserviert hatten.

Was die Entstehung der Stadt anbelangt, gibt es nur Annahmen und Legenden, aber keine sicheren Beweise, durch die sich die Zeit und die Umstände ihrer Gründung historisch einwandfrei feststellen ließen. Eine dieser Legenden bekundet, daß die Unterstadt wahrscheinlich von Flüchtlingen aus dem am anderen Drauufer gelegenen „Dörfl" besiedelt worden sei, die sich hier sicherer fühlten als auf der tiefer gelegenen linken Seite, wo ihr Hof und ihre Habe alljährlich von Überschwemmungen bedroht waren. Die Festung wurde von den Türken zum Schutze gegen die von Norden heranziehenden christlichen Entsatzheere erbaut. Sie war eine richtige „kaiserliche Stadt", und ihre Bürger mußten dem in Kaniža residierenden Pascha jährlich Abgaben zahlen. In der Nähe der Festung führte eine sieben Kilometer lange Holzbrücke über die verzweigten Flußarme der Drau, die sich in ein morastiges Gebiet ergossen, bis Darda. Sie galt seinerzeit als eine Art achtes Weltwunder und wurde von den Türken bei ihrem endgültigen Rückzug niedergebrannt.
Die Oberstadt war vermutlich zuerst ein Fischerdorf gewe-

sen, dann aber kam der Zuzug deutscher Handwerker, die sich im Schutze der Festungsmauern niederließen. Aus diesem Kern entwickelte sich im Verlaufe der letzten beiden Jahrhunderte, gefördert durch die günstige geographische Lage, der ganze Stadtteil. Während die Unterstadt auch baulich zurückblieb, entstand in der Oberstadt in den sechziger Jahren die Komitatsgasse, die ein Jahrhundert lang das geschäftliche und gesellschaftliche Zentrum der Stadt bilden sollte. Sie war eine breit angelegte Magistrale, die vom Oberstädter Hauptplatz bis an die Marktgasse heranführte, mit der sie schließlich verschmolz und von dort weiter nach Djakovo und Vinkovci führte. Sie stellte die direkte Verbindung mit Bosnien her und war jahrelang der kürzeste Weg ins Inland, denn auch nachdem die ersten Eisenbahnen gebaut worden waren, blieb Essek eine bloße „Kopfstation", und die einzige Bahnverbindung führte nach Budapest. Auch auf der Reise nach Zagreb war man zu einem großen Umweg gezwungen. Er ging bis Dombóvár und von da über Kaposvár und Zákány nach einer zweiten Überquerung der Drau zurück nach Kroatien.

An der Komitatsgasse siedelten sich der Pfarrkirche und dem Komitatshause gegenüber die reichgewordenen Kaufleute mit ihren Geschäftsläden an. Die Häuser waren einstöckig und komfortabel, mit solidem Mörtelputz, viel Stukkatur, weißen und grünen Fensterläden, Blumengirlanden, Muscheln und geflügelten Engelsköpfen an den Fassaden. In den Höfen befanden sich die mit Waren vollgestopften Magazine, und durch die breiten Toreinfahrten rollten die hochbepackten Planwagen ständig aus und ein.

Das vornehmste Gebäude in der Stadt war das damalige Grandhotel, an das sich das elegant ausgestattete Kasino anschloß, in dem die Notabilitäten nach Tisch ihre Zeitung lasen, ihr Spielchen machten und politische Meinungen austauschten. Im Kasinogebäude befand sich auch das kleine, aber gemütliche Theater, in dem von Jahr zu Jahr immer eine andere deutsche Truppe von mehr oder weniger hohem künstlerischen Niveau auftrat. Häufig waren es Novizen, die hier ihre ersten Versuche machten, noch öfter aber verkannte und verkrachte ältere Komödianten, die seit mehr als einem Vierteljahrhundert über sämtliche Provinzbühnen der österreichisch-ungarischen Monarchie gewandert waren, hier aber noch einmal in blonden Lockenperücken die Rollen jugendlicher Liebhaber kreierten, Damen im gefährlichen Alter, die die Naiven spielten, und Sänger, die ihre Stimmen längst verloren hatten, aber sich noch einmal im hohen C versuchten.

Noch im Jahre 1885 war das einzige Verkehrsmittel zwischen Oberstadt und Unterstadt ein verwackelter alter Kasten, der Omnibus, den ein lahmer Gaul über das holprige Pflaster zog. Es dauerte eine gute Stunde, ehe man von dem einen Hauptplatz zum anderen gelangte, obwohl die Entfernung nicht mehr als 4 Kilometer betrug. Dieser Omnibus und diese Reisen aus dem einen Stadtteil in den anderen gehören zu meinen ersten Kindheitserinnerungen. Es ist auffallend, daß alles, was mir aus jener Zeit haften geblieben ist, sich auf äußerliche Dinge bezieht. Ich erinnere mich an einzelne Menschen und Vorgänge, aber nicht an die Rolle, die ich dabei gespielt habe. Es ist also anzunehmen, daß das Ichbewußtsein im Menschen viel später erwacht als seine Aufnahmefähigkeit für sinnliche Eindrücke. Das zweite auffallende Moment ergibt sich aus der Tatsache, daß diese frühen Gedächtnisbilder sich hauptsächlich auf das Ungewohnte und bisher Unbekannte neuer Eindrücke beziehen, während das Alltägliche einen weit geringeren Eindruck hinterläßt. Es ist für ein Kind aufregend genug, wenn es aus einer Wohnung in eine andere kommt, wie dies jeden Sommer bei mir der Fall war, wenn meine Mutter, die nach meiner Geburt lange Zeit leidend war, nach Karlsbad, Ischl und in andere Kurorte reiste. Meine Großmutter kam dann gewöhnlich einen Tag vorher zu uns, holte mich ab, und wir fuhren mit dem Omnibus in die Unterstadt, wo meine Großeltern nahe der Omnibushaltestelle ihr Haus hatten. Es ist sehr wahrscheinlich, daß mich diese Übersiedlung jedesmal stark beunruhigte. Es ist für ein Kind nicht gleichgültig, wenn sich die Wände seines Zimmers plötzlich in andere Wände verwandeln, wenn fremde Hände es zu Bett bringen und dieses Bett nicht mehr seinem alten Bett gleicht, wenn die Luft anders riecht, die Nacht andere Stimmen hat, ein anderer Hahn morgens vor seinem Fenster kräht, eine andere Katze im Hofe miaut oder Kaffee und Frühstückssemmel anders schmecken als zu Hause.

Mit diesen frühen Gedächtnisbildern aber hat es eine eigene

Bewandtnis. Wer kann nach fast siebzig Jahren mit Sicherheit behaupten, er habe die Dinge wirklich so oder so erlebt? Vergangenes mischt sich mit Gegenwärtigem, und es ist unmöglich, so weit zurückzugreifen, ohne vorher auf näherliegende Schichten zu stoßen, die die unmittelbaren Eindrücke gedanklich reproduzieren. So manches ist inzwischen von anderer Seite hinzugekommen, Schilderungen, Erzählungen, Kommentare und Beweise. Eine Schicht nach der anderen muß gelockert, herausgehoben und durchbrochen werden, und es ist schließlich fast unmöglich, das Original von seinem Überbau zu trennen und festzustellen, was man wirklich gesehen und erlebt hat und was nachher aus gedanklichen Erwägungen hinzugekommen ist.

Das Haus meiner Großeltern war ein niedriger Parterrebau, der allen übrigen Parterrebauten glich, die den grasbewachsenen, weitläufigen Hauptplatz der Unterstadt umrahmten. An der Front des Hauses befand sich das Schnittwarengeschäft, das mein Großvater im Jahre 1852 gegründet hatte und das er seither mit seinem Geschäftskompagnon David Hermann führte[2]). Die Lokalität maß etwa 6 mal 6 Meter im Geviert und hatte einen winzigen Auslagkasten, in dem buntscheckiger Kattun, Barchent und Leinen zur Schau gestellt waren. Das Geschäft wurde von seinen Inhabern im Sinne einer puritanischen Rechtlichkeit und Solidarität und mit einem pedantisch kleinlichen Kalkül geführt, das jeden größeren Nutzen von vornherein ausschloß, aber ein sicheres Fortkommen gewährleistete. Schon um fünf Uhr früh war man auf den Beinen. Das Geschäft stand über Mittag offen, und man schloß erst spät abends, wenn die kleine Petroleumlampe ausgebrannt war und der ganze Stadtteil in Dunkelheit versank. Früher waren mein Großvater und meine Großmutter auch auf die Märkte gefahren, wo sie, den Unbilden des Wetters sowie dem sengenden Sonnenbrand ausgesetzt, auf Marktständen ihre Ware verkauften. In den achtziger Jahren aber hatten sie dies nicht mehr nötig. Das Geschäft ging gut. Man lebte in ständigem Kontakt mit der Kundschaft, deren Bedürfnisse man kannte, deren Geschmack man berücksichtigte und deren Zahlungsfähigkeit man durch gelegentliche Preisreduktionen entgegenkam.
Die Beziehung zwischen den beiden Geschäftsinhabern

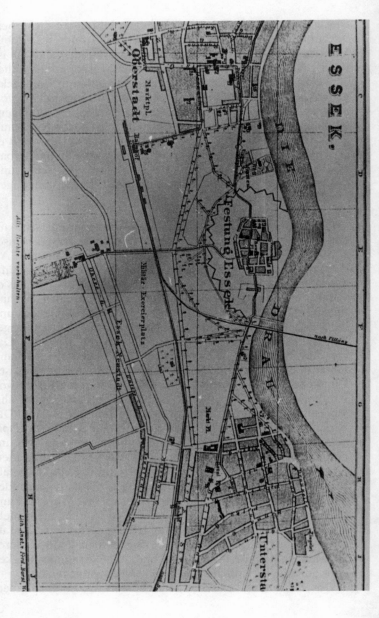

Stadtplan von Essek aus dem Jahre 1892. Die drei Stadtgemeinden sind noch deutlich voneinander getrennt [3]

gründete sich weder auf Verträge noch auf eine spezielle Kontrolle, sondern auf gegenseitiges Vertrauen. Ein jeder von ihnen entnahm der Kassalade jenen Betrag, den er zu seinem Lebensunterhalt benötigte. Meine Großeltern fanden nichts daran auszusetzen, daß ihr Anteil, da sie nur ein einziges Kind hatten, bei dem gleichen Einsatz an Kapital und Arbeitskraft beiläufig dreimal geringer war als der ihres Kompagnons, der eine große Familie besaß. Genauso hielten sie es mit allen anderen Artikeln. Sie entnahmen dem Geschäft, wessen sie bedurften: Leinen, Barchente, Kleiderstoffe, Zwirn, Wolle, Borten und Knöpfe, die einen wie die anderen je nach der Zahl der damit zu bekleidenden Personen. Hier waren es drei, dort neun. Auch die Arbeitsteilung erfolgte nach dem gleichen Prinzip. Meine Großmutter leistete der Frau ihres Kompagnons Hilfe, wenn immer sie deren bedurfte. Sie pflegte sie anläßlich ihrer zahlreichen Entbindungen, gab in Abwesenheit der Mutter auf die größeren Kinder acht, wachte an deren Krankenbetten, strickte, flickte und nähte für dieselben. Sie begnügten sich mit einer kleinen Hofwohnung und räumten den anderen die größere Gassenwohnung ein, weil sie mehr Raum und Licht bot. Und es kam niemals zu einer endgültigen Abrechnung zwischen ihnen, weder in moralischer noch in materieller Hinsicht, und zwar auch dann nicht, als die Kompagnons ein paar Jahre später durch die schwere Erkrankung meines Großvaters gezwungen waren, sich voneinander zu trennen.

Hinter dem Geschäft befanden sich die beiden Wohnungen, die durch keine Mauer voneinander getrennt waren. Über ein paar Stufen gelangte man aus dem Geschäft direkt in das Schlafzimmer meiner Großeltern. Dasselbe war gelegentlich nur eine fensterlose Kammer, in der die beiden Betten, zwei kleine Kästen und eine Waschtischkommode standen. Daneben lag das etwas geräumigere und freundlichere Wohnzimmer, dessen Fenster auf einen offenen Laufgang hinausgingen. Die Einrichtung war von puritanischer Einfachheit, aber es gab ein paar schöne Stücke darunter, so die beiden Kästen aus Nußholz mit Rosenholzintarsien, die meine Großmutter anläßlich ihrer Verheiratung von ihrer ältesten Schwester Veronika mit in die Ehe bekommen hatte und die sie schon aus diesem Grunde hoch in Ehren hielt. Auch sonst knüpfte sich an jedes

Stück, das sie besaß, eine die Familientradition betreffende Legende, und während sie eifrigst den Staub von den ihr teuren Gegenständen abwischte, machte sie mich gleichzeitig mit ihrer Geschichte bekannt. Ich habe all das um so weniger vergessen, als sich die meisten dieser Möbel und Gegenstände noch heute in meinem Besitz befinden und ich sicher bin, daß mit ihnen auch manches andere auf mich überging, das heißt, etwas von meiner Großmutter Lebensauffassung – wie der Rest einer Tradition, die mein eigenes Elternhaus übersprungen hat, eine tiefgehende innere Verbundenheit mit der Welt meiner Großmutter, die über das ganze 19. Jahrhundert, ja noch etwas weiter zurück, reicht: Dazu zählen die erste Berührung mit ihren romantischen Ideen, ihren aus den achtundvierziger Jahren übernommenen Freiheitsidealen, ihrem stark ausgeprägten Humanismus, ihrem Gerechtigkeitssinn, ihrem Humor, ihren witzigen Geschichten und lustigen Liedern, die teilweise der Volksliteratur, teilweise ihren Lieblingsdichtern, angefangen bei Schiller bis Raimund und Nestroy, entstammten und die sie zum großen Teil auswendig kannte, Zitate und Sprüchlein, die jede ihrer Handlungen begleiteten, so daß mir alles, was sie tat und sagte, unabweislich und annehmbar erschien. Sie unterhielt mich, und dies war die einzige Pädagogik, die mir einleuchtete und der ich bedingungslos folgte. Und dort, wo ich sie noch nicht verstand, ließ ich mich anstecken von ihrem lustigen Lachen, mit dem sie ihre Worte begleitete. Ich gab mich dem Gleichklang und Rhythmus derselben hin, mit ihrer humorvoll-energischen Art beruhigte sie meine Unrast, und ich folgte ihr auf den Wink, was sonst niemand von mir erreichte.

Sie war eher häßlich als schön. Aber ihre drollig-sympathische Häßlichkeit, über die sie selber am meisten spottete, hatte in meinen Augen etwas ungemein Anziehendes. Ihr Gesicht drückte Güte und Klugheit aus. Ihr Haar war silberweiß, und sie trug mit sechzig die gleiche Frisur wie mit zwanzig: zu beiden Seiten des Scheitels die silberglänzenden Haare sorgfältig glattgestrichen, zwei dünne, festgeflochtene Zöpfchen über den Ohren und hinten den großen Knoten, der jedoch zu meinem größten Erstaunen morgens, ehe sie ihre Toilette beendet hatte, an einem Haken ihres niedlichen kleinen Frisiertisches hing. Sie trug immer das gleiche Kleid, das heißt alle ihre Kleider glichen einander sowohl was Stoff als auch was Machart anbelangte, bis auf ihr Sabbatgewand, das aus schwarzer Seide war. Die Röcke waren faltenreich, die Taillen eng anpassend, vorne ein plissierter Einsatz. Niemals sah ich sie nachlässig gekleidet, Mode existierte nicht für sie. Man trug die Kleider, bis sie abgenutzt waren, dann verschenkte man sie, aber niemals in einem bereits unbrauchbaren Zustand, sondern so, daß man den Bedürftigen damit noch immer etwas Anständiges und Tragbares zukommen ließ. So hielt sie es mit allen ihren Gaben. Es gab eine Menge Leute, die sie regelmäßig damit versorgte, und zwar mit Lebensmitteln ebenso wie mit Kleidungsstücken, immer darauf bedacht, die Bedürftigen durch ihre Geschenke weder zu beleidigen noch herabzusetzen. Wenn sie die Arbeit in Küche und Haushalt hinter sich hatte, nahm sie den Strickstrumpf vor. Sie strickte für uns alle, sicher Hunderte von Paaren, weiß und schwarz und in den buntesten Farben. Allen ihren Geschenken legte sie immer noch ein Paar Zwirn- oder Wollstrümpfe mit durchbrochenen Rändern bei. Gerne redete sie mit gescheiten Leuten über Politik, die von Jugend auf ihr Steckenpferd war. Aber noch lieber las sie in ihren wenigen Mußestunden ein gutes Buch, begeisterte sich lesend für das Schicksal ihrer Helden, vergoß bei besonders tragischen Stellen heiße Tränen, um sich bei allen komischen Situationen totzulachen. Am liebsten las sie Dumas und Sue, aber auch Kotzebue und Zschokke sowie Jókai Mór und ihren alten Petöfi, dessen Freiheitslieder sie ständig im Munde hatte. Und wenn das Pathos, mit dem sie sie deklamierte, auch manchmal falsch war, so war das, was sie dabei empfand, nur um so echter.

Da es auf Erden keinen Menschen gibt, der ein bloßes Produkt des Zufalls ist und das, was er geworden, im Guten so wie im Schlechten, nur sich selber zu danken hat, weil ein jeder tatsächlich ein Glied in der Kette der Generationen darstellt, also auch nur als solches deutbar und verständlich ist, muß ich den Faden der Begebenheiten ganz aufrollen und weit in die Vergangenheit zurückgreifen, und zwar nicht nur um die Persönlichkeit meiner Großmutter zu definieren mit all ihren geistigen und moralischen Qualitäten, ihrer großen Vitalität und ihrem leidenschaftlichen Temperament, lauter Eigenschaften, mit denen sie den Durchschnittstypus der damaligen Frauen weit überragte, sondern auch um das Erbgut richtig einzuschätzen, das sie uns, ihren Kindern, Enkeln und Urenkeln hinterlassen hat, und zwar jedem ein Stück dieses aufgestapelten Gutes. Dieser Faden, der uns mit der Vergangenheit, das heißt mit unserem eigenen Ursprung verbindet, läßt sich mit ziemlicher Wahrscheinlichkeit bis ins 16. Jahrhundert zurückverfolgen. Er knüpft an bestimmte Begebenheiten an, die heute schon der Historie angehören, ihre Spuren aber darum nicht weniger in uns zurückgelassen haben.

Meine Enkelkinder, für die ich diese Zeilen niederschreibe, damit nach meinem Tode wenigstens etwas von der Familiengeschichte erhalten bleibt, wissen wenig davon, was Judentum ist. Sie wissen nicht, daß der Jude, wo immer er sich niederließ, 2000 Jahre lang ein Fremdling war, das heißt vogelfrei, rechtlos, der Willkür seiner übermütigen Umgebung ausgeliefert, die auch im Falle seiner Ermordung der Straflosigkeit sicher war. Ja, es kam sogar vor, daß man ihren Mördern die Straflosigkeit im Falle eines Judengemetzels höheren Orts schon im vorhinein garantierte. Der Jude gehörte jahrhundertelang als „Kammerknecht" der kaiserlichen Kammer an, das aber bedeutete, daß er seine Zoll- und Steuerabgaben direkt an den Kaiser zu entrichten hatte. Er war dessen persönliches Gut, das dieser verpachten, verpfänden, verschachern und häufig zur Begleichung seiner Schulden benützen konnte. Außer dem Kaiser unterstand er den Bischöfen, den Landesfürsten, den Reichsstädten, die den letzten Rest seiner Habe aus ihm herauspreßten. Und obwohl er von jedem ehrlichen Erwerb, den Zünften und Zechen, Handel, Gewerbe und Ackerbau, sowie von allen freien Berufen ausgeschlossen war, wurde er mit den schwersten, meist unerschwinglichsten Steuerlasten belegt: Er hatte das Judengeleit, Kopf-, Leib-, Hof- und Stadtsteuer zu bezahlen, den dritten und den goldenen Opferpfennig, abgesehen von besonderen Leistungen, das heißt der Finanzierung von Krönungen, Kriegen, Kreuzzügen und geistlichen Konzilien. Er mußte für die Erneuerung seiner Privilegien ständig neue und höhere Abgaben zahlen, war ständig der Konfiszierung seiner gesamten Güter, der körperlichen Bedrohung, der

Vertreibung aus seinem Wohnort ausgesetzt. In den Städten wurde er in besondere Judenviertel eingepfercht, und die behördlich bestellten „Judenmeister" hatten volles Verfügungsrecht über seinen Leib, seine Seele und sein Hab und Gut. Er mußte die entstellende Judentracht und den gelben Fleck tragen, um sich von anderen Menschen zu unterscheiden, und den diffamierenden Judeneid leisten, der ihn vor seinen Mitmenschen lächerlich und verächtlich machte.

Die ersten blutigen Massenverfolgungen, die viele Tausende Opfer kosteten, erfolgten anläßlich der Kreuzzüge. „Judenbräter" und „Judenschläger" drangen mordend und brandschatzend in die Ghettos ein. Die fanatische Menge beschuldigte die Juden der Hostienschändung und des Kindermordes zu rituellen Zwecken. In Deutschland allein wurden Hunderte von Gemeinden zerstört und die Juden mitsamt ihren Synagogen verbrannt, so um 1255 in München, 1309 in Fulda, 1348 in Frankfurt am Main. Anläßlich der in Deutschland herrschenden Pestepidemie, dem „Schwarzen Tod", wurden die Juden der Brunnenvergiftung beschuldigt, und es erfolgten blutige Massaker in der Schweiz, im Elsaß, in Süd- und Mitteldeutschland, in Salzburg, Österreich und Böhmen. Hunderttausende wurden ermordet, erwürgt, aufs Rad geflochten. So wurden auch die Juden Württembergs im Jahre 1500 anläßlich des dort herrschenden „Schwarzen Todes" aus dem Lande verwiesen, unter ihnen die alte Gemeinde der Stadt Ulm. Diese Ulmer Juden siedelten sich in der Pfalz und teilweise in Mittelfranken an, wo sie unter dem Schutz der Bamberger Bischöfe standen. Unter ihnen befand sich mein Urahn, der, aus Ulm gekommen, den Namen des Ulmers oder Ulmanns beibehielt. Die Familie lebte in dem Nürnberg benachbarten Fürth, das um jene Zeit eine größere Judengemeinde besaß. Sie blieb lange unbehelligt, als sie im Jahre 1660 die sich über ganz Europa verbreitende Nachricht erreichte, in Smyrna lebe ein Mann namens Sabbatai Zewi, ein Wunder der Weisheit, Frömmigkeit und Gelehrsamkeit, von der seine Anhänger und Jünger behaupteten, er sei der wirkliche, von den Propheten verkündete Messias, der einer Sohar-Stelle gemäß im Jahre 1648 und nach den Vorhersagen der Apokalypse 1666 der Welt erscheinen würde. Diesem wirklichen Messias hatte sich inzwischen in der Gestalt des Nathan Ghazatis der Prophet Elias angeschlossen, der seine Sendboten an alle Gemeinden schickte und die dortigen Juden aufforderte, wo immer sie auch weilen mochten, dem Gesalbten des Herrn entgegenzugehen. Auch mein Urahn Mayer Ulmann schloß sich mit seiner Familie dem Zug der Juden an, die gegen Osten wanderten, um an der Erfüllung des göttlichen Worts, das mit dem Erscheinen des Messias Erlösung des Judentums und einen ewigen Weltfrieden verhieß, Anteil zu haben.

Mit dem wachsenden Unglück der Juden wuchs auch ihr Wunderglaube, und die Geheimlehre der Kabbala gewann einen großen Einfluß auf die Gemüter. Ihr Unglück war so groß und so unentrinnbar, daß tatsächlich nur noch ein Wunder sie zu retten vermochte. Der messianische Glaube hatte sie durch die Jahrhunderte getröstet und aufrechterhalten. Er hatte ihre Herzen mit Sehnsucht erfüllt, hatte ihren gequälten Seelen ein Ziel gegeben, dem sie zustreben konnten. Das Gottesreich sollte sich nicht erst im Jenseits, sondern bereits hier auf Erden erfüllen. Wie ein Licht hatte dieser Glaube und diese Sehnsucht die Dunkelheit ihres Daseins erleuchtet. Niemand wagte, daran zu zweifeln: Der Sohn Davids würde kommen und sich der Herde erbarmen. Er würde sie aus der Zerstreuung sammeln und noch einmal vereinen. Er würde sie zurückführen aus Schmerzen, Verfolgungen und Erniedrigungen in das Gelobte Land ihrer Väter. In neuem Glanze würde der Tempel Salomos erstehen, das Licht des Lebens würde sich über sie ergießen, und die Erniedrigten würden erhöht werden.

Dieses schweigend in sich getragene Geheimnis, dieser Trost im dunkeln, diese Gewißheit, die die Getretenen über ihre Peiniger triumphieren ließen, wurde ihnen mit der Botschaft Sabbatai Zewis plötzlich nahegerückt. Vom fernsten Osten breitete sich die Nachricht gegen Westen aus, vom Süden Frankreichs drang sie bis in die Niederlande, von England nach Polen, wo Chmelnizkis Kosaken um die gleiche Zeit mit ihrem Vernichtungskrieg gegen die Juden eingesetzt hatten, der blutiger war als alles bisher Dagewesene. Die Botschaft des neu aufgetauchten Messias fiel auf fruchtbaren Boden. Sie ging von Gemeinde zu Gemeinde, von Haus zu Haus, von Mund zu Mund. Sie klang in allen Ohren, feuerte die Herzen an, flößte ihnen neuen Mut ein. Man behauptete, der im Osten erstandene neue Messias verrichte die größten Wunder, er habe, um seine Echtheit zu bezeugen, gewagt, die vier Buchstaben des unaussprechlichen Gottesnamens laut herauszusagen. Schon scharten sich ungezählte Jünger um ihn, Tausende aus allen Teilen Europas strömten ihm zu.

Hatten diese Unglücklichen einen anderen Ausweg vor sich? Sie verließen Heim und Herd und nahmen nur das mit sich, was tragbar war und sich leicht verbergen ließ. Denn sie waren auf ihrer Wanderung von den größten Gefahren bedroht. Es gab obrigkeitliche Edikte, die ihnen den Durchzug verwehrten, grausame Landvögte, die sie ausplünderten und einsperrten, Wegelagerer und Räuber, die sie aus dem Hinterhalt erschlugen, Hunger und Seuchen, die ihre Reihen dezimierten, fremde Länder und fremde Sprachen. Der Weg war weit, aber die Hoffnung leuchtete ihnen voran.

Auch mein Urahn nahm an dieser Wanderung teil. Er ging über Regensburg, Passau und Wien. Die Donau diente ihm wie so vielen anderen als Wegweiser. Er wollte die Stadt Smyrna erreichen, in der der neue Messias wirkte. In Wien überraschte ihn die Nachricht, Sabbatai Zewi sei von seinem Lehrer Joseph Ishajon als falscher Prophet entlarvt und mit dem Banne belegt worden. Er habe hierauf seine Geburtsstadt Smyrna verlassen und sich in das alte Zentrum der kabbalistischen Lehre, Saloniki, begeben. Mein Urahn zog weiter, den Donauweg entlang über Preßburg bis Budapest. In Altofen (Óbuda), das nach der Schlacht von Mohács in türkische Hände gefallen war, erreichte ihn die schicksalsvolle Nachricht, sein Heiliger sei in türkische Gefangenschaft geraten und habe unter dem Druck des Sultans, und um sein Leben zu retten, dem jüdischen Glauben abgeschworen. Er sei zum Islam übergetreten, habe den Namen Mehmed Effendi angenommen und versehe zur Zeit das Amt eines Türhüters. Aber auch in dieser Eigenschaft war er dem Sultan noch immer gefährlich erschienen, zumal er auch weiter Anhänger um sich sammelte. Er war nach Albanien verschickt worden, sein Begleiter Ghazati aber nach Üsküb, dem heutigen Skopje, geflohen, wo er ein paar Jahre später starb. Sabbatai Zewi, der falsche Messias, starb 1676, von seinen Gläubigen schließlich im Stich gelassen, in der albanischen Stadt Bulcigno.

Auf diese Art waren die Vorfahren meiner Großmutter aus Deutschland nach Ungarn gelangt. Sie siedelten sich am Mittellauf der Donau zwischen Buda und Mohács an und lebten dort länger als ein Jahrhundert das wurzellose Leben aller Juden, die keinen Boden und keinen ordnungsgemäßen Erwerb haben durften, sondern sich und ihre Familien von heute auf morgen fortbringen mußten. Der Name Mayer Ulmann kehrt in der Familie immer wieder. So hieß ein Bruder meiner Großmutter sowie auch der Bruder ihres Vaters. Zu Ende des 18. Jahrhunderts aber siedelte ein Urenkel dieses Fürther Auswanderers, mein Urgroßvater Carl Ulmann, aus dem nahen Bönyhad nach der Bischofsstadt Fünfkirchen (Pécs) über, wo er als tolerierter Jude ein Haus erbaute und eine Ölmühle betrieb.

Auch viele andere jüdische Auswanderer waren dem Ruf Sabbatai Zewis gefolgt und auf ihrem Wege steckengeblieben, aber die Hoffnung auf den Messias glomm weiter in ihren Herzen. Sie wuchs sich in vielen von ihnen zur Unrast aus, die sie in eine falsche Richtung trieb. Sie wurde zur Sehnsucht nach etwas unerreichbar Fernem, das über die begrenzten Formen der Realität hinausweist, zu einem inneren Drang, der kennzeichnend für das jüdische Temperament ist. Und wenn diese Kennzeichen eines bestimmten Charakters auch nicht auf Vererbung beruhen, so doch auf Überlieferung und Übertragung. Sie bilden das isolierende Element, das den Juden von seiner Umgebung scheidet. Denn irgend etwas von der alten Messiashoffnung glimmt in jedem Juden fort.

*

Im Jahre 1827 wurde meine Großmutter, Sophie Ulmann, in Fünfkirchen als das achte Kind ihrer Eltern geboren. Ihre Mutter war eine geborene Charlotte Weißmayer, deren Vater und Brüder zu den ersten in Fünfkirchen ansässigen Juden gehörten. Die Weißmayers waren eine Ärztefamilie, kultivierter und gebildeter, als es der damaligen Zeit entsprach. Meine Urgroßmutter Charlotte war allem Anschein nach eine zartbesaitete und poetische Seele, was aus dem einzigen Brief, der von ihr erhalten ist, hervorgeht. Sie schrieb ihrem Bräutigam unmittelbar vor der Hochzeit: „Es nähert sich der Tag, der uns mit Ketten aneinanderbinden wird. Ich aber werde trachten, diese Ketten mit Rosen zu umwinden, um sie für Dich zu verschönern und Dir ihren Druck weniger fühlbar zu

Marktszene aus der Unterstadt, im Hintergrund das Schnittwarengeschäft Hermann-Weiß. Gemälde von Branko Šenoa[4]

Ländliche Atmosphäre in der Unterstadt. Zeichnung von Jovan Gojković [5]

Die Mutter der Schriftstellerin, Charlotte, geb. Baka [6]

Das Wassertor (porta aquatica), von 1712 bis 1719 errichtet
(Gojković) [7]

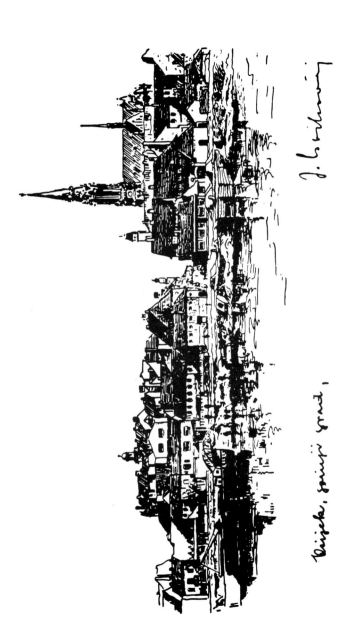

Die Oberstadt. Unmittelbar an der Drau die Schanzlgasse, in der Wilma Miskolczy geboren wurde (Gojković) [8]

Familienhaus der Miskolczys in der Komitatsgasse [9]

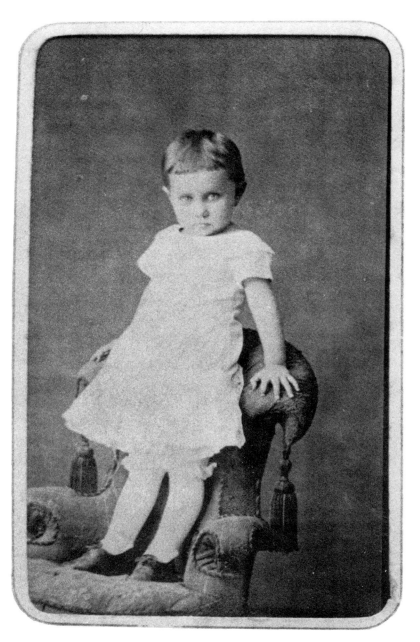

Wilma im Kindesalter [10]

Gegenwärtige Ansicht des „Langen Hofes" [11]

machen . . ." Die Anspielung auf die Kette ist nicht nur im übertragenen Sinne zu verstehen. Es entsprach einer alten jüdischen Sitte, daß der Bräutigam die Braut mit einem mehr oder weniger kostbaren Gürtel beschenkte, der Scolonot oder volkstümlich Scolojneskette, mit der das junge Paar anläßlich der Trauungszeremonie unter dem Trauhimmel umschlungen und verbunden wurde. In den fünfzehn Jahren ihrer Ehe gebar diese Frau fünf Söhne und drei Töchter, als letztes Kind meine Großmutter, deren Geburt sie das Leben kostete.

Der Mann heiratete bald darauf zum zweiten Mal. Er brachte eine Witwe mit drei kleinen Kindern ins Haus, die in den nächsten paar Jahren fünf weitere Kinder zur Welt brachte, so daß sich alles in allem sechzehn Geschwister im Hause befanden. Von ihrem Leben im Elternhause konnte meine Großmutter nie genug erzählen, wobei sie niemals den geringsten Unterschied zwischen ihren leiblichen Geschwistern und den zugebrachten machte. Ihr größter Kummer bestand in dem Umstand, daß die Jungen lernen durften, sie aber nicht. Weibliche Kinder mußten sich um jene Zeit mit einem bißchen Lesen, Schreiben und Religionsunterricht begnügen, nichts weiter. Für die Söhne gab es einen Hausunterricht, der von Budapester Hauslehrern in einem besonderen Schulzimmer abgehalten wurde. Für meine Großmutter gab es nach ihrem achten Jahr keinen Unterricht mehr. Aber sie war wißbegierig, findig und klug und wußte sich zu helfen. Im Schulzimmer der Jungen befand sich eine eiserne Tür, die dem Rauchfangkehrer Eingang in die Kamine gewährte, hinter dieser Tür ein enger Raum, in dem ein Kind sich gerade niederhocken konnte. Dort versteckte sie sich und hörte stundenlang dem Unterricht des Hauslehrers zu. Dort empfing sie die erste Anregung in Geschichte, Geographie und Naturgeschichte, hörte Dinge, die sie sich ein Leben lang merkte. Um sie sich besser einzuprägen, verschenkte sie an ihre Schwestern ihr Jausenbrot unter der Bedingung, daß diese ihr zuhörten, was sie über den Trojanischen Krieg und über die Entdeckung Amerikas zu sagen hatte. Dieses auf so peinliche Art (im Rauchfang hokkend) errungene Wissen war in ihren Augen ein großer Schatz, und da sie ein vorzügliches Gedächtnis hatte, vergaß sie auch später kein einziges Detail. Sie erweiterte ihr Wissen alsbald durch fleißiges Lesen und schaffte sich auf diese Weise eine umfangreiche Bildung an. Auch ihr großes Verständnis für historische und politische Zusammenhänge wurzelte in diesen kargen Anfängen. Sie interessierte sich schon früh für alles, was in der Welt vorging, zurück bis in die Zeit der Französischen Revolution, in der die Gleichstellung der Juden zum ersten Mal in der Geschichte zum Gesetz erhoben wurde. Auch wenn diese Gleichstellung in den Jahren der Reaktion wieder rückgängig gemacht wurde, so konnten die davon Betroffenen es doch niemals mehr vergessen, der Same war gesät, die Möglichkeit gegeben worden. Und es gab auch weiter noch Leute, die die Idee der Freiheit und Gleichheit, in die die Juden mit einbezogen waren, in Wort und Schrift vertraten. Der Kampf um die endgültige Emanzipation griff vom wirtschaftlichen Gebiet auf das geistige über. Man bediente sich in diesem Kampfe der Worte Schillers, Victor Hugos, Vörösmartys und Petöfis. Man berief sich auf jüdische Künstler, Dichter, Musiker und Philosophen, die direkt aus dem Ghetto gekommen und in einer einzigen Generation zahlreiche Entwicklungsetappen übersprungen hatten. Sie brachten ihre große Sensibilität und vertiefte Geistigkeit mit und fügten der allgemeinen Kultur schon jetzt die jüdische Note hinzu, die sich in einer besonderen Schärfe der Beobachtung äußerte, in der Glut des Wollens, der lächelnden Satire, dem raschen Umkippen aus einer Stimmung in die andere, aus Skepsis in Melancholie, und es auf diesem Wege bis zum ausgezeichneten Stil eines Heine und eines Börne gebracht hatten.

Meine Großmutter war zehn, als sie ihre erste Reise machte, und zwar begleitete sie ihren schwerkranken Vater, der im Planwagen von Fünfkirchen nach Budapest fuhr, was bei den damaligen Wegverhältnissen gute acht Tage dauerte. In Budapest lebte des Vaters älterer Bruder Mayer Ulmann oder Ullman, wie die Familie sich damals schon schrieb, der dort nicht nur zu den Tolerierten, sondern zu den Notabilitäten gehörte und auch heute noch als einer der Begründer des modernen ungarischen Wirtschaftslebens gilt. Er war ein guter Verwandter, kümmerte sich um die Erziehung seiner Neffen, wählte ihre Hauslehrer aus und ließ es sich nicht nehmen, dieselben zu finanzieren, so daß auch meine Großmutter ihm zwar nicht unmittelbar aber mittelbar die Grundlage ihrer Bildung verdankte.

Zu diesem Onkel brachte die Zehnjährige im Jahre 1837 ihren kranken Vater, der von dortigen ärztlichen Kapazitäten untersucht und behandelt wurde. Es handelte sich wahrscheinlich um Lungenkrebs, für den es keine Heilung gab, und so mußten sie nach mehrwöchigem Aufenthalt, während dessen sein Zustand sich nur verschlimmert hatte, wieder nach Hause reisen. Als sie nach einer qualvollen achttägigen Wagenfahrt dort ankamen, war der Vater bereits ein Sterbender und verschied bald nach seiner Ankunft. Sechzehn Kinder ließ er zurück, die Hälfte von ihnen noch im zartesten Alter. Und trotz des großen Ansehens, dessen sich die Familie Ullman in allen Kreisen erfreute, war nur ein geringes Vermögen geblieben. Die älteren Söhne standen in ihrem fünfzehnten und sechzehnten Lebensjahr und wurden von dem Budapester Onkel in verschiedenen von ihm gegründeten Unternehmungen untergebracht und in das dortige Wirtschaftsleben eingeführt. Sie waren tüchtig und begabt, konnten aber erst nach dem Jahre achtundvierzig eine produktive und gemeinnützige Tätigkeit entfalten. Die jüngeren Geschwister wurden an die Fünfkirchener Verwandtschaft verteilt, die die Jungen auslernen ließen und die Mädchen verheirateten. Auch ihre Stiefmutter starb zwei, drei Jahre später, und meine Großmutter kam in das Haus ihrer ältesten verheirateten Schwester Veronika Fuchs, die kinderlos war und in der Stadt den Ruf einer besonders edlen Frau und großen Wohltäterin genoß. Man nannte sie „die liegende Mutter aller Leidenden und Bedrängten. Zwanzig Jahre lang bildete die Armut das Bindeglied zwischen ihr und der Menschheit. Armut und Bedürftigkeit waren der einzige Empfehlungsbrief, der dem Überbringer gastliche Aufnahme in ihrem Hause und in ihrem Herzen sicherte."

Ich entnehme diese Zeilen einem Zeitungsnekrolog, den meine Großmutter nach dem Tode ihrer Schwester im Jahre 1870 mit anderen Familienbriefen und Erinnerungszeichen aufbewahrt hat und der sich noch heute in meinem Besitz befindet. Man vergleicht die Verstorbene in diesem Nachruf mit der Sonne, denn wie diese wirkte sie belebend, befruchtend und erwärmend auf jedermann, der mit ihr umging. Es ist anzunehmen, daß diese bedeutende Frau auch auf meine Großmutter, die bei ihr aufwuchs, einen entscheidenden Einfluß ausgeübt hat. Sie nahm sie sich noch nach vielen Jahren zum Vorbild und suchte in ihrem Sinne zu wirken. Als ich zehn Jahre nach Veronikas Tod zur Welt kam, erhielt ich auf Wunsch meiner Großmutter den jüdischen Namen der Verstorbenen „Frummet", das heißt im Hebräischen „Gerechtigkeit".

Das größte Erlebnis jedoch, das das Wesen meiner Großmutter für immer zeichnete und ihr eine bestimmte Richtung gab, die auch auf meine eigene Entwicklung von starkem Einfluß war, bildete jedenfalls die ungarische Achtundvierziger Revolution. Sie erlebte sie unmittelbar und täglich in allen ihren begeisternden und deprimierenden Phasen, dem Auf und Ab der Siege und Niederlagen, mit ihren Freiheits- und Gleichheitsparolen, die sich sowohl auf die Ungarn als auch auf die Juden bezogen, mit ihren sozialen Tendenzen, die die Befreiung der Bauern und des Bürgertums aus dem Feudalismus anstrebten.

Revolutionen brechen gewöhnlich nach einer längeren vorbereitenden Periode aus, die die Argumente liefert und in der die Geister zur Aktion heranreifen. Die Leidenschaft entzündet sich an immer neuen Schlagworten, und die Spannung steigert sich bis zur Unerträglichkeit. Fanatiker wuchsen aus dem Boden, die im Zwange ihrer Idee zu allem bereit waren. Die Jugend brannte darauf, sich des Zwanges des Althergebrachten und der Konvention zu entledigen. Sie war der stärkste Träger des revolutionären Gedankens, so auch die jüdische Jugend, bei der sich das magyarisch-nationale Moment mit dem Wunsch nach Gleichberechtigung und Emanzipation mengte, die ihr die Träger und Führer der Revolution, unter ihnen Kossuth und Deák, in ihren flammenden Aufrufen in Wort und Schrift versprachen. Die finsteren Gewaltakte und Verfolgungen des Mittelalters waren zwar vorüber, aber der Wiener Kongreß hatte ganz Mitteleuropa eine Periode der Reaktion gebracht, die die Rechte der Juden noch einmal einengte, sie in ihrer Bewegungsfreiheit behinderte, ihnen Kameral- und Toleranztaxen auferlegte, Kopf- und Schutzgelder, Haus- und Soldatensteuer von ihnen einforderte. Die

Massenverfolgungen hatten aufgehört, aber noch immer waren ihnen die Mittel- und Hochschulen verschlossen, noch immer gab es keine Gewerbefreiheit, die Ausübung freier Berufe war ihnen mit wenigen Ausnahmen verweigert, Eheschließungen waren durch strenge Maßnahmen beschränkt und in manchen Ländern, so zum Beispiel Böhmen, nur dem ältesten Sohn gestattet. Unter diesen Umständen war es kein Wunder, daß die Juden an allen revolutionären Bewegungen des 19. und 20. Jahrhunderts in großer Zahl mitbeteiligt waren. Es kam dabei zu einem Durchbruch ihrer jahrhundertelang unterdrückten Kräfte, zu einem Befreiungsakt, der sowohl äußeren als auch inneren Tendenzen folgte. Dies kam besonders bei den Juden Ungarns zum Ausdruck, die noch vor ihrer gesetzlichen Emanzipation den inneren Anschluß an die ungarische Nation vollzogen hatten, die ungarisch sprachen und häufig sogar ungarischer fühlten als die Magyaren selbst. Sie spürten das Wehen einer neuen Zeit, waren gefühlsmäßig verbunden mit dem Kampf der Massen, denn in Ungarn umfaßte dieser Kampf alle Schichten der Bevölkerung, er war nicht wie in den anderen Ländern Europas ein rein bürgerlicher, sondern ein nationaler, gegen die Vorherrschaft der Österreicher gerichteter Aufstand. Unter den 180 000 Kämpfern der Revolutionsarmee befanden sich 20 000 Juden, und die jüdische Nationalgarde bildete in Pest eine besondere Division.

Vier Brüder meiner Großmutter waren mit dabei. Der älteste, Adolph Ullmann, ging als Feldprediger mit und wurde im Jahre 1849 in seinem eigenen Hause in Zenta von den Österreichern strafweise erschossen. Der Arzt Dr. Ullman Mor war Feldscher in einem Frontlazarett. Ignatz Ullman wurde im Endkampfe bei Világos von den Russen erschossen. Und der Jüngste, Benjamin, lief, noch nicht sechzehnjährig, von zu Hause fort, um auch mitzukämpfen. Ein paar Tage später wurde er mit zerschossenen Beinen zurückgebracht und starb an den erlittenen Verwundungen.

Wir heutigen Menschen, die zwei Weltkriege und die ihnen folgenden sozialen Umwälzungen mitgemacht haben, müssen tatsächlich hundert Jahre zurückgehen, um das, was uns heute selbstverständlich, ja in mancher Hinsicht sogar abgegriffen erscheint, in seinem frischen Glanze aufkeimen zu sehen. Wir müssen uns jener Tage erinnern, da alles, was uns heute phrasenhaft erscheint, neu und überraschend wirkte, wo die Tirade noch laut und schmetternd in den Ohren klang, die Schlagworte rauschten und begeisterten, die Thesen neue Wahrheiten enthüllten, wo Kühnheit dazu gehörte, dies alles zum ersten Mal auszusprechen, und eine volle Naivität, um es entzückt zu wiederholen. Man muß tatsächlich diese Menschen von vor hundert Jahren gekannt haben, denen im Glauben an eine neue Zeit kein Opfer zu schwer war, die überzeugt waren, daß von dem Moment, da das Rad der Geschichte sich einmal in Bewegung gesetzt hatte, es kein Zurück mehr geben konnte, kein Zurück in die alten Vorurteile, in einen überlebten Aberglauben, in die Macht des Mittelalters, in die grausamen Verfolgungen und Beschuldigungen. Die Menschen waren erwacht und sehend geworden, ihre Dichter schrieben es in wohlklingenden Versen auf, ihre Politiker versicherten es in ungezählten Reden, die Zeitungen gaben es in abgerundeten und bilderreichen Worten wieder, in der Gasse, auf dem Markte, am Familientisch wurde darüber gesprochen. Meine Großmutter und ihre Freundinnen sammelten Arzneien und Verbandzeug, spendeten Wäschestücke und zupften Scharpie, die sie an die Fronten hinaussandten. Sie feuerten die männliche Jugend zum Kampfe an und verachteten jedermann, der nicht mit dabei war.

Sie hat mir dies alles wohl hundertmal erzählt. Ihre Sprache war anschaulich und bilderreich, begleitet von demonstrierenden Gesten, von Tränen und Lachen, wie es gerade kam. Denn sie erzählte nicht nur, sie erlebte die Dinge immer wieder, sie formte sie aus, sie spitzte sie zu, sie fügte ihnen immer neue Einzelheiten hinzu, an die sie sich während des Erzählens erinnerte. Ihre Stimme klingt mir heute noch im Ohr. Ihre Sprache war eigentlich nicht der übliche Jargon, den die meisten Juden damals sprachen, sondern ein gutturales Jüdisch-Deutsch mit eingeflochtenen charakteristischen hebräischen Ausdrücken und einem Anklang an das im Osten gebräuchliche Jiddisch, das nur von Eingeweihten verstanden wurde und dem Hausgebrauch diente, Andersgläubigen gegenüber aber niemals zur Anwendung gelangte. Mit einem christlichen Dienstmädchen, mit der Kundschaft im Geschäft und auf dem Wochenmarkt und mit andersgläubigen Nachbarinnen bekam ihre Sprache automatisch einen schwäbischen Beiklang, der in ihrem Munde ebenso natürlich wirkte wie der Jargon. Fremden gegenüber wäre der Jargon ebenso wenig am Platze gewesen, als hätte sie sich vor Unbekannten im intimen Négligé oder im Bette gezeigt.

Für den schriftlichen Verkehr aber kam nur ein aus ihrer Lektüre geschöpftes Schriftdeutsch in Frage, das dem damaligen Geschmack entsprechend mit schönen Redewendungen und zahlreichen Bildern geschmückt war. Dieser ihr ungewohnten Sprache, die sie in ihren Briefen geschickt genug anwendete, fehlte daher jede persönliche Note. Sie war das vornehme Verkehrsmittel, ja das einzige, das den Forderungen eines höheren gesellschaftlichen Anstandes entsprach, führte aber zu keinem näheren Kontakt.

Diese dreifache Art sich auszudrücken beruhte teilweise auf einer ihr durch die Verhältnisse aufgezwungenen Taktik, teilweise auf der ihr angeborenen psychologischen Finesse, die jedermann das gab, was ihm gebührte. Im Familienkreis war von einem solchen „Taktieren" natürlich keine Rede. Da war sie unmittelbar, spontan. Temperamentvoll redete sie, wie ihr der Schnabel gewachsen war, hatte immer ein gelungenes Bonmot bei der Hand, oder besser gesagt, einen gut pointierten jüdischen Witz, den sie selbst am herzlichsten belachte.

So herzlich sie zu lachen vermochte, so leicht flossen ihr die Tränen. Noch vierzig Jahre nach der Niederlage der ungarischen Nationalarmee bei Villágos, den Racheaktionen Haynaus und den in Grad erhängten Märtyrern erzählte sie diese Ereignisse niemals, ohne daß ihr die Tränen über die Wangen herunterrannen, als hätte sich dies alles erst gestern zugetragen. Aber ihr Optimismus siegte auch über diese erschütternden Eindrücke. Er reichte nicht nur über die kritische Zeit bis zum Jahre 1867, als der Ausgleich endlich geschlossen wurde, sondern bis an ihr Lebensende. In ihrem Herzen hat die Revolution gesiegt, und sie war überzeugt davon, daß die von ihr entfesselten Kräfte sich auch durch die blutigste Reaktion nicht mehr unterdrücken ließen. Alles, was weiter mit ihr geschah, ihr enges Alltagsleben, der Mangel an äußerer Anregung, die beschränkten Verhältnisse und ihr bescheidener Wirkungskreis, wurde überstrahlt von dem großen Drama, das sie in jungen Jahren erleben durfte. Die Begeisterung blieb, und das ganze Dasein wurde durch die damaligen großen

Eindrücke in ein anderes Licht gerückt. Die Perspektiven hatten sich ein für allemal erweitert, und es gelang ihr, mittels ihres sanguinischen Temperaments und ihrer starken Geistigkeit, auch dem engen Milieu eine besondere Färbung zu verleihen.

In der Zeit zwischen 1848 und dem Jahrhundertende vollzog sich in Ungarn eine Umorientierung des ganzen wirtschaftlichen Lebens, an der auch die Juden einen starken Anteil nahmen. Eisenbahnen wurden gebaut, Fabriken errichtet, das Finanzwesen des Landes auf eine moderne Grundlage gestellt. In diesem Entwicklungsprozeß spielten die Brüder meiner Großmutter, Carl, Joseph und Mayer, eine große Rolle. Es ist schwer zu sagen, was der eine und was der andere dabei geleistet hat, denn sie arbeiteten an dem gleichen Werk, und ihr gemeinsames Streben war nicht die eigene Bereicherung, sondern das Wohl des Landes, dem sie ihre endlich errungene Gleichstellung verdankten. Sie stellten die besten Beispiele des durch die Emanzipation befreiten modernen Judentums dar, das im ersten Eifer nach seiner Befreiung nur den einen Wunsch hatte, die Mitwelt von seinem Werte zu überzeugen, dem Vaterlande zu dienen, Höchstleistungen zu erzielen und überall mit Rat und Tat einzuspringen, wo man dies von ihm verlangte.

In diesem Sinne wirkten auch die Brüder Ullman, und es gibt in Budapest kaum eine Institution, die nicht mit ihrem Namen in Verbindung gestanden hätte. Sie gründeten die Gesellschaft „Pester Lloyd", die Kommerzial- und Kreditbank, die erste ungarische Versicherungsgesellschaft und die Donaudampfschiffahrtsgesellschaft. Sie schufen die ersten großen Dampfmühlen im Lande (Luisen-, Gisella- und Panoniamühle), das erste Budapester Buchdruckereiunternehmen, die ersten Budapester Tageszeitungen sowie zahlreiche soziale und karitative Werke, an deren Spitze sie standen und die sie mit ausgiebigen Dotationen bedachten. Wohltätigkeit gehörte überhaupt zu den dominierenden Tugenden aller Ullmans. Ich kenne kein Familienmitglied, das nicht mit vollen Händen gegeben hätte. Es ist bezeichnend, daß nicht ein einziges Glied dieser einflußreichen Familie es jemals über einen gewissen Wohlstand hinaus gebracht hatte. Keiner von ihnen war reich geworden. Keiner besaß Landgüter, städtische Paläste oder große Bankguthaben. Sie lebten trotz ihres bedeutenden Wirkungskreises mit geringen Bedürfnissen und im Rahmen eines bescheidenen Milieus. Sie wurden in den Adelsstand erhoben mit den Prädikaten Baranyaváry und Erényi, was soviel wie „tugendhaft" bedeutet.

✳

Meine Großmutter heiratete im Jahre 1852. Sie war weder schön noch reich, hatte daher keine Wahl und mußte sich mit dem begnügen, was das Schicksal ihr gerade bot. Liebe gab es nur in ihren Romanen, und wenn in ihrem Herzen auch so etwas heimlich glomm, mußte sie wortlos entsagen, denn im praktischen Leben der damaligen jüdischen Familien war Liebe eine unbekannte, zum mindesten aber nebensächliche Angelegenheit. Man heiratete, um sich zu versorgen, um nicht sitzen zu bleiben und den Seinigen zur Last zu fallen. Mann und Weib hatten die Aufgabe, eine neue Familie zu gründen. Um diesen Pakt zu vermitteln, war der „Schadchen" da. Junge Leute hatten kaum eine Gelegenheit, sich näher kennenzulernen. Die Post ging langsam, und es gab nur wenig Verkehrsmittel. Der „Schadchen" hatte ausgedehnte Bekanntschaften, verfügte über große Menschenkenntnis und wußte beiläufig, was zueinander paßte. Er wählte die passenden Paare aus, vermittelte, redete zu, ordnete etwaige materielle Differenzen. Er hatte Witz, Beredsamkeit und schlagende Argumente. Er wußte, was dem einen und dem anderen nottat, oder glaubte wenigestens, es zu wissen. Die persönliche Bekanntschaft erfolgte meistens erst, nachdem alles bereits besprochen und geordnet war. Jede Aussprache zwischen Braut und Bräutigam fand in Gegenwart einer dritten Person statt. Sexuelle Sonderwünsche kamen dabei nicht in Betracht, denn die Ehe war kein Vergnügen, sondern eine Pflicht.

So blieb auch meiner Großmutter nichts anderes übrig, als zu dem ihr von der Familie vorgeschlagenen Freier ja zu sagen. Sie tat es schweren Herzens, aber sie ging in ihr fünfundzwanzigstes Jahr. Das war nach den damaligen Begriffen schon nicht mehr die erste Jugend, und sie mußte froh sein, wenn einer sie überhaupt noch nahm. Auch mein Großvater war nicht mehr ganz jung, das heißt, bereits sechsunddreißig. Mehr als zwanzig

Jahre hatte er gebraucht, um als armer Lehrjunge und kleiner Ladengehilfe Kreuzer um Kreuzer zu ersparen, bis er ein paar Gulden beisammen hatte und sich ein eigenes Geschäft eröffnen konnte. Auch die Mitgift meiner Großmutter, im ganzen 120 Gulden Münze (in den damals noch kursierenden Assignaten wäre es beträchtlich weniger gewesen), wurde im Geschäft angelegt. Man sagte ihr, der Betreffende sei ein fleißiger, redlicher und frommer Mann, die Sympathie aber komme zwischen anständigen Menschen später von selbst. Um der Wahrheit die Ehre zu geben, muß ich jedoch feststellen, daß sich die Sympathie im Falle meiner Großmutter auch später niemals eingestellt hat. Sie teilte mit dem Manne Arbeit, Mühe und Sorgen, sie pflegte ihn bis an seinen Tod, aber von Zuneigung war niemals die Rede. Schwer lebte sie sich in die neuen Verhältnisse ein, in denen ihr außer dem Mann auch sonst alles fremd war. Fünfkirchen war eine Bischofsstadt gewesen mit großen landschaftlichen Vorzügen und dem herrlichen romanischen, noch aus der Zeit der Arpaden, das heißt aus dem 12. Jahrhundert, stammenden Dom. Als sie im Februar 1852 in Essek ankam, bot die Unterstadt den tristen Anblick eines im Morast versinkenden Dorfes. Kein Pflaster, keine Beleuchtung, kein einziges repräsentatives Gebäude, keine Landschaft, keine Wälder, keine lustigen Weingärten, in denen man zu Hause gesellige Zusammenkünfte abgehalten hatte. Kein Theater, keine stürmischen politischen Debatten, keine Freundinnen, keine Bücher. Nichts als das kleine Geschäft und die damit verbundene Plage. Und dazu den Mann, der einem orthodoxen Lebenskreis entstammte, und für den die strenge Einhaltung des Rituals Erholung von den Sorgen des Geschäfts und die einzige Ablenkung vom Alltagsleben bedeutete. Auch meine Großmutter war religiös, aber in einem anderen Sinn. Ihr bedeutete Frömmigkeit eine innere Sache, abgesehen von allen heiteren Gebräuchen, die sie gern pflegte und die sie mit ihrer eigenen Heiterkeit, ihrer Freigebigkeit und ihrem spontanen Wesen nur noch feierlicher gestaltete. Auch war sie ein Stadtkind. Mein Großvater aber stammte aus einem slowakischen Dorf am Fuße der Karpaten. Von seiner Familie ist mir bekannt, daß sie früher Jasniger geheißen hatte. Es war ein großer Gram für die ganze Familie, als zu Ende des 18. Jahrhunderts ein Onkel meines Großvaters, damals noch in

50

jugendlichem Alter, getrieben von seinem Wissensdrang, das väterliche Haus verließ, um in der Welt draußen etwas zu lernen. Wie es dazu kam, kann ich mit Bestimmtheit nicht sagen, nur das eine steht fest, daß er begabt und energisch genug gewesen war. Er studierte Chemie, eine damals noch neue Wissenschaft, ließ sich taufen und brachte es durch seine Gelehrsamkeit bis zu einer Professur an der Wiener Universität. Sein Sohn aber widmete sich der Musik und ist einer der Gründer des Wiener Männergesangvereins geworden. Der von seinem Glauben abgefallene Sohn wurde als Toter betrauert. Der Gram um ihn war so groß, daß ihm der alte Vater noch auf dem Sterbebett seine Verzeihung versagte. Die Familie löste auch äußerlich jeden Zusammenhang mit dem in Wien zu Stellung und Ehren gelangten Zweig. Sie änderte ihren Namen Jasniger (jasno = hell) und nannte sich fortan Weiß.

Ich sah meinen Großvater während meines Aufenthalts in der Unterstadt jeden Morgen bei seinen Gebetsübungen. Er hatte das schwarze Samtkäppchen auf dem Kopf, legte den weißen Gebetsmantel an und hierauf die Gebetsriemen, an denen in vier Lederkapseln vier Pergamentrollen mit Abschriften aus dem Talmud hingen. Er umwand mit diesen Riemen die Stirn und den linken Arm. Dann begann er in einem besonderen Singsang die Gebete herunterzusagen. Dabei wiegte er den Oberkörper, beugte sich nach vorn und rückwärts, und da ich bis dahin noch niemals in einem Tempel gewesen war und das jüdische Zeremoniell nicht kannte, erschien mir sein Gebaren fremdartig und erschreckend. Ich flüchtete zu meiner Großmutter, die aber tröstete mich und sagte mir: „Der Großpapa spricht mit dem lieben Gott!"

*

Meine Mutter kam erst nach vierjähriger Ehe zur Welt und blieb meiner Großmutter einziges Kind. Sie gab ihr den Namen ihrer eigenen frühverstorbenen Mutter, Charlotte, und erzog sie ganz im Sinne ihrer freigeistigen und intellektuellen Vorstellungen. Da Bildung in ihren Augen die höchste Errungenschaft menschlichen Lebens bedeutete, ließ sie ihre Tochter an allem teilnehmen, was die kleine Stadt an Bildungsmöglichkeiten zu bieten hatte. Nachdem meine Mutter die vier Klassen der Normalschule absolviert hatte, in der sie als unobligaten Gegenstand auch etwas Kroatisch erlernte (über die dort aufgefangenen paar Brocken ist sie niemals hinausgekommen), lernte sie alle Gegenstände der Mittelschule bei einem Professor des Esseker Gymnasiums, lernte bei einer französischen Emigrantin Französisch, bei einem Fräulein Schulze, die in der Festung eine Privatschule für die Töchter „der vornehmen Stände" hielt, Deutsch und Englisch. Dazu kam noch Klavier bei einem wirklich ausgezeichneten Pädagogen, einem Herrn Joseph Schwartz, dessen Sohn in Zagreb (Agram) später am Konservatorium arbeitete. Sie lernte tanzen und schwimmen, las die Klassiker im Original und war in den Augen meiner Großmutter die Verkörperung der Vollkommenheit, ein Feenkind, das die Vorsehung ihr beschert hatte, um sie für alles, was sie im Leben entbehren mußte, zu entschädigen. Meine Mutter war klein, zart, zierlich, gut gebaut, mit langem aschblonden Haar, das ihr in leichten Wellen über den Rücken herunterfloß und, wenn sie es aufsteckte, wie eine lichte Krone über der Stirn lag. Sie trug, der damaligen Mode entsprechend, weite Röcke und enge, am Halse viereckig ausgeschnittene Taillen, mit Vorliebe himmelblau oder silbergrau, Falbeln, Rüschen und Samtbänder an den Kleidern, am Halse und im Haar. Die breiten Schäferhüte und die koketten kleinen Sonnenschirme wurden in Wien bestellt, denn meine Großmutter, die persönlich ohne Bedürfnisse war, wollte für ihre Tochter das Vollkommenste haben. Und als mein Vater, der ein schöner, gebildeter Mann war, sich in sie verliebte und um sie warb, erlebte meine Großmutter den Liebesroman der beiden mit solcher Freude, als wenn es ihr eigener wäre.

Mitte August kamen meine Eltern gewöhnlich aus dem Kurort zurück, und dann war mein Aufenthalt in der Unterstadt zu Ende. Der Abschied fiel mir nicht leicht, aber die Aussicht, eine ganze Stunde im Omnibus fahren zu dürfen, brachte mir Trost. Der magere Gaul zog den Rumpelkasten im Schritt über die staubigen Straßen, ich kniete neben meiner Großmutter auf dem abgeschabten roten Samtbänkchen und sah hinaus. Häuser, Bäume, Wiesen und Gemüsegärten säumten den Weg. Dann kamen die Festungskasematten mit ihren bröckelnden Steinwänden, fremdartig und unheimlich. Auf meine drängenden Fragen antwortete man mir, daß man die schlechten Menschen darin einsperrte. Wer waren diese schlechten Menschen, wollte ich wissen. Soldaten, sagte man mir, die, anstatt zu kämpfen, davonliefen. Warum liefen sie davon, lautete meine nächste Frage. Weil sie sich fürchteten, gab man mir zur Antwort. Dies wollte mir durchaus nicht einleuchten. Auch ich fürchtete mich im Dunkeln und manchmal sogar am hellichten Tag. War ich darum böse? Meine Großmutter gab mir keine Antwort und zog es vor, mich darauf aufmerksam zu machen, daß nun bald die Festung käme und daß auf ihrem Hauptplatz ganz sicher die Militärmusik spielen würde. Ich aber zerbrach mir über das Rätsel der Kasematten und Schanzen auch weiter den Kopf. Ich war überzeugt davon, diese hohen Mauern mit ihren schmalen Schießscharten sowie die dahinter sich befindenden dunklen Löcher wären die Heimstätte einer unbekannten Geisterwelt, ja vielleicht gab es dort sogar gefangene Prinzessinnen und böse Drachen, die sie bewachten, wie in den Märchen, die meine Kinderfrau Rosi mir täglich erzählte!

Dann klangen aus irgendeinem Kasernenhof Trompetensignale auf, und meine Gedanken wandten sich wieder der Wirklichkeit zu. In diesen Höfen exerzierten Soldaten, Kommandorufe ertönten, die Straßen verengten sich, und man sah einerseits das efeuumrankte Wassertor, das an die Drau hinabführte, und andererseits das Neustädter Tor, das durch die Glacien zum Steinernen Kreuz und dem nahe des Stadtgartens gelegenen Großen Exerzierplatz führte. Jetzt sah man überhaupt nur noch Militär, die Offiziere, die vor ihrem Ressourceverein mit rasselndem Säbel auf und ab spazierten, und die Soldaten, die mit aufgepflanztem Gewehr vor ihren schwarzgelben Wächterhäuschen standen. Am Hauptplatz vor der Dreifaltigkeitskaserne und der Hauptwache, die noch aus Maria Theresias Zeiten stammte, spielte wirklich die Militärmusik. Der Omnibus verlangsamte seinen Trott und blieb an der Ecke des Platzes stehen. Es gab Operettenpotpourris und Militärmärsche. Die blechernen Flügelhorne schmetterten, die Flöten trillerten, die Pauken dröhnten. Meine Aufregung steigerte sich bis zur Atemlosigkeit. Und als der Omnibus weiterrumpelte, erklangen vom Turme der Franziskanerkirche die Glocken, und das ganze Gedröhne und Gelärme löste sich allmählich in kleine Wirbel auf, von denen die Luft erzitterte und die Fensterscheiben klirrten. Ich kniete auf meinem Samtbänkchen und war ganz Auge und Ohr. Ich sah Bild um Bild an mir vorbeigleiten, als wären nicht wir es, die sich vorwärtsbewegten, sondern die Außenwelt, die unaufhaltsam an uns vorüberrollte. Oft fügte sich zu diesen Eindrücken auch noch ein in lichtes Rot getauchter Abendhimmel.

Dies waren meine ersten Reiseeindrücke. Ein guter Fußgänger legte den Weg in einer halben Stunde zurück, mir aber schien er in meinem Omnibus immer noch viel zu kurz. Ich wurde erst ungeduldig, als wir uns den ersten Häusern der Oberstadt näherten, die eigentlich mit der Kapuzinergasse anfing, denn der Raum zwischen dem Regimentsgarten und der eigentlichen Stadt war von Holzplätzen und den beiden langgestreckten Baracken der Pulvermagazine eingenommen, denen sich niemand ungestraft nähern durfte. Zuerst kam das Haus, in dem der Photograph Graff sein Atelier hatte. Das kannte ich gut, denn dort wurde ich jedes Jahr einmal photographiert. Und dann Haus um Haus, die mir wie alte Bekannte freundlich zuwinkten. Der Omnibus hielt, und da standen Mama und Papa, die auf mich warteten. Zappelnd vor Ungeduld lief ich ihnen entgegen. Da waren die alten Zimmer, mein altes Kinderbett und die alte Rosi. Da war eine Menge Spielzeug, das ich inzwischen vergessen hatte und das in meinen Augen jetzt einen neuen Wert gewann. Und auch ich wurde gebührend bewundert. Man stellte mich auf einen Sessel und konstatierte, daß ich ein gutes Stück gewachsen war. Aber auch klüger war ich inzwischen geworden, und da ich mir meiner Wichtigkeit voll bewußt war, produzierte ich mich in allem, was ich bei meiner Großmutter gelernt hatte. Zwei Monate bedeuten viel in einem Kinderleben. Es ist eine lange Epoche, und man sieht die Dinge danach mit anderen Augen an. Man entdeckt neue Seiten und Einzelheiten an ihnen, das Große erscheint weniger groß, das Kleine aber noch kleiner als vorher. Alles ist ein wenig verschoben und verändert, man knüpft neue Folgerungen aus dem Bereich seines erweiterten Gedankenkreises daran. Nicht bewußt, aber instinktiv fühlt man aufs neue den Wechsel der Atmosphäre, die veränderte Umgebung, den Unterschied in der Stimmung und Richtung der Erwachsenen, der sich auch im Verkehr mit den Kindern auswirkt. Das sind manchmal nur gewisse Nuancen, es führt aber öfter auch an die Grundlagen der Lebensformen. Andere Forderungen treten heran. Eine andere Zeiteinteilung ist maßgebend. Meine Großmutter kannte kein anderes pädagogisches System als ihre Wärme und ihr spontanes Wesen. Meine Mutter stützte sich auf gewisse Prinzipien, die sie für maßgebend hielt und denen ich von klein auf einen starken Widerstand entgegensetzte. Es ist schwer zu sagen, ob mir dies angeboren oder ob es eine Folge der Erziehung war: Strenge Formen waren mir mein Leben lang verhaßt. Und da ich das Nützliche vom Überflüssigen damals noch nicht unterscheiden konnte, wehrte ich mich gegen alles, was meine Freiheit und Selbständigkeit einschränken konnte. Ich kann den Grund meiner starken inneren und äußeren Abwehr gegen jede Art Vergewaltigung, gegen jedes „du sollst" und „du mußt" noch heute nicht verstehen. Ich wehrte mich gegen Dinge, die man mir aufzwang. Ebenso haßte ich den mir vorgeschriebenen Weg der „goldenen Mitte", der alle Übertreibungen, im Guten oder im Bösen, von vornherein anathematisierte. Man sagte mir, noch ehe ich die Worte richtig verstehen konnte: Halte Maß in allen Dingen! Dies aber war mir am verhaßtesten von allem. Einzuhalten mitten im Spiel, wenn es am schönsten war. Mit dem Essen aufzuhören, wenn es mir am besten schmeckte. Meine Wünsche zu reduzieren. Nicht augenblicklich zu tun, was mir vorschwebte. Zu schweigen im Angesicht der anderen, wenn es mich zu reden verlangte, dies waren lauter Forderungen, gegen die ich mich, wenn auch nicht immer äußerlich, so doch von innen heraus, wehrte. Und dieser Protest, der in meiner Kindheit als Unfolgsamkeit, Wildheit und Trotz ausgelegt wurde, gab auch meinem späteren Leben die Richtung: Ich wehrte mich gegen Kleinlichkeit, Engherzigkeit, gesellschaftliche Konvention und Formalismus, die in meinen ersten Jahren als oberste Regel galten.

Das Haus, in dem wir damals wohnten und in dem ich am 8. Februar 1880 geboren wurde, lag in der versteckten Schanzlgasse, die sicher eine der unscheinbarsten und häßlichsten der ganzen Oberstadt ist. Auch war sie eine Gasse der bekanntesten Schenken. Das Pillersche Wirtshaus schloß sich links an unser Haus an. Dort gab es häufig Radau, besonders in der Nacht von Samstag auf Sonntag, wenn sich den Esseker Spießern auch noch Fischer, Fuhrleute und Holzarbeiter anschlossen sowie Leute aus der Podravina[3]), die von „gar nichts", das heißt im besten Falle von den sich in der Nähe des Flusses ergebenden Gelegenheitsarbeiten, lebten, das unverfälschteste „Essekerisch" sprachen und große Raufbolde waren. Dann wurde im Pillerschen Wirtshaus, wo es ein gutes Fischpaprikasch und einen sauren Wein gab, bis über Mitternacht hinaus gelärmt, gesungen und gejohlt. Ich hörte das Geschrei häufig bis in mein Kinderzimmer, wachte auf und erschrak. Ich behauptete, im Hause wären Räuber, wollte nicht mehr allein in meinem Bette schlafen, sondern unbedingt zu meiner Mutter. Mit diesem Erpressungsmittel erreichte ich meistens auch meinen Zweck, und so ist es mir mit besonderer Deutlichkeit im Gedächtnis geblieben.

Ein paar Schritte weiter nach links war die Scheppersche Bierhalle. Das Bier war dünn, man konnte es massenhaft in sich hineintrinken, bis es zu einem kleinen Dusel, aber niemals zu einem wirklichen Rausch kam. Dort verkehrten die Honoratioren und Notabilitäten der Stadt, Beamte und Kaufleute, die daselbst auch ein kleines Extrazimmer besaßen, und von dem, was dort vorging, erzählten sich die Außenstehenden mit wissendem Lächeln und mit gedämpfter Stimme. Ich erriet und verstand nichts davon. Nur einmal schien es mir, daß auch kleine Mädel dabei eine Rolle spielten, und mein Vater erklärte, es sei eine Schande und die Betreffenden möchten sich in acht nehmen, es würde sicher was herauskommen. Den Sinn dieser Worte verstand ich erst zwanzig Jahre später, als wirklich „etwas herauskam" und ein paar ältere Würdenträger der Stadt sich schwer kompromittierten. Aber das gehört schon nicht mehr hierher.

Nahe dem Hause befand sich der Fischplatz, an dem ich bei meinen täglichen Ausgängen vorbei mußte. So gehörte der Geruch des fauligen Wassers, in dem die großen Hechte und Donaukarpfen herumzappelten und ängstlich nach Luft schnappten, zu meinen ersten qualvollen Erinnerungen. Ich sah die aufgerissenen Mäuler, die starrblickenden Augen der halbtoten Fische. Ich sah, wie sie sich aneinander rieben, in die Höhe zuckten und langsam erstickten. Oft auch wurden die

Der Vater: Julius Miskolczy mit den beiden Töchtern [12]

Ein typisch schwäbisches Haus im Dörfchen Baan (Popovac) [13]

Adolf Waldinger an der Staffelei [14]

Adolf Waldinger: „Hütten im Walde" 15

Das Gebäude der ehemaligen Höheren Töchterschule in der Festung [16]

Die Schanzen und die Mauerwerke der Esseker Festung (Gojković) [17]

Das Haus von Wilmas Eltern in der Franzensgasse [18]

In Essek lebten einst fast 2000 Juden. Heute zeugen von ihrer Existenz nur noch die verwahrlosten Friedhöfe. Hier: das von Gestrüpp überwachsene Grab von Wilmas Eltern [19]

zappelnden Tiere, ehe die Käufer sie in ihre Körbe und Netze taten, mit einem Schlag auf den Kopf zur Ruhe gebracht. Ich haßte in diesem Augenblick nicht nur die Käufer und Verkäufer, die solches taten, sondern auch den lieben Gott, der es ruhig geschehen ließ! Von dorther datiert mein Abscheu vor jeder Tierquälerei sowie überhaupt vor den Methoden, die die Menschen gefangenen Tieren gegenüber anwenden. Der Besuch in Menagerien, die es damals auf jedem Marktplatz gab und in denen man Wölfe, Löwen und Tiger sehen konnte, die mit vor Verzweiflung irrsinnig gewordenen Augen in ihren engen Käfigen im Kreise herumstrichen, nach einem Ausweg aus denselben suchend, und sich dabei immer wieder an ihren Gitterstäben stießen, war mir verleidet, und nachdem ich dies alles einmal gesehen hatte, wäre nichts imstande gewesen, mich noch einmal dahin zu bringen. Selbst angekettete Hunde waren und blieben mir ein Greuel, Singvögeln in Käfigen öffnete ich die Türen und ließ sie fliegen, so oft sich mir die Gelegenheit dazu bot. Dieser Abscheu hat sich im Laufe der Jahre nicht vermindert, sondern eher noch verstärkt, und ich selbst habe niemals ein gefangenes Tier besessen.

Von unserem Hof führte eine schmale Treppe bis an den Lagerplatz, der zur Furtingerschen Faßbinderei gehörte. Von dort aber waren es nur ein paar Schritte bis hinunter an den Fluß, dem ich mich trotz aller elterlichen Verbote immer wieder näherte. Jeden unbewachten Moment benutzte ich dazu um hinunterzulaufen, mich auf die begraste Böschung niederzusetzen und zuzusehen, wie das graugelbe Wasser sich langsam vorwärts wälzte. Am gegenüberliegenden Ufer gab es ein verbuckeltes Weidengehölz, an dem im Vorfrühling die flaumigen gelben Kätzchen ansetzten und dann etwas später die silbergrünen Blätter, die sich wie ein leichter Flor darüber ausbreiteten. Erst im Sommer fügten die Kronen sich ganz aneinander und bildeten ein den Horizont abschließendes schattiges Gewölbe. Es war schön, hier unten zu sitzen und zuzusehen, wie die Dampfer vorüberzogen und hinter denselben eine ganze Reihe hochbeladener Schleppkähne. Die Schiffsglocken läuteten, Dampf wirbelte empor, die Räder drehten sich und klatschten ins Wasser, das eine blaue Färbung annahm und in blitzernden Tropfen von ihren Schaufeln heruntertroff. Über dem Fluß der von Dunst getrübte Sommerhimmel, der ganz ohne Farbe war. Erst gegen Abend durchbrach die Sonne den milchigen Nebel, schoß in scharfen Strahlen daraus hervor, ergoß sich über das Gehölz und verwandelte Himmel, Erde und Wasser in eine Zauberwelt.

Ich aber saß auf meinem Wall, umleuchtet, umstrahlt von all dem Glanz, unfähig, diese plötzliche Veränderung ganz zu erfassen und dennoch benommen in einem wortlosen Entzükken, das über alles hinausging, was ich bisher empfunden hatte. Ich sah, wie das Rot sich vertiefte in ein dunkleres Violett, wie das Gold sich aufhellte in ein lichteres Gelb und wie dann alles langsam wieder verblaßte und auskühlte. Nur noch ein paar silberne Streifen, die das Wasser teilten, in seine Tiefe hinabsanken und dann nichts. So täuschte mir das Licht eine Schönheit vor, die es in Wirklichkeit gar nicht gab, die sich jedoch unauslöschlich in meiner Erinnerung festsetzte und auf diese Weise der Vergänglichkeit ein für allemal entrissen war.

✳

Ein paar Tagebuchblätter liegen vor mir, die mein Vater an seinem zwanzigsten Geburtstag, das heißt, am 20. April 1873, zu schreiben begonnen hatte. Es sind nur wenige Seiten, die hauptsächlich seine frühe Kindheit und erste Schulzeit in Mohács betrafen. Er beklagte sich darin, daß er niemals in seinem Leben ein Spielzeug besessen habe: „Nicht einmal den kleinsten Ball habe ich je mein eigen genannt, und ich beneidete meine Spielgefährten, die einen schönen Säbel, ja manchmal sogar eine Flinte besaßen, ich aber hatte gar nichts. So stand es auch um meine Kleidung. Anzüge und Mäntel waren immer aus verschiedenerlei Resten zusammengeflickt. Mein Vater hätte es für hinausgeworfenes Geld gehalten, mich mit unnützem Spielzeug zu versehen und mich anders zu kleiden, meine Mutter aber war viel zu sanft und gefügig, um gegen seinen Willen auch nur das Geringste zu tun. Schon mit fünf kam ich in die Schule, das heißt, ich ging täglich mit meinen beiden älteren Schwestern zu einer alten serbischen Lehrerin, bei der ich stricken lernte! Mit noch nicht sechs begann ich die wirkliche Schule zu besuchen, in der ein schrecklicher Terror herrschte.

Unser Lehrer kam gewöhnlich schon leicht beschwipst in die

Klasse, auch hatte er ständig eine Schnapsflasche bei sich, die er von Fall zu Fall aus der Tasche zog, um einen Zug daraus zu tun. Er hatte blutunterlaufene Augen und eine rote Nase, so daß wir Kinder ihn ‚Palinkas‘, das heißt Schnapsbruder, nannten. Für jede Kleinigkeit wurde man bestraft. Man mußte sich auf den staubigen Boden legen, und er hielt einen mit den aufgestemmten Knien dort fest. Dann schlug er so lange auf sein Opfer los, bis ihm die Kraft ausging und er genötigt war, sich durch einen neuen Schluck zu stärken!"

Mein Vater schreibt, daß er zwischen seinem fünften und elften Jahr fast täglich auf diese Art geschlagen wurde. Damit war sein Normalunterricht beendet, und er kam nach Fünfkirchen in die Realschule, wo er nach einer mit gutem Erfolg abgelegten Prüfung angenommen wurde. Er schreibt darüber in seinem Tagebuch: „Die Stadt Fünfkirchen machte mir einen erhabenen Eindruck! So viele hohe Gebäude hatte ich noch niemals gesehen! Ja, von einer solchen Pracht hatte ich nicht einmal zu träumen gewagt! Beim Anblick des herrlichen alten Doms fühlte ich mich in eine andere Welt versetzt!" Nach der Realschule kam er nach Wien, wo er die vierklassige Handelsakademie, im Range einer Fakultät, besuchte. Dort lernte er das wirkliche Großstadtleben mit allen seinen geistigen Anregungen kennen. Davon aber ist in seinem Tagebuch nichts mehr zu lesen. Um so lieber erzählte er davon, besonders als ich selbst später in einem Wiener Pensionat war, er mich dort häufig besuchte und mich auf dies und jenes aufmerksam machte.

Ausführlicher aber schreibt er über seine Besuche bei den Großeltern in Pél Monostor (Beli Manastir), wo dieselben Felder, Weingärten und ein kleines Geschäft im eigenen Hause besaßen und bei welchen er jährlich seine Ferien verbrachte. Das Dorf liegt im Baranyer Komitat an der Landstraße, die von Ofen nach Essek führte. Von der einen Seite wird es von den Ausläufern der Batinaer oder Baaner Berge begrenzt, an deren Abhang es liegt. Auf der anderen Seite gibt es unübersehbare Mais- und Weizenfelder. An dem Hügelgelände aber zahlreiche Weingärten, in denen mein Vater sich zur Zeit der Lese an Trauben satt aß und sich mit den Bauernkindern gut unterhielt.

In seinem Tagebuch schreibt er: „Mein Großvater, Philipp Rosenbaum, oder wie die Leute im Dorf ihn jetzt nannten

‚Veitl Monostor', war in Preßburg geboren und entstammte einer dortigen angesehenen Rabbinerdynastie. Seinen Erzählungen nach, die er häufig wiederholte, soll der berühmte Prager Hochrabbi Löw unser Vorfahr gewesen sein."

Es ist schwer, ja meistens unmöglich, den Ursprung einer jüdischen Familie über die zweite oder dritte Generation zurück einwandfrei festzustellen. Bei dem unsteten Wanderleben, das die Juden jahrhundertelang von Westen nach Osten und von Norden nach Süden getrieben hatte, bei dem Mangel an schriftlichen Belegen, Daten und Dokumenten, den zahlreichen niedergebrannten Synagogen und zerstörten Gemeinden, die ihren tragischen Wanderweg begleiteten, verwischen sich alle Spuren, und alles, was der Vergangenheit des eigenen Geschlechts angehört, verschwindet im dunkeln. Es gibt natürlich Legenden, die der Vater auf den Sohn vererbt. Am häufigsten aber sind es die Namen, die gewisse Aufschlüsse geben, besonders wenn sich dieselben auf einen bestimmten Ort beziehen, so wie Frankfurter, Krakauer, Dessauer, Wiener, Mannheimer und so weiter, aus denen sich ein gewisser Zusammenhang herausfinden, oft auch nur erraten oder ausklügeln läßt. Es gibt Namen, die ein Gewerbe bezeichnen: Schuster, Schneider, Metzger, Rabbinovitsch. Am ältesten sind die Namen Cohen, Kahane, Priester, Levy, die auf eine Abstammung aus priesterlichem Stamme hindeuten. Viele jüdische Namen bezogen sich auf die an den Häusern des Ghetto angebrachten Schilder oder Hauszeichen, so Nußbaum, Hirsch, Bär, Weinstock, Stiebel. Die Familie Rothschild hieß vormals Hahn, aber der Gründer der jetzigen Dynastie, Isaak Hahn, übersiedelte im Jahre 1567 mit seinem Weibe Esther in das in der Frankfurter Judengasse neu erbaute Haus „Zum roten Schild", und sie wurden fortan von ihren Glaubensgenossen, später aber von jedermann mit dem Namen Rothschild bezeichnet.

So können sich also nur wenige Juden auf einen Stammbaum berufen, und wo ein solcher, in Gebetbücher eingetragen, manchmal zufällig erhalten blieb, ist er höchst lückenhaft und nicht vollkommen authentisch. Auch die der mündlichen Überlieferung entstammende Legende, die den Hohen Rabbi Löw als den Ahnherrn unseres Geschlechts und die von dem Großvater meines Vaters auf diesen und von ihm auf uns, Veitl Monostors Urenkelkinder, überging, war durchaus nicht bewiesen. Meinen Vater aber interessierte diese Sache, und er wollte sich Gewißheit verschaffen. Anläßlich eines seiner zahlreichen Besuche in Karlsbad machte er einen Abstecher nach Prag und fand im Gemeindeamt der dortigen Klaussynagoge Aufzeichnungen, die sich auf die Rabbinerfamilie Rosenbaum, mithin auch auf meinen Urgroßvater Philipp Rosenbaum bezogen. An Hand dieser Aufstellung ließ sich einwandfrei feststellen, daß es sich dabei um die Nachkommen des Hohen Rabbi Löw gehandelt hatte, der übrigens zahlreiche Kinder besaß, unter ihnen auch eine talmudgelehrte Tochter, was damals die größte Seltenheit war, die mit ihrem Manne nach Deutschland übersiedelte und an der von ihm gegründeten Schule teilnahm.

Nach einem schriftlichen Attest der Gemeinde Prag sind wir also wirklich direkte Abkömmlinge des Hohen Rabbi Löw, der eine der berühmtesten Gestalten am Ausgange des Mittelalters war. Der wirkliche Name dieses jüdischen Kabbalisten und Gelehrten war Löwe Juda ben Bezalel, in der jüdischen Schrift „Maharal von Prag". Er war geboren im Jahre 1520, wahrscheinlich in Posen, und seine Figur wurde in der deutschen Literatur mehrere Male bearbeitet, so von Meyrink in seinem Roman „Der Golem", von Max Brod in „Tycho Brahe", von Holitscher und in der Lyrik von Hugo Salus. Sein Ruf als Gelehrter, Philosoph, Magier und Kabbalist ging weit über die Prager jüdische Gemeinde hinaus und lebt noch heute in der Legende fort. Sein Grab auf dem alten Prager Judenfriedhof, das mein Vater anläßlich seiner Reise nach Prag im Jahre 1886 besuchte, ist gut erhalten. Der Grabstein stellt ein steinernes Gehäuse mit steilem Satteldach dar, wie übrigens die meisten jüdischen Grabmale. Der Kopf der hohen Schmalseiten weist Barockverzierungen auf, in den Stein eingraviert sind die Titel von fünfzehn Werken, die der Gelehrte zu seinen Lebzeiten veröffentlichte, und von vier weiteren, die nach seinem Tode herauskamen. Sonst aber sind alle Grabsteine auf dem alten Prager Judenfriedhof von gleicher Höhe und Form, so wie nach der jüdischen Lehre auch alle Menschen im Tode einander gleich sind. Im Jahre 1592 wurde der Hohe Rabbi Löw vom Kaiser Rudolf II. in einer Audienz empfangen, die über zwei Stunden dauerte. Es ist anzunehmen, daß dieser abergläubische Monarch sich seiner kabbalistischen Kenntnisse im Voraussagen der Zukunft bedienen wollte.

Auch das Volk schrieb ihm die überirdischen Kräfte eines Wundertäters zu. So soll es ihm gelungen sein, den Homunculus (Golem) aus einem Klumpen Lehm zu formen und ihn durch Einlegung kabbalistischer Amulette Leben zu verleihen. Er bediente sich des Golems als seines Dieners, bis dieser sich einmal an der Sabbatruhe verging und er genötigt war, sein Werk wieder zu zerstören. Eine weitere Legende erzählt, wie er zum Retter der Gemeinde Posen wurde, in der damals die Pest ausgebrochen war. In der Nacht vor den hohen Feiertagen traf der Rabbi den Todesengel im Bethaus und entriß seiner Hand die Totenliste. Zwischen den Fingern des Totenengels war jedoch ein Stück dieser Liste zurückgeblieben, auf dem des Rabbi Namen stand. Nach den Feiertagen erkrankte dieser und starb. So vermochte der Wundertäter zwar die Gemeinde, nicht aber sich selbst zu retten. Nach der Niederreißung des alten jüdischen Ghettos errichtete die Stadtgemeinde Prag dem Hohen Rabbi Löw ein Denkmal am Prager Neuen Rathaus, eine hohe Figur mit der hohen Priestermütze und langen, herabwallenden Gewändern. Eine nackte Jünglingsgestalt, wohl das verfolgte Judentum, klammert sich an ihn und reckt sich an ihm empor.

Die Kabbala, zu deren bekanntesten Apologeten auch dieser mein Vorfahr gehörte, geht bis an den Ursprung der jüdischen religiösen Überlieferung zurück, ja wahrscheinlich sogar über dieselbe hinaus. Man sucht die „Geheimlehre" bis an den Ursprung des Menschengeschlechts zurückzuführen. Vielleicht wurzelt sie in den alten vergessenen Kulturen der Chaldäer, Manichäer, Babylonier und Ägypter, ist mit deren esoterischen Lehren verwandt, von den mathematischen und astronomischen Kenntnissen der Ägypter beeinflußt, die in einer weit zurückliegenden vorhistorischen Zeit ihren Ursprung haben. Später kamen platonische, pythagoräische, ja sogar christliche und islamische Einflüsse hinzu. Es gibt Vorstellungen darin, die der Apokalypse, und andere, die der Gnosis entnommen sind.

Der Legende nach wurde die „Geheimlehre" im Jahre 870 aus Babylon nach Italien übertragen, wo sie sich ausschließlich in der Familie der Kalonymiden befand. Von einem Mitglied dieser Familie wurde sie nach Deutschland verpflanzt. In der damals gegründeten deutschen Schule wurde vor allem die

Verinnerlichung des religiösen Lebens mit Hilfe mystischer Mittel angestrebt. Die südfranzösische und spanische Schule jedoch, stark beeinflußt durch arabische Elemente, entwikkelte sich in einer spekulativen Richtung weiter.

Es ist bezeichnend, daß die kabbalistische Lehre ihre größte Verbreitung in den Jahrhunderten schwerster Judenverfolgung fand. Kabbala und Messianismus kamen den in ständiger Unsicherheit lebenden, von schwerer Angst bedrängten, geschmähten und mißhandelten Menschen mit ihren Verheißungen und Prophezeiungen, der Verkündigung schon geschehener oder noch zu geschehender Wunder entgegen. Sie vertrösteten sie mit der Aussicht auf das Gottesreich, das nun unmittelbar folgen würde, und gaben ihnen auf Grund dieser neuen Hoffnung die Kraft, weiter auszuharren. Sie gaben ihnen noch mehr. In einer Zeit, da der von seinen Quellen abgeschnittene Glaube langsam in Formalismus erstarrte, mobilisierten sie die starken inneren Kräfte, die die Leidenden über ihr eigenes Schicksal erhoben. Ihr Glaube wurde neuerdings lebendig, ihre Seelen schafften sich ein Ventil und durch dasselbe jene verdünnte Luft, in der es sich leichter leben ließ, und die Fata Morgana ihrer Träume sich in den wunderbarsten Bildern spiegelte.

So war die Kabbala das, was die Menschen damals gerade brauchten. Es bargen sich höhere Weisheitsgedanken darin, die auf alle Gebiete des Lebens übergriffen. Indem sie bis auf den Urmenschen, Adam Kadmion, zurückgingen, schufen sie das Prinzip des Urmännlichen, des Vaters und Königs, sowie des Urweiblichen, der Mutter, der Matrone, des ewig Positiven und des ewig Negativen, rechts und links, das heißt der Polarität aller Dinge. Sie knüpfen an indische Begriffsformen an: die Wiedergeburt, die Seelenwanderung und die Beschattung einer Seele durch eine andere. Dies bedeutet nicht eigentlich Hoffnung auf ein Jenseits im christlichen Sinne, sondern die Idee einer seelischen Läuterung, die schon im diesseits erfolgt, der Abbüßung der Sünden aus einem früheren Leben, der Nachholung alles Versäumten auf einer höheren Daseinsstufe bis zum Erreichen einer höchsten Vollkommenheit, die bis zur Gottähnlichkeit geht. Dies bedeutet einen über den irdischen Tod hinausgehenden Trost. Es bedeutet die Anerkennung des Prinzips einer höheren Gerechtigkeit, derzufolge das in diesem

Leben unbelohnt gebliebene Gute im Kreislauf des nächsten Lebens Anerkennung finden wird. Jahre hindurch war die Judenschaft von diesen Ideen durchdrungen, die im 17. Jahrhundert jedoch durch den falschen Messianismus eines Isaak Lurja, eines Vital Calabrese und vor allem des Sabbatai Zewi auf Irrwege geriet. Die Ekstase steigerte sich bis zum Wahn, die verzückte Schwärmerei artete vielfach in Narrentum aus, die Phantasterei in Albernheit und groteske Übertreibung. Die jahrhundertealte Trauer kippte in Ausgelassenheit um. Zu groß waren Leid und Angst gewesen, um nicht eine seelische und in vielen Fällen sogar körperliche Reaktion zu erzeugen. In einem solchen Zustand wird alles Verstandesmäßige abgelehnt, die Menschen sind geneigt, auch dem Unsinnigen einen Sinn zu geben, dem falschen Lockruf zu folgen und der Lüge zu glauben.

✳

Mein Urgroßvater Philipp Rosenbaum war schon zur Zeit seiner Jugend ein fleißiger Talmudschüler gewesen, ein Umstand, den auch mein Vater in seinem vorerwähnten Tagebuch festhielt. Das Talmudstudium setzt sich aus dem Lernen des Bibeltextes, den Lehrsätzen der mündlich überlieferten Gesetze, der Kommentare sowie der dialektischen Ausdeutung dieses ganzen Materials zusammen. Dieses Studium wurde häufig zum Selbstzweck und dehnt sich bei frommen Juden über ihr ganzes Leben aus. Es war in den Augen jener, die sich ausschließlich mit Erwerb beschäftigten, ein gottgefälliges Werk, und vermögende, ja manchmal auch weniger vermögende Eltern waren stolz darauf, einen Talmudjünger zum Schwiegersohn zu haben, selbst wenn derselbe niemals etwas zur Erhaltung des Haushalts beitrug. Das Talmudstudium war übrigens auch ein religiöses Gebot. Der Talmud selbst war ein Werk, an dem im Laufe der Jahrhunderte 2500 Menschen geschrieben hatten und das die ganze Weisheit eines in der Diaspora lebenden Volkes zusammenfaßte und auf diese Art sein geistiges Zentrum bildete. Er enthielt Feststellungen, die auf die unterschiedlichste Weise gedeutet werden konnten, Kommentare, die nach weiteren Kommentaren verlangten. Sehr häufig wurden auch die einfachsten Dinge kompliziert, so daß es eines ganzen Menschenlebens bedurfte, um sie noch einmal richtigzustellen. Aber die Vertiefung in dieses von Tradition und Sitte geheiligte, ja vergöttlichte Material faszinierte, lenkte von der Gegenwart ab, schärfte den Verstand, führte freilich sehr oft auch zur Haarspalterei, zu überflüssigen Spitzfindigkeiten, zu rabbulistischen Trugschlüssen und Tüfteleien, die den Schein vor die Wirklichkeit stellten, dem Wort eine höhere Bedeutung verliehen als der Tat. Es gab Fanatiker, die sich an diesem Narkotikum täglich berauschten und sich auf diese Art eine in sich beschlossene und von äußeren Einflüssen unberührte Daseinsform schufen.

So auch mein Urgroßvater Veitl Monostor, von dem ich später niemals etwas anders erfahren habe, als daß seine Talmudweisheit höchst ansehnlich war, und daß er viele seiner Zeitgenossen in diesem Punkte überragte. Er war in den ersten Jahren des 19. Jahrhunderts, der damaligen Sitte gemäß, als frommer „Bocher" (Bachur-Jünger) aus seiner Heimatstadt Preßburg aufgebrochen und hatte sich auf dem Weg donauabwärts von einer Gemeinde zur anderen durchgeschlagen. Er hielt sich überall auf, wo es gute Talmudlehrer und Schriftgelehrte gab, und bereicherte auch auf diesem Weg, der ihn in die ungarische Tiefebene hinabführte, sein Wissen. Er landete in dem von jedem Straßenverkehr abgeschnittenen Dörfchen Baan[4]), das zur Domäne des Erzherzogs Karl von Aspern gehörte, und wurde bald Schwiegersohn eines Mannes namens Nahtan Taussig (auch Reb Nate Baan genannt), der als Schutzjude des Erzherzogs dort lebte mit der Vergünstigung, sich auf dieser, den Juden sonst verbotenen Domäne ansiedeln und daselbst ein Geschäft eröffnen zu dürfen.

Dieser mein Ururgroßvater Reb Nate Baan war in Wien geboren und im erzherzoglichen Gefolge in diese Gegend gelangt. Auch seine Wiener Angehörigen, das heißt die gesamte Familie Taussig, stand unter dem Schutz der habsburgischen Dynastie, der sie große Dienste erwies. Sie hatte nicht nur das Recht, in Wien dauernden Aufenthalt zu nehmen, sondern durfte daselbst ein eigenes Haus besitzen, war vom Tragen der „Judenabzeichen" befreit und konnte sich ein zahlreiches Gesinde halten, das heißt unter diesem Titel auch noch andere Familien einschmuggeln, die dann den gleichen Schutz genossen wie sie selbst.

Die sogenannten Schutzjuden oder Hoffaktoren waren zu einer Zeit, da es in Europa noch keine geordnete Geldwirtschaft gab und die Dynastien durch ihre ständigen Kriege meist bis über den Kopf in Schulden verstrickt waren, die einzigen Finanzleute im Lande. Sie leisteten große Beiträge zum kaiserlichen Hofstaat, vermittelten Geschäfte, erwiesen sich durch gute Ratschläge nützlich und genossen infolgedessen auch ein gewisses Ansehen, das heißt bis zu dem Moment, da man ihrer nicht mehr bedurfte. Häufig wurden sie um geringer Vergehen und noch häufiger auf eine bloße Denunziation hin in den Kerker geworfen, auf grausame Art hingerichtet, und ihr Vermögen wurde konfisziert.

Auch die Wiener Familie Taussig, der mein Ururgroßvater Reb Nate Baan angehörte, waren Hofjuden der Habsburger. Sie waren dies bis in die neueste Zeit hinein. Der im Jahre 1848 geborene österreichische Finanzmann Theodor Ritter von Taussig war Leiter der österreichischen Länderbank und der private Bankier des Kaisers Franz Joseph. Er machte sich verdient durch die Förderung der österreichischen Bergwerke, der Dampfschiffahrtsgesellschaft und durch die von ihm durchgeführte Verstaatlichung der österreichischen Eisenbahnen. Therese Taussig, die bei diesen vornehmen Wiener Verwandten erzogene Tochter Reb Nate Baans, ein schönes, kluges, gebildetes Mädchen, geboren zu Ende des 18. Jahrhunderts, heiratete im Jahre 1820 den aus Preßburg zugewanderten Talmudschüler Philipp Rosenbaum. Sie übersiedelten in das nahegelegene, zur erzherzoglichen Domäne gehörige, von Schwaben und Šokcen⁵) bewohnte Dorf Monostor, wo ihr Vater ihnen das Aufenthaltsrecht erwarb und einen kleinen Laden eröffnete. Meine Urgroßmutter Therese (das Resele von Monostor, wie sie fortan hieß) trug von allem Anfang an die ganze Last der Geschäfte auf ihren Schultern. Ihr Laden war der einzige zwischen Darda und Villány und genoß das Vertrauen und den Zulauf der ganzen dort ansässigen Landbevölkerung. Sie kauften bedrucktes Zeug, Leinen, Schürzen und Tücher, häusliche und Wirtschaftsgeräte, Nägel und Mausefallen, Petroleum, Salz und Zucker bei ihr ein. Sie stand mit ihrer Kundschaft auf du und du, kannte ihre Lebensverhältnisse und sprach ihre Sprache. Leichtsinnige Mädel, die zuviel Geld für ihren Putz ausgaben, jagte sie mit der Begründung aus dem Geschäft: „Du hast dir doch erst vor ein paar Tagen ein neues Tüchel und eine Schürze gekauft! Mach, daß du hinauskommst, sonst werd ich's deiner Mutter sagen!"

Inzwischen gebar sie ein Kind nach dem anderen, sieben an der Zahl, zwei Söhne und fünf Töchter. Ihre älteste Tochter Josephine war meine Großmutter. Sie hatten alle schwäbisch klingende Namen: Pepi, Hanni, Dinni, Mari und Rosi. Sie hielten Umgang mit den dortigen Bauernkindern, und ihre Mutter erzog sie zur Arbeitsamkeit und Schlichtheit. Sie trugen niemals andere Kleider als die dort ansässigen Schwäbinnen, blaues, bedrucktes Zeug, einen breiten Rock über den anderen, enge, hochgeknöpfte Jacken mit breitem Schößel und bunte Schürzen. Erst nach ihrer Verheiratung zog meine Großmutter Josephine das erste städtische Kleid an. Und während die Mutter das Geschäft versah, am Pult stand, Salz auswog und Zeug zumaß, Vieh, Felder und Weingärten versorgte, die Kinder erzog und das Gesinde in Ordnung hielt, saß mein Urgroßvater (damals noch ein ziemlich junger Mann) sommers im Blumengarten in seiner schattigen Laube, winters im warmen Hinterzimmer, das schwarze Samtkäppchen auf dem Kopf und studierte seinen Talmud. Er beugte sich über seine Folianten, furchte die Stirn im Banne seiner ungeklärten Fragen, die sich auch beim besten Willen und mit einem Höchstmaß an rabbinischem Wissen niemals einwandfrei beantworten ließen. Da gab es immer noch ein Für und Wider, das Meinung gegen Meinung stellte und die Sache schließlich nur noch mehr verwirrte. Aber es war ein gottgefälliges Werk. Dies fand auch seine Gattin Therese und ließ ihn gewähren. In leisem Singsang murmelte er die Worte vor sich hin, Frühling, Sommer und Winter gingen an ihm vorbei, und er schien seiner Umgebung kaum zu achten. So verbrachte er seine Tage, seine Jahre, ja sein ganzes Leben, ohne recht zu bemerken, daß die Frau es war, die dies alles aufrechterhielt. Sie war auch in ihren reiferen Jahren noch schön: ein sehr weißes, sanft gerundetes Gesicht mit schwarzem Scheitel und großen durchsichtig blauen Augen, die sie auf ihre ganze Nachkommenschaft vererbte. Auch ihre fünf Töchter hatten dieses glatte schwarze Haar und diese blauen Augen in den verschiedensten Abstufungen und Nuancen. Von diesen ging es auf die Enkelinnen und Urenkelinnen über, vom Blau des Azurs bis zum Blau der Veilchen, gelegentlich gedämpft durch eine Beimischung von stumpferem Grau, das sie weniger leuchtend erscheinen ließ, oder in einem leicht grünlichen Ton, was ihnen etwas Katzenartiges verlieh. Aber keine einzige ihres Geschlechts, die nicht eine Spur dieser Bläue mit ins Leben bekommen hätte. Die ihrigen aber leuchteten in einem unschuldigen Himmelblau bis in ihr spätes Alter hinein.

Meine Großmutter Josefine heiratete im Jahre 1849 nach dem an der Donau gelegenen Städtchen Mohács, das in Ungarn zu trauriger Berühmtheit gelangt war, denn hier wurden die Ungarn 1526 von den Türken geschlagen und verloren auf lange ihre nationale Selbständigkeit. Vom Vorleben meines Großvaters Max Miskolczy ist mir nur wenig bekannt. Es ist anzunehmen, daß seine Familie aus Oberungarn und zwar aus der Stadt Miskolc stammte, deren Namen sie führte. Tatsächlich war mein Großvater in Bonyhád, einer der größten südungarischen Judengemeinden geboren. Er hatte ein paar Brüder, die mit ihm nach Mohács übersiedelten, von deren Familien ich aber nicht mehr viel weiß. Von einer Schwester meines Großvaters erzählte man, sie sei im Jahre '48 als Marketenderin mit der Armee gezogen, es war also kaum verwunderlich, wenn sie auch später keinen allzu guten Ruf genoß. Die zweite Schwester war unsere Tante Strauß, die ich im Alter als biedere und bescheidene Frau kannte. Von ihr erzählte man sich, sie sei in ganz jungen Jahren einem Bonyháder jungen Mann anverlobt gewesen. Als jedoch der Trauhimmel, der bei den Juden das Symbol der Brautkammer verkörpert, im Hofe aufgestellt wurde, war wohl die festlich angetane Braut und ihr Verwandtenkreis mit dem Rabbiner da, nur der Bräutigam fehlte und war auch später nicht aufzufinden. Die Braut meinte, vor Schande in die Erde versinken zu müssen, und schon sollte die Trauung abgesagt werden, als mein Onkel Strauß, der damals Glasergeselle und mit seinem Kasten auf dem Rücken auf der Wanderschaft war, Mitleid mit der im Stiche gelassenen beschämten jungen Person empfand. Er schnallte den Kasten ab und erklärte: „Das Mädel gefällt mir, und ich werde sie heiraten." Er trat mit ihr unter die Huppe (den Brauthimmel), und mit diesem Schritt und mit der von mehreren Zeugen abgegebenen Erklärung war dem jüdischen Gesetz nach die Trauung bereits vollzogen. Das von ihrem Bräutigam verlas-

sene Mädchen hatte in diesem Augenblick die Ehre zurückge-
wonnen und einen anderen Gatten gefunden, mit dem sie in
einer fünfzigjährigen Ehe glücklich lebte. Der Mann eröffnete
später in Essek einen kleinen Glas- und Porzellanladen und war
jener gute Onkel, der mir die schönen rosa Kaffeetassen
schenkte und nach dem ich mir in meiner Kindheit das Bild des
lieben Gottes ausformte. Er war ein gütiger Mensch und ein
wirklicher Weiser, dessen gelungene Aussprüche in der Familie auch noch nach seinem Tode wiederholt wurden. Dieser
raschen Trauung folgte damals eine rasche Schwangerschaft,
und seine Gattin beschenkte ihn lange vor der vorgeschriebenen Zeit mit einem gesunden Töchterchen. Er akzeptierte die
Tatsache ohne Auseinandersetzungen über den heiklen Punkt.
Er stellte keine komplizierten Berechnungen an, die seine
Vaterschaft eventuell in Zweifel gezogen hätten, sondern
liebte die kleine Minna nicht weniger als seine anderen Kinder.
Der Zufall wollte es, daß er gerade bei dieser Tochter seine
alten Tage verbrachte und daß gerade sie es war, die ihn, als er
erblindete, bis an sein Ende liebevoll pflegte.

*

Mein Großvater war inzwischen ein vermögender Mann
geworden. Er übersiedelte im Jahre 1870 nach Essek, wo er
sich das in der Komitatsgasse liegende Hillersche Haus kaufte.
Dieses Haus blieb bis zum Jahre 1940 in unserer Familie. Es
war den Esseker Verhältnissen entsprechend ein besonders
solides Gebäude, mit dem Maximum an Komfort und Luxus
ausgestattet, den man sich damals zu leisten vermochte. Es lag
nahe dem Hauptplatz und der städtischen Pfarrkirche gerade
gegenüber. Die zum ersten Stock emporführenden Stiegen
waren aus einem kostbaren roten Marmor, die Decken mit
vergoldeten Stukkaturornamenten und idyllischen Land-
schaftsbildern geschmückt, die Wohnungen geräumig, die
Zimmer über viereinhalb Meter hoch, auch die Fenster von
ungewöhnlicher Höhe, in allen Räumen besonders schöne
Majolikaöfen im reinsten Barockstil wie im Schloß des Grafen
Pejačević[6]). Unten befanden sich die Lokale, eines für den
Detail-, das andere für den Engroshandel. Sie waren hochge-

wölbt, mit modernen Auslagen. Noch niemals hatten die Esseker in ihrer Stadt sowas gesehen! Im Hofe Stallungen und Wirtschaftsräume und unter dem Hause ein zwanzig Meter langes Souterrain, in dem die Ware bis zum Plafond aufgestapelt war. Das Hillersche Geschäft war als Goldgrube bekannt, kein anderes in ganz Slawonien konnte sich damit messen. Trotzdem wäre es meinem vorsichtigen Großvater wohl niemals eingefallen, sich in ein so großzügiges Unternehmen einzulassen, hätte sein in Essek etablierter Schwager ihn nicht dazu überredet und ihm versprochen, den gleichen Betrag in das Geschäft zu investieren und mit ihm in Kompagnie zu gehen. Dazu kam die Rücksicht auf die heranwachsende Familie, die Töchter sollten eine moderne Erziehung erhalten und gute Partien machen. Dies aber war in dem halbdörflichen Mohács nur schwer erreichbar. Mein Großvater willigte ein, verkaufte sein gut gehendes Geschäft in Mohács, in dem er es von kleinen Anfängen zu etwas gebracht hatte, verkaufte sein Haus und seine Liegenschaften, erstand mit der dabei erzielten recht ansehnlichen Summe das Hillersche Haus und übersiedelte um die Mitte der siebziger Jahre nach Essek. Die Familie bezog die elegante Siebenzimmerwohnung, die den ganzen oberen Stock des neuerstandenen Hauses einnahm. Kostbare Möbel wurden angeschafft, die dem Stil der vornehmen Herrschaftswohnung entsprachen. Der Salon war zwölf Meter lang, und seinen Hauptschmuck bildete ein wertvoller Marmorkamin mit Messinggitter und ebensolchem Vorleger. Es gab bis an die Decke hinaufreichende Spiegel in breitem Goldrahmen, Konsolen aus Kirschholz mit schönen Intarsien, die Salongarnitur im späten Empirestil mit hochlehnigen barockbezogenen Stühlen und ovalen Tischen. An der Decke hing ein vergoldeter vielarmiger Lüster mit ungezählten Glasprismen, wie es der damaligen Mode entsprach.

Die drei ledigen Töchter lernten Klavier und Französisch und wurden im Handumdrehen elegante junge Damen, die fortan nur noch Wiener Toiletten trugen. Sie hatten Wünsche und Ansprüche, die sie in ihrem bescheidenen Landleben bisher nicht gekannt hatten. Sie promenierten mit Freundinnen in den Glacien und stellten sonntags im Stadtgarten ihre Modekreationen zur Schau. Es dauerte ziemlich lange, bis die verschiedenen Toilettenneuheiten von Paris über Wien nach

Essek gelangten. Die dortigen Modedamen aber machten sich nicht viel aus der sich daraus ergebenden Verzögerung und schmückten sich ebenso wie ihre fernen Schwestern am Seineufer und an der Donau mit dem unentbehrlichen Cul de Paris, den zeitgemäßen Turnüren, den modischen befransten Mantillen, den Faltentuniken, dem mit Rüschen und Spitzen garnierten Taftjupon, dem hochaufgebauschten Lockenchignon, auf dessen Spitze ein mit Blumen, Bändern und Federn geschmücktes Hütchen balancierte, das schicke Damen schräg in die Stirne zogen. Besonders phantasievolle Personen kopierten auch in ihren häuslichen Anzügen die Toiletten ihrer Lieblingsgestalten aus der französischen leichten Literatur. Sie trugen Schlafröcke aus rotem und pfauenblauem Plüsch mit langen Schleppen, alles mit zahlreichen Schleifen, Falbeln und Rüschen garniert. Spitzenbarben oder schottische Krawatten zierten den Ausschnitt ihrer Kleider. Sie schnürten sich bis zum Umfallen. Die „Wespentaille" war eines der Haupterfordernisse weiblicher Schönheit. Mochten Hüften und Busen aus dem schweren Fischbein- und Stahlpanzer auch noch so üppig hervorquellen, wenn nur die Taille das richtige Maß hatte, das 50 cm im Umfang nicht überschreiten durfte.

Die einzige Möglichkeit, sich in voller Modepracht zur Schau zu stellen, waren sommers die Promenaden im Stadtgarten[7]), wo am Sonntag zwischen vier und sieben die Militärmusik spielte und die ganze elegante Welt sich ein Rendezvous gab. Der Stadtgarten war in seiner Anlage ein kleines Schönbrunn, mit kulissenhaft zugestutzten Laubgängen und ein paar herrlichen Alleen mit uralten Bäumen, die keinen Sonnenstrahl durchließen. Während die hübschen Essekerinnen in den Hauptalleen auf und ab spazierten, die Militärmusik einen schmachtenden Walzer nach dem anderen spielte, bildeten die Herren Offiziere ein Spalier und lächelten selbstzufrieden, wenn ihnen die promenierenden Damen hinter den vorgehaltenen kleinen Modeschirmen kokette Blicke zuwarfen. Dies waren meistens nur platonische Beziehungen, denn die Herren Offiziere waren zwar flotte Kerle, aber schlecht besoldet und bedurften zum Heiraten auch noch einer großen Kaution. Die eleganten jungen Essekerinnen aber warteten auf den „Prinzen", so auch meine drei Tanten, von denen die beiden älteren zu den anerkannten Schönheiten zählten, die sich auf ihre gute

Mitgift beriefen und außerordentlich wählerisch waren. Von den in der Stadt ansässigen Bewerbern kam keiner in Betracht.

Bald aber stellte sich heraus, daß dieser ganze Luxusbetrieb und der sich daran knüpfende über Nacht erwachte Hochmut ohne solide Grundlage waren. Jener Schwager, der meinen Großvater überredet hatte, sein gutgehendes Geschäft in Mohács zu verkaufen, und ihm versprochen hatte, auch seinerseits eine größere Summe in das Unternehmen zu investieren, war außerstande, sein Versprechen zu halten, denn er steckte in Schulden und hatte keinen Heller bares Geld. Dies bedeutete einen fürchterlichen Schlag für meinen Großvater. Er war sein Leben lang ein tüchtiger und solider Kaufmann gewesen, von einer geradezu sprichwörtlichen Strenge und Sparsamkeit. Er hatte immer mehr Geld verdient, als er auszugeben imstande war, und sah sich nun vor eine Aufgabe gestellt, die seine Kräfte sowohl geistig als auch körperlich überstieg. Sein Stolz verbot ihm, seiner Familie Mitteilung von seinen Sorgen zu machen, und so wandte er sich in seiner schweren Lage an seinen damals noch nicht dreiundzwanzigjährigen ältesten Sohn, meinen späteren Vater, der seit acht Jahren in Wien lebte, in einem großen Bankunternehmen arbeitete, intelligent, ambitiös und vielseitig gebildet war, die Aussicht auf eine Karriere vor sich hatte und viel besser in den Rahmen einer Großstadt hineinpaßte als in die Provinz mit ihren beschränkten Aussichten und kleinbürgerlichen Sitten. Er hatte sich in Wien mit nationalökonomischen Studien befaßt, las Proudhon, Ricardo und Adam Smith. Er begann auch schon hier und da etwas in Zeitungen zu publizieren, ging ins Burgtheater, in die Oper, verkehrte mit intelligenten Leuten und sollte dies nun von einem Tag auf den anderen lassen und, dem Ruf seines Vaters folgend, nach Hause eilen und die Lage sanieren, soweit dies in seiner Macht lag.

Das damalige Wien erlebte nach dem im Jahre 1866 erfolgten Friedensschluß mit Preußen und dem bald nachfolgenden Ausgleich mit den Magyaren eine Epoche relativer Ruhe und Konsolidierung. Nach Königgrätz und dem Ausgleich brachte der vordringende Kapitalismus eine scheinbare Prosperität, und in weiterer Folge eine forcierte Industrialisierung. Für Wien eine Glanzperiode mit seinem jungen Kaiserpaar, den Flitterwochen der Doppelmonarchie, in der die äußeren und inneren Spannungen sich gelockert hatten und man auf eine längere Periode des Friedens und des wirtschaftlichen Gedeihens hoffte. Es war die Zeit der Wiener Operettenmusik, der Straußischen Walzer, der Praterfahrten, des alten Burgtheaters, der feierlichen Fronleichnamsprozessionen, an denen der ganze Hof teilnahm, der goldenen Hofkutschen, vor denen sich jeder loyale Bürger, auch wenn sie leer waren, bis an die Erde verneigte. In jener Epoche entstanden die Prachtbauten des Rings, die Wiener Hochschulen, insbesondere die medizinischen Kliniken waren berühmt in der ganzen Welt. Rokoko und Barock waren überwunden und das aufblühende Wien war eine der ersten europäischen Großstädte. Diese neue Prosperität sollte in der Weltausstellung des Jahres 1873 ihren vollgültigen Ausdruck finden. Acht Tage nach der Eröffnung derselben erfolgte der Wiener Börsenkrach, der den Zusammenbruch ungezählter Firmen und Bankinstitute nach sich zog und einen Verlust von einigen hundert Millionen zur Folge hatte. Auch zahllose kleinere Unternehmungen mußten ihren Betrieb einstellen, Privatbanken ihre Schalter sperren und Aktiengesellschaften zu arbeiten aufhören. Dieses Debakel wurde verursacht durch die sinnlosen Spekulationen mit Wert- und Industriepapieren an der Wiener Börse, noch mehr aber durch die von den Habsburgern geführte „Prestigepolitik", mit der sie, nach den zahlreichen Niederlagen auf den Schlachtfeldern von ganz Europa, ihr erschüttertes Ansehen wieder zu heben suchten. Nach dem Börsenkrach stellte sich heraus, daß dies alles auf Sand aufgebaut war und dem kleinsten Anstoß nicht standhielt.

Meinen Vater berührte die Krise nicht nur mittelbar durch die Unsicherheit der Börse und die flauere Stimmung in seiner Bank, sondern sie hatte auf sein ganzes ferneres Leben einen gewißen Einfluß. Da er im Bankbetriebe tätig war, hatte er naturgemäß auch mit dem Börsengeschäft ständig zu tun. Er war Zeuge der Riesengewinne, die man dabei zu machen vermochte, und da fragte sich der Zwanzigjährige eines Tages: Warum immer nur im Dienste anderer arbeiten? Andere die großen Vermögen in den Sack stecken lassen, die sich aus dem Differenzgeschäft und den Effektenspekulationen ergeben? Und er ließ sich dazu verleiten, einmal auf eigene Faust zu spekulieren und seine ganzen Ersparnisse in gewisse Werte zu stecken, von denen er sich eine rasche und starke Hausse versprach. Es kam anders, als er gehofft hatte. Die von ihm erworbenen Papiere fielen, und er hatte große Verluste zu verzeichnen, die ihn viele schlaflose Nächte kosteten und die er mit großen Opfern und einer freiwilligen und extrabezahlten Arbeitsleistung schließlich wieder beglich. Von jener bösen Erfahrung datiert sein lebenslänglicher Widerwillen gegen jede Spekulation. Niemals wieder beteiligte er sich am Börsenspiel, er rührte sein Leben lang keine Karte an und erklärte auch mir immer wieder, jedes Glücksspiel sei eine gewagte Sache und nur Narren ließen sich darauf ein.

An dieses Prinzip hielt er sich auch später, als er dem Ruf seines Vaters folgte, seine Karriere als Bankmitarbeiter aufgab, und mit ihr auch alles andere, das ihn zu jener Zeit an die Großstadt fesselte. Es war hart für einen Menschen von der Begabung und Ambition meines Vaters, sich für sein ganzes weiteres Leben in der grauen Provinz zu vergraben, und er hat diesen Bruch auch später niemals ganz verschmerzt. Es war ihm zeitlebens zuwider, hinter dem Pult zu stehen und der Kundschaft die Ware zuzumessen. So zersplitterte er sich in Tätigkeiten, die seinem eigentlichen Arbeitsgebiet nicht immer ganz nahe lagen: Vereinswesen, Ehrenposten, deren Namen mehr besagten, als sie in Wirklichkeit waren, in allerlei Gründungen, Beteiligung an allen möglichen Institutionen, die den größten Teil seiner Zeit in Anspruch nahmen. Sein gutes Äußeres, sein spontanes Wesen, seine Aufrichtigkeit und Liebenswürdigkeit im Umgang mit Menschen erwarben ihm viele Freunde, natürlicherweise aber auch Neider und Feinde. Er war jedenfalls eine Erscheinung, die über das Durchschnittsmaß der Stadt weit hinausragte.

Auf welche Weise es ihm gelungen war, das Geschäft seines Vaters rasch wieder in die Höhe zu bringen, weiß ich nicht. Er beschwichtigte die dringendsten Gläubiger, verschaffte sich neue Kredite, führte verschiedene in unserer Gegend bis dahin noch unbekannte Artikel ein, Pferdekotzen und gewalktes Tuch, die in Siebenbürgen in der Nähe von Hermannstadt erzeugt wurden. Jährlich reiste er fortan in das bei Hermannstadt gelegene Örtchen Heltau, das sich mit der Erzeugung eines weißen Lodens, des sogenannten „Halinatuchs", beschäftigte, aus dem die Huzulen, Csiker und Szekler ihre

Nationaltracht anfertigten. Dieses von meinem Vater einge-
führte Halinatuch wurde alsbald auch in unserer Gegend zum
vielgefragten Artikel und ersetzte die Erzeugnisse der Hausin-
dustrie. Er knüpfte Verbindungen mit mährischen und schlesi-
schen Textilfabriken an, führte im Kundenverkehr, im Ge-
schäftsgebaren und in der Buchführung zahlreiche Neuerungen
ein, reduzierte die Spesen und erhöhte den Nutzen, so daß es
ihm nicht nur gelang, die Firma auf ihr altes Niveau zurückzuführen, sondern dieses sogar noch zu übertreffen. Er teilte
sowohl die riesige Wohnung als auch die beiden Lokale: Eines
derselben vermietete er an seinen Schwager Bauer, ein paar
Zimmer aber der „Ersten Slawonischen Sparkasse", wodurch
das Budget merklich entlastet wurde.

Um jene Zeit begannen seine Besuche in der Unterstadt, wo
meine damals noch nicht zwanzigjährige Mutter wohnte, in die
er sich auf den ersten Blick verliebt hatte. Sie war klein,
zierlich, blondhaarig und trotz ihrer zarten Erscheinung selbständig und eigenwillig genug. Sie entbehrte trotz ihrer großen,
fast männlichen Intelligenz auch nicht einer gewissen weiblichen Koketterie, und so entwickelte sich zwischen den beiden
ein Liebesgeplänkel in zahlreichen Varianten und Phasen, mit
ungezählten Liebesbriefen, Blumensendungen und Besuchen,
das länger als drei Jahre dauerte, ehe meine Mutter sich
entschloß, ihm ihr Jawort zu geben. Ihr Verkehr hatte von
allem Anfang an eine schöngeistige Note, wie sie der Zeit und
ihrer beiderseitigen Veranlagung entsprach. Beide waren über
den Durchschnitt gebildet, was sich nicht nur aus ihrer langan-
dauernden Korrespondenz ergibt, sondern auch aus der Wahl
der Bücher, die mein Vater ihr während der Brautzeit zum
Geschenk machte. So besitze ich noch heute eine Anthologie in
Prachtausgabe, die alles enthält, was die deutsche Lyrik an
Gutem geschaffen hat, einen französischen Lamartine, der auf
dem Einbanddeckel den goldgedruckten Namen meiner Mutter aufweist, und die Briefe Wilhelm von Humboldts an eine
Freundin.

Im Jahre 1878 starb mein Großvater, und mein Vater war
genötigt, die Trauung um ein ganzes Jahr zu verschieben. Am
3. April 1879 heirateten sie, ein Jahr später kam ich als ihr
erstes Kind zur Welt.

✱

In meinem fünften Lebensjahr traten verschiedene Änderungen für mich ein, deren wichtigste die Geburt meiner Schwester Anny war, die meiner zentralen Stellung in der Familie ein für allemal ein Ende bereitete. Da sich fortan eine Amme im Hause befand, ich aber schon „groß" war, wurde meine Kinderfrau, die alte Rosi, entlassen, und dies war der erste große Schmerz meines Lebens. So lange ich zurückdenken konnte, war die alte Rosi im Hause gewesen, nur in den Monaten, die ich bei meiner Großmutter in der Unterstadt verbrachte, wohnte sie bei ihrer verheirateten Tochter Berta, die früher unsere Köchin gewesen war. Und nun sollte sie ganz von uns gehen! Ich hatte niemals gedacht, daß so etwas möglich wäre! Rosi, die über die Geduld eines Engels verfügte, wusch, fütterte mich, legte mich abends zu Bett, um morgens gleich wieder da zu sein, liebevoll bereit, mir jede Schwierigkeit aus dem Weg zu räumen. Meine Mutter war die ersten Jahre meines Lebens hindurch kränklich, man sagt, sie sei zu schwach gewesen, um mich auch nur vom Boden aufzuheben. Und ich hatte mich an die alte Rosi gewöhnt. Sie und meine Großmutter waren die einzigen Menschen, die es verstanden, mich ohne jeden Zwang zu lenken. Sie erzählte mir Märchen, eins schöner als das andere. ich kann mir noch jetzt nicht vorstellen, wo sie die alle aufgelesen hatte. Einen Teil derselben fand ich später bei Grimm und Bechstein wieder, manche entstammten dem Sagenkreis verschiedener Völker, viele aber waren unbekannten Ursprungs, und ich konnte auch später nicht sagen, ob sie gewissen Volksüberlieferungen entsprangen, die über Generationen von Mund zu Mund gegangen waren, oder ob sie sie selbst erfunden hatte. Es kam auch vor, daß sie sie von einem zum anderen Mal verschieden oder doch mit gewissen Variationen erzählte. Dies machte mich stutzig, und ich erklärte sofort, das letzte Mal wäre es anders gewesen, die Prinzessin habe blonde und nicht schwarze Locken gehabt, sie sei auf einem weißen Zelter geritten und nicht in einer goldenen Kutsche gefahren, das kleine Gänsemädchen sei nicht von einem gewöhnlichen Bauernsohn, sondern von einem Prinzen geheiratet worden, Hänsel und Gretel hätten die böse Hexe nicht wirklich verbrannt, sondern nur eingesperrt. Die alte Rosi aber erklärte, auch im Leben spiele sich nicht alles nach dem gleichen Muster ab, da gehe es manchmal ganz bunt durcheinander, warum also nicht in ihren Märchen? Die Hauptsache war, daß am Ende doch immer alles nach ihrer eigenen Moral geschah: Das Gute siegte, das Böse aber wurde bestraft. Stundenlang konnte ich neben ihr sitzen und, die Augen auf ihr verhutzeltes Gesicht unter der weißen Haube gerichtet, zuhören. Sie hatte eingefallene Wangen, leicht gerötete wimpernlose Augen und einen dünnen zahnlosen Mund. Die scharf vorspringende Habichtsnase über dem langen, mageren Hals verliehen ihr das Aussehen eines seltsamen Vogels. Und so lebte ich mit ihr die ersten Jahre meines Lebens in einer unfaßbaren, aber überaus wunderbaren Welt der schönen Prinzessinnen, edlen Ritter, bösen Zauberer und guten Feen, in einer Zeit, in der das Wunder sich stündlich vollzog, in der es sprechende Pferde und Vögel gab, in der zierliche Elfen in einem jeden Blumenkelch lebten, feindliche Elemente den Menschen bedrohten und hilfreiche Gnomen ihn aus jeder Not zu retten vermochten. Ich habe so manches davon in mein späteres Leben hinübergenommen, und wenn schon nichts anderes, so doch eine im Leeren schwebende Sehnsucht nach jener Welt der unbegrenzten Möglichkeiten, die meine alte Rosi in ihren Märchen vor mir enthüllte. Ich habe die schönen Worte um ihrer selbst willen lieben gelernt. Ich habe an ihren inneren Sinn geglaubt, habe sie in zahllosen Variationen abzuwandeln versucht und bin dabei zu den überraschendsten Schlüssen gelangt. Ich gewöhnte mich an Verkörperungen, Übertragungen und Symbole. Ich lernte das Kleine achten und lieben. Darüber hinaus versuchte ich mich an der Transponierung des Daseins ins Überdimensionale, glaubte an ein Leben in den zauberhaften Regionen einer vierten Dimension, die allem Bestehenden zugrunde lag, und hoffte ein Leben lang auf überraschende, darum aber nicht weniger wunderbare, Lösungen.

Niemals später habe ich einen Menschen so gut erzählen hören wie damals meine alte Kinderfrau. Die Worte fielen wie schwere Tropfen in mein Herz, alle gleich wunderbar anziehend und ergreifend. Die Schönheit des Worts wurde in ihrem Munde zum Selbstzweck. Es war das Kleid gewisser Vorstellungen, aber ein seidenes, sonnebestrahltes, perlenglänzendes Festkleid, und war gleichzeitig doch etwas Bestimmtes und fest Umschriebenes, das sich mir ein für allemal einprägte. Zu den schönsten Geschichten, die sie mir erzählte, gehörte auch diese:

„Es war einmal ein armes, altes Weiblein, das in den Wald ging, um Holz zu sammeln. Sie war schwach und kränklich und hatte niemanden auf der Welt. Im Walde traf sie ein kleines Geschöpfchen, das halb einem kleinen Kind, halb einer Eidechse glich. (Ich wußte natürlich sofort, es war einer jener von Rosi zitierten Geister der Erde, der Luft und des Wassers, die immer zur Stelle waren, um den Menschen je nach seinen Verdiensten zu bestrafen oder zu belohnen. So auch hier!) Das kleine Wesen, das hilflos zu ihren Füßen lag, zitterte vor Kälte. Das alte Weiblein aber nahm sein Tuch von der Schulter, das einzige, das sie besaß, und hüllte das Geschöpfchen darin ein. Im gleichen Moment aber war es kein Erdgeist mehr, sondern eine schöne Fee, in Samt und Seide gekleidet. Sie hob ihren Stab, und alles in der Runde begann zu treiben, zu grünen und zu blühen. Der Wald war voll Sonne, und in seinen Ästen zwitscherten die Vögel.

,Du hast Mitleid mit mir gehabt', sagte die Fee, ,und nun sollst du dir etwas wünschen, das ich dir erfüllen werde. Aber es dürfen nicht mehr als fünf Worte sein!'

Das alte Weiblein hatte im Leben niemals etwas Gutes gekannt außer dem bißchen Jugend, das sie einmal besessen hatte. Also wünschte sie sich ohne viel zu überlegen:

,Ich möchte wieder jung sein!'

Die Fee berührte sie mit ihrem Stab, und schon glätteten sich die Falten in ihrem Gesicht, ihre Augen blitzten in hellem Blau. Sie richtete sich auf und warf den Stock, auf den sie sich bisher gestützt hatte, von sich. Leicht nahm sie das Holzbündel, das sie sonst immer fast zu Boden gedrückt hatte, auf ihre Schultern und machte sich auf den Heimweg.“

Hier machte Rosi eine Pause, und ich wartete eine Weile, denn jede Geschichte der alten Rosi endete mit den Worten: „Und wenn sie nicht gestorben sind, dann leben sie noch heute!“ Diesmal war es anders, und Rosi fuhr fort: „Fünfzig Jahre waren seit jenem Tag vergangen. Wieder war es ein kalter Märztag, und das gleiche Weiblein, alt, arm und gebückt, ging in den Wald, um Holz einzusammeln. An der gleichen Stelle wie damals traf es die Fee, die jung, strahlend und in Seide gekleidet war. Sie hob ihren Stab und sprach:

‚Ich sehe, du hast es im Leben nicht weiter gebracht. Da du aber barmherzig zu mir warst, soll dir noch ein weiterer Wunsch offenstehen. Aber vergiß nicht, es dürfen nicht mehr als fünf Worte sein. Willst du noch einmal jung werden?'

Die Alte schüttelte den Kopf: ‚Schenk mir einen leichten Tod!'

‚Du hast gut gewählt!' sagte die Fee, berührte sie mit einem Zauberstab und verschwand.

Im gleichen Moment begann alles in der Runde zu treiben, zu grünen und zu blühen. Der Wald war voll Sonne, und in seinen Ästen zwitscherten die Vögel. Ein schwarzer Star mit gelbem Schnabel aber flog näher heran. ‚Alles zu seiner Zeit! Alles zu seiner Zeit!' fielen die Töne wie Perlen von seinem Schnabel. Das alte Weiblein aber fühlte sich plötzlich so müde. Schläfrigkeit überkam sie. Sie warf das Bündel von den Schultern und sagte sich: „Nur ein kleines Viertelstündchen will ich mich ausruhen, ehe ich mich auf den Weg nach Hause mache." Sie legte sich in das weiche, duftende Gras, in dem alles voll Veilchen und Anemonen war. Ihr zu Häupten im Gezweige zwitscherte der Vogel: ‚Gute Nacht, gute Nacht!' Um sie herum war allerlei summendes Gekreuch und Gefleuch. So schlief sie mit einem einzigen Atemzug für immer ein. Am späten Nachmittag fanden sie beerensuchende Weiber und trugen sie auf ihren Händen zurück ins Dorf. Und als man sie am nächsten Tag in die Grube legte, war auch der schwarze Vogel wieder da und zwitscherte: ‚Wenn es zu Ende geht, ist es zu Ende.' Und damit ist auch diese Geschichte aus."

„Warum hat sie nicht noch einmal jung werden wollen?" fragte ich die alte Rosi. „Weil es zum Schluß aufs Gleiche herauskommt! Auch wenn man zehnmal beginnt." „Warum kommt es immer aufs Gleiche heraus?" „Weil man nicht jung sein kann, ohne alt zu werden. Im Alter aber ist ein leichter Tod das Beste, was sich einer wünschen kann!" Ich verstand sie nicht ganz, und doch war ihre Welt auch in diesem Moment die meine. Es war die Welt der guten und bösen Geister, die in unser Leben eingreifen und dessen Gang nach ihrem Willen lenken. Sie haben ihre eigene Logik und Moral, und da sie dem Kindesalter der Menschheit entstammen, stehen sie den Kindern nahe und werden von ihnen verstanden. Sie beleben die Natur, geben ihr Inhalt, Sinn und tiefe Symbolik.

In dieser Hinsicht wirkte außer der alten Rosi auch meine Großmutter entscheidend auf mich ein. Sie erweckte und nährte in mir das Gefühl der Liebe zu allem, was da ist und lebt, ein Gefühl, das später gefördert und erweitert wurde durch wissenschaftliche Erkenntnisse. In dieser Naturmystik hatte keinerlei Art von Aberglauben Raum. Sie hatte nichts mit Seelenwanderung, Auferstehung und sadistisch-masochistischen Märtyrergeschichten zu tun. Meine ersten Fragen an das Leben galten nicht dem Walten einer geheimnisvollen Gottheit, die ich weniger zu lieben als zu fürchten gezwungen war und in deren Sein oder Nichtsein ich mich niemals vertiefte, sondern dem Naturwalten, dem Werden der Pflanzen, dem Leben der Tiere, dem geheimnisvollen All unserer Sternenwelt. Mein Wissensdrang war so groß, daß ich jede neue Erkenntnis auf diesem Gebiet als Bereicherung und Erweiterung meines Lebens empfand, die mich in einen wahren Glücksrausch versetzten.

So wie andere Kinder ihre ersten seelischen Emotionen in der Kirche empfangen, der Kult sie beeindruckt, die Heiligenlegenden sie erschütterten, die verschiedenen Gebräuche ihnen etwas Unfaßbares und unendlich Großes symbolisieren, wußte ich nichts von diesen Dingen, hatte diesbezüglich dann auch später nichts zu überwinden. Ich nehme an, daß der Kampf gegen religiöse Jugendeindrücke vielleicht sogar zu einer späteren Vertiefung des Denkens führen kann. Er drängt den Menschen zur Eroberung von Gegenpositionen, zwingt ihn häufig zur Mobilisierung seiner besten Kräfte, erhöht die Sensibilität und wird manchmal zur Quelle überraschender künstlerischer Inspirationen. Wir aber, die wir ohne religiöse Vorstellungen aufgewachsen sind, haben den anderen das eine voraus: Wir haben auf diesem Gebiet weder etwas zu gewinnen noch zu verlieren. Die Linie unserer jugendlichen Entwicklung verläuft ohne Rückschläge und Reaktionen. Erkenntnis reiht sich an Erkenntnis, und es gibt nichts, was ihnen widersprechen würde.

✳

Meine kleine Schwester war zart und machte der Mutter viel Arbeit. Darum schickte man mich, nachdem die alte Kinderfrau entlassen war, in einen eben eröffneten modernen Kindergarten, der durch die Initiative einiger fortschrittlich gesinnter Bürger gegründet worden war. Er befand sich im Schreiberschen Haus in der Kapuzinergasse. Das Lokal war licht und geräumig, es gab ein paar niedrige Bänkchen und das gesamte für den „Fröbel-Unterricht" vorgeschriebene Material. Die Kindergärtnerin hieß Eleonore Partl. Sie war ein hübsches, schlankes und ziemlich schickes Wiener Fräulein, kaum über zwanzig, das von den gastfreien Esseker Familien mit offenen Armen aufgenommen wurde. Es gab täglich Jausen mit herrlichem Schlagoberskaffee, Gugelhupf mit Rosinen, kleinem Gebäck, Nuß-, Schokoladen- und Punschtorten. Ganz Essek zeigte plötzlich ein großes Interesse an den Fröbelspielen, die verschiedenen Papas brachten ihre Kleinen persönlich in den Kindergarten und erklärten in anerkennendem Ton, Fräulein Partl sei eine perfekte Kraft. Mir selbst war der Kindergarten in der Seele zuwider.

Ich langweilte mich bei der mechanischen Beschäftigung mit Dingen, die weder nützlich noch schön waren, die weder den Geschmack noch die Geschicklichkeit förderten, sondern nur unnütze Geduldsproben bedeuteten, die mich zum stundenlangen Stillsitzen zwangen. Ich verabscheute die alberne Papierflechterei, das Stäbchen- und Täfelchenlegen, die verschiedenen, kreuz und quer durchschnittenen Würfel, aus deren Teilen ich dann wieder ein Ganzes formen sollte. Und wenn ich heute daran zurückdenke, erscheint es mir als zweckloser Drill, durch den man schon vor winzigen Vorschulkindern die ersten Ansätze eines gedankenlosen Untertanengeistes anzuerziehen suchte. Die einzigen zwei guten Stunden verbrachte ich in diesem Kindergarten, als ich einmal strafweise wegen Ungehorsam und Disziplinlosigkeit nachbleiben sollte. Die alte Nanči Mahm, die uns als Aufräumerin diente, hatte die Pflicht, auf mich aufzupassen, während ich meine Strafe abbüßte. Kaum waren die anderen fort, machten wir uns an die Arbeit. Sie kehrte das Zimmer, und ich las die Papierschnitzel vom Boden auf. Dann wischten wir gemeinsam den Staub von den Bänken. Ich schöpfte Wasser am Brunnen, mit dem wir den Boden besprengten. Dann ordneten wir die zurückgelassenen Spielzeuge und räumten sie in den Kasten ein. Schließlich trug ich die Schaufel mit dem Kehricht auf den im Hofe befindlichen

Misthaufen. Kurz, es war herrlich, und ich war tief betrübt, als die beiden Stunden meiner Strafzeit um waren und die Nanči mich nach Hause brachte.

Glücklicherweise endete der Kindergarten von einem Tag auf den anderen mit einem ziemlichen Krach. Das hübsche Fräulein Partl, das sich inzwischen an den Esseker Delikatessen ganz rund und rosig gegessen hatte, empfing, wie von ein paar eifersüchtigen Ehegattinnen festgestellt wurde, Herrenbesuch auf ihrem Zimmer! Sie verwahrte sich zwar, es seien nur Offiziere der hiesigen Garnison gewesen, und zwar ausschließlich ihre „Cousins". Dieser letztere Umstand empörte jedoch nicht nur die um die Moral ihrer Ehemänner besorgten Gattinnen, sondern auch die Männer legten ihr Veto ein. Wenn die Offiziere zu Fräulein Partl aufs Zimmer durften, warum nicht auch sie? Jedenfalls bewirkte der unmoralische Lebenswandel der jungen Dame, daß es mit dem Kindergarten ein Ende hatte. Sie verließ die Stadt und wurde durch keine andere perfekte Kraft ersetzt, eine unverhoffte Freude für mich! Es folgte ein Interregnum von mehreren Monaten, in denen mir meine Freiheit wiedergegeben war, ehe ich im darauffolgenden Herbst in die öffentliche Schule sollte.

*

Ein weiteres wichtiges Ereignis bildete unsere Übersiedlung in die Franzensgasse, wo wir von meinem fünften bis zu meinem dreizehnten Lebensjahr wohnten. Wir hatten vier Zimmer, Alkoven und ein großes Vorzimmer, das auf dem mit Blumen bepflanzten Hof hinausging und eher einer Veranda glich. Diese bürgerlichen Behausungen waren alle sowohl in ihrer Innen- als auch in ihrer Außenarchitektur von der gleichen Geschmacklosigkeit. Dies bezieht sich auf alles, was zwischen 1860 und der Jahrhundertwende in der Anna-, Franzens-, Deutschen- und Langengasse von unkundigen und phantasielosen Maurerpolieren nach dem gleichen Klischee erbaut worden war. Es war dies die Übergangszeit zwischen dem gemütlichen Biedermeier und den Verirrungen der Sezession, die um 1900 als das oberste Gebot des fin de siècle einsetzte. Ein halbes Jahrhundert lang aber waren Häuser und Möbel ganz ohne persönliche Note. Schön war, was sich Leute in guter Vermögenslage leisten konnten, was ihrem Standard entsprach und ihre Stellung hob.

Jede „bessere" Familie besaß ein altdeutsches Speisezimmer mit einem Plüschkanapee, die hohe Sitzlehne noch gekrönt von einer Holzgalerie, auf der sich der gesamte Kitsch in Glas, Prozellan und Keramik befand, den die Familie im Laufe der Jahre zusammengelesen hatte, mit dem einzigen Zweck, die Sitzgelegenheit unsicher zu machen und täglich abgestaubt werden zu müssen. Auf dem geschnitzten Büfett war der Silberschatz des Hauses, Schüsseln, Karaffen, Platten und Schalen aufgestellt. Außerdem leistete sich jede Familie, die im geringsten etwas auf sich hielt, einen Salon mit roter Samtgarnitur, Leinwandpalmen und Makartsträußen, der das beste Zimmer einnahm, jedoch nur bei seltenen Gelegenheiten benutzt wurde. Winters wurde dort nicht geheizt, sommers war er mit geschmacklosen Leinenbezügen bedeckt, eingekampfert und naphthaliniert. Alle vorerwähnten Häuser, denen auch das unsere glich, waren niedrig, unbequem und feucht. Die breiten Toreinfahrten nahmen ein gutes Viertel der Gassenfront ein und dienten im Sommer als Speisezimmer. Jede Wohnung hatte mindestens ein finsteres Zimmer, das unbewohnbar war, darum aber dennoch bewohnt wurde. Und zwar wurde es gewöhnlich als Schlafzimmer benutzt mit der Begründung, zum Schlafen brauche man kein Licht. Manchmal wurden auch die Kinder dort untergebracht, weil Kinder ohnedies alles ruinieren, so daß auch ein minderer Raum gut genug für sie war. Dies war keineswegs Lieblosigkeit von seiten der Erwachsenen, sondern entsprach den damals herrschenden puritanischen Erziehungsmethoden: die Kinder sollten sich an Bescheidenheit, Einfachheit, ja sogar an gewisse Entbehrungen gewöhnen. Sie sollten wissen, daß man nicht alles haben könne, was man sich wünscht.

Das Haus in der Franzensgasse war ein sogenanntes „Durchhaus". Neben unserem Blumenhof gab es noch einen zweiten Hof, der einer richtigen Dorfgasse glich, mit Magazinen, Stallungen, Werkstätten und zahlreichen feuchten Löchern, in denen sich eine Reihe kinderreicher Proletarierfamilien angesiedelt hatten. Dieser zweite Hof war sicher der längste der ganzen Stadt[8]). Er führte von der Franzensgasse direkt in die Komitatsgasse, von da in die Wildemanngasse und nachher über die Vukovarer Landstraße auf dem kürzesten Wege in die Unterstadt und Neustadt. Er wurde seit Jahren von allen Anrainern benutzt, meine Eltern wollten jedoch dieser für sie störenden Gewohnheit ein Ende machen und sperrten, sowie wir eingezogen waren, sowohl das große Gassentor, als auch die kleine, von einem Hof in den anderen führende Lattentür ab. Dies geschah keineswegs aus antisozialen Gründen, aber sie fürchteten mit Recht, dieser Hof mit seinen ungezählten Schlupfwinkeln und Verstecken, mit seinen abenteuerlichen Möglichkeiten, vor allem aber mit der dort von früh bis spät herumtollenden Kinderschar würde eine zu große Anziehungskraft auf mich haben. Es war ein Kampf zwischen mir und ihnen, der an dem Tag begann, da wir in das betreffende Haus einzogen, und so lange andauerte, wie wir darin wohnten. Er endete trotz aller pädagogischen Gegenmaßnahmen, Überredungsversuche, Drohungen und Strafen mit ihrer vollen Niederlage. Denn nichts hätte mich davon abhalten können, mit den anderen Kindern im Langen Hof zu spielen. Übrigens mußten meine Eltern auch dem Wunsch der Straße nachgeben, das Haustor aufsperren und die kleine Lattentür aufschließen, und damit war der Durchgang frei, und zwar nicht nur für jene, die von draußen kamen, sondern auch für mich.

In der ersten Wohnung, dicht neben der unseren, nur zur anderen Seite, wohnten die Šuflayischen: eine winzige Küche, ein kleines, einfenstriges, mit ungleichen roten Ziegeln gepflastertes Zimmer. Dort wohnten und schliefen acht Personen, die Eltern und ihre sechs Kinder, lauter kleine Mädchen unter zehn Jahren. Der Vater war Hutmacher und fuhr jeden Sonntag mit seiner Ware auf die Dorfmärkte. Dies muß damals jedoch kein einträgliches Gewerbe gewesen sein, denn die Familie war bettelarm und halb verhungert. Die Älteste, Anica, war mit ihren zehn Jahren klein wie ein einjähriges Kind. Sie hatte rachitisch verkrüppelte Beine, keinen Zahn im Mund und kein Haar auf dem Kopf. Sie konnte weder sprechen noch gehen, sondern lag den ganzen Tag in einem kleinen Waschtrog hinter der Türe. Die zweite war Helene, im gleichen Alter mit mir und meine besondere Freundin. Ich hätte keinen besseren Bissen hinuntergebracht, ohne für Helene ein Stückchen beiseite zu tun. Auch meine Eltern schenkten ihr Kleider und Spielzeug. Sie war sanft wie ein Engel, zart und durchsichtig, wahrscheinlich damals schon lungenkrank, denn sie starb mit zwölf Jahren. Ich liebte sie zärtlich, und sie ließ sich in ihrer Sanftmut zu so manchem von mir verleiten, wofür sie später die Rechnung bezahlte. So redete ich ihr einmal zu, sie möge aus der Lederkarbatsche, die ständig an der Wand hing und mit der der Vater sie und die anderen Kinder um der kleinsten Vergehen willen schlug, ein paar Riemen ausschneiden, denn mit weniger Riemen würde es weniger wehtun. Sie tat es denn auch mit meiner Hilfe, und ich versicherte ihr, der Vater würde es gar nicht bemerken. Leider hat er es dann aber doch gemerkt, und er schlug sie diesmal nicht mit der dünn gewordenen Karbatsche, sondern mit einem dicken Strick, was noch weher tat.

Neben den Šuflayschen wohnte die Wäscherin Resi. Auch sie hatte ein krankes Kind, den kleinen Franzl, von dem es hieß, er habe die Wassersucht und würde bald sterben. Da Kalk- und Kohlenlöschen ihm nichts genützt hatten, konnte ihm auch kein Doktor mehr helfen. Dies war die Meinung der gesamten Weiber im Langen Hof, die sie auch vor dem Franzl ganz ungeniert aussprachen. Die Wäscherin Resi hatte noch drei andere Söhne, von denen die ältesten bereits in der Lehre waren. Ihr Mann war der bei meinem Vater in Diensten stehende Kutscher, denn da mein Vater geschäftlich viel über Land fahren mußte, hielt er sich, seit wir in der Franzensgasse wohnten, einen eigenen Wagen. Der Kutscher Ferdinand war ein schrecklich rabiater Mensch und fast niemals nüchtern. Mein Vater behielt ihn überhaupt nur, weil ihm die Frau und die Kinder leid taten.

In der gleichen Küche, in der der Franzl nun schon seit Monaten im Bett lag, wusch die Resi ihre Wäsche. Im Herd brodelte die Seifenlauge, und der sich daraus entwickelnde Dampf war so dicht, daß man nicht einmal seine eigenen fünf Finger vor den Augen sah. Und während der Kutscher Ferdinand seine Nächte im Wirtshaus verbrachte und, wenn er nach Hause kam, seine Frau bedrohte und schlug, stand diese von früh bis abends am Waschtrog und ernährte mit ihrer Arbeit sich und die Kinder. In der winzigen Küche befanden sich außer der eingeseiften auch noch Berge schmutziger Wäsche, die sie montags in den Häusern abholte und samstags sauber gewaschen, geplättet, gekolbt und in kleinen Fältchen plissiert an die „Herrschaften" ablieferte. Jeden Nachmittag kamen die klatschsüchtigen Weiber aus dem ganzen Dorf bei ihr zusammen, schimpften, beklagten sich und erzählten alles, was sich gerade zugetragen hatte. Ich aber saß auf einem Haufen schmutziger Leintücher, spitzte die Ohren und hörte zu. Am meisten wußte gewöhnlich die Wasseraustägerin Wabi, die in den Häusern herumkam und bei dem Zimmermaler Sokolay als Untermieterin wohnte. Sie war so mager, daß man nicht genug staunen konnte, wieso ihre Knochen überhaupt noch zusammenhielten. Obwohl das Wasseraustragen ihre Beschäftigung war, schien sie sich noch niemals gewaschen zu haben. Aber ihr Mundwerk ging ihr wie geschmiert. Beim Sprechen zeigte sie mehr Zähne, als andere Leute gewöhnlich im Munde haben, und auch die Zunge war länger und dicker als bei anderen Leuten. Dadurch erhielten ihre Worte einen gutturalen Ton. Sie verspritzte gleichzeitig eine Menge Speichel, um so mehr als dieser sie nichts kostete. Was die Verwendung von Wasser anbelangte, wäre ihr dieselbe als Luxus erschienen. Sie verkaufte das Pittel Drauwasser um zwei Kreuzer, und man vergeudet seine Ware nicht leichtsinnig und um ein Nichts. So hatten sich auch die Spuren eines halben Jahrhunderts als bräunliche Streifen in ihren Gesichtsfalten angesetzt. In ihren Haaren lag der dicke Staub aller Esseker Straßen, in denen sie mit ihrem Wasserfaß auf und ab fuhr, so daß sich seine ursprüngliche Farbe kaum mehr erkennen ließ. Sie war über fünfzig, ihr Seliger war tot, sie war genötigt, sich im Leben allein fortzubringen. Hätte sie da vielleicht auch noch auf äußere Vorzüge was geben sollen? Die Kinder, die sie einmal gehabt hatte, acht oder zehn, sie wußte selbst nicht mehr genau wie viele, hatte sie alle begraben. Sie lebte allein bei den Sokolayschen, und ihre Welt war der Lange Hof.

Die neueste Neuigkeit, die sie in ihrem unverfälschten Esseker Deutsch zu erzählen hatte, war, daß der Keglević Tonči beim Schnier und Urban die Auslage geschrenkt und ein paar Revolver hat mitgehen lassen. So ein elendiger Šandrovac[9]) macht seiner Mutter die Schand. Auch der Fleitz Mucki hat vor paar Jahren bei seinem Brotherrn das Kassaladl geschrenkt und einen Tausender mitgehen lassen. Zwei Jahre ist er in Lepoglava gesessen, und dann auf Amerika. Und gestern hat die Fleitzin ihr verzählt, daß es der Mucki dort drüben bis zum Millionären gebracht hat! Und jetzt die Schand bei den Weißfeldischen. Der Vater ist doch für nichts, und acht Kinder! Die Mutter und die ältesten Mädel, die Fanny, die Rosa und die Regi, den ganzen Tag an der Nähmaschin, wo sie Herrenkonfektion nähen. Jetzt ist die schöne Rosa ihnen mit einem Kavalieren durchgegangen, auf Berlin, sagt man. Die kommt ihnen in neun Monat sicher mit was Lebendigem zurück. Der Sokolay ist doch zu Weihnachten die Sau mit hundertzwanzig Kilo krepiert. Und jetzt legt sich ihre Mariči, und die Absprecherin sagt, es ist die Galoppierende! Die Sokolay hat halt kein Glück!

Das Esseker Deutsch, auf das die Einheimischen nicht weniger stolz waren als auf ihr bazillenhaltiges Drauwasser und ihre berühmten Staub- und Morastmeere, war überhaupt keine Sprache, sondern ein Sprachgemisch, das sich kaum wiedergeben läßt und nur von den dort Geborenen und Aufgewachsenen von einer Maut bis zur anderen gesprochen und verstanden wurde. Es ist ein Idiom mit verschluckten Endsilben, Konsonanten und Vokalen, kein reiner Ton, sondern alles wie in einem Nebel. Kein Satz, in dem sich nicht ein paar fremdartige Elemente mischen, keine Spur von Syntax, Grammatik oder Orthographie. Das, was man dort Sprache nennt, ist ein Konglomerat aus dem vom Wiener Handwerker noch zuzeiten Maria Theresiens und des seligen Kaiser Joseph importierten Hernalser Deutsch und den württembergisch-hessischen Elementen des schwäbischen Bauern. Dazu das vom Musikfeldwebel der 78er hierher verpflanzte Böhmische, zahlreiche Jargonausdrücke, die dem Wortschatz des jüdischen Hausierers entstammten, das Rotwelsch der Landstreicher und Wanderburschen, die ihren Weg über Budapest, Prag und München nahmen, der serbische Einschlag der Unterstädter autochthonen Bevölkerung, das verdorbene Beamtendeutsch und -kroatisch der nahen Militärgrenze, der schlechte Stil der deutschen Lokalblätter und das falsche Bühnenpathos der zugewanderten Theatertruppen aus Olmütz und Preßburg.
Ich selbst lernte dort unten das schönste Essekerisch, das mir

zeitlebens im Ohr blieb und das ich auch später nicht so leicht wieder loswurde, und zwar trotz der deutschen Fräuleins, meiner deutschen Unterrichtsstunden bei dem evangelischen Pastor Pindor, der das reinste Deutsch in der Monarchie, das Schlesische, sprach. Zwei Jahre ging ich in Wien in die Schule, absolvierte die Fortbildungsklassen mit vorzüglichem Erfolg, und dennoch blieben mir Brocken hängen, die direkt aus der Podravina und dem Langen Hof stammten. Sie mischten sich auch in meinen schriftlichen Stil, und gerade das habe ich immer als größten Nachteil empfunden, habe jahrelang dagegen angekämpft und versucht, die aus meiner Kindheit herstammende Esseker Sprachbarbarei zu überwinden. Und erst nach vielen Jahren der Abwesenheit ist es mir teilweise gelungen. Ich gebe zu, daß meine Eltern nicht ganz unrecht hatten, wenn sie mir den Verkehr mit den Leuten im Langen Hof zu erschweren oder ganz unmöglich zu machen versuchten. Denn abgesehen von dem schlechten Esseker Deutsch, das ich mir dort aneignete, gab es unten eine Menge zweifelhafter Elemente. Das Laster gedieh neben der Aufopferung, das Gute neben dem Bösen. Es gab Trinker, Diebe und Raufbolde. Es gab Krankheit, Hunger und Schmutz. Aber so tragisch dies alles auch war, stellte es doch ein unverfälschtes Stück Leben dar, das ich auf diese Weise früh kennenlernte. Im Schreiben fällt mir gerade ein, wie ich vor meiner in Lumpen einhergehenden Helene, die ein neues Kleid an mir bewunderte, zu prahlen suchte: „Das, was ich da anhabe, ist gar nichts! Ich habe zu Hause zehn solche Kleider im Kasten!" Dies sagte ich der Ärmsten, obwohl es durchaus nicht der Wahrheit entsprach, denn meine Mutter war viel zu sparsam und vernünftig, um mir zehn Kleider zu kaufen. Ich weiß nicht, was mir eingefallen war, warum ich mich auf solche Weise groß zu machen versuchte. Ich hatte den Satz noch nicht zu Ende gesprochen, als ich schon empfand, wie abscheulich eine solche Aufschneiderei war, besonders einem Kind wie Helene gegenüber. Ich schämte mich entsetzlich und begann die Zahl meiner „Toiletten" sofort zu reduzieren, indem ich bemerkte, ich hätte mich vielleicht geirrt. Im Kasten hängen auch Annys Kleider, und möglicherweise hat meine Mutter auch sonst noch was dazu getan! Dann schenkte ich ihr meinen neuen Bleistift und brachte ihr nach dem Mittagessen mein Dessert, was ich auch sonst öfter tat. Aber ich habe an diesem geringfügigen Vorfall, den ich bis heute nicht vergessen konnte, auch noch etwas anderes erfahren, ja irgend etwas dämmerte in mir empor, und ich mußte mich fragen: Warum habe ich alles, Helene aber, die um so viel besser war als ich, hatte gar nichts? Es war zum ersten Mal, daß ich mir diese Frage stellte, aber sie blieb damals und noch lange später ohne gültige Antwort. Es gab Leute in meiner Umgebung, die behaupteten: Der liebe Gott hat es so gemacht! Es muß Arme und Reiche auf Erden geben, denn nur so konnten die Menschen ihre Tugend erweisen. Die Armen, indem sie ihr Schicksal ergeben trugen, nicht gegen den lieben Gott murrten und sich auf ein besseres Jenseits verließen. Die Reichen, indem sie den Besitzlosen etwas von ihrem Überfluß abgaben, so wie ich zum Beispiel, als ich Helene meinen neuen Bleistift schenkte im sicheren Bewußtsein, ich würde bald einen anderen bekommen. Es gab auch andere Leute, die feststellten, es müsse arme Leute geben, denn wer sonst würde freiwillig die schmutzigen und mühseligen Arbeiten verrichten? Nur die äußerste Not zwang die Menschen dazu, und so war alles auf Erden aufs beste eingerichtet.

*

Aber auch Spiele gab es in unserem Hof, denen ich mich mit Leib und Seele hingab und die mich von jeder Wirklichkeit rasch wieder ablenkten. Wir spielten Fangen, Verstecken, Himmel und Hölle, Räuber und Gendarm. Am schönsten spielten wir auf der Holzčardake[10]) des Herrn Georgijević, wo wir ganze Märchenspiele aufführten. Herr Georgijević war Gerber und trocknete dort oben seine Tierhäute, ehe dieselben zur weiteren Verarbeitung gelangten. In dicken Ballen verschnürt lagen sie dort oben herum. Da sie in rohem Zustand waren, rochen sie ziemlich schlecht, aber uns Kinder genierte das wenig. Wir versteckten uns dahinter, ritten und turnten darauf herum. Bald spielten wir Zirkus, bald Indianer, bald befanden wir uns in einem Ritterschloß, bald in der Waldhöhle einer bösen Hexe. Ich selbst spielte die Rolle der verwunschenen Prinzessin, und die anderen bildeten meinen Hofstaat: die tapferen Ritter, Hexen, Drachen und Gnome. Ich ließ mich erlösen, entführen, retten, gelegentlich aber auch massakrieren, was ich stoisch ertrug. Ich saß auf meinem königlichen Thron aus ungegerbten Tierhäuten, mit zerrauftem Haar und herunterhängenden Strümpfen, schluchzte herzzerbrechend, lächelte königlich, wie meine Rolle es gerade erforderte. Ich spielte sie mit solchem Aplomb, mit einem solchen Aufwand an tragischen Akzenten, einer so echten Dramatik und der Zugabe packender Einzelheiten, daß unsere Tragödin vom Stadttheater mich ruhig darum beneiden durfte.

In dem unter der Čardake befindlichen betonierten Lokal war die Essigfabrik der Rombergerischen. Dort standen eine Menge offener Fässer, weil der Zuzug der frischen Luft die Oxydation förderte. Um jedes dieser Fässer schwärmten Tausende von Bienen, so daß jener Teil des Hofes wie von einem graugrünen, unruhig auf- und abwallenden Nebelschleier verhüllt war. Die summenden Geräusche flossen bald lauter, bald leiser ineinander, und der Faden dieser Musik riß niemals ab. Schwärme flogen davon wie silberblitzende Wölkchen, Schwärme flogen hinzu, und wenn man sich dieser Gegend unvorsichtigerweise näherte, war es fast sicher, daß man ein paar Stiche abbekam. Dies galt besonders für jene Leute, die sich erschrocken wehrten, mit den Händen umherfuchtelten oder ihre Unruhe auf andere Weise bewiesen. Wir Kinder verstanden es, hindurchzuschlüpfen und wurden fast niemals angefallen. Und wir waren den Bienen dankbar, denn sie waren unsere „Leibgarde", umgaben unsere Čardake mit einer Gefahrenzone, und so traute sich fast niemand näher an sie heran, was uns vor unangenehmen Überraschungen schützte.

Im Jahre 1886 gab es noch zwei bedeutsame Ereignisse für mich. Im August übersiedelten meine Großeltern aus der Unterstadt zu uns, und im Oktober bekam ich ein deutsches Fräulein, das mir noch weniger gefiel als das Fräulein Partl mit ihrem Kindergarten. Mein Großvater litt an einem progressiven Muskelschwund, der ihm jede Bewegung erschwerte. Er hatte sein Geschäft aufgeben müssen und lag fortan im finsteren Alkoven, der durch schwere Stoffvorhänge noch stärker verdunkelt wurde. Meine Großmutter übernahm einen Teil der Wirtschaft, denn meine Mutter war andauernd leidend. Sie war schon nach meiner Geburt so zurückgeblieben, und ihr Zustand verschlimmerte sich nach der Geburt meiner Schwester. Sie vertrug nur Diätkost in minimalen Mengen, wog 42 Kilo, und man fürchtete bereits für ihre Lunge.

Die Großmama übernahm auch die Pflege des kleinen Hofgartens, in dem sich neben der Pumpe drei Kugelakazien befanden und eine von wildem Wein umrankte Laube stand. In der Mitte war ein großes mit Georginen und Cana Indica bepflanztes Beet, unter den Fenstern ein paar schöne Rosenstöcke und zwischen den roten Pflastersteinen eine Unmenge wild wuchernder Portulaken in den verschiedensten Farbabstufungen. Am schönsten aber war der Lattenzaun, den die dort wachsenden Windlinge in eine einzige Blumenwand verwandelten. Sie entfalteten morgens ihre zarten seidigen Trichter in einer Farbskala vom dunkelsten Rotviolett in allen Abstufungen und Tönungen bis zu pfirsichrosa, lila, pastellblau und goldgelb. Auch gab es allerlei Mischungen und Variationen, so daß keine Blüte der anderen glich. Mit der Sonne erschlossen sie sich, mit der Sonne gingen sie unter. Ihr Blütenleben dauerte nicht länger als einen Tag.

Sonst aber gab es auf allen Beeten noch ein buntes Allerlei von Reseden, Tag- und Nachtschatten, Phlox und Verbenen. Für meine Großmutter aber, die die Natur liebte, ohne jemals einen richtigen Kontakt mit ihr gehabt zu haben, war diese bescheidene Gartenanlage nicht nur eine Augenweide, sondern ein weiteres Betätigungsfeld. Sie lockerte die Erde, pflanzte, jätete und pflegte ihre Blumen mit dem ganzen Einsatz ihrer Liebe und überschüssigen Energie.

Das neue Kinderfräulein war eine siebenbürgische Sächsin mit strohblondem Haar, das ihre einzige Schönheit bildete. Sie trug es in zwei Zöpfen geflochten kranzartig um den Kopf gelegt. Sie hatte vorstehende wäßrig-blaue Augen und ein paar häßliche Narben am Hals. Als prinzipienfeste Protestantin kannte sie nur weiß oder schwarz, gut oder böse, ohne Milderungsgründe, Übergänge und psychologische Deutungen. Sie forderte blinden Gehorsam, ohne Zugeständnisse und Pardon. Ein dünner Rohrstab lag seit ihrer Ankunft auf dem Kasten unseres Kinderzimmers. Ich konnte denselben zehnmal verschwinden lassen, am nächsten Tag war er schon wieder da. Sie sagte mit viel Speichel zwischen den Zähnen: „Wer sein Kind liebt, züchtigt es!" und setzte diese Maxime bei dem kleinsten Anlaß in die Praxis um. Diese Person, die drei Jahre in unserem

Hause weilte, war zwischen meinem siebenten und meinem zehnten Jahr der Alp meiner Tage. Sie entstammte ihrer Anlage, Herkunft und Erziehung nach einem artfremden Milieu. Sie besaß keine Spur von Weichheit und Güte, weder Nachsicht noch Geduld. Ich hätte die Ausbrüche eines spontanen Jähzorns viel leichter ertragen als ihre kalte Ruhe, hinter der sich ein ausgesprochener Sadismus versteckte. Noch tragischer aber war, daß sich auch meine Eltern von ihrer Prinzipientreue imponieren ließen und daß sie in der ehrlichen Überzeugung, es geschehe zu meinem Besten, mich ihren Methoden auslieferten. Ich war sicher kein leicht lenkbares, gehorsames Kind. Fräulein Goldschmidt aber sowie die ihr folgenden deutschen Erzieherinnen Fräulein Kranich, Kaiser und Seiffert, die nacheinander in unserem Hause weilten, ehe ich mit dreizehn in ein Wiener Internat kam, jagten mich mit ihrem Despotismus, ihren Launen, hysterischen Abwegigkeiten und ihrem völligen Mangel an Bildung in einen seelischen Protest, der nicht nur ihren unbedeutenden Persönlichkeiten galt, sondern allem, was nur von ferne an Autorität gemahnte, was mir als Beeinträchtigung meines Willens, als Beschränkung meiner Freiheit, als unbefugte Einmischung in meine persönlichen Rechte erschien. Dies aber wirkte sich in einer fast tragischen Weise auch auf mein späteres Leben aus, und es dauerte lange, ehe ich diese Protesteinstellung in mir durch logische Schlüsse überwinden lernte.

Die meisten Konflikte mit Fräulein Goldschmidt ergaben sich aus meinen täglichen Exkursionen in den Langen Hof, denen sie machtlos gegenüberstand. Sowie sie mir den Rücken kehrte, war ich schon unten, war außerhalb ihres Machtbereichs und des Machtbereichs ihrer Rute. Natürlich nur für den Augenblick, aber wer denkt nach einer gelungenen Flucht an die Gefahren einer näheren oder ferneren Zukunft? Die Essigfabrik mit ihren kreisenden Bienenschwärmen erwies sich als unüberschreitbares Minenfeld, das Fräulein Goldschmidt den Zutritt zu unserem Reich verwehrte. Nur von weitem konnte sie nach mir rufen, aber sie wäre lieber gestorben, als sich den Stichen der wütenden Insekten auszusetzen.

Abends trachtete ich, möglichst unbemerkt nach Hause zu schleichen und mich so rasch wie möglich in den Schutz meiner Großmutter zu begeben, die, wie ich wußte, ganz andere

Vorstellungen von „individueller Freiheit" besaß als Fräulein Goldschmidt.

Zu dem spanischen Rohr kam um jene Zeit noch ein anderes Erziehungsmittel, geeignet, mir das Leben zu verbittern, das war die Handarbeit. Unter der Devise „Müßiggang ist aller Laster Anfang" sollte ich mich täglich drei Stunden lang mit Häkelei beschäftigen, und nachdem ich die sogenannten Musterbänder, eines im Spitzen-, das andere im tunesischen Häkelstich, glücklich heruntergehäkelt hatte, jedes in einer Länge von ein und einem halben Meter, sollte ich nun einen aus kleinen Sternchen zusammengesetzten Deckenschoner für meine Mama anfertigen, fünfundzwanzig Sterne in der Breite, fünfunddreißig in der Länge. Ich war überzeugt davon, daß es unmöglich sei, mit einer solchen Arbeit jemals fertig zu werden, und so eröffneten sich mir an diesem Deckenschoner die tragischsten Perspektiven. Ich sah mich Sterne häkeln bis in mein graues Alter hinein. Diese sinnlose Arbeit nahm nicht nur meiner Gegenwart, sondern auch meiner Zukunft jeden Wert. In der Überzeugung, daß ich sowieso niemals damit an ein Ende gelangen würde, fand ich es besser, gar nicht damit zu beginnen. Und da es kein anderes Mittel gab, um mich dieser notorischen Tierquälerei zu entziehen, denn Fräulein sperrte die Tür hinter mir zu, während sie sich selbst in das gemütliche Vorzimmer zurückzog und in ihrer geliebten „Gartenlaube" schmökerte, begann ich zu weinen. Ströme von Tränen ergossen sich über meine Wangen, meinen Hals, mein Kleid. Sie ergossen sich über meine Hände, Nadel und Häkelgarn. Ich habe niemals ehrlichere und bitterere Tränen geweint. Ich war nicht mehr als acht Jahre alt, aber das Leben erschien mir unter dem Zwang dieser Häkelei plötzlich ganz sinn- und zwecklos geworden. Es bestand in einer Aufgabe, die ich nicht zu bewältigen vermochte. Niemals würde ich so viel Sterne häkeln, 25 der Breite und 35 der Länge nach, wie man von mir verlangte! Der Faden war naß von meinen Tränen und schlüpfte jetzt überhaupt nicht mehr durch die verrostete Nadel. Alles verwirrte sich vor mir, ähnlich wie meine Gedanken. Ich vergaß sogar das Muster, obwohl ich es seit Wochen vor mir hatte. Die Stunden vergingen, ich saß da, die Hände im Schoß, die Augen ins Leere gerichtet. Nichts war fertig. Nichts war getan. Nachher regnete es Strafen und Verbote, die sich gewöhnlich auf das bezogen, wonach mir am sehnlichsten verlangte: das freie Spielen im Langen Hof.

*

Um mich an diesen Spielen zu hindern, gab es auch noch ein anderes Mittel – ich mußte mit Fräulein und Anny an jedem schulfreien Nachmittag spazierengehen. Eine besondere Tortur bildeten die Vorbereitungen. Bei diesen Anlässen gab es eine vorgeschriebene Eleganz. Die feinen Kleider hinderten mich an jeder freien Bewegung. Sie waren unbequem, unpraktisch und mußten geschont werden. Ich hatte insofern Glück, als meine Mutter, was die Kindermode anbelangte, gegen jede Übertreibung war. Es gab kleine Mädchen, die die Haare bis über den Schluß trugen. Sie mußten täglich ein- bis zweimal auf Papilloten gedreht werden, und ihre Pflege mit Kamm und Bürste dauerte eine halbe Stunde. Manche trugen schon mit zehn Jahren hohe Stöckelschuhe, die gewöhnlich auch noch zu eng waren und auf denen sie unsicher einhertrippelten. Viele meiner Altersgenossinnen trugen bereits Schnürleiber, ja sogar richtige Mieder, weil ihre bornierten und eitlen Mütter der Ansicht waren, man könne nicht früh genug mit dem Schnüren beginnen, denn der Körper müsse sich in seiner Entwicklung der Form des Mieders anpassen, nicht aber umgekehrt. Nur auf diese Weise erzielte man die zum Abbrechen dünne „Wespentaille", die dem damaligen Schönheitsideal entsprach. Vernünftigere Mütter schoben die Zeit des Miedertragens bis auf das dreizehnte Jahr hinaus, dann aber war es unumgänglich. Und zwar waren diese Mieder starre Panzergehäuse, die die Brüste nicht etwa stützten, sondern sie hoch hinaufschoben. Hüften und Bauch waren stark markiert, so daß schon die Fünfzehnjährigen aussahen, als wären sie wie die Kegel aus einem Stück Holz herausgedrechselt, mit der Zäsur ihrer künstlich zusammengepreßten Taille, die im späteren Leben zur Ursache verschiedener Leiden und Deformierungen wurde. Davon betroffen waren hauptsächlich Leber und Magen, ja die sogenannte „Schnürleber" konnte leicht zur Ursache eines frühen Todes werden. Die Pariser Maler beklagten sich, es sei auf dem Pariser Pflaster kein einziges gutes Aktmodell mehr zu finden, das Mieder habe den weiblichen

Körper nicht weniger verunstaltet als die Bandagierung der Füße der Chinesinnen. Sogar in den Zeitungen kam es zu Polemiken über das heikle Thema, an dem bildende Künstler, Gynäkologen und utopistische Eugeniker teilnahmen und sich gegen das Miedertragen aussprachen. Die großen Pariser Modehäuser aber waren dafür, und am meisten die Frauen selbst. Es gab übrigens in der Aufmachung eleganter kleiner Mädchen auch noch andere Modetorheiten, die dem Geschmack der Zeit entsprachen. Da waren zum Beispiel die hohen Knöpfelschuhe aus sogenanntem Everlasting Zeug, mit zwanzig kleinen Knöpfen an jedem Schuh, die einem ständig durch die Finger glitten. Die riesigen modischen Atlasschärpen, die unterhalb des Schlusses gebunden wurden und ständig rutschten, die aber jeder Toilette erst den richtigen Schmiß verliehen und in ihrer Form die Roßhaarturnüren der Erwachsenen ersetzen sollten. Dann der auf der kurzgeschnittenen Haarfrisur auf- und abwippende breite Florentiner Hut, dessen Aufputz eine riesige Straußenfeder bildete, der mit einem Gummiband unter dem Kinn gehalten wurde und seinen Trägerinnen das Aussehen komischer Riesenpilze verlieh. So war alles unkleidsam, unbequem und gekünstelt, das heißt im kleinen eine schlechte Imitation der gekünstelten Damenmode, deren Tendenz in den Jahren zwischen 1880 und 1890 immer mehr ins Groteske ging: außer der Wespentaille die immer länger werdenden Röcke, die hohen Stehkragen, die sich in immer mehr Raffungen und Garnierungen geltend machende Stoffverschwendung, Einsätze, Maschen, Blumen, Federn und Spitzen, die von den Erwachsenen auf die Kinder übergingen und die noch nicht Zehnjährigen zu kleinen Modekarikaturen machten.

Unser Weg war immer der gleiche: über die Annagasse in die Kapuzinergasse, die mit dem Hause des Photographen Graff endete. Dann kam eine lange Holzplanke und die Allee. Links von derselben, Holzplätze sowie die beiden langgestreckten schwarzen Pulvermagazine. Rechts die Bulgarengärten mit ihren Wassergräben, in denen die sich stauende Feuchtigkeit häufig zur grünlichen, übelriechenden Pfütze wurde. Dort, wo die Hauptstraße den Schanzen entlang in die Festung abbog, begannen die weitverzweigten Glacisanlagen, die sich auf der einen Seite bis in die Nähe der Neustadt, auf der anderen bis in die Unterstadt erstreckten. In einer Stadt ohne Landschaft, ohne Wälder und Berge, in der sich die ersten Natureindrücke aus den Wiesen der Exerzierplätze ergaben und Schanzen und Kasematten die Aspekte einer Felsenlandschaft vortäuschten, gab es immer noch allerlei verborgene Schönheiten, die im Kleinen das Große, im Einzelnen das Ganze reproduzierten. Ich habe zum Beispiel bis nach meinem zehnten Jahr niemals einen wirklichen Wald gesehen. Die paar Fichten in den Glacien, die eine künstliche Anpflanzung auf höchstens 50 Meter im Quadrat bildeten, nannten wir unser Wäldchen, und indem wir die Perspektiven ins Unermeßliche verschoben, waren wir überzeugt davon, es handele sich um einen wirklichen Tannenwald. Im Frühling aber waren die Glacien geeignet, mir sogar unseren Langen Hof zu ersetzen. Schon Ende Februar sprossen die ersten Veilchen aus dem feuchten Moosboden hervor und blühten auf, während in den Schanzen noch Schnee lag, der dort an besonders schattigen Stellen bis Anfang April liegenblieb. Zu Tausenden zauberte die Sonne sie hervor, ein Wunder an zarter Schönheit, Feinheit und Duft in der nächsten Umgebung dieser wüsten Wassergräben und der dem Verfall preisgegebenen Befestigungswerke. Noch wunderbarer erschien mir ihre jährliche pünktliche Wiederkehr.

Im Sommer, wenn es in den Wiesen reifte, gab es dort neue Blumenwunder: Königskerzen, Ranunkeln, Löwenzahn, Glockenblumen, Kardengewächse und wilder Klee. Sterne, Krönchen, Dolden und Kelche im Kranze ihrer grünen Blätter, die sie umwallten und überwuchsen. Auch Dornen und Stacheln gab es, die sie verteidigten. Unübersehbar war dieser farbendurchwirkte Teppich und das Gras so hoch, daß man sich ganz darin verbergen konnte. Der feuchte und vielfach gedüngte Boden, der früher jahrzehnte-, ja vielleicht jahrhundertelang dem Einreiten von Remonten gedient hatte, versah sie mit einem Überfluß an kräftigem Nährstoff. Die Halme waren seidig und lang, die Rispen mannigfaltig in ihrer Gestaltung. Sie waren im Frühling von einem silbernen Graugrün, wenn sie sich der Reife näherten, wurden sie immer saftiger und dunkler, bis sie zur Zeit der Mahd allmählich trockneten und vergilbten. Es gab zwischen ihnen kleine Speere, die über das Gewoge der sanft gebogenen Halme hinauswuchsen. Andere verflochten sich zu einem zarten Spitzengewebe. Noch

104

andere trugen winzige Träubchen oder Perlen an ihren Rispen. Einige waren wie die Weidenkätzchen mit dem Goldstaub ihrer Pollen bepudert. Er befruchtete Narben und Stempel, in denen hierauf die kleinen Samen heranreiften, die, vom Winde weitergetragen, im nächsten Frühling zu neuem Leben erwachten. Das Bild dieses bunten Teppichs änderte sich mit jedem Windhauch, wie die Steinchen eines Kaleidoskops, die der Zufall durcheinanderwirft, aber immer so, daß ein neues Farbenwunder daraus entstand.

Den Endpunkt unserer Promenaden bildete einmal das der Neustadt nahe gelegene „Steinerne Kreuz", ein andermal aber der am Ausgang der Glacien der Drau und dem „Kronenwerk"[11]) gegenüberliegende Obelisk, den die Stadt in Erinnerung an das im Jahre 1882 erfolgte Brückenunglück und zu Ehren der dabei umgekommenen Soldaten des einheimischen Regiments errichtet hatte.

Das Steinerne Kreuz war ein unter hohen Kastanienbäumen gelegenes Kalvarium mit einigen Stationen, die in den primitiven Malereien eines anonymen Künstlers die Verurteilung, Geißelung, Dornenkrönung, Kreuzigung und Grablegung Christi wiedergaben. Die Holztafeln waren zwar unter Glas, die Scheiben jedoch meistens zerbrochen, so daß die Malerei von Regen, Sonne und Insektenschäden stark angegriffen war und man die ursprünglichen Formen und Farben nur noch schwer erkennen konnte. Ich sah öfter alte Weiblein, die den Weg von einem Bildstock zum anderen auf den Knien zurücklegten und, den Rosenkranz zwischen den Fingern, ihre Gebete abhaspelten. Ich hörte, diese Wallfahrtsstätte sei errichtet worden, weil vor vielen Jahren Diebe und Mörder, die man in der Gegend zusammenfing, an der gleichen Stelle hingerichtet wurden. Das Steinerne Kreuz und die Bildstöcke mit den Leiden Christi sollten die Seelen der Schuldigen nach ihrer auf Erden verbüßten Strafe entsühnen. An das Steinerne Kreuz, das Ziel unserer Spaziergänge, knüpfte sich jedoch auch noch eine andere Geschichte, die der unmittelbaren Gegenwart entstammte und die Gemüter der Esseker vor ein paar Jahren in größte Aufregung versetzt hatte. Eine fromme Frau namens Charlotte Dessaty pflegte einem Gelübde gemäß zeitig am Morgen, solange die Glacien noch menschenleer waren, hierher zu pilgern und ihre Andacht zu verrichten.

Eines Tages aber kehrte sie von dieser Wallfahrt nicht mehr zurück. Die Polizei wurde alarmiert, und man fand ihre Leiche in einem nahegelegenen Schanzgraben. Nichts von dem, was sie mit sich trug, fehlte. Es war kein Raubmord, und da sie keine Verwandten hatte, konnte es sich auch nicht um übereifrige Erben handeln. Ihr ziemlich ansehnliches Vermögen hatte sie den Esseker Armen vermacht. Ein paar Tage wurde nach dem Mörder gesucht, dann aber wurden alle Nachforschungen plötzlich eingestellt, und das Verbrechen und seine Motive wurden auch später niemals aufgeklärt. Inzwischen aber wußte bereits jeder Esseker, was dabei im Spiele war. Ein steinreicher alter Junggeselle wollte Frau Dessaty heiraten. Und wie in einem Schundroman war zugleich auch eine eifersüchtige Wirtschafterin da, die um ihre Benefizien zitterte. Diese Wirtschafterin hatte überdies auch noch einen mißratenen Sohn, der gleich nach dem Verbrechen aus der Stadt verschwunden und später nach Amerika ausgewandert war. Und um den Skandal zu vermeiden und eine angesehene Esseker Familie nicht zu kompromittieren, blieb das Verbrechen ungesühnt. So gibt es auch dunkle Punkte in der Geschichte dieser Stadt, die sich jahrelang viel auf ihre bürgerlichen Tugenden zugute tat und ihre von der Schanzlgasse bis zum Rochus und von da über die heilige Anna, die Markt- und Komitatsgasse reichende, sich zum Kreise schließende, eigenwüchsige und unverfälschte Esseker Moralität als beispielgebend und unerreichbar erklärte. Die bisherige Wildemanngasse wurde in Dessatygasse umgetauft, und das war so ziemlich alles.[12])

Das zweite Ziel unserer Spaziergänge, und gleichzeitig eine andere Esseker Merkwürdigkeit, bildete der nahe dem Drauufer gelegene kleine Marmorobelisk mit den goldenen Buchstaben, die von dem unlängst erfolgten Brückenunglück erzählten. Ich hörte öfter sagen, und auch mein Vater erwähnte es mit vor Entrüstung bebender Stimme, die über die Drau führende alte Holzeisenbahnbrücke sei längst morsch gewesen, und man hatte die maßgebenden Kreise ein paarmal darauf aufmerksam gemacht. Aber es waren die Jahre, die der Okkupation Bosniens unmittelbar folgten. Der Handel mit dem neueroberten Lande blühte und versprach ein Maximum an Profit. Die herrlichen Wälder wurden gerodet, Erze wurden geschürft und noch andere wichtige Rohstoffe exportiert. Der einzige Weg zwischen Budapest und Bosnien führte über diese alte hölzerne Brücke. Unmöglich, gerade jetzt den Verkehr einzustellen. Millionen standen auf dem Spiel! Man beschloß also an maßgebender Stelle, die Brücke müsse und werde halten. Eine Kommission wurde von der Budapester Eisenbahndirektion heruntergeschickt, und dieselbe stellte ein amtliches Gutachten aus, die Brücke befinde sich in gutem Zustande und der Verkehr darüber könne unbesorgt weitergehen. Dieser günstige Bescheid wurde mit einem solennen Bankett im Kasino gefeiert, und einen Tag später krachte die Brücke unter der Last eines darüberfahrenden Zuges zusammen. In demselben befanden sich heimkehrende Soldaten des einheimischen Regiments, die dem bosnischen Feldzug mit heiler Haut entronnen waren. Sie fielen mitsamt dem Zug in die Drau und ertranken wie die Ratten in ihren verschlossenen Wagen.

*

Obwohl viele sogenannte bessere Kinder aus der Oberstadt die in der Festung gelegene, für die Kinder der österreichischen Offiziere gegründete deutsche Schule besuchten, die im allgemeinen als nobler galt, schickten meine Eltern mich in die in der Annengasse nahe unserer Wohnung gelegene gewöhnliche Volksschule, in der ich Kroatisch lernte und rasch viele Freundinnen erwarb. In der ersten Klasse war meine Lehrerin Frau Dončević, deren erklärter Liebling ich war. Da ich mit sechs bereits lesen und schreiben konnte, ging ich damals überhaupt nur in die Repetitionsstunden, die nach dem eigentlichen Schulunterricht täglich von zehn bis zwölf abgehalten wurden. Wir lernten nach dem Kroatischen auch Deutsch, und mit sieben schrieb und las ich in beiden Sprachen.

Von der zweiten an war meine Lehrerin ein älteres Fräulein Šestak mit Blatternnarben und einem in die Länge gezogenen Nonnengesicht. Sie war die Schwester eines Djakovoer Domherrn, also sicher möglichst klerikal, was sich gelegentlich auch im Umgang mit uns Kindern äußerte. Ich war trotz der Leichtigkeit, mit der ich lernte, angefangen schon von der zweiten, eine Art *enfant terrible* in der Klasse, denn ich stellte die unmöglichsten Fragen, die mit dem Lehrplan nichts zu tun hatten und auf die ich nur selten eine konkrete Antwort erhielt.

Aber es gelang mir, den Bann der Langeweile zu durchbrechen, indem ich die Klasse zum Lachen brachte, und dies war ja auch mein Zweck. Gewöhnlich wußte ich alles im voraus, denn ich hatte mein Schulbuch schon am ersten Tage von Anfang bis Ende durchgelesen, und Fräulein Šestak mußte mir meine Leistungen anerkennen, obwohl sie mich sicher nicht sehr geliebt hat. Aber ich war nicht nur eine vorzügliche Schülerin, sondern gehörte dem Stand nach zu den „besseren Kindern". Prügel aber erhielten dem damals herrschenden Schulsystem entsprechend nur die minderen Kinder, die in den hinteren Bänken saßen. Die „Besseren" brachten Würste, Speck, Dunstobst, Marmeladen, Sommeräpfel und Winterbirnen, Wein und Šlivovica (Sliwowitz)[13] in die Schule, die sie dem Fräulein Šestak auf das Katheder stellten und gelegentlich auch direkt in die Wohnung trugen. Die „besseren Kinder" machten Besorgungen für sie, trugen Briefe auf die Post, erledigten Aufträge bei Schuster, Schneider, Gevatter und Gevatterin. Sie stickten und strickten für sie, wobei sich an diesen häufig recht weitläufigen Handarbeiten auch die „minderen Kinder" beteiligen durften, die dies natürlich mit Feuereifer taten, denn sie erhielten dann weniger „Patzke"[14]) und bessere Noten. Es häuften sich auf diese Art viele Meter schmaler und breiter gehäkelter Spitzen, Bettvorleger, Tassendeckchen, Wandschoner und Küchengarnituren, mit denen die verschiedenen Lehrkräfte ihr Heim schmückten. Auch ich beteiligte mich an diesem gemeinnützigen Werk. Und nachdem ich mich ein paar Jahre früher unter Tränenergüssen geweigert hatte, am Dekkenschoner meiner Mutter Sterne zu häkeln, brachte ich es jetzt glücklich zu zwei, drei Meter Spitzen, die wohl irgendein diskretes Kleidungsstück meiner Klassenlehrerin schmücken sollten. Eine große Leistung, aber schön war sie nicht.

Ich war gut im Rechnen, ausgezeichnet im Schreiben und Lesen und ich brillierte in der Deklamation. Nach dieser Richtung hin war mir also wirklich nichts vorzuwerfen. Bei allen Prüfungen trat ich als eine Art Paradepferd auf und antwortete mehr, als man mich fragte. Und so schrieb ich eines Nachmittags mit gesammelter Aufmerksamkeit an einem Prüfungsblatt in Kalligraphie. Auf der Vorlage stand: „Domovina kakva bila rodjenom je sinu mila!" (Auch ein kleines Vaterland liegt seinem Sohn am Herzen). Ich hatte eine gute Feder, und es gelang mir, den Buchstaben die gleiche Richtung zu geben und Haar- und Schattenstriche scharf voneinander zu unterscheiden. Während ich mich in meine Arbeit vertiefte, stieß meine Sitznachbarin Melanka Mitić mich plötzlich mit dem Ellbogen an, so daß ich einen Tintenspritzer über das ganze Blatt machte. Die Lehrerin war gerade bei einem Schwätzchen auf dem Schulgang mit Fräulein Firly, Melanka aber lachte über meine Verzweiflung, machte ein höhnisches Gesicht und erklärte in aggressivem Ton: „Kroatien ist nicht dein Vaterland, und wenn du es auch tausendmal hinschreibst. Und wenn du es auch noch so gut lernst, kommst du doch nicht in den Himmel, sondern dorthin, wo Heulen und Zähneklappern ist. Der Herr Katechet hat es uns heut in der Schulstunde gesagt!"

Ich hatte in meiner geschützten Lage im Elternhaus von Judenfeindschaft bisher nichts geahnt. Ich hatte in der Schule und im Langen Hof meine guten Freundinnen, mit denen ich mich ausgezeichnet vertrug. Ich wußte natürlich von meinem Judentum, ich hatte meinen eigenen Religionsunterricht und nahm an den religiösen Übungen der katholischen Kinder nicht teil. Das war in meinen Augen nur ein geringer Art-, aber kein Grad- oder Wertunterschied. Ich hatte also nicht die geringsten Minderwertigkeitsgefühle, fühlte mich zwischen den anderen daheim, ich war ein Kind wie jedes andere.

Kroatien war mein Vaterland, daran war nicht zu zweifeln. Erstens stand es in unserem Lesebuch, zweitens hatte mir auch mein Vater gesagt, man müsse das Land, in dem man geboren ist, lieben. Ich sang die „Lijepa naša"[15]) mit allen anderen und ereiferte mich, wenn jemand zu behaupten wagte, Nikola Šubić Zrinjski[16]) sei ein Ungar gewesen!

Und nun behauptete Melanka, ich sei keine Kroatin, und ich würde nicht in den Himmel kommen, sondern an irgendeinen fürchterlichen Ort, wo Heulen und Zähneklappern ist. Melanka schrieb gewöhnlich die Rechenaufgaben von mir ab. Und nun hatte sie mich absichtlich gestoßen und meine Schreibvorlage verpatzt, und dies war noch schlimmer als alles andere. Ich hatte vom Tode nur vage Vorstellungen, Himmel und Hölle waren mir fernliegende Begriffe. Ich wußte nichts von Engeln und Teufeln, Heiligen und Märtyrern, die im katholischen Kult eine so große Rolle spielen. Wovor hätte ich mich also fürchten sollen? Aber die Sache betraf mein Ehrgefühl. Ich fühlte mich durch Melankas Worte erniedrigt. Auch sie war ein „besseres Kind", ihr Vater war Advokat. Sie gab Kinderjausen und Kinderbälle, zu denen ich niemals eingeladen war, obwohl ich neben ihr in der Bank saß. Dies hatte mir weiter kein Kopfzerbrechen gemacht, diesen Angriff auf meine patriotischen Gefühle sowie das mit dem Heulen und Zähneklappern konnte ich jedoch unmöglich dulden. „Warum sagst du, Kroatien ist nicht mein Vaterland, genau so wie deines?" „Weil du eine Jüdin bist, und ihr Juden nirgends zu Haus seid. Darum habt ihr auch kein Vaterland." „Ich bin aber hier zu Hause, genau so wie du!" „Hoho, meine Liebe! Das ist nicht wahr. Und du kannst dich mit mir nicht vergleichen, denn ihr Juden habt unseren lieben Herrgott gekreuzigt. Dafür müßt ihr jetzt büßen." „Ich habe niemanden gekreuzigt!" schrie ich in heller Wut. „Ich war damals noch gar nicht auf der Welt." „Macht nichts!" erklärte Melanka in boshaftem Ton. „Auch wenn du nicht auf der Welt warst! Die Sünde der Väter rächt sich bis ins späteste Geschlecht, hat der Herr Katechet uns heute gelehrt, und er sagt, das steht auch in den zehn Geboten!"

Sie blieb bei ihrer Behauptung und rief die anderen Kinder zu Zeugen an: „Hat er es gesagt, oder nicht?" Keines gab eine Antwort, aber sie maßen mich mit erschrockenen Blicken. War es nicht fürchterlich, daß mir ein solches Los bevorstand? Am fürchterlichsten aber war, ich konnte machen, was ich wollte, ich konnte meinem Schicksal darum doch nicht entrinnen. Der Herr Katechet hatte es gesagt!

Die Lehrerin war ins Klassenzimmer zurückgekommen. Ich war rot vor Erregung und zeigte ihr mein verpatztes Blatt. Ich sagte ihr auch, daß Melanka behauptet habe, ich komme dahin, wo Heulen und Zähneklappern sei.

Sie schwieg eine Weile, dann sagte sie mit erhobener Stimme, wir hätten uns in solche Dinge nicht zu mischen und müßten es dem lieben Gott und dem Herrn Katecheten überlassen, darüber zu urteilen. Fast schien es mir, daß sie Melanka die Stange halte! Dann gab sie mir eine neue Schreibvorlage und sagte tadelnd, ich möge nächstens besser achtgeben und keine Tintenklekse machen. „Aber sie hat mich doch gestoßen! Und sie sagt, ich komme dahin, wo Heulen und Zähneklappern sei." Irgendetwas würgte mich im Halse. Ich spürte plötzlich die Kälte einer Atmosphäre, die mich fassungslos machte.

Waren das noch meine Freundinnen? Sie sahen mich mitleidig an, aber es gab nicht eine, die mir zu Hilfe gekommen wäre. Und die Lehrerin war ungerecht! Sie gab nicht Melanka, die es verdient hätte, einen Verweis, sondern mir. Und ich mußte mich fragen: Warum?

*

Zu meinen schönsten Erinnerungen gehörten die Ausflüge, die ich jeden Sommer im Juni oder August, noch ehe meine Eltern in den Kurort fuhren, mit meinem Vater in die nahegelegene Ortschaft Beli Manastir und dann weiter in das im Baranjaer Weingebiet gelegene Dörfchen Baan machte. Dort wohnten unsere Verwandten, und mein Vater besuchte sie jedes Jahr. Da dies meine ersten Eisenbahnfahrten waren, machten sie mir den größten Eindruck, und ich bedauerte nur, daß sie so kurz waren, das heißt, kaum länger als eine Stunde dauerten. Mein Vater war der netteste Reisebegleiter auf der Welt, er war gut gelaunt, redete mit mir wie mit einer Erwachsenen, wofür ich ihm nicht genug danken konnte, sprach auch sonst mit jedermann im Kupee, wobei er die ihm angeborene Liebenswürdigkeit in vollem Maße entwickelte. Jede Kleinigkeit erweckte sein Interesse, und er machte mich darauf aufmerksam.

Die Landschaft der Baranja stellt ein sanft gewelltes Hügelland dar, mit schönen Waldungen, Weingärten und Feldern. Ich kannte in meinem zehnten Jahr nichts als die Flußgegend um Essek herum, die sich, wenn man die Brücke hinter sich hat, mit zahlreichen über das ganze Terrain ausgegossenen Flußarmen, Schilf und Riedgras noch ein Stück nach Norden erstreckt. Da ich noch niemals einen richtigen Berg gesehen hatte, imponierte mir eine jede Bodenerhebung, die über fünfundzwanzig Meter hinausging, und erschien mir als der Ausläufer einer Gebirgskette. Ich entzückte mich über jedes Bauernhaus, über das weidende Vieh, über jeden Hasen, der aus dem Dickicht hervorlugte und dann erschrocken das Weite suchte. Die bimmelnden Kirchenglocken, die in allen Dörfern den Sonntag einläuteten, erschienen mir schöner als die schönste Musik.

Ich hatte damals schon eine Menge Bücher gelesen, mit

Vorliebe Märchen und Gedichte, wobei Andersen natürlich obenan stand. Ich hatte durch diese Lektüre zwei Dinge gewonnen: Erstens, mit Hilfe schöner Worte gewisse Vorstellungen zu realisieren, zweitens, dem Wort eine solche Wichtigkeit und Bedeutung zu geben, daß der Eindruck dahinter zurücktrat und das Wort mir in vielen Fällen sogar den Eindruck ersetzte. Das Wort machte mir die Dinge zu dem, was sie sein sollten, das heißt wie ich sie mir wünschte. Ich hatte in der Schule sowie im Privatunterricht bereits viele Gedichte auswendig gelernt, von Uhland, Geibel, Freiligrath und anderen. Ich sah durch die dort aufgefangenen Bilder wie durch eine mehr oder weniger farbige Brille: nichts absolut unmittelbar, sondern immer mit Hilfe dieser literarischen Übertragung. Ich hatte viel Mühe, mich im späteren Leben noch einmal zur Einfachheit durchzukämpfen, noch einmal alles zu reduzieren und auf seinen Ursprung zurückzuführen, bis die Landschaft, die ich sah, auch wirklich das bedeutete, was sie war, und nicht die von Kaulbach und Richter gezeichnete, von den schönen Versen Uhlands und Freiligraths begleiteten romantischen Darstellungen, wie sie in meinem „Album deutscher Kunst und Dichtung" standen, das dem Auge die Mühe des Sehens ersparte, weil alles darin bereits vorweggenommen war.

Die Bahnfahrt endete in Beli Manastir, wo des Onkel Doktors Jagdkutsche mit dem alten Kutscher Martin auf dem Bock bereits auf uns wartete. In Beli Manastir zeigte mein Vater mir das alte Stammhaus, in dem seine Großeltern gewohnt hatten und seine Mutter zur Welt gekommen war. Dann ging es weiter in dem kleinen Wagen auf dem holprigen Feldweg, der sich dem Batinaer oder Baaner Gebirge entlang schlängelte, zwischen Wiesen, Feldern und Weingärten bis ins Dorf. Unterwegs unterhielt sich mein Vater seiner Gewohnheit entsprechend mit dem Kutscher, denn er ließ niemals eine Gelegenheit vorübergehen, ohne sich zu informieren und Menschen kennenzulernen. Er fragte ihn nach den dortigen Lebensverhältnissen, den Aussichten der nahen Ernte, den Ergebnissen der vorjährigen Weinlese und seinem eigenen Familienstande aus. Und er tat dies mit soviel Herzlichkeit und wirklichem Interesse, daß der alte Schwabe mit den eingefallenen borstigen Backen und den ihm in den Halskragen hineinwachsenden borstigen Haarsträhnen, der seit vierzig Jahren in des Doktors

Dienst stand, ganz aus sich heraustrat und von seinen Kindern und Enkeln erzählte. Die Kuh habe eben gekalbt, und auch mit den Schweinen habe er Glück. Erst unlängst hätte die Sau zehn Junge geworfen, von denen er vier aufziehen würde. Seine jüngste Tochter arbeitet bei der Frau Doktor in der Küche, da könnte sie nur Gutes lernen. Der Herr Doktor aber ließ seinen Ältesten in Budapest Agronomie studieren. Was das für Leute waren! Der Herr Doktor mit seinem kleinen Jagdwagen immer unterwegs. Die Leute in den umliegenden Dörfern verehrten ihn wie den lieben Gott! In letzter Zeit aber war er stark eingegangen. Er hustete und war heiser, und immer dieses schwere Leben. Weiß Gott, ob er das noch lange aushalten werde?

Sowie wir ankamen, begrüßte uns der Onkel Doktor mit größter Freude. Aber er entschuldigte sich: „Ihr müßt schon verzeihen. Ich werde euch vorläufig meiner lieben Resi überlassen müssen. Ich habe noch eine Weile zu tun!" Er war über sechzig und übte seit vierzig Jahren die Landpraxis aus. Dies war, wie der Kutscher Martin eben gesagt hatte: vierzig Jahre Arbeit im Ort und in allen umliegenden Dörfern in einem Umkreis von wenigstens dreißig Kilometern, immer auf der Landstraße und den schlechten Feldwegen, bei Wind und Wetter, bei Regen und Sonnenschein, bei Tag und Nacht. Er brachte Kinder auf die Welt, kurierte die schwersten Erkrankungen, heilte Wunden, öffnete Geschwüre, richtete gebrochene Gliedmaßen ein, linderte Schmerzen, kämpfte gegen den Tod an, tröstete, erbaute und flößte neue Hoffnung ein, wo nichts anderes mehr zu machen war. Er brachte in seinem abgeschabten alten Lederköfferchen immer gleich eine ganze Apotheke mit, ließ dort, wo die Armut groß war, manchen Gulden auf dem Tisch zurück und ließ sich nur von jenen zahlen, die es hatten. Noch ehe die Sonne aufgegangen war, holten die Patienten ihn schon aus dem Bett. Die Kranken schleppten sich bis an seine Tür heran, saßen im Garten auf den beiden Bänken und auf der Schwelle zu seiner Ordination. Und obwohl der Tag nur vierundzwanzig Stunden hatte, kamen schließlich doch alle an die Reihe, und auch die Unheilbaren gingen getröstet heim.

Er war ein unansehnliches Männchen unter Mittelgröße mit einem schönen Kopf, auffallend scharf blickenden Augen, deren auffallende Bläue er von seiner Mutter, dem Resele von Beli Manastir, geerbt hatte, und einem milden Lächeln, das sein großes Wissen um menschliche Dinge verriet. In seiner vierzigjährigen Dorfeinsamkeit hatte ihn dieses Wissen im ständigen Kontakt mit menschlichen Leiden vertieft und innerlich geformt. Die Medizin war in seinen Augen mehr als eine exakte Wissenschaft, sie nahm in ihrer praktischen Anwendung die mannigfaltigsten Formen an und erstreckte sich auf alle Lebensgebiete. Sie war Seelenkunde, Sozialpolitik, Ökonomie, Jurisprudenz, Morallehre, Philosophie, Agronomie, von ihrer inneren Verzweigtheit gar nicht zu reden. Da ging die allgemeine Heilkunde auf alle von der Medizin vorgesehenen Spezialgebiete über und umgekehrt: Der Landarzt durfte über den einzelnen Symptomen eines Falls niemals das Gesamtbild vergessen, niemals die rein menschliche Seite, die über jede klinische Einzelheit hinausgeht.

Das Doktorhaus war an den früheren Wohnsitz des alten Reb Nate Baan angebaut, der des Doktor Elias Großvater gewesen war. Es war ein schönes, komfortables, von hohen alten Bäumen beschattetes Steingebäude. Nachdem der Onkel sich seinen Patienten zugewandt hatte, die teilweise schon seit dem Morgen auf ihn warteten, führte die Tante uns in die Wohnung, wo wir uns die Hände wuschen und den Reisestaub von uns abschüttelten. Möbel und Geräte waren schmucklos und in jahrelangem Gebrauch bereits etwas abgenutzt, aber trotz ihrer Einfachheit gefällig und, was die Hauptsache war, glänzend vor Sauberkeit.

Der Stolz der Tante waren ihre Blumen, die unter ihren Händen prächtig gediehen. Riesige Fuchsien, über und über bedeckt mit dem rotblauen Gehänge ihrer kelchartigen Blüten, aus deren Innerem die seidigen Fransen der Staubfäden heraushingen. Die Pelargonien, die zu den anspruchslosen Fensterpflanzen gehören, entwickelten sich in ihrer Pflege zu wahren Wundern an Blütenfülle, Mannigfaltigkeit und Schönheit. Die Bauernfrauen brachten ihr Pelzer und Ableger, die sie großzog und die schon im frühen Frühling in den verschiedensten Farbtönen, angefangen beim elfenbeinernen Weiß bis zum dunkelsten Rosenrot, aufblühten.

Am schönsten waren ihre Oleander. Sie waren über hundert Jahre alt, und sie hatte sie noch von ihrer Mutter geerbt. Zwei

Meter hoch, glichen sie kleinen Bäumen, waren über und über mit roten Blüten bedeckt und erfüllten den ganzen Hof mit ihrem Duft nach Zimt und Vanille. Auch die weißen Trauben, die von den alten Akazienbäumen herunterhingen, rochen betäubend. Im Hintergrund des weiten Hofes befanden sich die Stallungen, Wirtschaftsräume, Gesindezimmer, Backstube und Sommerküche, wo es ebenso würzig roch nach all dem Guten, das man dort für uns vorbereitete. Sie deckte den Tisch unter den schattigen Akazien und brachte die Vormittagsjause: herrlichen Hausschinken, Eier, Radieschen und ein wunderbares, zu Hause gebackenes weißes Brot. Sie ordnete Ananasbeeren in ein mit schönen grünen Blättern ausgelegtes Weidenkörbchen und nötigte uns zum Zugreifen.

Man hörte die Sonntagsglocken von der nahen Kirche. Die Sonnenschwaden troffen durch das Grün der Bäume und zerflossen am Boden in einem zitternden Arabeskengekräusel. Die Tante setzte sich zu uns an den Tisch. Sie war eine kleine Frau, noch kleiner als ihr Mann, mit einem glänzend schwarzen Scheitel und immer in dem gleichen schwarzen Taftseidenkleid, das weiße Spitzenhäubchen auf dem Kopf. Sie hatte feine Manieren, eine gewählte Sprache, würdevolle Haltung und harmonische Gesten. Sie war die Beraterin des ganzen Dorfes in allen praktischen Fragen, und viele Dorfmädchen waren durch ihre Schule gegangen, hatten in ihrem Dienst kochen, waschen, bügeln, Ordnung und die Grundlagen häuslicher Hygiene gelernt. Später kam auch der Onkel, ließ sich neben uns nieder. Das Gespräch drehte sich um Familienangelegenheiten, Gesundheitsfragen. Er selbst hatte die Absicht, im nächsten Monat nach Gleichenberg zu gehen, um dort wegen seiner jetzt schon seit dem Winter anhaltenden Heiserkeit eine Kur zu halten. Natürlich nur für den Fall, daß die Praxis es ihm erlauben würde. Seine Stimme klang wirklich heiser und belegt, aber er war heiter und zeigte uns seine Lieblinge, die Tauben, mit deren Aufzucht er sich in seinen freien Stunden beschäftigte. Es gab kleine, beigefarbene Turteltauben, die ständig gurrten; ganz weiße mit korallenroten Füßen und Schnäbeln; solche mit den komischsten Hauben, Helmen und Schöpfchen auf dem Kopf; Kropftauben, die hochmütig aussahen wie eitle Damen; einige mit richtigen Pfauenschwänzen, die sie wie Schleppen hinter sich herschleiften, sobald man sie jedoch ansah, fächerförmig entfalteten. Noch andere gab es, deren Beine mit komischen Lederhöschen bewachsen waren, und solche, die ein über und über gekräuseltes Gefieder besaßen. Alle aber blitzten in leuchtenden Edelsteinfarben, in einem metallischen Glanz, der alle Nuancen in sich vereinigte. Viele trugen breite Ringe über der Brust, symmetrische Streifen, ein überraschendes Zickzackmuster, geschmackvoll abschattiert und auf einen bestimmten Effekt berechnet.

Sie hatten ihren Taubenschlag unter dem Dach und flogen gurrend ein und aus. Auf einen Lockruf des Doktors kamen sie bis an den Tisch heran und pickten die Brocken auf. Sie waren so zahm, daß man sie mit den bloßen Händen fangen konnte. Dem Doktor flogen sie auf die Schulter, die Hand und den Kopf und pickten ihm die Körner vom Mund. Auch von mir ließen sie sich fangen, und dies machte mir die größte Freude.

Das Mittagessen wurde in der kühlen Weinlaube hinter dem Hause eingenommen. Der Tisch war mit einem blendend weißen Damasttuch gedeckt, das alte Porzellan hatte einen matten Perlmuttschimmer. Es gab eine wundervolle Hühnersuppe, Backhendl mit feinstem Kopfsalat, herrliche Kompotte, Torten mit Bergen von Schlagobers. Man plauderte, und es ging ziemlich gemächlich dabei zu. Es dauerte ziemlich lange, mir aber noch immer zu kurz in Anbetracht der guten Dinge, die in so großen Mengen auf den Tisch kamen. Zum schwarzen Kaffee kam der Dorfpfarrer, der „Plébánosúr" wie sie ihn hier nannten[17]), der in dem jüdischen Doktorhaus als intimer Freund aus- und einging, mit Onkel Elias an den langen Winterabenden Schach spielte und sonntags nach der Messe zum schwarzen Kaffee kam. Sie philosophierten und politisierten miteinander seit vierzig Jahren. Der Plébánosúr hatte in dieser Zeit so manche talmudische Weisheit aufgefangen, der Doktor aber Dissertationen über den Dogmatismus und die katholische Kirchenlehre mit angehört. Beiden hatte dies nur wenig geschadet. Sie gingen zwar von einem ganz verschiedenen Standpunkt aus, kamen sich jedoch auf halbem Wege entgegen und einigten sich darüber, daß jeder Mensch in seinen körperlichen und seelischen Leiden eines Beistandes bedürfe und daß man ihm seinem besten Wissen und Gewissen nach helfen müsse. Im Kampfe gegen menschliche Schwächen und

Leiden waren der Dorfarzt und der Dorfpfarrer Kriegskameraden, unbeschadet der Verschiedenheit ihrer Überzeugungen und Bekenntnisse, die vor der Größe ihrer rein menschlichen Aufgabe an Gewicht verlor. An ungezählten Krankenbetten waren sie Seite an Seite gestanden, ein paar hundert Tote hatten sie gemeinsam begraben. Und wenn der alte Dorfdoktor in seinem Fach und über dasselbe hinaus auch ein Weiser war, so war auch der alte Dorfpfarrer auf seine Weise ein guter Philosoph. In der isolierten Lage, in der sich beide befanden, formen sich allmählich auch die Ideen um, passen sich den Verhältnissen an, werden weniger ausschließlich und dogmatisch. Auch im Religiösen kommt die rein menschliche Seite zur Geltung, und der Dorfpfarrer muß zugeben, daß einem Leben wie dem des Dorfarztes Dr. Elias Rosenbaum nichts mehr hinzuzufügen sei. Etwa die Gnade Gottes, von der dem Gesetze nach alles Gute abhängig ist? Lag sie nicht in seinen Handlungen, Worten und Gedanken? Strömte sie nicht ständig von ihm aus? Sein Freund, der Dorfpfarrer, konnte diesen Umstand unmöglich übersehen. Er war daher genötigt, an seinem Credo verschiedene kleine Korrekturen anzubringen.

Auch mein Vater war ein guter Philosoph und war, was die Toleranz anbelangte, für das weitestgehende Entgegenkommen. Er kannte die Lessingsche Fabel von den drei Ringen noch von seiner Knabenzeit her und war der Ansicht, daß sich der Wert dieser drei Ringe, von denen niemand wußte, welcher der echte war, nur an dem mehr oder weniger großen Einsatz unserer Menschlichkeit erweisen ließe. Diese Menschlichkeit ergab seinen eigentlichen Gehalt, Religion nur die äußere Form.

Während ich mich im Garten an den Himbeersträuchern beschäftigte, saßen die drei bei einer Flasche altem Villanyer beisammen, tranken, stießen an, sprachen mit einer gewissen Vorsicht über die ungarische Politik, in der gerade wieder einmal das allgemeine Wahlrecht zur Sprache kam. Diese Frage wurde im Parlament weniger mit Rücksicht auf ihre soziale Bedeutung behandelt, sondern vom Standpunkt des magyarischen Chauvinismus, der sich hauptsächlich gegen die slawischen Minoritäten richtete: die Serben, die Slowaken, Rumänen und Kroaten, die man mit dem Gesamtnamen der „Rastelbinder" bezeichnete und als Analphabeten auf die niedrigste Stufe der sozialen und nationalen Hierarchie stellte. Und solche Leute sollte man an dem allgemeinen Wahlrecht beteiligen? Sie würden, sowie sie im Staate was mitzureden hatten, das Gebäude in die Luft sprengen, denn sie waren nicht nur Analphabeten, sondern geborene Aufrührer, Terroristen und Anarchisten. Dies war die allgemeine Überzeugung, und zwar zu einer Zeit, da der politische und ökonomische Liberalismus eine Art Staatsreligion bildete, die freilich in ihrem Bekenntnis nur bis zu gewissen Grenzen ging und vor allem das Wohl der oberen Zehntausend im Auge hatte. Was die Frage des allgemeinen Wahlrechts betraf, war der Doktor dafür, der „Plébánosúr" natürlich dagegen. Mein Vater suchte die Sache auf eine breitere Basis zu stellen, indem er sie vom volkswirtschaftlichen Standpunkt behandelte und die These aufstellte, politische Reife werde durch politische Tätigkeit erreicht, nicht aber dadurch, daß das ungebildete Volk ein Leben lang nur als das Objekt der Politik anderer behandelt werde. Als die Debatte immer lebhafter wurde, wozu auch der alte Wein beitrug, der schon nach den ersten Gläschen die Gesichter röter färbte und den Augen einen besonderen Glanz verlieh, erschien die Tante mit der Nachmittagsjause, einem feinen kalten Schlagoberskaffee, Rosinengugelhupf, Torte und Himbeeren. Ich hatte mich aber schon im Garten mit Himbeeren vollgegessen, und auch das Mittagsmahl lag mir noch immer im Magen. Beim Anblick des gedeckten Jausentisches überkam mich ein tiefer Weltschmerz. Es war heiß. Die Tauben hatten sich in ihren Schlag zurückgezogen. Die Gespräche interessierten mich nicht, und die Stunden schienen von endloser Länge zu sein. Ich langweilte mich, hatte keinen Appetit, war enttäuscht und übler Laune, wie dies oft geschieht, wenn man sich von äußeren Ereignissen zu viel erwartete, und war schließlich ganz froh, als wir uns von Onkel und Tante verabschiedet hatten und uns in den kleinen Wagen verstauten, der uns an die Station zurückbrachte. Aber mein Vater ließ solche Stimmungen nicht aufkommen. Sowie wir uns im Kupee befanden, faßte er die Erlebnisse des Tages in einem Resumé zusammen, alles wurde noch einmal handgreiflich und lebendig, alles an seinen richtigen Platz gerückt, entsprechend gefärbt und entsprechend pointiert. Plastisch trat es heraus wie in einer gut geschriebenen Zeitungsreportage. Und auf einmal empfand auch ich dank seiner eindrucksvollen Darstellung und seiner unterhaltenden Erklärungen, die keine Kleinigkeit außer acht ließen und das ganze Erlebnis erst richtig abrundeten, daß ich einen herrlichen Tag erlebt hatte und daß mir dies alles für immer im Gedächtnis bleiben würde, wie dies auch tatsächlich der Fall war. Es war leider unser letzter Besuch im Doktorhaus, denn der Onkel starb ein Jahr später an einem schweren, unoperierbaren Kehlkopfleiden. Er wurde in der ganzen Gegend tief betrauert, und es erregte allgemeines Aufsehen, daß bei seinem in Darda stattfindenden Begräbnis neben seinen zahllosen dankbaren Patienten auch sein Freund, der Dorfpfarrer, mitging und an seinem offenen Grabe, nach dem Rabbiner, in einer Abschiedsrede dem Dahingegangenen als Arzt und Mensch seinen Dank aussprach.

*

Am Tage nach diesem Besuch meldeten wir uns bei meiner Großmutter Josefine Miskolczy, um ihr Bericht über den Bruder und dessen Frau zu erstatten. Sie war im Gegensatz zu meiner Großmutter mütterlicherseits eine ziemlich stattliche Frau über Mittelgröße und sehr korpulent. Sie hatte noch im hohen Alter glänzend schwarzes Haar, auch das Gesicht war dunkel, mit hoher Stirn und starken Backenknochen, aber feinen Zügen und den durchsichtig blauen Augen ihrer Mutter.

Sie war eine Frau von großer Sanftmut, feinen Umgangsformen und bemerkenswerter Güte. Sie hatte schon früh das Gehör verloren und war nach ihrem fünfzigsten Jahr ganz taub, was den Verkehr mit ihr sehr erschwerte. Meine Beziehung zu ihr beschränkte sich auf die ungezählten Bonbonspenden, die gemeinsamen Besuche beim Zuckerbäcker Graf sowie auf den reichlichen Konsum von Indianerkrapfen, Schaumrollen, Kremschnitten und Torten, mit denen ihr Andenken in meiner Erinnerung untrennbar verbunden ist. Es war niemals notwendig, an ihre Freigebigkeit besonders zu appellieren. Sowie sie mich erblickte, reagierte sie geradezu automatisch. Immer hatte sie eine kleine Freude für mich bereit, sei es eine Leckerei, eine Zirkus- oder Theaterkarte, manchmal sogar ein schönes Buch, das ich mir seit langem wünschte. Wenn sie von ihren jährlichen Badereisen nach Marien- oder Karlsbad nach Hause kam, brachte sie eine Menge Geschenke mit. Jedermann wurde bedacht, Kinder, Schwiegerkinder, Enkel, Bekannte und Bedienstete. Und immer war es gerade das, was man ersehnt hatte: eine hübsche Börse, eine kleine Brosche, eine blumengeschmückte Tasse aus Karlsbader Porzellan, ein Zierglas, ein schöner handgeklöppelter Spitzenkragen, gestickte Taschentücher und seidene Strümpfe. Denn sie ging von dem Standpunkt aus: Geschenke bedeuten einen kleinen Luxus und müssen Freude bereiten. Instinktiv traf sie dabei immer das Richtige. Sie war auch sonst an einen ziemlich hohen Standard gewöhnt, trug feine in Wien gemachte Seiden- und Barégekleider, das feine weiße oder schwarze Spitzenhäubchen je nach der Gelegenheit auf dem Kopf. Sie besaß kostbaren Schmuck, Armbänder, Broschen, eine brillantenbesetzte Uhr an langer Kette und sehr schöne und kunstvoll gearbeitete Brillantohrgehänge. Sie besaß ihren eleganen Empfangssalon aus lichtem Kirschholz mit Inkrustationen, Konsolen, und bis an die Decke heranreichende goldgerahmte Spiegel, den vielarmigen vergoldeten Kirchenlüster mit zwölf kunstvoll gedrehten Wachskerzen und einem reichen Gehänge venetianischer Glasprismen, in denen das Licht sich in Regenbogenfarben brach.

Vier Töchter waren nach des Großvaters Tod noch im Haus. Meine Tante Lina war die Älteste. Sie heiratete zweimal und wurde zweimal in jungen Jahren Witwe. Das erste Mal heiratete sie noch in Mohács einen Herrn Frisch, der in Essek ein Geschäft hatte. Sie war zwanzig Jahre alt, klein, zierlich, mit einem regelmäßig schönen Gesicht, das in seinem Schnitt an eine griechische Kamee erinnerte. Sie hatte ein solches Übermaß an Pflichtgefühl, daß sie sich nach der Hochzeit nicht entschließen konnte, mit dem Bräutigam nach Essek zu reisen. Erst brachte sie das Haus wieder in Ordnung, räumte, putzte, wusch und rieb, und erst als die durch den Rummel der Hochzeit und des Festmahls gestörte Ordnung wieder hergestellt war, durfte der junge Ehemann erscheinen und sie abholen. Dieser aber trug bereits die Keime einer todbringenden Krankheit in sich und starb nach wenigen Jahren.

Auch ihre zweite Ehe endete nach wenigen Jahren. Mit dreiunddreißig war meine Tante Lina zum zweiten Mal Witwe, führte das Geschäft, eines der angesehensten in der Stadt, allein weiter, ernährte ihre Kinder, erzog und versorgte sie, ohne für sich selbst noch weiter etwas zu beanspruchen. Sie brachte es zu einem ganz beachtlichen Vermögen und übersiedelte im Alter nach Zagreb.

Nach meinem Vater und dessen einzigem Bruder Alexander Miskolczy kamen noch drei Mädchen, von denen die beiden älteren auffallend hübsch waren. Diese Töchter waren bereits im Bewußtsein des väterlichen Wohlstandes aufgewachsen, mit Ansprüchen und Prätentionen, die über ihre Verhältnisse hinausgingen. Es war die Pflicht meines Vaters, die vaterlosen Schwestern zu verheiraten. Tante Laura hatte bereits mehrere Freier zurückgewiesen, als sich ein Budapester Großkaufmann in mittleren Jahren meldete, ein Mann von gutem Auftreten, mit großstädtischen Manieren, der sogar meinem fünfundzwanzigjährigen Vater imponierte, und der ihn in einer kurzen Aussprache nicht nur von der Solidität seiner Absichten, sondern auch von der Prosperität seines Budapester Engrosgeschäfts in Schnitt- und Wirkwaren zu überzeugen wußte. Er legte ihm seine Geschäftsbücher vor, in denen alles aufs herrlichste stimmte. Auch die eingezogenen Erkundigungen lauteten günstig, die Liebe flammte immer höher, und so fand denn auch alsbald die Trauung statt, und da man es sich leisten konnte, mit allem gebotenen Glanz. Das Brautpaar reiste nach Venedig ab, dem Eldorado aller jungverheirateten Paare. Und während sie am Markusplatz die Tauben fütterten, wurden Kisten und Koffer, die die Ausstattung, die kostbaren Hochzeitsgeschenke, Wäsche in ungeheurer Menge und solidester Ausführung, Kleider, Porzellan und Silber enthielten, auf dem Eilweg nach Budapest befördert, wo der junge Gatte bereits eine elegante Luxuswohnung am Váci Boulevard gemietet hatte. Die Mitgift war in bar ausgezahlt worden und wurde ins Geschäft gesteckt.

Der Glanz war so groß, daß niemand staunte, als ein Jahr später ein Bruder des Betreffenden erschien, der gleichfalls an der Firma beteiligt war, und nun um die Hand der jüngeren Tochter Mathilde anhielt, die eine blühende Schönheit von noch nicht ganz zwanzig Jahren war und in die er sich anläßlich der Hochzeit seines Bruders sterblich verliebt hatte. Diesmal hielt mein Vater es für überflüssig, Erkundigungen einzuholen und die Geschäftsbücher zu überprüfen, da alles offenkundig so ausgezeichnet ging. Er zahlte die Mitgift aus, das Brautpaar segelte nach Venedig ab, fütterte nun seinerseits die Tauben am Markusplatz, Kisten und Koffer wurden verpackt und an ihren Bestimmungsort abgeschickt, und ein Jahr später stand die Engrosfirma vor dem Bankrott. Die beiden Mitgiften meiner Tanten hatten gerade ausgereicht, um die Katastrophe etwas hinauszuschieben, den dringendsten Gläubigern das Maul zu stopfen und sich neue Kredite zu eröffnen. Nun begann der Frontalangriff auf meinen Vater mit expreß rekommandierten Briefen und dringenden Telegrammen, mit Bitten, Erklärungen und Beschwörungen; mit Deklarationen, Ausreden, sentimentalen Anspielungen auf ihr zerstörtes Familienglück und die gefährdete Familienehre; mit zahlenbelegten Hinweisen auf den letzten Kurssturz an der Effektenbörse, der auch sie in Mitleidenschaft gezogen hatte, Zitierung des lieben Gottes, versteckten Erpressungsversuchen und offenen Drohungen.

Mein Vater fuhr nach Budapest. Diesmal wurden ihm ganz andere Bücher vorgelegt. Die Passiven der Firma beliefen sich auf 175000 Gulden, eine für die damalige Zeit geradezu horrende Summe. Falls es zu einem Bankrott kam, würde alles verlorengehen, nicht nur die Mitgift meiner Tanten, sondern Möbel, Wäsche und was sie sonst noch besaßen. Was aber noch schlimmer war, es würde zu einem gerichtlichen Verfahren kommen, die beiden Männer würden zur Verantwortung gezogen, vielleicht sogar eingesperrt werden; sie würden ihren ehrlichen Namen verlieren und niemals wieder als Inhaber einer Firma zeichnen dürfen. Was aber sollte dann aus den beiden Familien werden? Schon waren Kinder da, die erhalten werden mußten. Und dieser Umstand ging in den Augen meines Vaters über Schuld und Sühne hinaus. Er war entschlossen, zu helfen. Dies aber konnte nur dann geschehen, wenn er selbst sein ganzes Vermögen einsetzte, ja mehr noch als das, auch seine Mutter mußte ihr Vermögen wagen, und für die weiteren Fälligkeiten mußte er den Gläubigern mit seiner Unterschrift garantieren, kurz, auch sein Letztes einsetzen.

Mein Vater schwankte. Die beiden Männer drohten mit Selbstmord, und auch er selbst fürchtete nicht nur das Unglück, sondern den Skandal. In unserer Familie hatte es noch niemals einen ähnlichen Fall gegeben. Noch niemals hatte ein Familienmitglied, Großväter, Väter, Schwäger und Vettern, jemandem auch nur einen Heller Geld geschuldet. Jeder hatte vorsichtig und im kleinen gewirtschaftet, ohne auf übertriebene Gewinne auszugehen. Keiner, der ihm nahestand, hatte jemals über seine Verhältnisse gelebt, er selbst am allerwenigsten. Er mißtraute allen hohen Gewinnen sowie einem über Nacht erworbenen Reichtum, und ich hörte ihn öfter sagen, ein ehrlicher Mensch könne durch gute Arbeit wohl so viel verdienen, als ihm zu einem halbwegs komfortablen Leben nötig sei, niemals aber übermäßige Reichtümer aufstapeln. Jede darauf abzielende Absicht beruhe auf Betrug. Ich bin ihm jedenfalls dankbar dafür, daß er so gedacht hat und damit auch in meinem Elternhaus den Ton angab. Ich hörte ihn zu meinem Erstaunen öfter sagen, Menschen, die über Nacht reich geworden sind, müsse man vor Gericht stellen und im Kurzverfahren zu zwanzig Jahren verurteilen. Sollte man ihr Schuldenkonto später nachprüfen, würde sicher noch mehr dabei herauskommen. Seiner Meinung nach war nicht nur die Umgehung des geschriebenen Gesetzes strafbar, sondern auch das, was man im geschäftlichen Leben „Usancen" nannte, das heißt geschickte kleine Umgehungen der geschäftlichen Moral, die ungeahndet blieben, solange sie vom Erfolg begleitet waren. Die damals in Budapest verbrachten Tage waren sicher die schwersten seines Lebens.

Immerhin wollte er, ehe er sich definitiv verpflichtete, auch noch den Rat eines objektiven Vertrauensmannes einholen, der den Fall mit den Augen des Außenstehenden unbefangener beurteilte als er selbst. Er wandte sich an den letzten der noch lebenden Brüder meiner Großmutter, Georg Mayer Ullmann, der es ebenso wie seine beiden älteren Brüder Karl und Joseph zu angesehener, ja sogar führender Stellung gebracht hatte. Er war ein kleiner, mürrisch aussehender und kurz angebundener Herr mit den scharfblickenden Augen meiner Großmutter, die jedermann direkt ins Herz sahen und sich nicht durch äußere Formen täuschen ließen. Er trug einen das Gesicht umrahmenden sogenannten Kossuthbart, und seine Kleidung verriet, daß er auf Eleganz keinen Wert legte. Auch das Büro des Herrn „Präsidenten" war von mustergültiger Einfachheit: ein mittelgroßer Schreibtisch aus weichem Holz, ein schlichter Glaskasten, ein paar Stellagen mit Aktenmappen und Büchern, ein braunes Lederkanapee und ein paar Holzsessel.

Er forderte meinen Vater zum Sprechen auf, und nachdem dieser ihm den Fall vorgetragen hatte, fragte er ihn in seiner kurz angebundenen Art: „Auf wieviel belaufen sich die Passiven?" „Auf zirka hundertundfünfundziebzigtausend . . ." Der Onkel brummte etwas in seinen Bart hinein: „Ganz schön. Und das wollen Sie bezahlen?" „Einen Teil. Das andere in Wechselgarantien. Ich soll unterschreiben." „Besitzen Sie eine solche Summe?" Mein Vater verneinte. Er war Anfänger, hatte kürzlich geheiratet, hatte zwei Kinder, sein gutes Auskommen, aber er war durchaus kein reicher Mann und verfügte über keine größere Barschaft. Der Onkel hob jetzt den Kopf und sah ihn mit seinen durchdringenden Augen an: „Und da wollen Sie unterschreiben? Wissen Sie denn nicht, daß unterschreiben zahlen heißt? Und da Sie die Summe nicht besitzen, werden Sie sich in ein paar Monaten in der gleichen Lage befinden wie ihre Schwäger, nur daß Sie dann noch ein paar weitere Leute ins Unglück gezogen haben werden, zum Beispiel Ihre Frau . . ." Er sagte dies alles in dem ihm eigenen trockenen und kurz angebundenen Ton, ohne sich auf weitere Erklärungen einzulassen. „Unterschreiben heißt zahlen!" und damit Punktum. Die Tatsache war unumstößlich und bedurfte keiner weiteren Kommentare.

Aber auch meinem Vater war ein Licht aufgegangen. Er dankte und ging. Seinen Schwägern erklärte er, zu seinem großen Bedauern könne aus dem Ausgleich nichts werden. Er widerstand allen weiteren Forderungen und Bitten. Er machte seinen Schwestern den Vorschlag, mit ihm nach Hause zu kommen, wo sie mit ihren Kindern die liebevollste Aufnahme finden würden. Als diese sich weigerten, teils aus Stolz, teils aus Anhänglichkeit an ihre Männer, verpflichtete sich mein Vater zu einem Monatsgeld, das er sowohl der einen als auch der anderen auszahlen würde und das sie vor Not schützen sollte bis zu dem Zeitpunkt, da die Männer eine neue Existenz gefunden hätten.

Über die Firma wurde der Konkurs verhängt, es kam zu einem peinlichen Gerichtsverfahren, über dessen Verlauf und Ausgang in unserem Haus jedoch niemals gesprochen wurde. Mein Vater zahlte das versprochene Monatsgeld, wie mir scheint, bis an sein Ende aus, denn keinem der beiden Brüder gelang es, sich noch einmal in die Höhe zu bringen. Sie arbeiteten als Geschäftsreisende in untergeordneten Stellungen, und meine Tanten teilten ihr Los mit viel Würde und Anstand, indem sie sich niemals beklagten, ja sogar niemals zugeben wollten, daß ihnen wirklich etwas abginge.

✳

Die jüngste Schwester meines Vaters, Adele, heiratete den damals schon sehr angesehenen Zagreber Kaufmann S. Berger, der sich später als der Begründer und erste Direktor des ethnographischen Museums einen Namen machte. Diese mit größtem Pomp gefeierte Hochzeit sollte mir lange in Erinnerung bleiben. Erstens wegen meiner herrlichen rosa Satintoilette mit der riesigen bordeauxroten Schleife. Zweitens hatte ich zum ersten Mal in meinem Leben Lackhalbschuhe an den Füßen, die zwar entsetzlich brannten, zu jener Zeit aber als besonderer Luxus galten. Drittens wegen der mit der Kolbenschere ausgebrannten Froufrous und der Atlasmasche, die meine widerspenstigen Haare in Form halten sollte und die mir wenigstens in meinen eigenen Augen das Aussehen einer richtigen Märchenprinzessin verlieh. Dazu kam dann noch meine Rolle als schleppentragende Brautjungfer, eine Ehre, die ich mit meiner um vier Jahre älteren Cousine Therese teilte. Und dies alles angesichts der neugierigen Augen meiner Mitschülerinnen und Freundinnen, die vor dem Tempel Spalier standen und mir mit ihren bewundernden Blicken folgten, wenigstens bildete ich mir das ein.

Nach der Trauung gab es ein fabelhaftes Dinner. Für uns Kinder, zehn an der Zahl, war der Tisch im Nebenzimmer gedeckt, während die Hochzeitsgesellschaft, alle Verwandten von weit und breit, im großen Salon an einer langen, herrlich geschmückten Tafel speisten. Das Essen war aus dem Kasino bestellt worden. Es gab eine Reihenfolge von zehn Gängen, abwechselnd Gesalzenes und Süßes, Gebratenes und Gebackenes, Fisch, Poularden, Backhühner, Kompotte und Salate, Strudel, Faschingskrapfen, Torten, Gefrorenes und Jardinnetto. Zigeunermusik und Tafelreden, Ernstes und Lustiges durcheinander. Es gab feine Weine und zuletzt sogar Champagner. Man stieß mit den Gläsern an, zerbrach ein paar Teller, weil Scherben Glück bringen sollten. Um uns Kinder kümmerte sich eigentlich niemand. Als ich mich sattgegessen hatte, begann das Getriebe mich schrecklich zu langweilen, meine Rolle war ausgespielt, und ich begab mich zu meiner Mama, die in ihrer Atlasrobe gleichfalls ganz herrlich aussah und mit ihrer mit rosa Straußenfedern geschmückten, hoch aufgesteckten Frisur fast unkenntlich war. Ich teilte ihr mit, daß ich mich entsetzlich langweilte und nach Hause gehen wollte. Sie flüsterte mir ins Ohr, Papa würde jetzt seine große Rede halten, ich möge also nicht stören. Tatsächlich war mein Vater eben aufgestanden, hielt den Champagnerkelch in der Hand und setzte zum Reden an. Mama machte nur noch eine rasche abweisende Handbewegung, und ich war entlassen. Natürlich wies sie mich nur aus dem Zimmer zu den anderen Kindern, ich aber zog es vor zu glauben, sie habe mir erlaubt, nach Hause zu gehen. Ich war ja meiner Sache durchaus nicht ganz sicher, aber ich langweilte mich, und Langeweile war eine Sache, die ich nur schwer ertrug. Da Trauung und Mittagessen vorbei waren, erschien es mir als reine Zeitvergeudung, noch weiter herumzusitzen.

Während mein Vater also am oberen Tafelende stand und, das Glas in der Hand, seine Rede hielt, und alle Gesichter sich ihm zuwendeten, um auch nicht eines von seinen Worten zu verlieren, benutzte ich die gute Gelegenheit und machte mich aus dem Staube. Ich schlich die Treppen hinunter, ein wenig ängstlich, denn ich war meiner Sache durchaus nicht so sicher und fürchtete, noch im letzten Moment erwischt zu werden. Dann lief ich über den Fahrdamm bis an die Kirche heran und hörte überhaupt erst auf zu laufen, als ich mich außerhalb der Sichtweite des Hauses befand. Es war August, und der Schweiß rann mir in Strömen übers Gesicht. Keine Spur mehr von den sorgfältig ausgebrannten Stirnlocken, die Satintoilette war zerdrückt, die Schleife aufgegangen. Erst in der Franzensgasse hörte ich auf zu laufen. Ich atmete auf, noch fünf Minuten und ich war zu Hause. Dann würde ich mich rasch umkleiden und im Langen Hof verschwinden, um mit meiner Freundin Helene noch etwas zu spielen, ehe die anderen zurück waren.

Aber es kam anders. Anfangs der Franzensgasse traf ich den Sparkassendirektor Andrić, der ein paar Häuser weit von uns wohnte. Er war ein freundlicher alter Herr, der mir öfters Bonbons anbot und mich einlud, in seinen Garten zu kommen.

Auch jetzt forderte er mich dazu auf und erklärte mir, es gäbe dort bereits reife Trauben und Pfirsiche, ja sogar eine herrliche neue Schaukel, und wenn ich Lust hätte, könnte ich sie gleich mal ausprobieren. Einer solchen Versuchung konnte ich unmöglich widerstehen. Ich war eine Meisterin im Schaukeln, besonders im Abstoßen, und wenn ich einmal im richtigen Schwung war, konnte mich nichts mehr aufhalten. Auch im Langen Hof hatten wir uns öfters mit dem Wäschestrick meiner Mutter eine Art Hutsche gemacht. Dies aber war nicht dasselbe, denn die Schaukel des Herrn Andrić hing, wie ich mich bald überzeugen konnte, am Querbalken eines Gerüstes. Sie hatte ein festes, breites Brett, man konnte auf und ab fliegen, stehend, sitzend und kniend, wie vom Winde getragen. Ich war wie im Himmel, außer mir vor Lust und Vergnügen. Während ich so auf und ab flog, konnte ich mir einbilden, eine jener leichtbeschwingten Schwalben zu sein, die über meinem Kopf im Blauen dahinschossen, Ozeane überquerten und ein freies Leben führten, um das ich sie stark beneidete. Die Atlasschleife hatte ich schon früher irgendwo verloren, und da die Lackschuhe schrecklich drückten, streifte ich sie ab. Mit bloßen Füßen tanzte ich im taufrischen Rasen herum, und der gute Herr Andrić, dessen rote Lippen aus dem weißen Bartgekräusel freundlich hervorlächelten, führte mich im ganzen Garten herum und zeigte mir alles. Da gab es exotische Pflanzen, wie ich sie noch niemals gesehen hatte. Es gab ein Alpinum mit zartgefiederten seltenen Farnkräutern, Fettpflanzen und Kakteen. Herr Andrić sagte mir, es sei Königsfarn und hieße lateinisch Esmunda regalis. Dies klang wie Gesang in meinem Ohr. Unter den Fettpflanzen war die Rosenwurz mit blaßgelben und rosaroten Blüten die schönste. Ja es gab sogar Orchideen, Knabenkraut und noch andere Gewächse, die durch ihre undefinierbare Färbung und geheimnisvollen Formen an Märchengeschöpfe erinnerten. Da war der purpurbraune Frauen- oder Venusschuh, Cypripedilum calceolis. Cypris, erklärte Herr Andrić, sei der Beiname der Venus und pedilon bedeute „kleiner Schuh". In meinen Augen aber glichen diese seltenen Pflanzen, die ich vorher niemals gesehen hatte, menschlichen Masken mit vorgestreckten Honiglippen, an denen, wie ich gut sehen konnte, kleine Mücken hängenblieben. Neben jedem Gewächs stand eine kleine Holztafel, darauf sein Name auf deutsch, kroatisch und lateinisch. Diese letzten Benennungen schienen mir besonders wohlklingend und vornehm. Ich versuchte, sie Herrn Andrić nachzusprechen, und sie klangen mir einschmeichelnd und fremd wie Musik. Am besten gefiel mir der Name der Kaiserkrone: Fritillaria imperialis, und des zweigefiederten Königsfarns: Esmunda regalis. Ich wiederholte ein paarmal: Esmunda regalis, im Bestreben, mir diesen wohlklingenden Namen einzuprägen. Herr Andrić sagte hierauf: „Da du eine so große Blumenfreundin bist, kannst du öfter zu mir in den Garten kommen, und zwar immer, wenn ein besonders schönes Exemplar in voller Blüte steht. Dies geschieht nicht auf einmal, sondern das ganze Jahr hindurch." Ich war baff vor Staunen und fragte ihn: „Auch im Winter?" Er nickte. „Ja, auch im Winter. Die Christrose zum Beispiel, Helleborus niger, blüht im Dezember unterm Schnee. Auch viele Kakteen blühen im Winter, freilich nicht draußen im Garten, sondern in meiner geheizten Glasveranda. Da gibt es sogar ein Orangenbäumchen, das im Winter blüht. Du kannst es dir dann mal ansehen!"

Hierauf rief er mich ins Zimmer und zeigte mir seine Herbarien. Die Pflanzen waren sorgfältig gepreßt und nach Arten geordnet. Jede Pflanze hatte ihren Namen und ihre besondere Geschichte. Er erzählte mir, wie und wo sie lebte und wann er sie gepflückt hatte. Die eine im nahen Flußgebiet, die andere im Hochgebirge. Viele in den sonnigen Tiefebenen, viele im Wald, viele am Karst in der Nähe des Meeres. Jede hatte ihre besonderen Neigungen und Bedürfnisse und gedieh gerade dort, wo der Zufall sie finden ließ, wessen sie zum Leben bedurfte. Diese Lebensbedingungen aber waren zum Teil noch unerforscht, man kannte ihre Funktion, nicht aber die geheimen Reize, auf die sie reagierten. Sie keimten, erblühten und reiften einem inneren Gesetz zufolge. Alles geschah mit bewundernswerter Pünktlichkeit. Damit aber war das Rätsel ihres Werdens noch lange nicht gelöst.

Ich sah in diesem Herbarium die zarten Schemen ihres früheren Selbst. Noch konnte ich dies alles nicht begreifen. Aber die Abbilder dieser eingesargten Pflanzen machten mich traurig wie jeder Tod, von dem ich damals nur wußte, er war die Negation eines Lebens, in das ich hineingestellt war und das ich in all seinen Erscheinungen liebte. Ich bedauerte diese toten Pflanzen, die einmal im Gebirge, im Sande, im Walde fröhlich geblüht hatten, so wie ich ein Leben lang alles bedauerte, erst instinktiv, später bewußt, was aus sich selbst herausgerissen, seinem eigenen Wesen entfremdet, von seinem angestammten Milieu getrennt, im Dienste eines fremden Willens stand, fremden Zwecken diente und einer fremden Anschauungswelt untergeordnet wurde. Ich sah mir Herrn Andrićs Herbarien an und hörte seine Erklärungen. Dies alles fesselte mich bis zur Atemlosigkeit. Eine neue Welt tat sich mir auf, die Welt der Pflanzen, von denen ich bisher nur wenig gewußt hatte. Es wurde spät. Schon standen die Sterne am Himmel. Die Lampe wurde hereingebracht. Ich dachte nicht ans Nachhausegehen. Erst als man zum Nachtmahl aufdeckte und Herr Andrić sich dranmachte, seine Abendmahlzeit einzunehmen, erinnerte ich mich, daß es spät sei. Herr Andrić forderte mich auf, am nächsten Tage wiederzukommen, er würde mir dann verschiedene Erscheinungen unter der Lupe zeigen, ja sogar unterm Mikroskop, da könne ich die Tier- und Pflanzenwelt im Wassertropfen sehen. Ich sagte ihm freudigst zu.

Welche Überraschung für mich, als ich das Haustor öffnete, seelenruhig unsere Einfahrt betrat und die paar Stiegen zu unserer Wohnung emporklomm, ohne eine Ahnung zu haben von dem, was sich da für mich vorbereitete. Das ganze Haus stand Kopf. Es war acht Uhr abends, und ich wurde seit mehr als fünf Stunden gesucht. Man hatte zu allen Bekannten umhergeschickt, hatte Boden und Keller durchsucht und schließlich die Polizei alarmiert. Während meine Mutter einer Ohnmacht nahe war, konstatierte die Köchin Marie, ich sei wahrscheinlich von Zigeunern aufgegriffen und entführt worden. Fräulein Goldschmidt war der Ansicht, ich sei sicher zur Drau hinuntergelaufen und dort ertrunken. Meine Tante Adele war in Tränen aufgelöst zur Bahn gefahren, um ihre Hochzeitsreise anzutreten, denn sie hielt mein Verschwinden für ein böses Vorzeichen. Als ich endlich anrückte, saß die ganze Familie wortlos beisammen, sogar ein paar Tanten waren da, die sich an den Nachforschungen beteiligt hatten. Ich weiß nicht, welche Gefühle bei meinem plötzlichen Erscheinen überwogen: die Erleichterung nach der ausgestandenen Angst oder der Zorn darüber, daß ich sie grundlos so sehr erschreckt hatte. Meine Brautjungferntoilette war in einem unbeschreiblichen

Zustand, die Lackschuhe kotig, die Strümpfe zerrissen. Ich erhielt hierauf die schwerste Strafe, deren ich mich überhaupt erinnern kann. Man verbot mir ein für allemal den Langen Hof und die Gasse. Ich sollte mit meinen dortigen Freunden fortan nur mehr durch das Zaungitter verkehren dürfen. Meinen neuen Freund, Herrn Andrić, der mir versprochen hatte, ich würde schon morgen in seinem Mikroskop das Leben im Wassertropfen beobachten dürfen, sollte ich überhaupt nicht mehr besuchen. Und so blieb jener unvergeßliche Nachmittag tatsächlich der einzige, den ich in der Zauberwelt seines Gartens verbracht hatte.

✳

Tante Adele, die nach ihrer Verheiratung jährlich auf Besuch zu ihrer Mutter nach Essek kam, spielte in der Vorstellungswelt meiner Kinderjahre noch lange die Rolle der gütigen und alles vermögenden Märchenfee. Sie brachte bei jedem ihrer Besuche herrliche Geschenke mit, Süßigkeiten, Spielzeug und Schmuck, märchenhaft schöne Puppen mit echtem Haar, die man sonst nur in den Auslagen bewundern durfte, Bücher in Goldschnitt und Prachtband, goldene Broschen und Armbänder. Auch sonst erschien sie mir höchst unnahbar und majestätisch. Sie war weniger schön als elegant, und ihr ganzes Augenmerk war darauf gerichtet, möglichst vornehm zu wirken und in der Einhaltung der gesellschaftlichen Formen keinen Verstoß zu begehen. Sie war von Jugend an von einer krankhaft neurasthenischen Empfindsamkeit, die ihrem Wesen etwas Vorsichtiges und Verschlossenes verlieh. Sie trug ausschließlich gut gemachte englische Schneiderkleider, in beige und grau, auf Fischbein gearbeitet, die an und für sich wie ein Panzer wirkten und die Bewegungsfreiheit auf ein Minimum einschränkten. Dazu hohe Stehkrägen, die durch eine Roßhaareinlage noch stärker versteift wurden. Die Zeit der Pariser Turnüre, der Raffungen, Garnierungen und an das Rokoko erinnernden Tuniken war vorbei, die der langen Röcke und enganliegenden, vorn mit einer Reihe von Knöpfen geschlossenen Fischbeintaillen begann. Dieser englischen „Altjungfernmode" entsprach der steife Girardihut, der tief in die Stirn gezogen wurde und den Gesichtern mit dem glatt zurückgestrichenen Haar einen strengen Zug verlieh. Einfachheit war Trumpf, aber es war eine höchst komplizierte, unbequeme und kostspielige Einfachheit, die aus den ersten Wiener Modesalons bezogen wurde und in einer Epoche, wo von Frauenemanzipation und Suffragettentum in unserer Gegend noch keine Rede war, dem weiblichen Schick eine maskuline Note verlieh.

Tante Adele übertrieb diesen Schick. Ihr gelblich-blasses, von starken Backenknochen markiertes Gesicht wurde durch keinerlei kosmetische Mittel gehoben. Die Härte ihrer Züge und die Höhe ihrer Stirn wurden durch die straff anliegende Frisur noch mehr betont. Sie sprach ein korrektes Hochdeutsch, bewegte beim Sprechen jedoch kaum den Mund, sondern zog die Lippen zusammen, als ob sie Bitteres schmeckte. Sie lächelte selten, doch wenn sie lachte, geschah es überlaut und wie in einem Krampf. Im Grunde war sie eine gütige Frau, ihrer geistigen Veranlagung nach jedoch übertrieben und exaltiert, von einem krankhaften Geltungstrieb, der sich nicht auf wirkliche Werte richtete, sondern auf die Anerkennung gewisser Gesellschaftskreise, deren Wichtigkeit sie überschätzte, für die sie jedoch die größten Opfer brachte.

Ihre kostbaren Geschenke brachten mir mehr Kummer als Freude, da meine Mutter die schönen Dinge sofort in Beschlag nahm und „für später" in ihren Kasten sperrte. Sie war der Ansicht, kostbare Dinge wären kein Spielzeug für Kinder. Sie machten sie nur eitel und anspruchsvoll, auch die Freude dauerte nur kurz, da sie sie im täglichen Gebrauch ruinierten und zerbrachen. Ich erhielt die Puppen mit dem echten Haar nur manchmal zum Spielen, aber auch da unter ständiger Kontrolle von Fräulein Goldschmidt, so daß sie mir nur wenig Vergnügen bereiteten. Ich aber wollte sie Helene zeigen und überhaupt mit hinunter in den Langen Hof nehmen. Das Verbot, dort zu spielen, war inzwischen in Vergessenheit geraten, und ich konnte immer wieder durchschlüpfen. Was die Puppen und Armbänder anbelangte, konnte Mama nicht verhindern, daß meine Gedanken ständig darum kreisten, daß ich das kränkende Gefühl hatte, man entziehe mir etwas, das ausschließlich mir gehörte, ich hielt also durchaus nicht für ein Unrecht, wenn ich mich öfter heimlich ihrer bemächtigte, mich mit den Schmuckstücken aufputzte und so rasch wie möglich damit in den Langen Hof verschwand. Sei es bei Helene, sei es auf der Georgijevićschen Čardake, hinter den Hautballen spielten wir zu dritt, Milena, Helene und ich mit der wunderbaren Gliederpuppe, die Mama und Papa sagen konnte, die Augen auf- und zuklappte und der man die kompliziertesten Frisuren machen konnte. Wir kämmten sie eine um die andere, und zwar so lange, bis wir ihr glücklich die letzte Haarsträhne ausgerissen hatten. Mama und Papa war nur noch ein jämmerliches Stöhnen, und die Augen blieben geschlossen, soviel wir sie auch schütteln und beuteln mochten. Die Armbänder und Broschen, mit denen ich herumprahlte, verschwanden auf geheimnisvolle Weise, und das Resultat meines Paradierens war, daß die Kinder dort unten mich weit weniger gut leiden konnten als früher, denn es gab ständig Zank um die Sachen, jede wollte sie zuerst haben, berühren und ausprobieren, wollte mit ihnen spielen, ja der Neid ging so weit, daß mich ein besonders boshaftes kleines Mädchen einmal unversehens an den Kanal heranführte, sich dort mit meinem goldenen Armband zu beschäftigen begann, plötzlich die Schließe öffnete und es in den offenen Kanal gleiten ließ, wo es für immer verschwand. Sie aber behauptete in triumphierendem Ton, es sei zufällig geschehen.

Es gab damals nur ein einziges Kaffeehaus in der Stadt, kein feines Lokal, sondern eher ein Beisel, das zum Grandhotel gehörte und dem Komitatshause gerade gegenüberlag. Es wurde hauptsächlich von ausländischen Geschäftsreisenden und einheimischen Agenten und Censalen besucht, die dort zwischen zwei Färbelpartien mit mehr oder weniger Gelärme ihre Geschäfte abschlossen. Abends produzierten sich im Nebensaal auf der winzigen Estrade zugereiste Volkssänger und unterhielten die Herrenwelt mit ihren pikanten Schlagern und exhibitionistischen Tänzen. Die „besseren" Herren aber trafen sich nach dem Mittagessen im Kasino, wo sie ihren Berufen und Ständen nach Koterien bildeten. Am zahlreichsten vertreten war die Kaufmannschaft, die überall in der Stadt, also auch hier, den Ton angab. Dann gab es noch einen Advokatentisch, an dem gelegentlich auch ein paar Gerichtspersonen saßen. Es gab einen Honoratiorentisch und noch einen für die hier gelegentlich zusammentreffenden Landwirte der Umgebung. Man hatte im Kasino seine fixe Kartenpartie, sein Billardzimmer, man besprach hier die außen- und innenpolitische Lage auf Grund der letzten Leitartikel im „Pester Lloyd", kritisierte die neuesten Beschlüsse im Gemeinderat, die die Kanalisierung, die Mistabfuhr und das neue Rauchfangkehrerstatut betrafen, flüsterte sich gelegentlich einen gepfefferten Witz ins Ohr und informierte sich über die Stabilität des Marktes in Holz, Wein und Getreide.

Die Damen gingen mit Rücksicht auf Anstand und gute Sitten überhaupt nicht in öffentliche Lokale, sondern trafen sich nachmittags bei befreundeten Familien zu einer netten kleinen Klatschpartie mit Kaffee und Kuchen. Man sprach über die neuesten Modekreationen, die soeben aus Wien angelangt waren, unterhielt sich über die lieben Kinderchen und ihr Gedeihen, kramte allerlei Amüsantes und Pikantes heraus, das die Abwesenden betraf. Das ergiebigste Thema aber waren die Dienstboten, die die Anwesenden zu tiefgründigen psychologischen Erwägungen anregten. Dabei ist zu bedenken, daß die weiblichen Angehörigen der guten Gesellschaft ganz ohne Beschäftigung waren. In der Küche herrschte ein im Kochen perfekter Küchendrache, in den Zimmern das gut abgerichtete Stubenmädchen, zur groben Arbeit kam die Bedienerin, zur großen Wäsche die Wäscherin, zur Ausbesserei die Flickerin ins Haus. Gab es Kinder, wurden dieselben zuerst von der Amme, dann von der Kinderfrau und schließlich vom deutschen Fräulein oder der Gouvernante versorgt, die oft bis zur Heirat der Töchter im Haus blieb und den Erwachsenen als Gardedame diente. Jede einzelne dieser Personen bildete einen souveränen Machtfaktor im Hause, terrorisierte die anderen, am meisten aber die Hausfrau, die nur wenig dreinzureden hatte. Jede Kündigung bedeutete eine Störung des häuslichen Gleichgewichts und gab Anlaß zu den schwersten Krisen. Tagelang wurde im Kreise der Freundinnen von der „Neuen" gesprochen, gewöhnlich mit den besten Ahnungen, was ihre Tugenden und ihre Fehler betraf. Dabei ergab sich der Umstand, daß die Gnädigen bei ihren Jours mit demselben Haß von ihren Dienstboten redeten wie diese in ihren Gesindestuben unter vier Augen von ihrer Herrschaft. Auch an den

Kindern der anderen wurde fleißig herumgenörgelt, und man sagte sich dabei prinzipiell nur die unangenehmsten Dinge. Am eifrigsten in diesem Punkte waren kinderlose Frauen, die sich vor keiner Revanche fürchteten, an den Sprößlingen der anderen also alles auszusetzen hatten. Ihre oberste Maxime, mit der sie sich den Kaffee und den Gugelhupf würzten, lautete: Jugendliche müssen gedrückt werden! Man muß ihnen von vornherein jedes Bewußtsein von Wert nehmen, denn sie sind sowieso präpotent genug. Man muß sie geflissentlich übersehen, ihre Versuche unterschätzen, ihre Äußerungen ignorieren, ihre Gedanken und Bestrebungen durchaus nicht ernst nehmen.

✳

Als maßgebende Autorität in allen Fragen der Erziehung galt um jene Zeit Frau von Gersuny, ein geborenes Fräulein Elisabeth Schulze aus Graz, die vor mehr als dreißig Jahren in der Begleitung einer Oberstenfamilie als Gouvernante in die Stadt gekommen war und sich in den sechziger Jahren eine deutsch-englische Privatschule für die Töchter der „höheren Stände" errichtete, in der sich unter anderen auch meine Mutter ihre guten Sprachkenntnisse erworben hatte. Frau von Gersuny, damals noch Fräulein Schulze, galt in dem Essek der sechziger und siebziger Jahre, als es für Mädchen außer den vier Volksschulklassen überhaupt keine andere Fortbildungsmöglichkeit gab, als weibliche Autorität in allen Fragen der höheren Bildung, Kultur und Erziehung. Sie hatte die ganze deutsche Literatur, angefangen bei ihrem engeren Landsmann Robert Hammerling bis zu Schiller und Goethe, im kleinen Finger und war imstande, ein französisches, gelegentlich sogar ein englisches Zitat ins Gespräch zu werfen, wodurch sie jedermann imponierte. Sie war aber nicht nur in allen Disziplinen der schönen Künste und der Erziehung zu Hause, sondern schlug Fachleute auf dem Gebiet der Medizin und der Rechtswissenschaft, wenn auch nicht immer mit Worten, so doch mit ihrem ironisch überlegenen Lächeln, vor dem ein jeder die Waffen streckte.

Ihr eigentliches Steckenpferd war natürlich die Pädagogik, angefangen bei Pestalozzi bis zu den fatalen Irrlehren der neuen psychologischen Methoden, die für alles eine Erklärung suchten und die sie ein für allemal verwarf. Kinder waren keine Individuen, sondern kleine Tiere, die mit Worten nicht zu überzeugen waren, für die es daher auch nur eine systematische Methode gab, und das war die Dressur.

Ich zitterte, wenn ich sie bei unseren täglichen Spaziergängen in den Glacien als eine Art unvermeidliches Übel heranrollen sah. Sie war mit den Jahren ungeheuer dick geworden, schnaufte entsetzlich und war genötigt, sich alle paar Schritte auszuruhen. An dieser plumpen, sich langsam vorwärtsbewegenden Masse war nichts mehr von einem tragfähigen Knochengerüst wahrzunehmen, nur schwammige Fleischteile und sehr viel schwarzer Kleiderstoff, der in schweren Falten bis auf die Erde herunterfiel und unter welchem man kaum etwas Menschliches, sondern nur noch zahlreiche andere Faltenröcke vermutete. Nicht die Spur einer Taille, aber in weiteren Stoffalten verschwindende enorme Brüste. Darüber, ohne den Übergang eines Halses, weiche Hängebacken, herabhängende Mundwinkel, wasserblaue Augen, die sich hinter einem drahtgefaßten Zwicker vorwölbten, und schlohweiße, straff in die Höhe gezogene Haare mit zahlreichen Lockenrollen, über denen als Krönung der Pyramide ein kleines Federhütchen wackelte. Zur größten Überraschung ihrer alten Schülerinnen war es ihr in ihrem zweiundvierzigsten Jahr noch gelungen, einen Ehegatten zu finden. Sie heiratete Herrn von Gersuny, ein unansehnliches und schüchternes kleines Männchen, an dem es außer einem wohlgepflegten, in zwei Spitzen gespaltenen Backenbart nichts Bemerkenswertes gab. Er war aus angesehener Familie, verfügte über eine schöne Rente und zappelte neben dem früheren Fräulein Schulze wie ein unwesentliches Anhängsel einer, wurde gelegentlich abgekanzelt und in die Ecke gestellt wie ein ungezogener kleiner Junge, mußte sein Sprüchlein hersagen und um Verzeihung bitten, ehe sie ihm zu vergeben geruhte.

In der Stadt hieß sie fortan nur noch „die Gersuny". Das war gleichzeitig ein Familienname, ein Ehrentitel, ein Adelsdiplom, die Bestätigung einer anerkannten Autorität und die Anerkennung ihrer dreißigjährigen erfolgreichen Tätigkeit, im Verlaufe welcher ganze Generationen das Glück ihres Umgangs genossen und bemerkenswerte Sprachkenntnisse erworben, die sie dann alle Mühe hatten, in einer Stadt wie Essek gelegentlich anzuwenden und dann langsam wieder zu vergessen. Sie hatte im Verlaufe dieser Jahre weder ihr steirisches Idiom, noch ihren Stil, noch ihre geistige Richtung gewechselt. Sie hatte niemals auch nur den geringsten Grund gehabt, an ihrem großen Wert zu zweifeln, hatte keine Änderung des Weltgeschehens, des Geschmacks noch der öffentlichen Meinung zur Kenntnis genommen, als ob die Zeit dreißig Jahre lang stillgestanden wäre und sie mit ihr.

Anläßlich ihrer Promenaden in den Glacien sprach sie jedermann an, und zwar immer mit der gleichen ironischen Miene von oben herab, die den Partner ins Unrecht setzte, noch ehe er den Mund aufgemacht hatte. Ich zitterte an allen Gliedern, sobald ich sie von fern erblickte und wußte, die Begegnung ist unausweichlich. Gleich würde sie mir eine Menge Fragen stellen, auf die ich keine Antwort wußte, würde meine Mama mit einem neuen pädagogischen Rezept versehen und würde Fehler an mir entdecken, die nicht einmal Fräulein Goldschmidt bisher bemerkt hatte. Ich wurde von Minute zu Minute immer kleiner, denn ich fühlte nur zu deutlich, vor ihren scharfblickenden wasserhellen Augen ließ sich nichts verbergen. Dies bezog sich aber nicht nur auf die kleinen Sünden, von denen ich ständig eine ganz schöne Anzahl auf dem Gewissen hatte, sondern auch auf meine geheimsten Gedanken, von denen ich sicher war, daß sie ihr nicht entgingen. Sie erschien mir als unirdisches, mit geheimen Kräften begabtes Wesen, und was am schrecklichsten war, sie verstand es, auch meine Mutter in ihrem Sinne zu überzeugen, und empfahl ihr eiserne Disziplin als einziges wirksames Erziehungsmittel.

Das einzige Wesen, dem gegenüber Frau von Gersuny Unrecht behielt, war einer Ironie des Schicksals zufolge ihr eigener spätgeborener Sohn, der nicht mit Muttermilch, sondern mit wohlklingenden pädagogischen Theorien aufgezogen wurde. Er war um drei Jahre jünger als ich und sicher das unglücklichste Kind, das ich im Leben gekannt habe, unglücklicher als die ärmsten Kinder im Langen Hof, die man schlug und die immer hungrig waren, die aber das besaßen, was dem kleinen Oskar Gersuny abging: die Freiheit der Bewegung, die Möglichkeit, mit anderen Kindern zu spielen, sich an ihnen zu messen und sich an ihnen zu entwickeln. Der kleine Gersuny bekam alles in homöopathischen Dosen zugewogen: Nahrung, Schlaf, Spiel und Beschäftigung, die Erlaubnis zu reden und zu schweigen.

Seine Strafen waren nicht so hart wie diejenigen meiner armen Helene, die ihr Vater mit der Korbatsche schlug, aber sie waren darum nicht weniger grausam, kaltblütig erwogen und unentrinnbar wie ein Fatum. Sie wurden am Morgen diktiert und am Abend vor dem Schlafengehen appliziert, so daß der ganze Tag in Erwartung des kommenden Schreckens verging. Dem System seiner Mutter zufolge sollte dieser Aufschub und die Kaltblütigkeit der Applikation die Wirksamkeit der Strafe erhöhen. Sie hatte sich ein Idealbild aufgestellt, nach dem der kleine Oskar geformt werden sollte, in das er jedoch durchaus nicht hineinpaßte. Er war ein blutarmes und nervöses Kind, litt an nächtlichem Pavor, an Verdauungsstörungen und bronchialem Asthma, und sein Zustand verschlimmerte sich unter den systematischen Abhärtungskuren, denen seine Mama ihn unterzog, den eiskalten Duschen, kalten Packungen und Halbbädern, denen er zitternd an Leib und Seele entrann. Wenn er sich dagegen aufzulehnen wagte, isolierte man ihn in einem abgelegenen Zimmer, wo er sich entsetzlich fürchtete; und alles dies nicht etwa aus Bosheit, sondern um der Dressur und des Idealbildes willen, das seine Mutter sich aufgestellt hatte, dem ihrer Meinung nach jedes Kind bei entsprechender Behandlung gleichen sollte, am ehesten natürlich ihr eigenes.

Der kleine Oskar war durchaus nicht schuld daran, daß die mit ihm angestellten Experimente nicht glückten. Was er tat oder nicht tat, geschah nicht aus dem bösen Willen, sondern weil er einfach anders nicht konnte. Die Angst saß ihm ständig im Genick. Sein Blick war scheu und unstet. Er war geistig und körperlich hinter seinen Jahren zurückgeblieben, lernte mühselig buchstabieren und etwas Rechnen. Er hatte dünne Beinchen, einen mageren Hals, eine leicht verkrümmte Wirbelsäule, schütteres flachsblondes Haar, eine durchsichtig weiße Haut ohne Spur von Farbe, durch die die Adern blau hindurchschimmerten. Dazu schlaff herabhängende Mundwinkel und bekümmerte Augen. Er machte den Eindruck eines Nachtwandlers oder den eines aufgezogenen Automaten, fürchtete sich vor jedermann, vor Menschen und Tieren, am meisten aber vor seiner Mutter. Er zuckte zusammen, sowie sie das

Wort an ihn richtete, war keiner Antwort fähig, kaute an seinen Nägeln, stotterte und verkrümmte sich, worauf es neuerdings Strafen regnete, denn er sollte sich geradehalten, sollte verständlich sprechen, sollte nicht an den Nägeln kauen. Manchmal stieg er mit mir in die Schanzen hinunter und pflückte ein paar Blümchen, die er dann den ganzen Nachmittag fest in der Hand hielt und liebevoll betrachtete, bis die Mutter ihm verbot, das Unkraut mit nach Hause zu bringen, und er es wegwerfen mußte, was er mit tiefem Bedauern auch tat.

Auf einmal hieß es, der kleine Gersuny sei krank, und er war es wirklich. Als ich mich nach der Art seiner Krankheit erkundigte, wollte man mir nichts Näheres darüber sagen. Dann aber erfuhr ich aus zufälligen Gesprächen, die nicht für meine Ohren bestimmt waren, mit dem willenlosen, sanften und bedrückten kleinen Jungen sei etwas Schreckliches vorgegangen. Er war über Nacht zum Tier geworden, er fletschte die Zähne, biß, schlug um sich, verweigerte jede Nahrungsaufnahme, und niemand durfte sich ihm nähern, am wenigsten die Mutter. Alle Ärzte der Stadt wurden zusammengerufen, aber sie waren hilflos einem solchen Fall gegenüber. Die Meinungen gingen auseinander: War es ein psychischer Zustand, der auf seine seelische Überbelastung zurückzuführen war, oder waren es die Vorzeichen einer schweren progressiven Gehirnerkrankung? Medizinen, Massagen, psychische Beeinflussung, nichts wollte helfen.

Was war mit dem kleinen Oskar Gersuny geschehen? Was trieb ihn in seinem achten Jahr in den Wahnsinn? Auch den wärmsten Anhängerinnen der Gersuny stiegen Zweifel auf. Ihr System mit dem eisernen Drill und der tragfähigen Basis hatte sich als lückenhaft erwiesen. Und das Opfer desselben war ihr eigenes Kind. Die Ärzte rieten zu einem Milieuwechsel, und so kam der kleine Oskar zuerst in eine Grazer Anstalt und ein Jahr später in die häusliche Erziehung zu einem Dorfschullehrer, wo sich sein Zustand langsam besserte. Wir sahen ihn niemals wieder. Aber die Gersuny wurde an diesem Ereignis um zwanzig Jahre älter. Mehr noch: Sie wurde um eine Spur nachdenklicher und menschlicher daran. Nachdem sie jahrelang als oberste Instanz in Fragen der Erziehung und geistigen Kultur gegolten hatte, gab es nun manche Zweifler, die behaupteten, sie habe ihr eigenes Kind zugrundegerichtet. Auch sie selbst mußte es empfinden. Denn obwohl sie auch weiter im Schutz ihrer breitausladenden schwarzen Stoffröcke, mit weißen Lokkenwickeln und dem in Draht gefaßten Zwicker am schwarzen Bändchen in den Glacien erschien, war sie weit weniger selbstherrlich und apodiktisch, und es kam vor, daß sie uns Kinder, die in den Wiesen und Schanzen umhertollten, in einem unbewachten Moment mit wehmütigen Blicken begleitete.

✳

Da unser Haus in der Franzensgasse dem Corso nahelag, auf dem die Damen sich am späten Nachmittag regelmäßig ergingen, wurde es allmählich zur Gewohnheit, daß Freunde und Bekannte nach ihrem Spaziergang zu uns in die Wohnung kamen, wo sie einen gedeckten Tisch vorfanden, manchmal zur Jause und manchmal auch übers Nachtmahl blieben. Meine Eltern waren außerordentlich gastfrei, sie freuten sich über jeden Besuch, man konnte immer damit rechnen, meine Mutter und die Großmutter um die gleiche Zeit zu Hause anzutreffen, und es gab nicht nur erfreute Gesichter, sondern immer eine kleine Erfrischung, Kaffee, Kompott, frisches Obst mit feinem Gebäck. Am eifrigsten beteiligte sich an diesen Vorbereitungen meine Großmutter, die nur selten aus dem Hause ging und für die jede Gesellschaft daher eine angenehme Abwechslung und Zerstreuung bildete. Während sich die anderen Anwesenden zu forcierten Witzigkeiten zwangen, war sie von Natur aus witzig und geistreich, sie las alle Zeitungen, die ins Haus kamen, und war über alle laufenden Fragen informiert. Sie unterhielt mit ihren treffenden Randbemerkungen nicht nur die anderen, sondern am meisten sich selbst, so daß man in ihrer Gesellschaft aus dem Lachen nicht herauskam.

Auch meine Mutter war eine große Freundin von Geselligkeit, aber sie stand ihrem geistigen Niveau nach meist hoch über den anderen. Auch war sie nicht einmal so amüsant wie meine Großmutter, nahm alle Dinge schrecklich ernst, was vielen ihrer sogenannten Freundinnen stark auf die Nerven ging, und da sie der Stellung meines Vaters zuliebe auf den Verkehr mit den verschiedensten Leuten angewiesen war, zersplitterte sie sich jahrelang in einem unfruchtbaren Kleinkampf, und ihre wirklich vorzüglichen Eigenschaften kamen erst viel später zur Geltung. Ich kann noch heute nicht begreifen, warum sie sich zu diesem zeitraubenden Verkehr mit leeren, oberflächlichen, ungutmütigen Menschen hergab, die meistens sogar miteinander verfeindet waren, warum sie sie so feierlich empfing und so großartig bewirtete. Aller Wahrscheinlichkeit nach lag diesen gesellschaftlichen Beziehungen eine fast mystische Pietät für den Klan zugrunde. Man mochte persönlich Haß oder Liebe für einander empfinden, der Klan stand außerhalb aller Zweifel. In seinem Zeichen war man bereit, einander in allen Schwierigkeiten beizustehen, und tat dies auch wirklich in vielen Fällen. Man verteidigte einander gegen Dritte und namentlich gegen Außenstehende. Man stand, wenn man im einzelnen auch noch so verschieden war, im großen ganzen doch auf der gleichen Grundlage. Alles war standardisiert: Kleider, Wohnungseinrichtungen, der Grad der geistigen Bildung, Redeweise und Allüren. Man stand unter dem Gesetz des „Man sagt" und „Man soll", und jede Abweichung von demselben wurde als Taktlosigkeit, Geschmacklosigkeit, ja in besonders eklatanten Fällen sogar als ein Angriff auf die innere Geschlossenheit der maßgebenden Gesellschaftskreise gewertet. Und was darüber hinausging, der persönliche Geschmack und das angeborene Talent, wurde unter dem Druck der öffentlichen Meinung schon im Keime erstickt. Eines der wirksamsten Mittel dazu ergaben die ständigen Frotzeleien. Ja es gehörte sogar zum guten Ton, sich über alles und jedes lustigzumachen. Aber diese permanente Witzigkeit mit Wortspielen, Verdrehungen und Unterstellungen hatte nichts mit wirklicher Skepsis zu tun. Selbst meine gescheite Mutter hielt ihre „Freundinnen" weder für dumm, noch für boshaft, noch für frivol. Sie waren ein fester Bestandteil ihres Daseins.

Es gab Stammgäste, die täglich zu uns kamen, und zufällige Besucher, die sich nur einmal die Woche einfanden. Zu ersteren gehörte Fräulein Kitty Lipschitz, eine alte Freundin meiner Mutter noch aus jener Zeit her, als sie gemeinsam die Kurse bei Frau von Gersuny, dem damaligen Fräulein Schulze, besucht hatten. Fräulein Kitty gehörte sozusagen mit zum Inventar unseres Hauses. Sie war groß, mager und hüftenlos. Sie trug die Haare kurzgeschnitten, was für die damalige Zeit ziemlich auffallend war, und unterstrich ihre maskuline Note noch durch breite absatzlose Schuhe, und indem sie mit weit ausladenden Schritten dahermarschierte, so daß man sie schon von weitem erkannte. Sie war die beste Schülerin der Gersuny gewesen, worauf sie sich auch jetzt noch, nach fast zwanzig Jahren, nicht wenig einbildete. Auch den Ton geistiger Überlegenheit hatte sie von der Gersuny übernommen und stand auch heute noch bei dieser kritischen Dame in hoher Gunst. Oft gingen die beiden in den Glacien spazieren, Fräulein Lipschitz stramm wie ein Grenadier und die Gersuny wie ein Trabakel mit geblähten Segeln. Sie waren in anregende Gespräche vertieft, gestikulierten heftig und blieben jeden Augenblick stehen, um der Gersuny die Möglichkeit zum Aus- und Einatmen zu geben. Während die letztere fest an ihre Ausführungen glaubte und ihre eigene Vollkommenheit niemals in Zweifel zog, war Fräulein Lipschitz trotz ihrer energischen Haltung unsicher in ihrem Auftreten, mißtrauisch, fühlte sich übergangen und zurückgesetzt, besonders wenn es sich um hübsche junge Frauen handelte. Auch Männern gegenüber war sie zwar ziemlich aggressiv, fühlte sich ihrer Sache jedoch durchaus nicht sicher, und sie fand tausend Fehler an ihnen und tat sie mit Ausnahme einiger Musterexemplare samt und sonders in Acht und Bann.

Ihre Freundinnen hatten bereits alle geheiratet, hatten ein eigenes Heim, hatten Kinder, und es gehörte in einer Kleinstadt wie Essek, die voll böser Zungen war, schon eine tüchtige Portion Selbstherrlichkeit, ja sogar eine gewisse Charakterstärke dazu, um in der isolierten Lage eines „alten Fräuleins" nicht ganz umzukippen. Ihr stärkster Halt in dieser peinlichen Situation war ihre Gebundenheit an ihre Mutter, die sich zu einem wahren Kult auswuchs. Die Mutter war einmal eine anerkannte Schönheit gewesen, und Fräulein Lipschitz sonnte sich an diesem längst vergangenen Glanz der Mama, dem sich im hohen Alter noch eine ungewöhnliche Energie zugesellte. Die Siebzigjährige behandelte ihre Kinder, als ob sie Kücken wären, und verhinderte sie aus bloßem Egoismus am Heiraten. Sie fand an jedem Bewerber, der sich ihren Töchtern näherte, etwas auszusetzen. Der eine war ihr zu groß, der andere zu klein. Der eine schien ihr zu dick, der andere zu dünn. Der eine hatte Plattfüße, der andere eine schiefe Schulter. War einer zurückhaltend und schüchtern, hielt sie ihn für dumm. War er draufgängerisch, gab sie der Meinung Ausdruck, der Mann sei

141

ein Trinker, ein Verschwender, brutal, nicht ernst genug. Er werde einen schlechten Ehemann abgeben, die Mitgift vergeuden und die Frau mißhandeln. Sie schauderte bei dem Gedanken, hilflose Wesen, die noch dazu ihre Töchter waren, einem solchen Ungeheuer auszuliefern. Dem Freier aber erklärte sie, ihre Töchter hätten noch Zeit, es eilte ihnen nicht mit der Heirat.

Außer Fräulein Kitty war noch die um ein Jahr jüngere Schwester Berta da, ein gutes und freundliches Wesen um die Mitte der Dreißig, weder schön noch häßlich, die den ganzen Tag mit ihrer Handarbeit in einer Ecke des Wohnzimmers saß und nach den bewährten Mustervorlagen des *Hausfrauenblattes* und der *Wiener Mode* häkelte, stickte, strickte und netzte. Im Hause zählte sie nicht viel, denn man hielt sie für willenlos und beschränkt, besonders im Vergleich zu der hochintelligenten Kitty. Außer den Töchtern gab es noch die Lipschitzschen Söhne Gustav und Hugo, die nach dem Ableben des Vaters den Produkthandel weiterführten. Sie waren auf den Wunsch der Mutter gleichfalls unverheiratet geblieben, denn es handelte sich einerseits darum, daß sie ihre geliebten Jungen im Geschäft nicht entbehren konnte, andererseits gab es keine Frau auf der Welt, die ihrer würdig gewesen wäre.

Auch Fräulein Kitty stellte ihre beiden Brüder auf ein hohes Piedestal, und sie zitierte ihre Feststellungen als ausschlaggebend, sooft ihre eigene, unmaßgebliche weibliche Meinung nicht stark genug ins Gewicht fiel. Hugo und Gustav waren tatsächlich gute und tüchtige Jungen, schon etwas in Jahren, mit angehenden Glatzen und einem soliden Bäuchlein. Im ständigen Umgang mit den Censalen und Agenten, die die Käufe und Verkäufe ihrer Rohprodukte vermittelten, hatten sie sich den Kaffeehausjargon des Grandhotels erworben, wo sie ihre ständige Färbelpartie hatten und wo sie sich mehr zu Hause fühlten als in dem noblen Kasino. Auch kleideten sie sich etwas salopp und hielten sich Geliebte weit unter ihrem Stand, von denen die Mutter nichts wissen durfte. Das Lipschitzsche Haus lag nahe dem Flusse, in einer Gegend, in der sich winters ganze Morastmeere ausbreiteten und sommers Staubfelder ausdehnten, die wandernden Wüsten glichen. Es gab einen weitläufigen Hof, den man in Regenzeiten nur durchwaten konnte. An den Markttagen aber sammelten sich dort Plan-, Plachen- und Bauernwagen an, die die Ware, Weizen-, Mais- und Hafersäcke lieferten. Im Hintergrund waren die betonierten Magazine, in denen man dies alles aufstapelte, ehe es an die einzelnen in- und ausländischen Firmen weitergegeben wurde.

Im Hof gab es außerdem Abfälle von Holz und Baumaterial, Ziegel, Balken, Kalk, Mörtel, Mistkisten, leere und volle Fässer, Berge von Sägespänen und Asche, die dort seit wenigstens fünfzig Jahren herumlagen und ständig noch weiter anwuchsen. In dem langen Glaskorridor, der eine Esseker Spezialität war und in keinem besseren Hause fehlen durfte, gab es dasselbe Durcheinander längst unbrauchbar und überflüssig gewordener Gegenstände wie im Hof: schadhafte Sessel und andere Möbelstücke, die man aus den Zimmern entfernen mußte, Gurkengläser, zerbrochene Spiegel, verrostete Ofenrohre, Stöße von Zeitungsmakulatur nebst den alten Jahrgängen der „Gartenlaube" und „Vom Fels zum Meer". Es gab leere Blumentöpfe und halbverdorrte Blattpflanzen, Mause- und Rattenfallen, außer Kurs gesetzte Petroleumlampen und Windleuchter, eine verbogene und verrostete Sitzbadewanne, zerbrochene Jalousien an den Fenstern und zerrissene Laufteppiche auf dem Boden, in denen man hängenblieb.

Aus diesem überfüllten Vorraum kam man direkt in die Wohnung, aus der einem schon beim Öffnen der Tür der spezifische Geruch aller schlecht gelüfteten Zimmer entgegenwehte: nebst der Muffigkeit der Wände ein Gemisch von Haarpomade, Bettzeug, abgestandenem Essen, körperlicher Ausdünstung, altem Schuhwerk, Kampfersalben, Prominenzextrakt, Ofenruß, Naphtalin, Lavendel und den zur Vertreibung all dieser Gerüche täglich angezündeten Kapuzinerkerzen. Auch die Zimmer waren vollgestopft mit altem Gemöbel, Teppichen und Geräten. Auf jedem Teppich lag immer noch ein zweiter zur Schonung desselben, auf jedem Möbelstück Läufer und Schutzdecken, darüber womöglich noch ein weiterer Überzug aus ausgewaschenem Kreton. Zehntausend unnütze Gegenstände nahmen jeden Winkel ein, so schien es mir wenigstens, wenn ich mit meiner Mutter an den großen Feiertagen mit einem Blumenstrauß im Lipschitzschen Hause erschien, um zu gratulieren. Meine Mutter erklärte mir vor jedem dieser Besuche bis in alle Einzelheiten, wie ich mich dabei zu benehmen hätte, weil Fräulein Lipschitz viel auf gesellschaftliche Formen gab und sich beleidigt fühlte, wenn man dieselben, noch gar in ihrem eigenen Hause, nicht einhielt. Merkwürdigerweise passierten mir nirgends so viele Malheure wie gerade in ihrem Haus. Ich stolperte über die Teppiche, stieß mich an den kleinen vergoldeten Rokokosesseln, zupfte an der Tischdecke herum, so daß mir die seidenen Fransen in der Hand blieben, trat dem Lieblingskater der alten Frau Lipschitz ganz ohne böse Absicht auf den Schwanz, daß er heulend davonlief. Ja es kam sogar vor, daß ich die Blumenvase umwarf, das Wasser ergoß sich über die seidene Tischdecke, und es gab einen Aufruhr darüber, als ob das Haus brannte.

Auf dem Büfett, den Kommoden und Stellagen standen nebeneinander und übereinandergeschichtet Teller, Tassen und Schalen. Es gab überall Nippessachen, Keramiken, seidene Blumen und Schmetterlinge. Es gab Schäferinnen aus Porzellan, die auf ihren Gestellen gefährlich herumwackelten; in allen Ecken standen Gnome, Drachen, Hunde und Katzen aus dem verschiedenartigsten Material, auf dem Tisch und dem Büfett Visitenkartenschalen mit den Gratulationen und Kondolenzen längst verstorbener Personen. An den Fenstern hingen dicke Samtvorhänge und dazwischen Spitzenstores. Auf dem Sofa und dem Fußboden lagen Polster in den verschiedensten Farben und Formen. Es gab handgemalte Teller und Paravents, Familienalben in Plüsch, gepreßtem Leder, Perlmutter und Elfenbein, an den Wänden Daguerreotypien und die Miniaturen der dahingegangenen Urgroßväter. Dazwischen in breitem Goldrahmen das lebensgroße Ölgemälde der verhutzelten alten Frau, die dieses Milieu geschaffen hatte und sich jeder Veränderung desselben widersetzte. Während Frau Lipschitz nur noch aus Haut und Knochen bestand, den kahlgewordenen Schädel unter einer fuchsroten Perücke verbarg, beim Reden über ihr schlecht gemachtes Gebiß stolperte, das ihr ständig aus dem Mund zu fallen drohte, ihre winzigen, ewig tränenden Augen sich in tiefe Höhlen verkrochen und Berge von Puder und Schminke nicht imstande waren, die Falten wegzuwischen und ihrem erloschenen Gesicht eine Spur von Frische anzutäuschen, blühte die einstige Schönheit auf diesem Bilde im vollen Glanze der Jugend. Sie trug ein pfauenblaues Samtgewand mit weißer Spitzenbarbe, diamantbesetzte, lang herabhängende Ohrringe, Finger und Arme mit Ringen und Brasseletten geschmückt, und glich so dem Schemen ihrer dahingegangenen Jugend, die sie vergebens festzuhalten suchte.

So war jahrelang im Hause Lipschitz alles seinen gewohnten Gang gegangen, bis sich auch dort der Himmel auf einmal trübte und es zu unerwarteten Stürmen kam. Schwester Berta, die seit ihrem fünfzehnten Jahr gehäkelt, gestickt und gestrickt, in filet guipure und in point lace gearbeitet und in dieser Zeit ein paar hundert Meter Spitze fertiggestellt hatte, nebst einem guten Dutzend Taschentücher, Milieus, Bettvorleger, Wandbehänge und Sofakissen in allen Techniken und Stilarten, trat eines Tages an ihre entsetzte Familie mit der Erklärung heran, sie habe sich verlobt und werde heiraten.

Hätte der Blitz aus heiterem Himmel ins Haus eingeschlagen, wäre die Wirkung nicht vernichtender gewesen! Der betreffende Ehekandidat war Landwirt. Er hatte ein eingerichtetes Haus, Felder und Weingärten, er war verwitwet und besaß zwei mutterlose Kinder. Dieser letzte Umstand war entscheidend gewesen, und Berta hatte zugesagt. Frau Lipschitz rang die Hände. Es gab Vorwürfe, Auseinandersetzungen und Beschwörungen, energische Verbote und Drohungen. Es gab hysterische Krisen und Ohnmachtsanfälle. Und als alles nichts nützte, erklärte die beleidigte Mutter, sie werde sich von ihrer entarteten Tochter lossagen und dieselbe enterben. Berta aber erklärte, sie habe dies alles vorausgesehen und erwogen. Ihre Jugend sei vorüber, es sei eine letzte Chance, wenn sie auch diese versäumte, sei es zu allem zu spät.

Am ungünstigsten wirkte sich das Ereignis auf Fräulein Kitty aus. Ihr seelisches Gleichgewicht war erschüttert, und sie erlitt unmittelbar nach Bertas Fortgehen aus dem Hause einen Nervenzusammenbruch. Sie litt an Schlaflosigkeit, verfiel einer düsteren Melancholie, verweigerte jede Nahrungsaufnahme, so daß sie fünfzehn Kilo verlor, und machte schließlich einen ernst gemeinten Selbstmordversuch, indem sie ihr Schlafmittel in vielfacher Dosis nahm. Man überführte sie in die bei Graz gelegene Nervenheilanstalt Mariagrün, wo sie einige Monate verweilte. Sie war dort in Behandlung bei dem berühmten Professor Krafft-Ebing, und mit seiner Hilfe vollzog sich das Wunder ihrer seelischen Wiedergeburt. Einerseits erkannte sie die Vorteile einer Erkrankung, durch die es ihr gelungen war, sich neuerdings ins Zentrum der Begebenheiten zu rücken, andererseits gab ihr der tägliche Umgang mit einer Persönlichkeit wie Dr. Krafft-Ebing einen neuen Wert, sie hatte eine neue Bezugsperson gefunden, sie ließ sich von ihrem Professor behandeln, analysieren, hypnotisieren und massieren. Sie folgte einer jeden seiner Direktiven, und es gelang ihr mittels komplizierter gedanklicher Übertragungen, sich ganz mit ihm zu identifizieren.

Es gab keine Logik mehr außer der seinen, keine Wahrheit außer der von ihm als bindend anerkannten. Die ganze Welt stand im Zeichen seiner neuropathologischen Konzeption. Alle Phänomene wurden durch sie erklärt. Sie wurden faßlich und akzeptierbar im Lichte seiner wissenschaftlichen Theorien. Fräulein Kitty Lipschitz schuf die Welt noch einmal um nach seinem Bilde, und zwar in eine Welt, in der jeder seine psychopathologischen Merkmale hatte und in der es weit und breit keinen normalen Menschen gab. Sie lebte nach dem von Krafft-Ebing für sie entworfenen Tagesprogramm. Sie aß, was er ihr vorschrieb, so daß sie im Verlauf seiner Behandlung die fünfzehn verlorenen Kilos rasch wieder einbrachte. Sie nahm an Aplomb und Sicherheit zu und begann bereits selbst in seinem Sinne zu ordinieren. Ihr letztes Argument, ihr Zufluchtsort vor allen Unannehmlichkeiten, ihre Ausrede, mit der sie die eigene Unzulänglichkeit zu beschönigen suchte und mit der sie das verschobene Gleichgewicht wieder herstellte, war ihr diese im richtigen Augenblick vom Himmel gesandte Krankheit. Die Heilanstalt Krafft-Ebings war fortan das Mekka, nach dem sie Jahr um Jahr pilgerte. Dahin trug sie ihre körperlichen und seelischen Unzulänglichkeiten wie an einen geweihten Altar. Dort richtete sie sich aus jeder Depression wieder auf, dort fand sie neue Thesen und trug sie weiter. Ständig lagen sie auf ihren Lippen und gaben ihr im Kreise ihrer Freunde und Bekannten eine neue Autorität.

*

Außer Fräulein Lipschitz gehörte auch Tante Tinka Vesely zum engeren Kreis unserer täglichen Gäste. Sie war eine angeheiratete Cousine meiner Mutter und konnte es dieser, wie ich später öfter erzählen hörte, niemals verzeihen, daß ihr Mann sie, meine Mutter, in jungen Jahren geliebt hatte, von ihr aber um meines Vaters willen abgewiesen worden war. Tante Tinka warf einen vielsagenden Seitenblick auf meine Mutter und erklärte, ihr Heinrich sei der langweiligste Patron auf der Welt, der typische Bücherwurm und geborene Fadian. „Schade", sagte sie meiner Mutter, „daß du ihn nicht genommen hast. Er hätte viel besser zu dir gepaßt! Oder Fräulein Kitty! Der soll er doch auch mal den Hof gemacht haben? Was für tiefgründige Gespräche wären in ihren Liebesstunden da nicht geführt worden! Wo ich selbst für sowas doch gar kein Verständnis habe, denn ich bin ja zum Glück keine Intellektuelle!"

Fräulein Lipschitz replizierte mit einem schmalen Lächeln. Herr Vesely habe seinen schlechten Geschmack, was Frauen anbelangt, ein für allemal bewiesen. Und sie maß Tante Tinka mit einem vernichtenden Blick, der diese jedoch kaltließ. Im Gegenteil, sie schien sich ausgezeichnet zu unterhalten, denn am Ärger der anderen steigerte sich erst ihr Vergnügen. So saßen sie Tag für Tag an demselben Tisch und traktierten einander mit kleinen Bissigkeiten. Es ist schwer zu sagen, was größer war, die Verachtung, die sie einander entgegenbrachten oder die Lust an diesen ständigen Sticheleien. Beide waren Meisterinnen in einer von Anzüglichkeiten und kleinen Seitenhieben begleiteten gesellschaftlichen Konversation. Sie würzten ein jedes Gespräch mit diesen ständigen versteckten Angriffen, wobei das freundliche Lächeln niemals von ihren Lippen wich.

Tante Tinka, die sich viel auf ihre äußeren Vorzüge einbildete, war eine kleine, rundliche, in ein hohes Stahlmieder eingeschnürte Person. Während die Taille in demselben auf ein Minimum zusammengepreßt wurde, quollen Hüften und Busen nur noch üppiger daraus hervor. Auf dem kurzen dicken Hals mit dem breiten Doppelkinn ruhte ein kleines rundliches Köpfchen mit schwarzen Zibebenaugen, einem winzigen rundlichen Näschen, das zwischen den Backen verschwand, und einem kleinen Fischmund mit schütteren, spitzen Zähnchen. Sie begleitete ihre kleinen Bissigkeiten mit einem kollernden Lachen, an dem weder ihre Augen noch ihre Lippen teilnahmen, das glucksend aus ihrem Innern emporstieß, wie die

Flüssigkeit aus einer umgestürzten Flasche. Es setzte auch dort ein, wo es überhaupt nichts zu lachen gab, und wurde nur gelegentlich durch hüpfende kleine Sätze abgelöst, die gleichfalls regellos durcheinander kollerten, und so harmlos sie auch klangen, war Tante Tinka imstande, mittels derselben an keinem Menschen, ob abwesend oder anwesend, ein gutes Haar zu lassen.

Tante Tinka hatte keine Kinder, keine Interessen, keine Teilnahme, weder für Menschen, noch für Geschehnisse, noch für irgendwelche irdischen Phänomene. Alles, was existierte, war in ihren Augen nur ein Objekt ihres Spottes, mit Ausnahme dessen, was ihre eigene Person betraf, ihr Selbstbewußtsein, ihre Ansprüche und Wünsche, die sie durchaus ernst nahm. Sie war überzeugt davon, daß ihr das Beste gebühre, ein Dasein ohne Sorgen, Gesundheit, Vornehmheit, Luxus, die schönste Wohnung in der Stadt, der teuerste Persianerpelz, die herrlichsten Seidentoiletten, der kostbarste Schmuck, das beste Essen. Und zwar alles ganz ohne jede Eigenbemühung, ohne die Spur einer Verpflichtung oder Gegenleistung, nur weil sie Tinka Vesely, geborene Basch, war und als solche schon bei ihrer Geburt einen Sondervertrag mit den himmlischen Mächten abgeschlossen hatte.

Und dazu kam noch der beste und ergebenste Mann der Welt, den sie auf die gleiche geheimnisvolle Art beherrschte, die so viele andere Frauen erfolgreich zur Anwendung brachten und die weder mit Schönheit, noch mit Verstand, noch mit inneren Werten das geringste zu tun hatte. Der Mann, der ihr in jeder Weise überlegen war und früher einmal meine Mutter geliebt hatte, fand jetzt in diesen Rosinenaugen und in diesem absoluten Mangel an wirklichem Geist und Verstand ein Idealbild, zu dem er ergeben aufblickte.

Heinrich Vesely war ein Freund meines Vaters noch aus der Zeit, da sie gemeinsam in Wien studiert hatten. Er war mit einer weit über das Durchschnittsmaß hinausgehenden allgemeinen Bildung Rechtsanwalt geworden. Und dieser zur stillen Nachdenklichkeit neigende, intelligente Mensch war im Verlauf seiner zehnjährigen Ehe einem langsamen Umbildungsprozeß erlegen. Seine beschränkte, banale, klatsch- und spottsüchtige Frau, die kaum hübsch zu nennen war, gewann einen so großen Einfluß auf ihn, daß er ihren Namen ständig auf den Lippen hatte, sie in allen Dingen zu Rate zog, und zwar auch dort, wo sie uninformiert war und von den schwebenden Angelegenheiten keine Ahnung hatte. Er aber zitierte ständig, wie Tinka darüber dachte, was ihre Ansicht darüber sei. Er behauptete bei jedem Erfolg oder Mißerfolg, sie habe ihn vorausgesehen. Tinkas Urteil erfolgte spontan, sei jedoch absolut unwiderleglich. Besonders was Menschen und ihren Charakter anbelange, wisse sie gewöhnlich schon auf den ersten Blick, mit wem sie es zu tun habe. Ihre Antipathien gegen den oder jenen erwiesen sich nachträglich immer als voll berechtigt. Ja sogar in Fragen der hohen Politik wurde Tinka konsultiert. Ihr Mann mußte da freilich zugeben, daß sie nicht viel davon verstand, aber sie hatte ein unfehlbares Flair, eine Art sechsten Sinn, etwas Sibyllen- und Hexenhaftes an sich, das sie die Dinge, die sie nicht wußte, erraten ließ und dem er sich auch gegen seine bessere Überzeugung anvertraute.

Ich habe von diesen Gesprächen an unserer Tafelrunde nur wenig aufgefangen. Ich hatte an der Tür lauschend, oder in den kurzen Momenten, da ich mich den Gästen zeigen durfte und gelegentlich mein Stück Torte erhielt, meistens nur den Eindruck eines unverständlichen Stimmendurcheinanders, vermischt mit Tante Tinkas glucksenden Lachkaskaden. Mein Hauptinteresse war in diesem Moment unleugbar auf den Tafelaufsatz mit der Torte gerichtet, von der bei meinem Erscheinen oft nur noch die Reste vorhanden waren, so daß ich nicht immer darauf rechnen konnte, den mir gebührenden Anteil zu erhalten. An schönen Tagen kamen weniger Besuche, aber wenn es regnete oder schneite, gab es ein ständiges Auf und Zu der Türen. Leute, die man jahrelang nicht gesehen hatte, fanden sich ein, man mußte Sessel aus dem Schlaf- und Kinderzimmer hereinbringen. Im Korridor hingen die feuchten Überzieher, Jacken, Capes, Rad- und Regenmäntel, die Schirme trieften vor Nässe und die Torte verschwand vor meinen lüsternen Augen bis zum letzten Krümel. Mama winkte mir ab, und ich zog mich unglücklich und enttäuscht in die Küche zurück, schimpfte mit den Dienstmädchen über diese unvorhergesehene Invasion, die mich um meinen Anteil am Backwerk brachte, die Zimmer mit Nässe anfüllte und der Dienerschaft eine vermehrte Arbeit aufbürdete. Die Köchin Marie ging im Schimpfen auf ihre Herrschaft und deren Gäste allen anderen voran. Sie hielt in strenger Evidenz, wer ihr von den Anwesenden ein Trinkgeld gab und wer sich nichtswissend stellte, auch wenn sie ihm noch so oft „zufällig" im Korridor begegnete. Dies waren schwarze Schafe in ihren Augen, Leute ohne Manieren und Erziehung, wie Fräulein Lipschitz zum Beispiel, die täglich kam, es aber immer nur bei einem freundlichen Gruß bewenden ließ. Auch Tante Tinka war ein stadtbekannter Geizkragen, die um nichts in der Welt ihre Börse aufgemacht hätte. Man sagte ihr nach, sie serviere ihren Gästen gebeiztes Rindfleisch an Stelle von Hasenbraten, bereite ihre Nußtorten ohne Eier und Nüsse und ihr Kastanienpüree mit einer Beimischung passierter Bohnen. Zum Glück gab Herr Doktor Vesely hinter ihrem Rücken, so daß sich die Sache ausglich. Er war ein feiner, gebildeter Herr; die aber nichts gaben, waren in Maries Augen Leute ohne Anstand und Manieren, und sie konnte nicht genug staunen, daß meine Mama mit ihnen verkehrte.

Sie saß, während sie ihre Ansichten über gesellschaftlichen Anstand entwickelte, auf der neben dem Herd befindlichen Holzkiste, sah breit und gewichtig aus mit ihrem bereits etwas aufgeschwemmten Gesicht, das einmal ganz hübsch gewesen sein mochte, und den vom Herdfeuer erweiterten Blutgefäßen auf der Wange und um die Nase. Sie ließ sich in ihrem Redestrom durch meine Anwesenheit nicht unterbrechen, ersuchte mich jedoch dringend, nichts davon auszuplaudern. Ich dürfe der Mama nichts davon sagen, und schon gar nicht dem deutschen Fräulein, das sie noch weniger leiden konnte als ich. Es war nicht mehr die Goldschmidt, sondern die dritte in der Reihe, ein Fräulein Kaiser, die eine hysterische ältliche Person war, sich zum Glück nur wenig um uns kümmerte und den ganzen Tag Briefe schrieb. Das Stubenmädchen Eva behauptete, es wären Liebesbriefe, sie wußte es sogar bestimmt, denn sie hatte die Gewohnheit, beim Aufräumen in Fräulein Kaisers Lade herumzustöbern. Da gab es Photographien junger Männer, Liebes- und Abschiedsbriefe, die häufig kurz angebunden und für das arme Fräulein Kaiser durchaus nicht schmeichelhaft waren. Und außerdem Fräulein Kaisers eigene sentimentale Ergüsse. Eva nahm sie gelegentlich aus der Lade und brachte sie mit in die Küche. Dann lachten sie und Marie sich zu Tode darüber. Immer wieder mußte ich versprechen, es niemandem zu sagen, und ich tat es mit ziemlich bösem Gewissen, denn bis dahin hatte es niemals etwas gegeben, was ich meiner Mutter verschwiegen hätte.

Um jene Zeit siedelte sich ein Neffe meiner Großmutter, der Arzt Dr. Karl Reinfeld, in der Stadt an. Er kam, nachdem er Ordination und Visiten erledigt hatte, täglich zu uns, und man kann ruhig sagen, daß er fortan den Mittelpunkt unseres Kreises bildete. Es gab damals in Essek nur ältere Ärzte, soweit ich mich erinnern kann, Dr. Zechmeister, Dr. Reiner, Dr. Knopp und der städtische Physikus Dr. Gottschalk. Auch sie hatten vielleicht früher ihre Ideale gehabt, ihre Wissenschaft in Ehren gehalten und sich dafür interessiert. In der Provinzpraxis jedoch, abgeschnitten von den lebendigen Quellen der Großstadtkliniken und ohne Kontrolle von oben, verliert man das bald und begeht weiterhin ohne Ambition und Neugierde nur ausgetretene Wege. Man verordnete den Kranken Sedative, Kamillentee, Chinin, Brom und Bitterwasser. Wurden dieselben gesund, so hatte es der Arzt getan, starben sie, so war es eben Gottes Wille gewesen.

Essek war durchaus keine gesunde Stadt. Es lag am Delta eines großen Flusses, in einer historisch berüchtigten Sumpfgegend, zwischen einem Netz stagnierender Wasserarme, der sogenannten „toten Drau", die sich im Herbst und Frühling ausgossen und die ganze Gegend überschwemmten. Es gab weit und breit um die Stadt herum kein trockenes Stückchen Erde, Schilf und Riedgras wuchsen sich daselbst zu ganzen Wäldern aus, und trotz dieser Wassermengen, die als Grundwasser in den Kellern emporquollen und die Mauern mit Salpeter und Schimmel überzogen, gab es in der Stadt keinen Tropfen gesunden Trinkwassers. Die Brunnen waren salpeterhaltig und das Flußwasser mit Typhus verseucht. Die Epidemien hörten niemals auf, ja man behauptete, es gäbe keinen Esseker, der nicht bereits Typhus gehabt hätte, und zwar meistens schon undiagnostiziert in früher Jugend. Die nicht daran gestorben waren, hatten sich eine gewisse Immunität dagegen erworben, so daß auch das typhusverseuchte Wasser ihnen nicht mehr schadete. Die Angst vor dem Typhus war mit eine Ursache, daß sich die Stadt nicht entwickelte. Sie erhielt von außen keinen Zuzug, denn die reichgewordenen Gutsbesitzer der Umgebung zogen lieber nach Zagreb, wo es ein gesundes Trinkwasser gab, als daß sie in Essek ihr Leben riskierten.

In den besseren Häusern trank man zwar Drauwasser, aber nicht ehe dasselbe einem komplizierten Verfahren unterzogen worden war. Dies war um so notwendiger, als die Kanäle der Stadt nicht im unteren, sondern im oberen Flußlauf einmündeten, man also in Kannen zurückerhielt, was durch die Kanalrohre abfloß. Das Wasser wurde von den sogenannten Wassermännern in Fässer geschöpft und auf kleinen Wagen durch die Stadt geführt. Jeder Wassermann hatte seine bestimmte Kundschaft. Er brachte die „Pitteln" in die Wohnung, ein Teil kam in die Küche, der zum Trinken bestimmte wurde direkt in den sogenannten Destillierapparat geschüttet, der aus einer Ton- oder Blechröhre bestand und einen Meter hoch und etwa zwanzig Zentimeter breit war. Das Wasser sickerte durch eine dicke Flußsandschicht, in der es geklärt und gereinigt wurde, natürlich nur von den allergröbsten Bestandteilen, die es verunreinigten, so daß die Destillation sich hauptsächlich auf die Verbesserung der Farbe bezog. Unten befand sich ein Abfluß- röhrchen mit einem Hahn, manchmal auch nur ein gewöhnlicher Gänsekiel, durch den es herausrann. In besonders vorsichtigen Familien, so auch bei uns, wurde es nachher noch abgekocht und im Keller kaltgestellt, eine umständliche Prozedur, die ihren Zweck nur teilweise erfüllte. Bei dem weiten Weg aus der Drau, dem Wasserfaß, dem Destillierapparat und dem Kochtopf verlor es jeden Geschmack, und außerdem mußte man aufs sparsamste damit umgehen, da jeder Tropfen davon sozusagen unersetzlich war.

Eine zweite Landplage waren die Esseker Gelsen. Von allen Spezies, angefangen von den Moustiques bis zu den Papadatschi und Anopheles, gibt es keine Sorte von Mücken, die an Blutdürstigkeit und Ausdauer den Esseker Gelsen gleichkommt. Ausgebrütet in den Schilfwäldern und Sümpfen, die sich über viele Kilometer den Fluß entlang hinziehen, drängen sie in dichten Schwaden in die Stadt, hängen in allen Baumwipfeln der Parks und Alleen, tanzen in jedem Sonnenstrahl, kreisen um jede Lichtquelle, dringen in Höfe und Wohnungen ein, saugen sich fest mit ihren brennenden Stichen an Armen, Beinen und im Gesicht, infizieren ihre Opfer mit den Keimen der Malaria, dem sogenannten Wechselfieber, wie die Esseker es nennen, indem sie hinzusetzen, das Geblüt schlage dem davon Befallenen aus, oder auch „Er leide an inneren Hitzen". Das beste Mittel dagegen sei der in der Umgebung gekelterte saure Tischwein, abgesehen vom Kohlenlöschen und der Besprechung der alten Weiber, besonders jener aus der Peripherie, die das Gewerbe bereits von ihren Ururgroßmüttern gelernt hätten. Denn auch damals schon hatte ein jeder Esseker an seinen „inneren Hitzen" und seinem „ausschlagenden Geblüt" gelitten, gegen den Tod aber ist bekanntlich kein Kraut gewachsen. Der Doktor kostete nur Geld, und seine bitteren Arzneien waren zu gar nichts.

Darum war auch das ärztliche Metier bis zum Auftauchen des neuen Doktors weder besonders anstrengend noch besonders einträglich. Man ließ die Bazillen gedeihen nach Gottes Willen. Man hatte nur schwache Begriffe von Sterilisierung, antiseptischen Maßregeln und Desinfektion. Typhus, Ruhr, Cholera nostra gehörten auf das gleiche Blatt und erforderten ein gleiches Verfahren, Abführmittel, Schröpfköpfe und Schwitzkuren. Da aber kam ihnen auf einmal der neue Doktor in die Quere, der sich weder mit diesen allgemeinen Diagnosen noch mit diesem summarischen Verfahren befreunden konnte. Er hatte nach Beendigung seiner Wiener Studien an Berliner, Wiener und Pariser Kliniken praktiziert. Er kannte alle Richtungen und Methoden der modernen Medizin und hatte ein bemerkenswertes Interesse an seinem Fach. Er machte bei schwereren Fällen zwei, ja manchmal sogar drei Besuche am Tag, ließ sich bei Nacht ohne weiteres wecken, setzte alles ein, um einen manchmal bereits aufgegebenen Kranken zu retten, was um so bemerkenswerter war, als der Hausarzt damals nicht nach dem Besuch bezahlt wurde, sondern am 1. Januar einen Pauschalbetrag erhielt, dessen Höhe dem Ermessen des Patienten vorbehalten war und den man dem Doktor in einem verschlossenen Kuvert diskret in die Hand drückte. Dieser Betrag variierte in seiner Höhe je nach dem Vermögensstand der betreffenden Familie zwischen fünfzig und hundertfünfzig Gulden. Auch meine Eltern zahlten soviel, schon mit Rücksicht darauf, daß es Dr. Reinfeld schon im ersten Jahr seiner hiesigen Anwesenheit gelungen war, meine Mutter, die lange gekränkelt hatte und stark herabgekommen war, durch eine Mast- und Liegekur wieder gesund zu machen.

＊

Die Stadt besaß damals keinen Überfluß an jungen Leuten, die als Liebesobjekte in Betracht gekommen wären. Die bei den 78ern dienenden Offiziere waren als Ehebewerber nur selten erwünscht, denn sie benötigten zum Heiraten eine Kaution, die sich auf 30 000 Gulden belief, so daß ihr Auftauchen in einer töchterreichen Familie gewöhnlich mehr Schrecken als Freude erregte. Außer ihnen gab es nur noch Diurnisten, Auskultanten und andere staatliche oder private Angestellte sowie die im Sommer auf Ferien heimkehrenden Studenten. Dr. Reinfeld aber war nicht nur ein Seladon, sondern auch eine glänzende Partie! So umschwärmten ihn außer den jungen Mädchen auch reifere Frauen, einerseits im Hinblick auf ihre heiratsfähigen Töchter, andererseits im Bedürfnis, der Monotonie einer mehrjährigen Ehe zu entrinnen und sich ein wenig Abwechslung zu verschaffen. Der Doktor war ein schöner Mann, hochgewachsen, blondhaarig, mit einer sehr weißen Haut und feinen Händen. Ich hebe diesen Umstand besonders hervor, weil er bei einem so stattlichen Mann ganz ungewöhlich war, weil er meine Aufmerksamkeit schon damals ständig auf sich zog und weil Dr. Reinfeld meine erste große, unglücklichglückliche Liebe war, die von meinem zwölften bis zu meinem sechzehnten Jahr dauerte und der Krisenstimmung meiner Pubertät noch zahlreiche krankhaft-emotionelle Elemente hinzufügte. Ich steigerte mich um jene Zeit in eine exaltierte Gefühlsseligkeit hinein, die mein tiefstes Geheimnis war und sich nirgends Luft zu machen vermochte, außer in ein paar närrischen Liebesgedichten, die ich in Jamben und Trochäen auf rosa Papier niederschrieb und in tiefer Beschämung über mich selbst gleich wieder zerriß.

Man soll eine Kinderliebe niemals unernst nehmen. Sie ist nicht weniger intensiv und geht häufig viel tiefer als die Liebe der Erwachsenen. Sie keimt auf einem jungfräulichen Boden, dessen Kräftepotential noch unverbraucht ist, ohne Beimischung frivoler und unlauterer Nebengedanken. Und da sie nirgends auf Verständnis stößt, verstärkt sie das Gefühl der inneren Einsamkeit und wird häufig zum Ausgangspunkt eines schwer zu heilenden Weltschmerzes. Seitdem der Doktor da war und man hoffen durfte, ihn täglich bei uns anzutreffen, gewannen unsere Nachmittagsjausen an Popularität. Ein paar Damen kamen hinzu, unter anderem eine Französin, Madame

Gabrielle, eine exaltierte Dame im gefährlichen Alter, die sich sterblich in unseren Doktor verliebt hatte. Da die „Gegen-liebe" ziemlich flau war, verschluckte sie eines Tages ein paar Morphiumpillen. Dem rasch herbeigerufenen Doktor gelang es, sie ins Leben zurückzurufen, und seitdem galt er nicht nur als ihr Hausarzt, sondern als Retter in der Not und seelischer Tröster, und sie kam täglich zu uns, um „den Herrlichen" wenigstens von Angesicht zu Angesicht zu sehen.

Außer Frau Gabrielle kam jetzt auch Fräulein Stella Hayek, die zwar keinen sehr glänzenden Ruf besaß, denn sie hatte bereits zwei Verlobungen gelöst und war, wie es hieß, gerade im Begriff, sich zum dritten Mal zu verloben, als sie meine Mama, die sie von früher kannte, um die Erlaubnis bat, sie besuchen zu dürfen. Mama erklärte hierauf beim Mittagessen, nachdem man mich in die Küche um Brot geschickt hatte, sie habe zwar keine Vorurteile, Fräulein Stella aber laufe den Männern nach, und wenn sie jetzt plötzlich zu uns kommen wolle, geschehe es nur um des Doktors willen. Ich hörte noch an der Tür, wie mein Vater sagte, dies wären kleinstädtische Vorurteile und darüber sei man doch glücklicherweise hinaus. Fortan kam also auch Fräulein Stella täglich zur Jause. Sie war wirklich reizend und gefiel mir ganz ausgezeichnet. Ich sehe sie noch heute vor mir in ihrem grünen Tuchkostüm mit Pelzver-brämung, alles eng anliegend, die Kappe schräg auf dem Kopf, mit einer Fülle darunter hervorquellender rostbrauner Haar-löckchen, große verwunderte Augen, wie von einem Kind, und ein kleiner immer ein wenig geöffneter Mund, hinter dem die Zähne hervorschimmerten. Und seidem ich wußte, daß sie um des Doktors willen kam, lief ich ihr auf Schritt und Tritt nach. Ich erwartete sie bereits an der Haustür. Sowie sie sich an den Tisch setzte, lehnte ich mich an ihre Schulter, sog ihren feinen Duft ein und spielte mit der um ihre Taille geschlungenen Uhrkette.

Wie genau ich mich an dies alles erinnere! Ich sehe den Tisch vor mir und die Menschen, die darum herumsaßen, mit all ihren Freuden und Kümmernissen, ihren Komplexen und Aspirationen, mit ihrer kleinlichen Ranküne und ihren kindli-chen Eifersüchteleien, ihrem Wunsch nach Selbstbehauptung und ihrem Geltungstrieb. Ich sehe den runden Speisezimmer-tisch, er stand auf einer schöngeschnitzten breiten Säule, mit

Tiermotiven in einem imitierten späten Renaissancestil. Ich sehe das beige gewürfelte Tischtuch mit dem roten A-la-grecque-Muster und den langen geknüpften Fransen. Oder das noch schönere in feinstem rosa Seidendamast, mit eingewebten riesigen Vögeln, Schmetterlingen und sonst allerlei Gaukelwerk. Sechzig Jahre sind seither vergangen, und ich bin froh, über dies alles schreiben zu können und damit die mir einst teuer gewesenen Gegenstände der Vergessenheit zu entreißen und in diesen Blättern zu fixieren. Ich sehe die großen Teetassen, innen weiß, außen von einem besonders schönen Mittelblau, mit verschlungenen goldenen Wellenlinien, goldenen Henkeln und Rändern. Auf dem Tisch standen die silbernen Körbe und Aufsätze. Auf den gläsernen Schalen das Monogramm meiner Mutter. Es gab der Gelegenheit entsprechend die verschiedensten Bäckereien, zu Weihnachten Nußbeugel, im Fasching Krapfen mit hohen Rändern, zur Zeit des jüdischen Purimfestes die herrlichen Purimkindl, deren Zubereitung für uns Kinder schon den Vorgeschmack des Festes ergab: Mandeln, Rosinen, schwarze Weinbeeren, Aranzini, Zitronensaft, Zimt und Vanille ergaben eine so himmlische Fülle, die meine Vorstellungen von dem Manna der Wüste weit übertraf. Nur meine Großmutter verstand es, sie in solcher Vollkommenheit zuzubereiten, und mit ihrem Tode ging das Rezept ein für allemal verloren.

In der Ecke des Salons stand das Klavier. Es war das, auf dem meine Mutter als Mädchen geübt hatte, auf dem sie aber jetzt nur noch selten spielte. Es war ein langer gelber Kasten, der das halbe Zimmer einnahm. Darüber hingen zwei Bilder im Stahldruck: Bach bei einem Morgenkonzert im Kreise seiner zahlreichen Familie und der sterbende Mozart, der sein eigenes Requiem zum ersten und letzten Male spielen hört. Am Klavier spielte und sang jetzt häufig Fräulein Stella, die in einer rosa Seidenbluse, mit ihrem weißen runden Gesicht und den Lachgrübchen in beiden Wangen entzückend aussah. Neben ihr lehnte der Doktor am Flügel. Ich vergaß bisher zu sagen, daß er ein ziemlich mürrischer Herr war, kurz angebunden, streng und unzugänglich, also der richtige Romanheld, wie er in allen Backfischbüchern vorkommt und den mir vorläufig noch verbotenen Romanen der Marlitt und Heimburg, die ich natürlich trotz aller Verbote verschlang, denn sie entrückten mich in eine

Sphäre höherer Gefühle und machten mein Herz klopfen, wenn sich der „Herrliche" nach langem Hangen und Bangen schließlich enthüllte und das demütig zu ihm emporblickende kleine Aschenbrödel als Braut erkor, womit diese Romane unbedingt endeten.

Auch mit Fräulein Stella machte ich in meinem bebenden Inneren alle Phasen einer glücklich-unglücklichen Liebe mit. Ich sah gut, mit was für Blicken sie den „Herrlichen" ansah und daß nur er es war, für den sie spielte und sang. Sie kannte freilich nur Operettenschlager, aus dem „Bettelstudent", der „Schönen Helena" und dem „Zigeunerbaron": „Wer uns getraut, ich sag es dir! Der Dompfaff hat uns getraut im Dom, der uns zu Häupten blaut, und schluchzend sang die Nachtigall dabei ihr Lied!" Auch sie schluchzte, schmetterte, trillerte und jauchzte, so daß der armen Madame Gabrielle, die sich in ihrem gebrochenen Deutsch mit meiner Großmutter unterhielt, plötzlich ganz übel wurde, so daß man sie im Schlafzimmer aufs Sofa betten mußte und der Doktor genötigt war, das Konzert zu unterbrechen und ihr den Puls zu fühlen. Tante Tinka sagte am nächsten Tag, ehe die anderen Gäste kamen, zu meiner Mutter: „Die kleine Intrigantin will sich ihn einfangen. Aber darüber gibt es noch manches zu sagen. Und wenn auch sonst niemand redet, ich werde nicht schweigen!" Mama schickte mich nach diesen Worten aus dem Zimmer, wie es immer geschah, wenn sie über „diese Sachen" sprachen, und es blieb mir nichts anderes übrig, als in der Küche zu verschwinden, denn so wie Fräulein Goldschmidt sich zu viel um mich gekümmert hatte, so Fräulein Kaiser zu wenig. Sie machte sich das Leben leicht, indem sie erklärte, ich sei unverbesserlich, höre weder auf ein gutes Wort, noch reagiere ich auf eine Strafe, es sei am besten, mich laufen zu lassen. Ich war mit dieser Methode sehr einverstanden, sie aber beschäftigte sich mit ihren eigenen höchst geheimnisvollen Angelegenheiten. Die Köchin Marie erklärte mir jedoch, auch Fräulein Kaiser sei in den Doktor verliebt und schreibe ihm Liebesbriefe.

Eines Tages stürzte Tante Tinka noch vor ihrer gewöhnlichen Stunde ins Zimmer, ihre Hutbänder flogen, und die Jacke war schief geknöpft. Ich dachte, es sei ein Unglück passiert. Dann aber gab es ein Geraune und Getuschel, von dem ich nur so viel verstand, daß es sich um meine geliebte Stella handle und daß mit ihr etwas los sei. Auch Fräulein Kitty kam früher als sonst, ganz rot vor Eifer und Erregung. Sie ließ sich im Speisezimmer auf einen Sessel fallen und mußte ein paarmal tief ein- und ausatmen, ehe ihr die Stimme wiederkam. Ich hörte noch, wie sie sagte, es sei für den Doktor eine große Blamage, weiß Gott, wie er sich da herausziehen werde. Aber es geschehe ihm recht, denn schon das Sprichwort sagt: „Schau nicht auf den Krug, sondern auf dessen Inhalt."

Fräulein Stella kam nachmittags nicht zum Tee, und auch der Doktor ließ sich entschuldigen, er sei durch einen dringenden Fall abgehalten. Und als Stella auch am nächsten und übernächsten Tag nicht mehr kam, war ich schrecklich besorgt und wollte wissen, was mit ihr los sei. Und als Mama mir nichts darüber sagen wollte, ging ich in die Küche und fragte Marie. Auch Marie wollte mir nichts sagen. Als ich ihr jedoch keine Ruhe ließ und weiter fragte, sagte sie mir endlich: Stella sei in der Hoffnung.

Die Erklärung befriedigte mich jedoch nur halb. Etwas Unklares schwebte mir dabei vor, von Kinderkriegen und irgendwelchen unanständigen und unglaublichen Vorgängen, über die die Mädchen in der Schule heimlich miteinander schwatzten. Ich wußte, es steckte ein Geheimnis dahinter, das mich beunruhigte und das ich nicht zu enthüllen vermochte. Auch die Frauen im Langen Hof hatte ich öfter darüber reden hören, aber niemals so, daß ich sie ganz verstanden hätte. Ich wußte, die Frauen brachten Kinder auf die Welt. Auch die Katzen und die Hunde bekamen Junge, dies hatte ich im Hofe unten schon alles gesehen. Aber alles weitere war mir unklar, und ich konnte mir nicht vorstellen, was meine schöne geliebte Stella damit zu tun haben sollte. Ich war überzeugt davon, die Köchin irrte sich. Sie verwechselte die Dinge, denn was sie da sagte, konnte unmöglich wahr sein. Außerdem bekamen doch nur verheiratete Frauen Kinder! Wieso also Stella, die doch keinen Mann hatte?

Die Köchin lachte: „Sie hat einen Mann. Das ist es ja gerade. Sie hat sogar zwei, und nun will sie auch noch einen dritten einfangen!" Sie konnte Stella nicht leiden, erstens weil sie schön und jung war, zweitens weil sie zu den schlechten Trinkgeldgebern gehörte. Was hatte eine solche überhaupt in unserm Hause zu suchen?

Ich aber war sprachlos: „Ja kann man denn das?" Meine Vorstellungen von einer strikten Ehemonogamie waren ein für allemal erschüttert! Die Köchin sagte: „Sie ist mit dem Oberleutnant Dobržinsky gegangen. Sie waren schrecklich verliebt ineinander. Der Dobržinsky aber kann sie nicht heiraten, denn die Offiziere sind teuer, die Stella aber hat keine Kaution. Da hat sie sich an unsern Herrn Doktor herangemacht. Für den aber ist es eine große Blamage, daß er früher nichts gemerkt hat. Dann hat sich die Tante Tinka eingemischt und den Doktor darüber aufgeklärt. Die will ihn nämlich mit ihrer Schwester Adele verheiraten. Da kann sie doch nicht zulassen, daß ‚so eine' ihr die gute Partie vor der Nase wegschnappt."

Die Köchin Marie sagte es mit sichtlicher Schadenfreude, dann knüpfte sie noch ein paar moralische Sentenzen daran, die mir auch nicht mehr sagten als alles andere: Man dürfe den Männern nicht trauen! Erst täten sie schön und versprächen einem das Blaue vom Himmel herunter, und nachher ließen sie einen sitzen, und man hätte die Schande und den Bankert am Hals. Auch die Köchin hatte ein Kind, einen dreijährigen kleinen Jungen, und dies brachte mich zum Nachdenken. Sollte es vielleicht auch ihr so ergangen sein? Und dennoch, sie mußte sich irren, und die Sache mußte einen anderen Zusammenhang haben, dem von bloßen Versprechungen, mochte es sich auch um das Blaue des Himmels handeln, konnte man unmöglich kleine Kinder kriegen! Und warum das eine Schande sein sollte, konnte ich noch weniger begreifen.

Aber meine häufigen Besuche in der Küche brachten mich allmählich doch auf die richtige Spur, und meine sexuelle Aufklärung war schließlich so weit gediehen, daß ich auch aus halben Andeutungen so manches erriet. Und sowie meine Neugierde gestillt war, und ich alles wußte, was die Köchin Marie zu diesem Thema zu sagen hatte, wich ich allen derartigen Gesprächen sowohl in der Küche als auch in der Schule geflissentlich aus. Mehr noch, ich empfand nicht nur keine Freude an Zweideutigkeiten, sondern ich fand sie abscheulich. Ich hatte von Kindheit an viel zu viel Verständnis für jedes Naturgeschehen, mochte es sich um Pflanzen, Tiere oder Menschen handeln, als daß ich ihm jemals die Achtung versagen konnte. Ich fühlte schon früh, was Mutterschaft bedeutete. Ich konnte diesen Vorgang also unmöglich mit unanständigen

Nebengedanken verbinden. Ich wußte bereits damals so manches vom Werden und Vergehen der Welten, in das jedes Leben, also auch das menschliche, mit eingeschlossen ist. Das Mysterium dieses Werdens regte mich zum Nachdenken an und noch öfter zu einem starken Mitempfinden. Wie ein Wunder wirkte es auf mich, und ich konnte niemals begreifen, warum man diesen von Dunkel und Geheimnis umgebenen Akt des menschlichen Werdens zu seichten Witzigkeiten und Pikanterien mißbrauchte, wie dies damals gerade in Mode war.

Im allgemeinen wurde der gesellschaftliche Zwang auf diesem Gebiet viel strenger gehandhabt als heute. Es gab keine Wiederverheiratung nach der Scheidung, die geschiedene Frau aber trug, ob mit oder ohne Schuld, einen gesellschaftlichen Makel an sich. Noch ärger war es mit den „verführten" Mädchen. Sie konnten sich von ihrem Fall nicht wieder erheben. Ehebruch war nur dem Mann gestattet, nicht aber der Frau. Und was das Heiraten anbelangte, mußte das Mädchen warten, bis einer sie nahm, und ohne Mitgift waren die Chancen einer Ehe überhaupt gering. Die „Sitzengebliebene" war ein unangenehmes Familienanhängsel, eine typische Witzblattfigur, über die man sich lustig machte. Da gab es als einziges Ventil nur das alberne Getuschel und Geflüster über die Dinge, die im Leben ein für allemal verboten waren. Man lebte sich aus in halbverhüllten oder öfter auch allzu offenen Worten über das zweideutige Thema, das schlüpfrige Vorstellungen hervorrief, die Lachnerven kitzelte, den gesellschaftlichen Verkehr würzte und die Langeweile vertrieb.

Wenn bei unseren Nachmittagsjausen das gewisse Thema berührt wurde, wartete ich nicht mehr darauf, daß Mama mir einen Wink erteilte, sondern verließ unaufgefordert und mit verächtlicher Miene das Zimmer. Ich ärgerte mich, wenn man mir zu verstehen gab, diese Gespräche wären nichts für kleine Mädchen, als ob mir überhaupt daran gelegen wäre. Ich konnte im Gegenteil nicht genug darüber staunen, daß sich die Erwachsenen auf eine so kindische Art unterhielten.

Was die Sache mit Stella betraf, erfuhr ich erst nach Jahren, daß sie damals die Stadt verließ, daß sie ein Kind besaß und in einem Vergnügungslokal sang und tanzte. So schön und süß war sie gewesen, und so schrecklich leid tat sie mir!

✳

Meine Spiele im Langen Hof hatten sich inzwischen überlebt. Ich ging jetzt in die Höhere Töchterschule, und mit der
Erweiterung des Lehrstoffs erweiterten sich auch meine Interessen. Das Lernen machte mir keine Schwierigkeiten, ich war
von jeher eine gute Aufsatzschreiberin und Mathematikerin,
nur ziemlich undiszipliniert, immer voll närrischer Einfälle, so
daß ich bei meinen Mitschülerinnen viel beliebter war als bei
meinen Lehrerinnen. Außerhalb der Schule lernte ich noch
Zeichnen, Sprachen und Klavier.

Mein Zeichenlehrer war ein gewisser Waldinger[18]), ein
Mensch von starker Begabung, besonders auf dem Gebiete der
Graphik, der sich in Essek jedoch nicht durchzusetzen ver-
mochte und genötigt war, als Amtsdiener im kaufmännischen
Verein zu arbeiten, denn sonst wäre er mit seiner Familie
wahrscheinlich verhungert. Er zeichnete mangels anderer
Möglichkeiten meistens unten an der Drau, wo er ungezählte
einander ähnliche und dennoch verschiedene Motive fand, die
er zu jeder Jahreszeit und bei jeder Beleuchtung zeichnete. Er
war ein Fanatiker der Einsamkeit, der für sich selber schuf,
Hunderte und Hunderte von Blättern, die kaum jemand zu
Gesicht bekam. Er hatte seinen eigenen an Dürer ausgebilde-
ten Stil, einen besonders feinen Strich, der von zartester Deli-
katesse und gleichzeitig von schärfster Prägnanz war. Seine
Bilder mit den verkrüppelten Weiden, der grauen Luft und
dem schweren lehmigen Wasser waren der Spiegel einer tiefen
seelischen Melancholie. Jedes Teilchen war von einem Stück
Eigenleben beseelt. Der Fluß, der Himmel, die Weiden waren
jeweilig anders, und zwar nicht nur der Beleuchtung, sondern
auch der Stimmung des Malers entsprechend, der eigentlich
nur vor diesen Bildern ein Mensch war, beglückt, die Schleier
zu lüften und auch das zu sehen, was allen andern verborgen
blieb.

Ich gebe also zu, daß Waldinger als Zeichner ein verkanntes
Genie gewesen war, als Pädagoge war er leider unmöglich. Ein
schrecklicher Pedant, der nur technische Übungen kannte, mit
denen er mich ständig malträtierte. Niemals wäre es ihm eingefallen, mich sehen zu lehren, den Formen der Dinge, die er
mich zeichnen ließ, ihre Eigenart abzugewinnen. Aber es kam
ja gar nicht so weit, obwohl sich dieser Unterricht über zwei
Jahre hinzog. Ich zeichnete während dieser Zeit niemals das,

was ich sah, oder doch nur zu sehen vermeinte. Waldinger besaß zu meinem Unglück eine Unmenge von Vorlagen, und er ließ sie mich wieder und wieder kopieren. Augen, aufgerissen, halbgeschlossen, mit nach oben gewendeter oder nach unten gekehrter Pupille. Erstaunte, erschrockene, bekümmerte, meist aber leerblickende Augen, en face und im Profil. Ohrmuscheln zu ganzen Dutzenden mit minimalen Unterscheidungsmerkmalen. Nasen mit aufgerissenen Nasenlöchern, Münder die lächelten oder schmollten, herrlich eingerollte Haarlocken und Löckchen, und dann wieder Augen mit und ohne Ausdruck.

Ich kopierte ein Jahr lang und dann noch ein Jahr. In all den Zeiten zeichnete ich niemals ein ganzes Gesicht, kein Stück Landschaft, kein Haus und keinen Baum. Nichts, was der Natur oder meinem eigenen Vorstellungsvermögen entsprochen hätte. Ich muß zugeben, daß meine Hand im Verlaufe dieser permanenten Übungen so geschickt wurde, daß ich seine Vorlagen gar nicht mehr zu sehen brauchte. Im Schlafe war ich imstande, sie nachzuziehen. Aber ich war nach diesen zwei Jahren, und auch später, niemals mehr imstande, ein lebendes Gesicht wiederzugeben, nichts Ganzes mehr, nichts in sich Geschlossenes. Fast möchte ich sagen, meine Virtuosität verhinderte mich daran. Natürlich lag die Schuld nicht allein am Lehrer, seinen Vorlagen und seiner Methode. Ein Raphael hätte sich wahrscheinlich auch darüber hinweggesetzt. Ich aber war kein Raphael, und so gab ich meine so wenig erfolgreichen Übungen auf diesem Gebiete schließlich auf.

Ähnlich erging es mir mit der Musik. Ich war nicht absolut unmusikalisch, aber ich scheiterte an der Methode meiner ersten Lehrer. Fünfmal habe ich sie gewechselt, und mußte jedes Mal auf ein andres System, eine andre Schule, Hand und Fingerhaltung übergehen. Kaum hatte ich mich an die Kaprizen des einen gewöhnt, kam schon der Wechsel, und die neue Koriphäe erklärte alles Vorherige für null und nichtig, einzig nur dazu angetan, meine musikalische Technik endgültig zu verderben. Ich spielte aus dem Finger, aus dem Handgelenk, aus dem Ellbogen und aus der Schulter heraus, und das Ende vom Lied war, daß die Musik nichts weiter mehr für mich bedeutete als eine Turnübung. Mein erster Lehrer war Herr Schwarz, der im Vorderhause bei den Mihajlovićischen wohnte. Er teilte seine Liebe zwischen der Musik und seinem in einem Lockengehänge verwachsenen kleinen Seidenpinscher, namens „Popocatepetl", genannt auch „Pombusch". Herr Schwarz war eine große hagere Erscheinung mit einem bis zum Gürtel herabwallenden Backenbart, dem längsten, den ich in meinem Leben gesehen hatte. Er glitt, wenn er spielte, parallel mit seinen Fingern über die Tasten hin und das war ziemlich aufregend. Er war ein typischer Protestant, gebürtiger Klagenfurter, kleinlich, verbohrt und uns Schülern gegenüber von einer fabelhaften Geduld. Ja diese Geduld war so unerschütterlich und so groß, daß sie mich gelegentlich in Verzweiflung jagte. Denn erstens prägte sie die Stunden mit einem Übermaß an Langeweile, und zweitens suchte er von uns Schülern mittels dieser, durch nichts zu erschütternden, Beharrlichkeit das Unmögliche zu erzwingen. Er hatte seine eigene Methode, die auf einer ganz speziellen Hand- und Fingerhaltung beruhte. Das Handgelenk wurde hochgestellt, die Hand zur Ruhe gezwungen und versteift, dafür mußten die Finger alles von sich geben. Er legte uns ein Geldstück auf den schräg nach unten abfallenden Handrücken, das automatisch immer tiefer rutschte. Es sollte aber nicht rutschen, sondern stilliegen. Und es durfte beileibe nicht herunterfallen, während wir Skalen, Fingerübungen und Akkorde übten. Es fiel aber trotzdem ständig herunter, und da hieß es von vorne beginnen, zehnmal, zwanzigmal, hundertmal. Ton und Anschlag wurden immer schwächer, denn das ganze Augenmerk war auf die kleine Münze gerichtet, die, so wie man nur begann, ihre Schlittenfahrt antrat, auf und ab hüpfte, und ehe man sich versah, auf die Tasten herunterfiel. Man konnte machen, was man wollte, das Kunststück mißlang, die Finger verkrampften sich, wurden immer steifer, und mit der Musik war es nichts!

Auch dieses Hindernis hätte ein Mozart vielleicht überwunden, aber ich war kein Mozart und weinte vor und nach jeder Klavierstunde, im Bewußtsein, daß mir das Kunststück wohl niemals gelingen würde, zornige Tränen.

Auch in deutscher Sprache nahm ich Privatunterricht bei dem in unserer Nähe wohnenden evangelischen Pastor. Ihm habe ich es zu danken, daß ich die deutsche Orthographie schon in meinem zwölften Jahr vollkommen beherrschte, und das hat mir später, als ich in Wien die Aufnahmeprüfung für die

Fortbildungsschule ablegte, dazu verholfen, daß ich auch, ohne die achte Klasse der Höheren Töchterschule beendet zu haben, dort aufgenommen wurde und damit allen anderen um ein ganzes Jahr voraus war. Auch las ich in den Stunden bei Pastor Pindor bereits die deutschen Klassiker; als erste Lektüre wurde „Hermann und Dorothea" von ihm ausgewählt und dann „Wilhelm Tell".

Da der Schulunterricht vormittags von acht bis zwölf und nachmittags von drei bis fünf dauerte, der Weg hin und her anderthalb Stunden in Anspruch nahm, blieb mir mit meinen zahlreichen Privatstunden kaum etwas freie Zeit übrig. Dazu kam meine wachsende Leidenschaft für Bücher. Ich las alles, was ich erwischen konnte, und hatte bei meiner expansiven Natur das tiefe Bedürfnis, alles Gelesene und auch sonst alles Erlebte, ja jeden Eindruck, zu verarbeiten und wiederzugeben. Die Freude war doppelt, wenn auch ein anderer daran teilnahm. Ich muß zugeben, daß ich die Dinge nicht immer genau so wiedererzählte, wie ich sie erlebt hatte, sondern ich gestattete mir eine poetische Lizenz, indem ich sie häufig so wiedergab, wie ich gewünscht hätte, daß sie wären und daß ich sie erlebt hätte, also „Wahrheit und Dichtung" untrennbar durcheinander.

Ich gewann damals eine neue Freundin, Anna, mit der ich zwar schon gemeinsam die Volksschule besucht hatte, aber erst in der Töchterschule wurden wir unzertrennlich. Da wir Haus an Haus wohnten, war es natürlich, daß wir den weiten Weg bis zu der in der Festung gelegenen Töchterschule miteinander zurücklegten. Dabei hatte ich reichlich Zeit zum Erzählen, und Anna war eine dankbare Zuhörerin. Oft waren es wirklich bloß Märchen, die ich zum besten gab. Noch öfter ganze Abschnitte aus den letzten gelesenen Büchern. Oft versäumte ich es, den Trennungsstrich zwischen meinen Wachträumen und der Realität zu ziehen. Ich wäre dazu auch gar nicht imstande gewesen. Meine Einbildungskraft riß mich fort, die Bilder, die sie mir vorgaukelte, waren so überzeugend und das bloß Erträumte um so viel vollkommener und beglückender als meine wirklichen Erlebnisse, sei es im Hause oder in der Schule, daß ich mich willig an jene verlor und selig war, wenn Anna mir gläubig und ohne jemals zu zweifeln auf diesem blumenbesäten Wege folgte. Sie war nicht kritisch, und ich danke ihr noch heute dafür.

164

In der Schule saßen wir nebeneinander und halfen einander aus. Sie war besser in Handarbeit und Zeichnen, ich in den anderen Gegenständen. Meine Freundschaft für sie war so groß und innig, daß ich mich kaum erinnern kann, mit anderen Kindern um jene Zeit verkehrt zu haben. Ein paar Namen sind mir in Erinnerung geblieben. Manchmal tauchten aus dem Dunkel der Vergessenheit ein paar vertraute Gesichter auf und mit ihnen gewisse Erlebnisse und Anekdoten, die sich an meine Schulzeit knüpfen. Am stärksten beeindruckt hat mich ein Vorfall noch aus der fünften Klasse der Höheren Töchterschule, der mich damals unendlich beglückte. Unsere Direktorin war Fräulein Clothilde Cvetišić, die durch ihre Bildung, ihre Persönlichkeit und ihr Verständnis für die Jugend alle anderen Lehrkräfte überragte. Auch mit mir und meinem unruhigen Wesen hatte sie die größte Nachsicht, was sie eines Tages besonders bewies. Ich hatte nämlich, während sie die Geschichtsstunde bei uns abhielt, unter der Bank ein Gedicht fabriziert, da unterbrach sie mich plötzlich in meiner dichterischen Trance und verlangte von mir, daß ich meine Lektion hersage. Ich wußte in diesem Moment weder, wo ich war, noch was man von mir verlangte, starrte sie nur erschrocken an und schwieg. Sie nahm mir das Heft mit meinem poetischen Machwerk in sechsfüßigen Jamben ab, in dem ich meine Freundin Anna anschwärmte und mit den zärtlichsten Namen apostrophierte. Diese exaltierten Phrasen konnten jedoch ebensogut an ein männliches Individuum gerichtet sein, für eine Schülerin der Höheren Töchterschule ein schweres Vergehen. Es wies auf die Verderbtheit ihres Charakters hin und wurde mit einer schlechten Stittennote bestraft. Sogar in der Fünften gab es bereits Präzedenzfälle, ein paar frühentwickelte Mädel, die mit Buben gingen und sich dadurch ihre Note verdarben. Ich ging also am gleichen Nachmittag mit starkem Herzklopfen in die Direktionskanzlei, um die Sache womöglich aufzuklären und mein Heft zurückzuverlangen.

Und als Fräulein Cvetišić mir ihr schönes gütiges Gesicht zuwandte, dessen Anblick einen Sturm liebender Gefühle in meinem Herzen erweckte, war ich kaum eines Wortes fähig. Anstatt mich auszuzanken, wie ich erwartet hatte, stellte sie mir die unerwartete Frage: „Du schreibst öfter solche Sachen? Wie ich höre, hast du neulich mit der Rety gewettet. Ihr habt ein Gedicht über das gleiche Thema geschrieben. Das war jedenfalls recht kühn von dir. Du gehst in die Fünfte und die Rety in die Achte. Und sie hat im deutschen Aufsatz vorzüglich." „Gerade darum! Sie ist schrecklich eingebildet, und da hab ich ihr zeigen wollen." „Und wie ist die Sache dann ausgefallen?" „Gut!" erklärte ich nicht ohne Stolz. „Ich habe gewonnen." „Und das Thema?" „Wir haben beide über die Mutterliebe geschrieben."

Fräulein Cvetišić wünschte, ich möge ihr dieses Gedicht morgen bringen. Ich aber, entzückt über das Interesse, das sie mir zeigte, wollte den großen Moment nicht bis morgen verschieben, sondern erklärte ihr, ich wisse mein Gedicht auswendig und sei bereit, falls sie es wünsche, ihr dasselbe aufzusagen.

Sie erklärte sich damit einverstanden. Ich aber war in diesem Moment aufgeregt und erschüttert wie eine Debütantin vor ihrer ersten Audition, deren Gelingen über ihr ganzes weiteres Leben entscheiden sollte. Ich stellte mich vor sie hin und begann. Erst flüsternd, denn irgendetwas preßte mir den Hals zusammen und erstickte mir die Stimme, dann aber befreite ich mich und deklamierte mit dem ganzen mir zur Verfügung stehenden Pathos. Und da geschah das Wunder. Als ich geendet hatte, standen Tränen in Fräulein Cvetišićs Augen, sie war sichtlich gerührt, schwieg eine Weile, dann umfaßte sie mich mit ihren beiden Armen, zog mich an sich und küßte mich.

Ich war selig! Fräulein Cvetišić hatte mich geküßt! Ich sah ihr gütiges, noch immer schönes Gesicht, das sich mir in einem besonderen Ausdruck zuneigte, und küßte sie mit zitternder Lippe wieder. Alles, alles, was an Zärtlichkeit und Verehrung, ja Vergötterung in mir war, drängte ich zusammen in diesen Kuß: mein Erstaunen über das Wunder eines solchen Erlebnisses, Dankbarkeit, die ich für sie empfand, meine exaltierte Bewunderung ihrer Person, aber auch eine Beimischung befriedigter Eitelkeit, das Gefühl, nicht nur Liebe empfangen, sondern auch einen Erfolg davongetragen zu haben. Es war mir gelungen, durch meine Worte an ein menschliches Herz zu rühren! Dies erfüllte mich mit Genugtuung und mit Freude. Nur daß sich diese Freude sehr rasch in eine unbegreifliche Trauer auflöste, denn schon war mir klar, das Erlebnis war ein einmaliges und würde sich nicht mehr wiederholen, eine Sternschnuppe, die meinen Horizont gestreift hatte und, ehe ich richtig zum Bewußtsein gekommen war, in Dunkelheit verrauchte. Fräulein Cvetišić gab mir mein Heft zurück, von Strafe war nicht mehr die Rede, sonst aber blieb alles ohne Konsequenzen. Ich zog die Tür der Direktionskanzlei hinter mir zu, und am nächsten Tag, dem ich erwartungsvoll entgegensah, war das normale Verhältnis zwischen Lehrerin und Schülerin wiederhergestellt, und sie schien sich an gestern nicht mehr zu erinnern. Kein persönlicher Kontakt stellte sich jemals wieder zwischen uns her, sie ging mit mir um wie mit allen anderen Kindern, und als ich ihr in einer letzten Aufwallung meiner Schwärmerei ein Gedicht widmete, das ich in kalligraphischen Schriftzügen auf einem mit Rosen und Vergißmeinnicht umrahmten Briefbogen niederschrieb und persönlich in ihre Wohnung trug, empfing mich an der Tür eine ältere Person und erklärte mir, das Fräulein sei nicht zu Hause. Auch später erwähnte sie niemals etwas von meinem Machwerk, ich aber habe niemals jene Stunde vergessen, das Glück, das sie mir gewährte, jene Geste der Zärtlichkeit, die in meinem späteren Leben kaum jemals durch etwas anderes übertroffen wurde. Fräulein Cvetišić wurde jedoch noch während ich in die Sechste ging, aus Essek versetzt, und Fräulein Pinterović kam an ihre Stelle, die zwar als Lehrerin gut und gerecht war, mir die Angebetete aber unmöglich ersetzen konnte.

✳

Während ich den Weg in die Schule mit Anna zurücklegte, sollte ich, dem Wunsch meiner Eltern gemäß, nach der Schule von meinem deutschen Fräulein begleitet werden. Sie holte mich täglich ab, ich aber hatte nicht die geringste Lust, mich wie einen Pudel an der Schnur nach Hause führen zu lassen, und verstand es, durch geschicktes Manövrieren auch dieser Unannehmlichkeit auszuweichen. Die Töchterschule hatte zum Glück zwei Ausgänge. Ich schickte, sowie der Unterricht zu Ende war, eines der Mädchen als Späherin aus, die mir berichtete, an welchem Tor das Fräulein stand, bereit, mich abzufangen. Natürlich wählte ich jenes andere, an dem mir keine Gefahr drohte. Ungesehen von ihr, schlüpfte ich im Nu um die Ecke, eine Horde von Komplizinnen hinter mir her, unter ihnen natürlich auch Anna, die die Nachhut bildete, und in einem zweiten Nu schlüpften wir rasch bis an das dicht mit Efeu bewachsene Wassertor, das aus der Festung direkt in die Schanzgräben hinunterführte.

Um nichts in der Welt hätte ich mir dieses mit dem Heimgang aus der Schule verknüpfte Vergnügen nehmen lassen, diesen Abstecher in die romantische Welt der Schanzen und Kasematten. Dort fühlte ich mich wie in einem Zaubergarten, ungebunden und frei, und durch gelegentliche, von den anderen mit Beifall begleitete kühne Wagnisse als Heldin des Tages! In diesem seit Jahrzehnten einem absoluten Verfall preisgegebenen Festungswerk war alles fremdartig und seltsam, angefangen von dem schweren Modergeruch, der dem alten Gemäuer entströmte, und den historischen Legenden, die es umbrauten, bis zum wildwuchernden Pflanzenleben, das dort emporkeimte, sich an den Stein schmiegte, sich rankte, verzweigte und verwob, sich an die Mauer klammerte, dünne Stränge und Fäden herabwallen ließ, schleierleicht und zugleich undurchdringlich, dem Fuß gewisse Anhaltspunkte bot, so daß man daran emporklettern konnte, was ich auch häufig tat, um bis zu den hoch oben üppig wuchernden Farnkräutern, dem Polypodium und den schlanken Hirschzungen zu gelangen, die es sonst nirgends in Essek gab. Daneben Bärlapp sowie andere Flechten und Moose, gelb und graugrün, die von zartesten, an dünnen Fäden emporwachsenden Kapselgebilden überragt wurden. An einzelnen Stellen gab es ganze Büschel herrlichster, wie aus lila Seide gewobener Glockenblumen, Fettpflanzen mit rosa Blüten und eine Art rotvioletter Erika, die jedoch nur im Mai blühte. Aber es gab auch mancherlei Gesträuch, an das man sich beim Klettern anklammern konnte, Zwergbüsche, deren Wurzelstränge sich in die Mauerritzen eindrängten, da und dort noch eine karge Spur Erde und Feuchtigkeit fanden und sich dem schmalen Sonnenstrahl preisgaben, der zu gewissen Stunden gleich einem Zeiger die Mauer entlangritt, um sich rasch wieder zu verlieren.

Dies war die Kulisse. Unten aber gab es genug stagnierendes Gewässer, in dem sich die weißen Nymphäen verankerten. Sie breiteten das Gestränge ihres Wurzelwerks über viele Meter aus, lagerten sich mit ihren kreisrunden dunkelgrünen Riesenblättern aufs Wasser und bildeten so einen dunklen Rahmen für die zauberhaft schöne Blüte der Wasserrosen, die dem giftiggrünen Naß in strahlendstem Weiß entwuchs. Wie gern hätten wir sie gepflückt, aber sie schien uns unerreichbar in ihrem grundlosen Morast, in dem der Fuß sich verstrickte und versank, je tiefer man sich hineinwagte.

Ein paarmal hatte ich es versucht, hatte Strümpfe und Schuhe ausgezogen, die Kleider hochgeschürzt und die ersten Schritte gewagt. Aber schon begann sich der Boden unter mir zu verlieren, und ich kam in ein unaufhaltsames Gleiten. Schon verstrickte ich mich in allerlei Wurzelwerk, das Wasser reichte mir bereits übers Knie, und nirgends ein Halt, um mich daran zu klammern. Als ob irgendwelche Zauberkräfte mit im Spiel wären, so unaufhaltsam zog es mich hinab. Ich war eine gute Schwimmerin, hier zu schwimmen, wäre jedoch ganz unmöglich gewesen. Ich dachte an die bösen Lindwürmer meiner Märchen, an die gefährlichen Medusen, die die Menschen mit ihren Fangarmen umklammerten, ja sogar an allerlei giftige Schlangen, die hier hausen mochten, und war zu Tode erschrocken. Sicher waren sie da, um die Schildwache der weißen Prinzessin zu bilden und sie vor jedem kecken Angriff zu beschützen. Keinen Schritt weiter hätte ich zu machen gewagt. Und da waren auch noch die Schwärme grünlicher Mücken, die metallisch schimmernden Eintagsfliegen, Libellen und Hornissen, derer ich mich kaum zu erwehren vermochte. Über dem Wasser breitete sich ein schleierartiger Rasen feinster Algenfäden aus, der weite Flächen bedeckte. Die grünen Blättchen der Wasserlinsen waren darüber ausgestreut. Eine Weile stand ich still. Das Wasser netzte bereits meinen hochgeschürzten Kleidersaum. Ob ich wollte oder nicht, ich mußte zurück, ohne meiner Wasserrose auch nur nahegekommen zu sein. Aber auch am Rande unseres Weihers blühte es blau und gelb, Ranunkeln, Vergißmeinnicht, Sumpfdotterblumen. Dazwischen gab es ungezählte Frösche, die, sowie wir uns näherten, mit einem Plumps in das grüne Wasser hüpften, und Eidechsen, die sich rasch in ihre Schlupfwinkel im Gemäuer verkrochen. Wir beluden uns mit Pflanzen, soviel wir davon neben dem Schulranzen zu schleppen vermochten, und als die Sonne bereits am Untergehen war, machten wir uns auf den Heimweg. Wir krochen den Damm empor, der bis nahe an die Drau heranführte, und trabten den schmalen Pfad entlang, über den Regimentsgarten hinweg bis in die Oberstadt. Dann aber kam das Schönste von allem: der im Feuer der untergehenden Sonne brennende Westen, die sich im Wasser brechenden Sonnenstrahlen, das aus den Wolken hervorschießende, über den Fluß ausgegossene Licht, ein Schauspiel, für das ich noch heute in der Erinnerung daran keine Parallele zu finden weiß. Ich kenne die Schweizer Alpenseen, den Rheinfall, die Seineufer oberhalb und unterhalb von Paris, die Rhone von ihrem ersten Ausfluß aus dem Genfer See bis zu ihrer Mündung in das Mittelmeer. Ich kenne die Loire mit ihren Schlössern, die Garonne und ein Stück der atlantischen Küste, die Donau von Donaueschingen über das ganze Schwabenland, Augsburg, Ulm, Regensburg, Passau, Linz, Wien und Budapest bis hinunter nach Beograd, und von da bis Orşova und Turnu Severin. Ich habe dies alles im Verlaufe meines langen Lebens gesehen, im wechselnden Licht verschiedener Jahreszeiten, mit der ganzen Beimischung ihrer historisch-romantischen Tradition. Der Gedanke an die Esseker Drau aber, den Fluß meiner Kinderjahre, der weder schön noch romantisch, noch historisch bedeutsam, noch geographisch wichtig ist, erweckt noch heute eine unnennbare Sehnsucht in meinem Herzen, die mit dem wirklichen Landschaftsbilde zwar nur vage verwoben ist, aber gesponnen aus den zarten und unzerreißbaren Fäden meiner Erinnerungsbilder, Momentaufnahmen, Assoziationen; kindliche Träume, die einander bedingen und potenzieren, und mir in ihrer bunten Farbenskala noch heute lebhaft vor Augen stehen. Ich sehe, wie das träge Wasser sich mit Flitter und Schaum bedeckt, seine Tiefen aber variieren vom zartesten Rosa bis ins dunkelste Purpurrot. Ich sehe, wie es vom Winde getrieben in silberschimmernde, hüpfende kleine Wellen zerstäubt und ein andermal unter dem Druck eines bleiernen Wolkenhimmels aus dem stumpfen Grau in ein beängstigendes Schwarzblau übergeht, wie die Wellen heranrollen, sich überholen, und der Wind in die Uferweiden fährt, die sich bis tief aufs Wasser herunterneigen. Diese Uferweiden, knorpelig und gnomenhaft, sehen wie sprungbereite Tiere aus. Der Ufersand ist glatt wie gesponnenes Glas, und man gleitet mit seinen Füßen leicht darüber hin. Und so plötzlich überkommt einen angesichts dieses Zaubers fast so etwas wie Angst. Man wird bange vor diesem unaufhaltsamen Dahingleiten, diesem sich ewig gleichbleibenden Rhythmus, diesem Ein- und Ausatmen,

170

Steigen und Fallen, diesem vorgezeichneten Weg in eine unbekannte Ferne hinaus, diesem Faden, der niemals abreißt.

Kühl wehte es vom Flusse herüber, wir kletterten rasch die Böschung hinauf, und da lag die Stadt vor unsern Augen, ihre uns so wohlbekannte zackige Silhouette, die in flacher Linie verlief, darüber hinaus nur ihre drei Türme: der gotische der neuen Pfarrkirche, der plumpe, ungeformte Wasserturm im Feuerwehrdepot und der drollige kleine Dachreiter am Stadthaus. Schon waren die Straßen in graue Dämmerung gehüllt, die Häuser in sich geduckt und schweigsam. Mit starker Verspätung kam ich schließlich zu Hause an, zerzaust, mit feuchten Rockrändern, Hängerissen an den zerdrückten Kleidern und einer Menge „Unkraut", an dessen Wurzelwerk noch die feuchte Erde hing. Es regnete Vorwürfe, Verbote und Strafdiktate. Das Leben war auf einmal wieder auf enge Grenzen beschränkt, von unumgänglichen Gewohnheiten regiert, an tägliche Pflichten gebunden. Von den verbotenen Seitenwegen, den Schanzgräben, den zauberhaft romantischen Flußauen, blieb nur noch ein vages Erinnerungsbild zurück, das mich auch jetzt noch häufig im Schlafe heimsucht. Dann irre ich verzweiflungsvoll in einer Weglosigkeit umher und suche zu erreichen, was längst nicht mehr da ist. Denn nicht nur die ausschweifenden Vorstellungen meiner Schülerromantik, auch die Esseker Schanzen[19]) existieren nicht mehr. Sie wurden vor Jahren geschleift, die Wälle und Gräben planiert, und an ihrer Stelle erstreckt sich eine gerade, breite Straße mit schönen Wohnhäusern, Parks und Villen in kleinen Gärten. Nur ihr Bild spukt noch gelegentlich als verschwimmende Fata-Morgana am Horizont meiner fernen Kinderträume.

Im Jahre 1893 besuchte ich bereits die siebte Klasse der Höheren Töchterschule, und, obwohl ich von der ersten an immer Vorzugsschülerin gewesen war, blieb ich unter meinen Mitschülerinnen dasselbe, *enfant terrible,* denn es lag mir immer mehr daran, meine Mitschülerinnen zu amüsieren, als meine Professorinnen durch brillante Leistungen zu verblüffen. Meine Schulpflichten erledigte ich auf eine ziemlich flüchtige Art. In Mathematik und Aufsatz war ich allen anderen voraus, meine Lektionen aber lernte ich unmittelbar vor der Stunde, und da ich mich gut aufs Schwafeln verstand, zog ich mich auch da ohne Schwierigkeiten heraus.

Am meisten beschäftigte ich mich um jene Zeit mit meinen Vorbereitungen zu den zahlreichen Theateraufführungen, die ich bei uns zu Hause, und zwar gewöhnlich unter unserem geräumigen Einfahrtstor, zu wohltätigen Zwecken gab. Ich verfaßte Texte, führte Regie und studierte sie mit ein paar Freundinnen aus der Gasse oder der Schule ein, wobei ich mir natürlich die Hauptrolle vorbehielt. Einmal gab ich „Frau Fischer", eine arme Witwe mit vier hungrigen Kindern, die alle um einen Kopf größer waren als ich. Eines der von mir verfaßten Stücke, „Die Rosenfee", war sogar in Versen geschrieben, und ich spielte die Rolle der Rosenfee in einem alten rosa Ballkleid meiner Cousine Therese, in dem ich mir tatsächlich wie ein überirdisches Wesen vorkam. Auch die anderen Kostüme entstammten teilweise dem Garderobenschatz meiner Verwandten, oder ich verarbeitete Bettdecken, Vorhänge und Leinentücher dazu, und aus solchen wurde auch der Kulissenhintergrund hergestellt. Aber das war noch nicht alles. Ich schrieb und vervielfältigte die Theaterzettel, von denen einer mit Kleister an unsere Haustüre geklebt wurde, um das geschätzte Publikum auf das künstlerische Ereignis aufmerksam zu machen. Hierauf ging ich in der Franzensgasse von Haus zu Haus, um meine Billette zu verkaufen: drei Kreuzer die Logensitze, zwei das Stehparterre, denn das Erträgnis diente ja einem wohltätigen Zweck! Wir kauften Bleistifte, Hefte und schließlich auch Bonbons dafür, ich bettelte bekannte Kaufleute um einen Betrag an und erhielt Handschuhe, Taschentücher und Strümpfe geschenkt. Dann verteilten wir das Ganze auf zehn der ärmsten Kinder in unserer Schule. Ich erlebte Stunden höchster Genugtuung und Freude.

Viele meiner Mitschülerinnen liefen damals bereits mit den Schülern aus dem der Töchterschule gegenüberliegenden Gymnasium herum. Ich hatte für ihre ewigen Geheimnistuereien und Tuscheleien nichts übrig und hätte mich selbst um nichts in der Welt auf etwas Ähnliches eingelassen. Ich hätte keinen dieser grünen Gymnasiasten auch nur eines Blickes gewürdigt, wie viele andere es taten, die in Abwesenheit der Professorinnen ständig am Fenster hingen und kokettierten.

Ich wäre mit keinem von ihnen auch nur einen Schritt gegangen und wies jede Annäherung von dieser Seite energisch zurück. Ich war damals sicher alles andere als eine Schönheit, ich hatte ein pausbäckiges Kindergesicht mit großen neugierig in die Welt blickenden graublauen Augen und zwei dünnen Rattenzöpfchen und war überdies unvorteilhaft gekleidet und schlecht gekämmt. Ich hielt mich selbst nicht für sehr hübsch, forcierte meinen burschikosen Stil und bemühte mich, den anderen ständig zu beweisen, wie wenig mir an Äußerlichkeiten lag. Und ich zwang auch meine Freundin Anna, die hübsch war und bereits die Aufmerksamkeit der Gymnasiasten auf sich lenkte, ebenso moralisch entrüstet, abweisend und kratzbürstig zu sein wie ich selbst. Und als Anna einmal von einem stillen Verehrer aus der sechsten Klasse zum Zeichen seiner Anbetung eine schöne Rose erhielt, zwang ich sie, dieselbe entrüstet wegzuwerfen. Dies genügte mir aber noch nicht. Ich überredete sie, mit mir in die Kanzlei der Direktorin zu gehen und den schweren Sünder auch noch anzuzeigen!

Aber auch ich hatte mein großes Geheimnis, meine stille Liebe! Nur wäre ich lieber gestorben, als dies jemandem einzugestehen. Meine Liebe aber war in meinen Augen natürlich etwas ganz anderes als Annas dummer Flirt. Sie war weltumfassend, schicksalsschwanger, seelenerschütternd und mit den frivolen kleinen Affären meiner Mitschülerinnen nicht zu vergleichen! Und was besonders wichtig war: Ich liebte unglücklich! In einer glücklichen Liebe läßt sich das Gefühl einer Vierzehnjährigen ja gar nicht ausleben! Erst die Tragik der Unerfülltheit gibt ihm die richtige Tiefe. Insbesondere aber war es die Erhabenheit des Objekts, die mich mit Genugtuung erfüllte. Der „Herrliche" war natürlich Dr. Reinfeld, der inzwischen sogar geheiratet hatte. Dies machte mein Märtyrertum nur noch evidenter und vergrößerte meinen Liebesschmerz, wenn ich des Glücks gedachte, das die andere in seiner Nähe genoß. Bald stellte sich jedoch heraus, daß dieses Glück sehr zweifelhafter Natur war, denn die Ehe war von Anfang an eine schlechte. Aber auch dieser Umstand gab meiner Liebe nur stärkere Akzente, denn ich durfte „ihn" jetzt von Herzen bedauern und mir allerlei romantische Situationen ausdenken, in denen ich ihn tröstete und wieder aufrichtete. In Wirklichkeit wagte ich nicht einmal, ihm in die Augen zu sehen, im

Bewußtsein, daß ich vor seinem Angesicht sicher in ein Nichts zusammenschrumpfen würde, daß ich mich verflüchtigen würde wie ein Wölkchen Dunst, das der Wind auseinanderbläst; kurz, daß ich jede Art von Vernichtung erlebt hätte, denn sowie ich ihn nur von fern erblickte, hörte mein Herz schon zu klopfen auf, ich wurde rot und bleich, meine Kehle war ausgetrocknet und rauh, kein Laut kam über meine Lippen. Er sah mich zum Glück gar nicht an, er nahm meine Existenz überhaupt nicht zur Kenntnis, und es blieb mir nichts anderes übrig, als meinen Liebesgram in Versen auszusingen, was ich auch tat, aber immer nur im geheimen, gewöhnlich auf unserer Bodenstiege sitzend, wo meine Großmama mich manchmal traf und, beunruhigt über meine verstörte Miene, mir einen Lindenblütentee kochte und mich schwitzen ließ, weil sie annahm, ich hätte Fieber.

Und dann holte ich mir auf dieser zugigen Stiege wirklich einmal einen chronischen Rachenkatarrh und durfte mich wöchentlich zweimal zu dem Angebeteten in die Ordination begeben, wo er mir den Hals mit Lapis auspinselte. Es brannte höllisch, so daß mir die Tränen aus den Augen stürzten, was teils dem Höllenstein, teils meiner seelischen Erregung zuzuschreiben war. Aber das Glück seiner Nähe wog einen jeden Schmerz auf.

Eines der wichtigsten Ereignisse meines Schullebens war der Besuch des Banus Khuen Héderváry[20]) anläßlich einer Wahlkampagne, womit er die loyale Stadt Essek noch stärker an sein Regierungsprogramm zu binden hoffte. Der Empfang war groß aufgezogen, Militär und Zivilbehörden nahmen daran teil, aus den umliegenden Ortschaften kamen Banderien, Bauernburschen in bunter Nationaltracht auf ihren weißen blumengeschmückten und bebänderten Rossen hereingeritten, die schönen, stark geschminkten Šokacinen sowie die Mädel aus Djakovo, aus der ganzen Draugegend bis nach Virovitica, in ihren weiten, weißen gestickten Röcken, Dukaten um den Hals und Blumen im Haar. Sie tanzten auf dem Hauptplatz Kolo[21]) oder spazierten zu dritt und zu viert Arm in Arm durch die Straßen. Die Veteranen mit ihrer Vereinsfahne, die Schützen mit ihren

Hörnern, die Feuerwehr mit ihrer Blechmusik waren gleichfalls aufmarschiert, nebst den Würdenträgern in Frack und Uniform. Natürlich auch wir Schulkinder in einem engen Spalier vom Bahnhof bis zur Komitatsgasse, was uns in unseren eigenen Augen eine besondere Wichtigkeit verlieh, obwohl wir der heißesten Sonne ausgesetzt, mit leerem Magen, vier bis fünf Stunden auf den großen Moment zu warten hatten, der dann im ganzen kaum eine Minute dauerte, denn der Banus sauste an der Seite des Obergespans Graf Pejačević im Vierergespann an uns vorbei, wir hatten kaum Zeit unser „Živio"[22]) zu rufen, und schon war alles zu Ende.

In der sonst vollkommen unpolitischen Stadt aber redete man noch lange von dem großen Ereignis, und sowohl im Kasino als auch im Gemeinderat, im Kaffeehaus und an allen Straßenecken behauptete man, dieser hohe Besuch eröffne der Stadt die weitesten Perspektiven, es sei leicht möglich, man werde in Kürze sogar das präpotente Zagreb überholen, denn dort führten die Pravašen[23]) und Obzorašen[24]) das große Wort, während sich der Herr Banus auf die wohlgesinnten Esseker jederzeit verlassen könne. Auch der Herr Banus hatte beim Bankett etwas Ähnliches gesagt und der Stadt, die seine Politik so wirksam unterstützte, eine größere Subvention versprochen. Dies erschien den Essekern durchaus nicht so unmöglich, denn wenn man die Sache ohne Voreingenommenheit in Erwägung zog, was hatten denn die in ihrem Zagreb uns schon Besonderes voraus? Essek zählte damals, wenn ich mich recht erinnere, ca. 23000 Einwohner, Zagreb nicht mehr als 27000. Dies ergab keinen bemerkenswerten Unterschied. Und wenn man die Esseker gefragt hätte, was sie sonst noch in die Waagschale zu werfen hätten, die einstimmige, von einem selbstzufriedenen Lächeln begleitete Antwort hätte gelautet: „Natürlich unsere deutsche Kultur! Unseren Sinn für Ordnung und Progreß. Unseren Realismus, unsere politische Wohlgesinntheit, die man in feindlichen Kreisen als Magyaronentum bezeichnet, und nicht zuletzt unsere kommerzielle Voraussicht." Während Zagreb von hier aus gesehen doch nur eine typische Beamtenstadt war, mit allen Fehlern und Vorzügen einer solchen. Der Beamte ist ein Haarspalter und Paragraphenreiter, was aber noch schlimmer ist, er hat einen leeren Magen und läuft mit zerrissenen Hosenrändern herum. In einem solchen Zustand aber wird jedermann zum Frondeur. Daher ihre ständigen Rekriminationen, ihre politische Unzufriedenheit, ihr Wunsch, mehr zu bekommen, als ihnen zukommt, ihre Straßenkrawalle und Inzidenzen im Sabor[25]). Die satten Esseker aber haben dies Gott sei Dank nicht nötig und begnügen sich mit dem, was das Schicksal ihnen zugeteilt hat! Sie haben Achtung vor der Behörde sowie vor allen Leuten von Stand und Rang und sind gleichgültig gegen alle Fragen, die sie persönlich nicht betreffen. Was die Politik anbelangte, mochten die großen Herren sich nur den Kopf darüber zerbrechen, die Esseker waren keine Oppositionellen. Ihnen waren ein spießgebratenes Lämmernes in der Unterstädter „Hölle", ein mundgerechtes „Hallaszle" im Wirtshaus an der Brücke, ein paar feine Backhendl mit Häuptlsalat im „Goldenen Brunnen" weit wichtiger als die von den Zagreber Stänkerern aufgestellten politischen Forderungen, bei denen ja doch nichts anderes herauskam als neue Steuern!

Interessanterweise hatten die Esseker auch für ihren großen Sohn, den größten, dessen sie sich überhaupt rühmen durften, den Bischof Strossmayer[26]), gar nichts oder doch nur sehr wenig übrig. Dies hing erstens mit ihrer Loyalität zusammen, zweitens mit ihrem kleinbürgerlichen Opportunismus. Der Name Strossmayer war identisch mit „Obzor" und Obzorašentum. Dahinter versteckte sich in den Augen der Esseker eine sehr gemischte Gesellschaft, von notorischen Gassenradau- und Skandalmachern, die den Sabor am ruhigen Arbeiten hinderten, indem sie daselbst ihre giftgeschwollenen Reden hielten, für ein verstiegenes Jugoslawentum schwärmten, mit dem hier keiner was zu tun haben wollte. Aber auch der Djakovoer Bischof hegte für seine Vaterstadt nur geringe Sympathie. Er hatte sich mit seinen engeren Landsleuten verfeindet, als er dem hiesigen Gemeinderat den Vorschlag machte, man möge ihm ein entsprechendes Grundstück zur Verfügung stellen, denn er habe die Absicht, sein Bistum nach Essek zu verlegen und die damals erst im Projekt bestehende Kathedrale daselbst bauen zu lassen. Nach langem Herumdebattieren lehnte der Gemeinderat dieses Ansuchen ab, teils aus politischen Gründen, teils aus Engherzigkeit. Ihre Ausreden waren unwahr, kleinlich und von persönlicher Ranküne diktiert. Es gebe in Essek keinen geeigneten Platz, auch könne die Anwesenheit

Strossmayers in der Stadt zu gewissen Unruhen führen, die die bisher so friedliche und einheitliche Gemeinschaft des ansässigen Bürgertums stören und dasselbe in zwei Lager teilen würde. Die im Gemeinderat tagenden Schwaben und Magyaronen fürchteten sich vor der Idee des Jugoslawentums, für die sie kein Verständnis hatten. Der „Obzor" als Wortführer dieser Idee war ihnen gleichbedeutend mit Opposition. Er predigte in seinen Spalten die Abweichung von der vorgeschriebenen Linie. Dazu kamen dann noch gewisse Direktiven aus dem Komitatshause, wo der Djakovoer Bischof sehr unbeliebt war. Dieser Bischof war zwar ihr Landsmann, und die Gemeinderäte waren in der Mehrzahl gute Katholiken, aber er war, seine Heiligkeit in allen Ehren, ein unberechenbarer Draufgänger. Er hatte es gewagt, seiner kaiserlich-königlichen Majestät die Stirn zu bieten. Er hatte seiner Heiligkeit, dem Papst, widersprochen. Da war ein gefährlicher Geist des Aufstandes und der Renitenz, mit der er durch seine bloße Anwesenheit, noch mehr aber durch die Leute, mit denen er sich umgab, eine ganze Stadt mit bisher verpönten Schlagworten zu infizieren vermochte, und zwar namentlich die Köpfe jüngerer und unerfahrener Elemente. Damit hatte man den Streit gleich im eigenen Haus, am Familientisch, zwischen Vätern und Söhnen, zwischen dem einen Freund und dem anderen. Und dann setzte natürlich sehr bald auch die Agitation der notorischen Schreier ein, die sich gegen alles Bestehende richtete. Sowie aber einmal der erste Stein gelockert war, fiel ein zweiter heraus, und dann noch mehr und immer mehr, bis schließlich das ganze Gebäude zusammenrumpelte.

So dachten und redeten die guten Esseker bei einem Krügel Schepperschen Biers, und die Angst vor dem weisen Bischof war so groß, daß sie lieber auf alle Benefizien verzichteten, die sich aus seiner Anwesenheit in der Stadt eventuell ergeben hätten. Im Komitatshaus wurde ein geheimer Beobachtungsdienst eingeführt, dessen Fäden in der Hand des Vizegespanns Adolf von Cuvaj zusammenliefen. Er hatte seine Exponenten in der engsten Umgebung Strossmayers, die nicht nur dessen Schritte, sondern auch seine Absichten und Ideen aushorchten, die sie Cuvaj direkt übermittelten, von dem sie an den Banus weitergeleitet wurden.

Auch die Zeitungen empfingen ihre Direktiven. Sie schrieben in brüskem Ton über den „Vladika"[27]) und ließen manchmal ganze Pamphlete gegen ihn los. Er selbst kam jahrelang nicht mehr in die benachbarte Stadt, und als er dieselbe anläßlich der Einweihung des Seminars dann doch noch einmal besuchte, empfing man ihn ohne Enthusiasmus, ja sogar kühl. Nachher waren die Esseker lange gekränkt, weil er seiner Vaterstadt nichts vermacht hatte. Nicht einen Kreuzer erhielten sie von ihm zur Hebung ihrer Kultur. Seine kostbare Bildersammlung ging nach Zagreb, er gründete dort die Jugoslawische Akademie und die Universität. Das ärgerte die Esseker, und ich hörte in meiner Kindheit öfter sagen: „Schade, daß man ihm damals dieses Grundstück zum Bau einer Kathedrale verweigert hat!" Es war ein schlechtes, ja sogar passives Geschäft gewesen. Die Gesinnungstreue und magyaronische Loyalität der Stadt hatte keine Zinsen getragen. Sämtliche Versprechungen des Banus waren auf dem Papier geblieben. Die Zeit aber stand nicht still. Das Rad drehte sich. Das Festgefügte geriet ins Wanken, und damit auch alle Voraussetzungen und Vorurteile, die sich daran knüpften. Auch der vorsichtige Spießer ist nicht imstande, dies zu verhindern. So wie die Körper werden auch die Seelen von zersetzenden Keimen befallen. Neue Elemente tauchen auf, neue Ideen und Gesichtspunkte. Und wenn die Alten auch noch so vorsichtig Türen und Tore verrammeln und sich auf ihre Position zurückziehen, die sich jahrzehntelang als nutzbringend und förderlich erwiesen hat, der Verfall erfolgt schließlich von Innen heraus und ist unausweichlich. Er ließ sich auch in dieser Hochburg des Magyaronentums und der Khuentreue nicht vermeiden. Er erfolgte auf zwei Linien, die parallel zueinander verliefen: der politischen und der sozialen. Auch die Esseker Jugend, Philosophen und Juristen, studierte an der Zagreber Universität, sie gewann Kontakt mit der dortigen Opposition, den Starčevićianern[28]) und Obzorašen, und brachte die dort empfangene Initiative in ihre Heimatstadt mit. In den neunziger Jahren aber begann die Stadt, sich langsam zu industrialisieren. Die Arbeiterschaft machte sich mit den sozialistischen Theorien vertraut. Es gab bald darauf die ersten Streiks, die ersten Demonstrationen und Massenaufzüge. Man feierte den 1. Mai mit roten Fahnen und unter Absingen der Marseillaise. Die Ruhe war gestört, die Kontinuität unterbrochen. Die erste kroatischnationalistische Propaganda setzte ein. Auch in den Ämtern hörte man jetzt immer öfter kroatisch sprechen, was früher nur selten der Fall gewesen war. Das erste kroatische Blatt erschien, und zum ersten Mal siegte bei den Wahlen für den Sabor trotz aller Androhungen mit den strengsten Revendikationen anstelle des jahrelang gewählten magyaronischen Kandidaten ein Mann der Opposition.

✳

Im Jahre 1894 wurde mein Vater zum Präsidenten der Handels- und Gewerbekammer für Slawonien gewählt. Er war sicher einer der besten Kenner unserer einheimischen nationalökonomischen Verhältnisse. Noch wichtiger aber war die Lauterkeit seines Charakters, die jeder Versuchung standhielt. Trotz seiner gesellschaftlichen Position erwarb er kein besonderes Vermögen. Diese Lauterkeit seines Wesens wurde nicht nur von seinen Gesinnungsgenossen, sondern auch von Leuten aus dem anderen Lager anerkannt. Anläßlich der von Khuen im Jahre 1897 ausgeschriebenen Neuwahlen wendete sich der Kandidat der Opposition, Stadtpfarrer Josip Horvat, an meinen Vater und erklärte diesem, falls er das Mandat der Regierungspartei annehmen wolle, sei er bereit, von seiner Kandidatur zurückzutreten. Mein Vater lehnte dieses ehrenvolle Anerbieten ab, und zwar mit der Motivierung, daß ihm sein Wirken im Rahmen der Handels- und Gewerbekammer keine Zeit übriglasse, um den verantwortungsvollen Posten eines Landtagsabgeordneten, der mit einer monatelangen Abwesenheit aus der Stadt verbunden war, gewissenhaft zu erfüllen. Aber ich weiß, daß ihn dieser von Horvat gemachte Vorschlag mit größter Genugtuung erfüllte, denn es ergab sich daraus, daß auch die politische Gegenpartei nicht nur seine Anständigkeit und Intelligenz, sondern auch seine ehrlichen Bemühungen um das Wohl seines Adoptivvaterlandes anerkannte und schätzte. Auch in seinen zahlreichen Reden betonte er immer die soziale Note und stellte das Interesse des Menschen überall obenan. Ich vermute, daß ihm die sozialen Beziehungen der Menschen über ihre nationalen hinausgingen, was um so verständlicher war, wenn man seine Lebensumstände und seinen Entwicklungsgang im Auge hat. Er hatte im Verbande zahlreicher Institutionen, denen er angehörte, genug Gelegenheit, diese Einstellung in die Tat umzusetzen, und er hat es auch immer getan. Niemals hat er einen Menschen, der sich um Rat und Hilfe an ihn wendete, abgewiesen, im Gegenteil. Er diente der Gemeinschaft, indem er dem einzelnen diente.

Um die Jahrhundertwende gab es viele führende Männer, die überzeugt waren, eine langsame evolutionäre Entwicklung würde die Menschen an das ersehnte Ziel führen. Diese sich auf sehr viel guten Willen, Kurzsichtigkeit und Optimismus gründende Überzeugung setzte einen ungestörten progressiven Aufbau voraus, wobei eine Generation der anderen die noch ungelösten Probleme vererbte und es keine Rückschläge, keine äußeren Katastrophen gab, die alles wieder in Frage stellten und auch das wieder zerstörten, was man im guten Glauben und im Schweiße seines Angesichts mühselig errungen hatte.

Diese optimistischen Voraussetzungen galten jedoch nicht nur dem wirtschaftlichen und sozialen Aufbau, sondern auch dem Problem der jüdischen Assimilation. Auch daran glaubte mein Vater und betätigte sich an derselben mit dem Einsatz seiner besten Kräfte. Niemals und vor niemandem verleugnete er sein Judentum. Er war kein Kriecher, der unter falschen Voraussetzungen um Ansehen und Gunst buhlte. Aber er war der Überzeugung, es sei die Pflicht eines jeden bewußten und ehrlichen Juden, der Allgemeinheit zu dienen und sein Bestes für sie einzusetzen. Jeder Fehler, den ein Jude beging, schadete nicht nur seiner eigenen Person, sondern der ganzen Judenschaft. Das Ansehen hingegen, das sich ein Jude erwarb, war nicht ausschließlich seine Privatsache, sondern eine Sache der Gemeinde. Die Vorurteile fielen, das rein Menschliche siegte. Er selbst war fest davon überzeugt, und erst allmählich sollte er an gewissen unabweisbaren aktuellen Tatsachen erkennen, wie sehr er sich darin irrte.

Um jene Zeit war mein Vater zum Sekretär der „Alliance Israelite" für Slawonien ernannt worden, einer Institution, die ihre Zentrale in Paris hatte. Ihre Aufgabe war, in den Ländern des Ostens für die Gleichstellung der Juden und, wo dies möglich war, für materielle Hilfe zu sorgen. Die Alliance organisierte und finanzierte die Auswanderung von Flüchtlingen aus jenen Ländern, in denen man Juden noch immer blutig verfolgte. Sie unterstützte die Opfer der Pogrome und verschaffte ihnen neue Lebensmöglichkeiten. Sie gründete unter der Devise: „Ganz Israel bürgt für einander" Spitäler, Altersheime, Schulen und Arbeitskolonien, die das östliche Europa, Kleinasien mit Palästina sowie die ganze Südküste Afrikas umfaßten.

Der ständige Kontakt mit den Vertriebenen aus Rußland und Rumänien gewährte meinem Vater einen tiefen Einblick in jüdische Schicksale. Er weckte die Bilder einer Vergangenheit in ihm auf, von der er überzeugt gewesen war, sie sei ein für allemal überwunden. Auch mich erschütterten diese fremdartigen, hageren, schwarzbärtigen, melancholischen Gestalten, die immer häufiger hilfesuchend an unsere Tür pochten. Im Gespräch mit ihnen erfuhren wir die unerhörtesten Dinge, hörten, wie die aufgehetzten Massen in ihre stillen Viertel einbrachen, ihre Behausungen ausplünderten und anzündeten, wie sie Weiber und Kinder ermordeten, und sie schließlich nackt und bloß aus dem Lande trieben. Und die dies betroffen hatte, und die dies erzählten, waren nicht etwa die vielgeschmähten jüdischen Kapitalisten, die als Lachfiguren in den verschiedenen Witzblättern auftauchten oder zum Gaudium des Publikums in seichten Glossen über die Bühne wandelten, sondern es waren Arbeiter aller Kategorien, Gewerbetreibende, Schuster, Schlosser, Schneider, Fabrikarbeiter, Leute, die von der Hand in den Mund lebten, eine geschlossene Einheit bildeten, sich strikt an ihre Tradition hielten und eine gemeinsame Sprache sprachen. Ihre nationale und religiöse Verbundenheit gingen Hand in Hand, es war unmöglich, diese Tatsache nicht zur Kenntnis zu nehmen, unmöglich, sie zu übersehen.

So stellte sich das Judentum auch uns plötzlich in einer anderen Form dar. Bei diesen Menschen kam es nicht mehr auf den guten Willen an, so sehr sie sich auch bemühen mochten. Sie standen vor einer Wand; unmöglich, sich nicht daran zu stoßen, unmöglich, darüber hinwegzukommen.

Mein Vater tat alles, um ihnen zu helfen. Er war ein ausgezeichneter Organisator. Er führte seine Aktionen rasch und energisch durch, versorgte die Obdachlosen mit provisorischen Unterkünften, schuf eine Gemeinschaftsküche, in der sie sich ernähren konnten, verschaffte Reisedokumente und Schiffs-

karten für jene, die nach Übersee wollten, und zwar hauptsächlich nach den Vereinigten Staaten, nach Brasilien, Argentinien
und Südafrika. Die lieber im Lande bleiben wollten, Schuster,
Schneider, Weber, Kürschner und andere, versorgte er mit
behördlichen Bewilligungen, was ihm in seiner Eigenschaft als
Präsident der Handels- und Gewerbekammer nicht allzu
schwer fiel. Er beschaffte Werkstätten, Rohmaterial, Maschinen und Werkzeug, aber auch Kücheneinrichtungen und Betten, wo es not tat, Wäsche, Kleider, ärztliche Hilfe und Medi-
kamente. Da es für meinen Vater jedoch niemals eine unper-
sönliche Beziehung gab, führte er mit diesen Exponenten eines
ihm bisher fremd gebliebenen Lebens lange Gespräche, die ihr
eigenes Leben und ihre bisherige Heimat betrafen. Er machte
sich mit ihren Daseinsbedingungen vertraut, interessierte sich
für ihre religiöse und soziale Einstellung, die Art, wie sie auf
den bisher auf sie ausgeübten äußeren Druck reagiert hatten,
welche Folgen dies für ihren Charakter gehabt und welche
Eigenschaften sich darunter entwickelt hatten. Er konnte nicht
genug staunen, daß in diesen Menschen die über Jahrtausende
gehegte Hoffnung noch immer lebendig war, daß sie noch jetzt
an das Kommen des ihnen verheißenen Messias glaubten, und
dieser Glaube ihnen über alle Unbilden ihres Lebens, über
Verfolgungen und Schmähungen hinweg, neuen Mut einflößte.

Etwas Neues war mit diesen Menschen in unser Leben
eingebrochen. Wie ein plötzlicher Sturm, der die Wellen eines
träge dahingleitenden Flusses aufpeitscht und im Nu das Bild
einer falschen Geruhsamkeit ändert, so geschah es auch mit
uns, die wir bewußt oder unbewußt alle störenden Elemente
ausgeschaltet hatten, nur um auch weiter am Programm der
wachsenden Einigkeit aller Wohlgesinnten auf Erden, eines
ewigen Friedens, eines unaufhaltsamen Fortschritts, der die
Lebensgüter ins Unendliche vermehren und ihre gerechte Ver-
teilung unterstützen würde, festhalten und daran glauben zu
dürfen. Auch ich selbst, obwohl ich noch jung war, fühlte mich
durch diese Ereignisse mitbetroffen. Das Prisma, durch das ich
bisher die Welt und ihre Erscheinungen beobachtet hatte,
spiegelte sie jetzt in einem anderen Lichte wider. Das war
diesmal nicht Literatur, sondern Wirklichkeit. Ich reifte daran,
wurde in wenigen Wochen nachdenklicher und ernster. So
mußte man sich also stark machen und wappnen einem Schick-

sal gegenüber, das heute den einen, morgen den anderen treffen konnte, vor dem es kein Entrinnen gab, vor dem einen weder Tugenden, noch hohe Gedanken, noch sonstwelche wertvolle Qualitäten zu retten vermochten, weder Schlauheit noch Weisheit, weder Tapferkeit noch Passivität? An den schwarzen Gestalten, die hilfesuchend an unsere Tür pochten, war dieses Schicksal lebendig geworden.

Mein Vater und seine Freunde waren auch weiterhin geneigt, an ihrem Optimismus festzuhalten. Sie behaupteten, dies seien Verhältnisse, mit denen wir persönlich nichts zu tun hätten. Es handle sich um barbarische Länder wie Rußland oder Rumänien, in denen die europäische Zivilisation noch kaum bekannt war, um Ausbrüche eines religiösen Zelotentums und politischen Despotismus. Im Westen Europas könnte so etwas nicht mehr vorkommen!

Da aber brachten die Zeitungen die ersten Nachrichten über die „Dreyfus-Affäre", die in Frankreich zum Kampf der rechten und linken Parteien führte und auch im übrigen Europa die Menschen in zwei Lager teilte. Ein Jude hatte die unverzeihliche Ambition gehabt, dem französischen Generalstab angehören zu wollen, und als es daselbst zur Aufdeckung einer Spionageaffäre gelangte, war es die allgemeine Meinung, kein anderer als der Jude konnte es getan haben! Wer sonst hätte die Verteidigungspläne seines Staates einem Nachbarstaat verkauft? Unmöglich, einen Franzosen dessen zu verdächtigen. Der Jude wurde angeklagt, degradiert und zur Deportation auf die Teufelsinsel verurteilt. Kein Mensch kann sich heute noch eine Vorstellung machen, welche Erschütterung die „Affäre" bei Juden und Christen damals hervorgerufen hatte. Sie erscheint winzig klein, gemessen an den Stürmen der beiden Weltkriege, und war doch schon ein Auftakt zu denselben. Hekatomben sind seither gefallen, Revolutionen haben das Weltgefüge bis in seine Grundfesten erschüttert und Dinge geändert, die damals wie für die Ewigkeit auferbaut schienen. Sechs Millionen Juden wurden in den Krematorien verbrannt, in den Flüssen ersäuft, in den Gaskammern erstickt. Und dennoch: Die Dreyfus-Affäre, bei der es sich um einen einzigen Menschen handelte, hatte die Gemüter einer ganzen Generation aus ihrem Phlegma herausgerissen, hatte ihren Optimismus desavouiert, hatte sie sehend gemacht. Es war die erste

Bresche in einem System, an das man jahrelang blind geglaubt hatte, ein nacktes Verbrechen, zynisch in seiner Ausführung, ohne Bemäntelung oder Scham, in dem der tote Mechanismus des Staates ganz offen dem lebendigen Menschen vorangestellt wurde. Ein auf die Spitze getriebener Machiavellismus, die Umkehrung aller bisher gültigen Begriffe, die Beharrlichkeit im absolut Bösen. So gab die „Affäre" der ganzen Welt eine erste Ahnung, wozu die Menschen im Grunde fähig waren. Für die Juden Europas aber war es ein vom zivilisierten Westen her geführter, besonders schwerer Schlag. Die „Affäre" diente dem Antisemitismus als willkommene Ausrede und beendete ein für allemal den schönen Traum von der Assimilation.

Mein Vater versuchte anfangs kaltes Blut zu bewahren und an der allgemeinen Hysterie nicht teilzunehmen. Er stellte die Sache als eine rein französische Angelegenheit hin, als eine Art Racheakt der in die Defensive gedrängten Royalisten und Revanchisten, der französischen Aristokraten und Militärkreise. Er leugnete die Möglichkeit einer neuauflammenden Judenhetze, berief sich dabei auf die Namen eines Lord Beakonsfeld, eines Baron Moses Montefiori, Adolph Cremieux und Bleichröder, der nicht nur als finanzieller, sondern auch als politischer Ratgeber Bismarcks galt. Eine der am meisten zitierten Gestalten zu Ende des 19. Jahrhunderts war Baron Hirsch, der sein ganzes Vermögen, Hunderte von Millionen, philanthropischen Zwecken widmete, auf dem Balkan zahlreiche humanitäre Institutionen schuf, und eine von ihm geförderte und finanzierte Massenansiedlung in Argentinien plante und zum Teil auch durchführte. Mein Vater war einer seiner eifrigsten Anhänger und trat in Wort und Schrift für die Ideen einer jüdischen landwirtschaftlichen Kolonie in dem nur schütter bevölkerten Mittel- und Südamerika ein, dessen Bodenbeschaffenheit ausgezeichnet war und dessen Klima so ziemlich dem unsrigen entsprach. Es war die gleiche Periode, da Herzl sein Buch „Der Judenstaat" schrieb und für die Massenansiedlung in Palästina warb. Die beiden Konzeptionen, Herzls und Hirschs, standen einander gegenüber, wobei sowohl der eine als auch der andere schwerwiegende Argumente in die Waagschale warf. Schon damals war es die Araberfrage, die den springenden Punkt darstellte. Auch fand die zionistische Idee bei den Westjuden vorerst nur geringen Anklang, sie bedeutete eine vollkommene Umstellung vorgefaßter Meinungen sowie die Verleugnung eines Kulturideals, das man sich mit so vielen Opfern, Kämpfen und Schwierigkeiten endlich zu eigen gemacht hatte.

✳

Um jene Zeit kam auch Dr. Levinsky zu uns ins Haus, bei dem mein Vater kroatische Stunden nahm. Er erzählte uns, Levinsky sei mit zwölf ein wahres Wunderkind an Gelehrsamkeit und Intelligenz gewesen, und da er arm war, hatte die Gemeinde sich seiner angenommen und ihn studieren lassen. Er sollte zuerst das Esseker Gymnasium beenden und dann das Budapester Seminar besuchen, um einmal an die Stelle unseres alten Rabbiners zu treten. Die Esseker Reformgemeinde wollte einen modernen Rabbiner haben, der im Lande geboren war, gut kroatisch sprach und von den guten Essekern auch auf religiösem Gebiet nicht mehr verlangte, als sie zu bieten gewillt waren. Der junge Levinsky aß sich also an den Tischen der Esseker guten Familien satt. Es entsprach einer langgeübten Sitte, daß arme jüdische Kinder sogenannte „Tage" aßen, das heißt, jeden Tag in einem anderen Hause und an einem anderen Tisch. Wie weit diese Art von Wohltätigkeit, die sicher den besten Absichten entsprach und überall geübt wurde, dem Charakter des Betreffenden nützte oder schadete, ist heute nur noch schwer zu entscheiden. Dies war zu einer Zeit, da Adler seine Theorie der Minderwertigkeitsgefühle noch nicht aufgestellt hatte, aber der Neid auf jene, denen es im Leben soviel besser geht, bedarf wohl nicht erst besonderer theoretischer Aufstellungen, und das Bewußtsein eines demütigenden Zustandes ist im Menschen wohl schon seit jeher lebendig. Es ist anzunehmen, daß diese „tage-essenden Kinder" einen Rest von Bitterkeit in ihr späteres Leben mit hinübergenommen haben, und daß ihre Dankbarkeit für die ihnen in jungen Jahren erwiesene Wohltätigkeit höchst problematisch war.

Auch der junge Levinsky bereitete der Esseker Gemeinde eine unangenehme Überraschung. Er war zwar auch weiter ein ausgezeichneter Schüler, entwickelte sich jedoch durchaus nicht zu dem, was seine Gönner von ihm erwartet hatten. Denn er stellte sich nicht nur ihrem milden Assimilantentum, sondern auch ihrer sehr loyalen Regierungsfreundlichkeit feindlich entgegen und schloß sich zur großen Verwunderung seiner Wohltäter gewissen kroatisch-nationalistischen Kreisen an, gründete mit einer Gruppe oppositioneller Jugendlicher eine eigene Fraktion, die den „Vijenac"[29]) und den „Obzor" lasen und energisch gegen die Khuensche Politik demonstrierten. Dies war um das Jahr 1883, als Khuens antikroatische Tendenzen bereits deutlich zum Ausdruck kamen. Und es war immerhin ein gefährliches Spiel mit dem Feuer, besonders in einer Stadt wie Essek, wo die Forderungen der Opposition einstimmig abgelehnt wurden. Man verstand dort weder ihren Sinn noch ihre Berechtigung. Die Summe der Wähler, die alle für die Regierung stimmten, ergab sich erstens aus den Virilisten, das heißt aus den Großgrundbesitzern der Umgebung, zweitens aus den Beamten, die gezwungen waren, ihre Stimme unter einem Terror abzugeben, drittens aus den sogenannten Minoritäten: Serben, Schwaben und zugewanderten Juden, denen es hauptsächlich darauf ankam, im Schutze der Regierung ihre Stellungen zu behaupten. Sie waren Kaufleute und Unternehmer. Im Lande herrschten halbkoloniale Verhältnisse, sein Reichtum wurde von fremden Kapitalisten exploitiert, und alles, was sie von der Regierung verlangten, waren vorteilhafte Steuertarife und günstige Ein- und Ausfuhrbedingungen sowie ein immer weiteres Terrain für ihre Betriebsamkeit nach der Devise: Wo der eine verdient, verdient auch der andere, oder: Reiche Leute lassen auch die Armen leben, der Luxus der einen bedeutet den anderen ihr tägliches Brot. So dachten alle guten Bürger Esseks, ja sie rechneten es sich sogar zur Ehre an, so und nicht anders zu denken. Denn alles, was von dieser Liste abwich, war unreell und Phantasterei, mit der sich ernstdenkende reife Menschen nicht abgaben.

Levinsky, der eben die Matura hinter sich hatte, wurde von seinen erschrockenen Gönnern verwarnt. Was hatte er sich in Dinge zu mischen, die ihn nichts angingen? Schon gar als armer Jude, der froh sein mußte, wenn er überhaupt eine Existenz vor sich hatte.

„Es handelt sich um die Gesinnung!" erwiderte jener.

„Ein armer jüdischer Junge, der ‚Tage' ißt, hat keine andere Gesinnung zu haben als die seiner Wohltäter! Und schon gar nicht ein zukünftiger Rabbiner!"

„Aber ich will ja gar nicht Rabbiner werden. Es fällt mir nicht ein! Ich gehe nicht nach Budapest in ihr Seminar, sondern nach Zagreb an die Universität, wo ich Jus studieren werde."

„Und wo gedenkst du in deinem Zagreb zu leben? Du bist nichts und hast nichts."

„Dann werde ich eben von gar nichts leben. Lieber so als anders."

Und er lebte tatsächlich vier volle Jahre von gar nichts. Gelegentlich gab es ein paar Instruktionsstunden, Abschreibereien in einer Advokatenkanzlei, Essen an einem Freitisch, Schlafen bei Kameraden, wo es sich gerade traf. Mein Vater unterstützte ihn mit einem regelmäßigen Monatsgeld, denn er fand es sympathisch, daß der junge Levinsky sich seiner Überzeugung gemäß orientierte und lieber Jus studierte, als daß er Rabbiner wurde.

Nach beendetem Studium kehrte jener in die Stadt zurück mit der Absicht, Richter zu werden. Das ging aber nicht. Er war politisch schlecht angeschrieben und noch dazu ein Jude! So hatten die vier Hungerjahre nur geringe Früchte getragen, und er mußte froh sein, als Konzipient bei einem Advokaten unterzukommen, nicht nur um sich juristisch zu betätigen, sondern auch, um sich an Erfahrungen zu bereichern. Er lernte in dieser gutgehenden Kanzlei jede Korruption, Käuflichkeit und Bestechlichkeit kennen, die sich unter den verschiedensten Formen zu verstecken verstand. Sein Chef war jahrelang Abgeordneter gewesen, ein treuer Anhänger des Regimes. Er war im Gemeinderat und setzte dort alles durch, was ihm einen entsprechenden Nutzen eintrug, und verhinderte alles ohne Rücksicht auf seine Förderlichkeit für die Stadt, wovon er sich keinen Nutzen versprach. Er konspirierte mit der Gegenpartei, wenn diese zahlungskräftiger war als sein eigener Klient, er trank mit dem Richter Bruderschaft und beteiligte ihn in kritischen Fällen am Geschäft. Er genoß in der Stadt den Ruf eines tüchtigen Juristen, der auch noch die unmöglichsten Prozesse zu einer günstigen Entscheidung brachte, und zwar auf Grund jener Vorschüsse, die sein Klient ihm diskret in die Hand drückte. Von einem juristischen Standpunkt war da überhaupt nicht mehr die Rede. Denn jeder Paragraph konnte schließlich so oder so gedeutet werden. Man mußte nur das richtige Verständnis für die Sache haben, und dies verlangte er auch von Dr. Levinsky. Als dieser sich halsstarrig zeigte, wurde er entlassen.

Levinskys zweiter Posten war von anderer Art. Der Chef war ein alter Herr und ein schrecklicher Ignorant. Er verschleppte jeden Prozeß über Jahre, und sein Hauptbestreben, wenn da von einem Bestreben überhaupt noch die Rede sein konnte, ging dahin, die Aktendeckel mit neuen Bogen zu füllen, die Sachen hängen zu lassen, was sich nach seiner Meinung viel besser auszahlte als jede übers Knie gebrochene Lösung. Er war nicht einmal ganz mala fide, sondern nur ein sehr bedächtiger Herr, der seine Ruhe wahrte und sich nicht aufregen wollte. Er saß mit Gesinnungsgenossen im „Goldenen Brunnen" bei einem kühlen Schoppen und ließ Levinsky die Geschäfte besorgen. Er wurde erst dann bedenklich, als dieser die verstaubten Aktendeckel von anno '80 aus den obersten Fächern des Kastens hervorkramte, die Fälle zu studieren begann und an ihre Lösung ging. Levinsky war auf seiner Höhe. Er hatte ein gutes juristisches Wissen, viel Scharfsinn, war zielstrebig und agil, er brachte die verwickeltsten Angelegenheiten rasch in Ordnung und erledigte Fall um Fall. Sein bedächtiger Chef schüttelte besorgt das Haupt. Was für ein Geist der Unruhe war mit diesem superklugen Juden plötzlich in sein gemächliches Leben gekommen. Anstatt in den „Goldenen Brunnen" mußte er zu Tagsitzungen gehen. Die Sache ging sogar so weit, daß sein eigener Konzipient, der noch nicht trocken hinter den Ohren war, ihm zu beweisen suchte, ein Fall, den er nun schon seit Jahren hinzog, sei mit einem einzigen Schlag zu beenden, die Zeit vergehe, und man bestehle mit einem solchen Verfahren nur den eigenen Klienten, der nicht zu dem kommen könne, was ihm von Rechts wegen gebühre. Unter dem Vorwand, daß die Kanzlei nicht genug einbringe, um auch noch einen Konzipienten zu beschäftigen, wurde Levinsky entlassen.

Sein dritter Chef war ein Kartenspieler und Schuldenmacher, aufgeregt und nervös, der aus jedem Floh einen Elefanten machte und sich nicht genierte, seine Angestellten vor den Klienten zu beleidigen und diese vor seinen Angestellten herunterzusetzen. Hier war es Levinsky, der selbst kündigte und ihn verließ. In einem weiteren Posten ging es ganz gut. Sein Chef war selbst ein guter Jurist, genoß sowohl in der Bürgerschaft als auch vor dem Gerichtshof ein gutes Ansehen, es hieß, er würde bei den nächsten Landtagswahlen als Regierungskandidat auftreten, und er überließ im Hinblick auf seine spätere politische Tätigkeit auch jetzt schon Levinsky die ganze Arbeit in der Kanzlei.

Levinsky hatte vor ein paar Jahren geheiratet, und zwar hatte er in den Augen der sogenannten „Gesellschaft" eine entsetzliche Dummheit gemacht. Seine Auserkorene war eine kleine Modistin, arm wie er selbst, so daß er sich mit diesem Hausstand, noch ehe derselbe recht gegründet war, bis über die Ohren verschuldete. Aus diesen Schulden kam er niemals wieder heraus, sie wurden mit den Jahren sogar ständig drückender und größer. Es kamen Zinsen hinzu, die er nicht zu zahlen vermochte. Es gab Krankheitsfälle, Geburten und immer wieder unvorhergesehene Ausgaben. Zu den äußeren Schwierigkeiten kam jetzt auch noch eine innere Passivität. Er hatte sich jahrelang durchgeschlagen, an fremden Tischen gegessen, gehungert, für seine Ideale gekämpft und gelitten. Jetzt aber, im entscheidenden Moment, hatte er nicht mehr die Kraft, um sich durchzusetzen. Er hätte die Advokatursprüfung ablegen und sich selbständig machen müssen. Wozu mein Vater ihm eifrigst zuredete, aber er schüttelte immer nur den Kopf und ließ alles gehen, wie es ging.

Er war verbittert, enttäuscht, überreizt und gab sich in diesem Zustand in lauter Kleingeld aus, während die großen Fragen des Lebens weiterhin ungelöst blieben. Unser Haus war um jene Zeit das einzige, in dem er noch verkehrte. Mein Vater schätzte ihn wegen seines konsequenten Denkens und seiner Kompromißlosigkeit. Er verstand es zwar nicht, sich durchzusetzen, aber er hatte ein breites allgemeines Wissen, und die großen Ideen seiner Jugend waren nicht, wie bei so vielen anderen, nachdem sie ihren Studentenjahren entwachsen waren, ins Leere verpufft. Er vertiefte sich auch jetzt noch ständig in historische Studien und suchte aus den sich aus der Vergangenheit ergebenden Tatsachen die Probleme der Gegenwart zu lösen. Er debattierte mit meinem Vater, der außer den Zeitungen und nationalökonomischen Broschüren um diese Zeit nicht mehr viel las. Die Zeitungen und Broschüren aber dienten alle den Zielen seiner Kaste und waren daher stark propagandistisch gefärbt, während Levinsky schon damals etwas von wissenschaftlichem Sozialismus wußte und auch meinen Vater auf seine Bahn bringen wollte. Von ihm hörte ich zum ersten Mal von dem Gegensatz reden, der zwischen dem arbeitenden Volk und der besitzenden Klasse bestand, und daß es nicht auf die von uns freiwillig und in reichlichem Maße geübte Wohltätigkeit ankomme, sondern darauf, daß den Menschen ihr Recht geschehe. Auch mein Vater machte seine Einwendungen, die jedoch nur die Methode, nicht aber die Tatsachen an sich betrafen. Er hatte seinen Proudhon zu gründlich studiert, um theoretisch nicht zuzugeben, daß Eigentum Diebstahl bedeute. So zog ein Problem das andere nach sich, und ich war glücklich, am Tische sitzend, zuhören zu dürfen. Levinsky stellte fest, das Gleichgewicht der Welt sei gestört. An allen Ecken und Enden machten sich anarchistische Tendenzen geltend. Alles war aus seiner Ordnung herausgerissen und schien aus seinen Fugen gehen zu wollen.

Kurz darauf kam es zu einem Vorfall, der meinen Vater aufs tiefste erschütterte. Dr. Levinsky hatte anläßlich der bevorstehenden Landtagswahlen für den Kandidaten der Opposition agitiert. Er hatte bei einem Meeting eine Rede gehalten, in der er Khuens Methoden, sein Budget, insbesondere aber sein Wahlsystem kritisierte. Indem er den Zensus immer höher hinaufschraubte, andererseits aber die Bauernschaft mit seinen Gendarmen in Schach hielt, waren nur Leute mit großem Vermögen wahlberechtigt, das heißt Leute, die von vornherein seine Anhänger waren, mittels welcher er in seinem Sabor regierte. Die Stimmen der Opposition aber verhallten ungehört. Levinsky redete zu den Leuten, er erzählte ihnen von den Leiden des Volkes und sagte ihnen die Wahrheit ins Gesicht, wie dies bisher noch keiner getan hatte. Aber er entfesselte gleichzeitig einen starken Sturm. Die Zeitungen, die von oben einen Wink erhalten hatten, fanden nicht genug Worte, um ihn als verschrobenen, hirnverbrannten Querulanten hinzustellen, der sich überdies auch noch in Dinge mischte, die ihn nichts angingen. Derselben Ansicht waren auch die Herren im Kasino, auch seine früheren Freunde erinnerten sich plötzlich, daß er ein Jude war, und wichen ihm aus. Die Juden aber grollten ihm, weil er sie in eine schiefe Lage brachte und durch sein Auftreten die öffentliche Meinung gegen sie aufhetzte, wo sie im einzelnen sowie in der Gesamtheit froh waren, Ruhe zu haben. Auch sein Chef war entrüstet. Ein Mensch, der bei ihm angestellt war und sein Brot aß, wagte es, sich öffentlich gegen ihn auszusprechen, wodurch er seine Wahlchancen, wenn auch nicht annullierte, so doch zum mindesten verringerte! Auch er erhielt von obenher einen Wink und entließ seinen renitenten Angestellten kurz vor den Wahlen.

Dies geschah zu einer Zeit, wo die Kinder krank waren und das letzte entbehrliche Stück aus dem Hause ins Versatzamt ging. Die Frau lag ihm mit Szenen und Vorwürfen in den Ohren. Ein anderer Posten war unter den gegebenen Umständen nicht so rasch zu beschaffen. Und auch sonst hatte Levinsky ein für allemal genug. In einem Anfall von Depression begab er sich an die Draubrücke, entledigte sich seines Überrocks und seiner Uhr und sprang ins Wasser. In seiner Rocktasche fand man ein Schreiben, in dem er erklärte, es zahle sich ihm nicht aus, in einer solchen Zeit, in einer solchen Welt und unter solchen Umständen weiterzuleben. Seine Leiche wurde von den Wellen der Drau, die gerade Hochstand hatte, fortgeschwemmt und in die Donau getragen. Sie wurde auch später niemals gefunden.

✳

Ich hatte inzwischen die siebte Klasse beendet, und meine Eltern beschlossen, mich noch vor Absolvierung der achten in ein Wiener Mädchenpensionat zu geben, wo ich nebst dem nötigen Schliff und der mir leider fehlenden Disziplin etwas Ordentliches lernen konnte. In dem neuen Milieu, das mir anfangs nur Widerwillen einflößte, war ich durchaus nicht die Prinzessin, die ich unter den Kindern im Langen Hof so gern gespielt hatte. Mit der Rolle des enfant terrible, mit der ich meine Mitschülerinnen blüffte und zum Lachen brachte, war es endgültig vorbei. Auch konnte ich mir nicht mehr erlauben, mit den übrigen Institutskindern in einem so autoritären Ton zu verkehren wie mit meinen Esseker Freundinnen, denen ich gelegentlich das Blaue vom Himmel herunterschwatzte. Im Institut befanden sich mit mir zusammen vierundzwanzig Mädchen, teils jünger, teils älter als ich, von denen viele schon lange dort waren. Sie hatten sich eingewöhnt, hatten einen eigenen

Stil erworben und eine eigene Redeweise angenommen. Es gab unter ihnen eine festbegründete Hierarchie mit einigen anerkannten Koryphäen und Stars, die ihre Positionen gegen jede Neuangekommene erbittert verteidigten. Ich war also gezwungen, von meiner bisherigen Linie abzuweichen, manches abzulegen und manches zu erwerben. Ich fühlte von der ersten Sekunde an: Ich stand auf schwankendem Boden, meine bisherigen Sicherungen versagten in der mir fremden Umgebung. Aber ich fühlte ebenso rasch, daß diese fremde Umgebung imstande war, mir vieles, was ich dort unten gelassen hatte, zu ersetzen. Ich befand mich zum ersten Mal in einer Schule, in der mich alles Gebotene interessierte und in der ich gern und mit Eifer lernte. Jeder Vortrag von den Lippen meiner Professoren erschien mir als eine Art Offenbarung. Ich blickte zum ersten Mal in eine mir unbekannte, aber unendlich anziehende und reizvolle Welt.

Dies aber gehört schon in ein anderes Kapitel. Vorläufig gab es Tränen und Abschiedsschmerz sowie das Gefühl einer unendlichen Verlassenheit, als mein Vater mir empfahl, die beiden vor mir liegenden Jahre gründlichst zu nutzen und mein Bestes zu tun, als sein so sehr geliebtes Gesicht, das mir jahrelang Schutz und Trost bedeutet hatte, aus meinem Gesichtskreis verschwand, die Tür sich hinter ihm schloß und ich allein blieb.

Allein gegen die Gepflogenheiten
einer ganzen Stadt

So wie es in Großbritannien ein Viktorianisches Zeitalter gab, kann man auch die fast siebzigjährige Regierungszeit des letzten „legitimen Monarchen Europas" als das Franz-Josephinische Zeitalter der österreich-ungarischen Monarchie bezeichnen. Dieses Zeitalter war charakterisiert durch die Mitregentschaft einer Aristokratie, der zwar das Draufgängerische des deutschen Junkers fehlte, die jedoch gekennzeichnet war durch größte Borniertheit, einen völligen Mangel an tieferer Bildung und eine katholisch-klerikale Orientierung, die ihr die Unterstützung des Vatikans sicherte. Sie bildete eine festgeschlossene antislawisch gerichtete Koterie, die eine Regelung der innenpolitischen Verhältnisse durch ihren Einfluß immer wieder zu verhindern wußte. Denn trotz ihres Mangels an Begabung waren diese Leute in Österreich-Ungarn die regierende Klasse: Minister, Generale und die alle wichtigen Außenposten einnehmenden Diplomaten.

Das Franz-Josephinische Zeitalter war jedoch auch die Epoche des erwachenden Nationalismus und des immer stärkeren Strebens nach Demokratie, in deren Zeichen besonders die letzten Regierungsjahre des Kaisers standen. Kennzeichnend für die ethnographische Zusammensetzung dieses seit langem nur durch künstliche Mittel zusammengehaltenen Staates war das Völkergemisch Wiens, in dem nicht das deutsche, sondern das zugewanderte Element in der Majorität war. Diese heterogene Zusammensetzung in Sprache, Haltung, Lebensgewohnheiten und kulturellen Manifestationen gab der Stadt das typisch wienerische ihres Charakters: Leichtlebigkeit neben Wurstigkeit, Übermut mit einem Zusatz von Galgenhumor, Sentimentalität ohne Tiefe, Kunstsinn und Bierseligkeit, Gedankenarmut gepaart mit geistigem Hochmut, Formengefühl, das zum Selbstzweck wurde und einer Ästhetik diente, die keine tieferen Erschütterungen zur Folge hatte. Alles Wertvolle in dieser Stadt war historische Vergangenheit. Die Tradition ging weit zurück bis ins Mittelalter des deutschen Kaisertums und endete mit der Operettenmusik von Johann Strauß. Architektonisch war es das Barock der Herrengasse und ihrer

Umgebung, das der Stadt ihren Stempel aufdrückte. Alles andere war Talmi. Ihre wirklichen Werte waren im Natur- und Kunsthistorischen Museum eingeschlossen. In der Schauspielkunst reichten sie von der hohen Klassik des alten Burgtheaters bis zur Biedermeier-Tränenseligkeit und dem leichten Humor eines Raimund und eines Nestroy, in der Musik über die große Ära eines Mozart, Beethoven, Schubert bis zum Epigonentum Mahlers. Im letzten Jahrzehnt des Jahrhunderts war dies alles bereits in eine Sackgasse geraten, und wir „Nachkömmlinge" lebten nur noch von den Zinsen eines früheren Reichtums. Alles war ins Stocken geraten. Alles war im Nebel falscher Voraussichten, im Zwange hemmender Vorurteile, in tragischen Irrtümern befangen, die nicht nur die Gegenwart, sondern auch die Zukunft betrafen. Alles hielt sich an den fragilen Überbau, ohne die Grundlagen zu berücksichtigen. Dieser Überbau ließ sich leicht ausgestalten, man konnte ihm die nebelhaftesten Formen geben, man konnte das Material leicht zu allem verwenden: faseln, phantasieren, sich in Einzelheiten verlieren, indem man sie aufbauschte, es zu Trägern schicksalsvoller Geschehnisse machte. Man konnte dies alles wieder zusammenrumpeln lassen, denn es war doch nur ein Spiel mit Worten, Farben, Bildern und Tönen, ein Spiel mit Gedanken und Vorstellungen, ein vollkommenes Ignorieren der Realität, der unterirdisch gärenden Kräfte, des durch zahlreiche Stöße erschütterten Bodens, auf dem man sich nur noch durch equilibristische Künste im Gleichgewicht zu halten vermochte: Daher diese labilen Kunstimprovisationen, wie sie das letzte Jahrzehnt des 19. Jahrhunderts kennzeichneten. Spiel war alles. In der Besorgnis, dem Ernst des Lebens auszuweichen, waren auch die Menschen übermütiger denn je. Es gab Maskenbälle, Theaterredouten, Blumenkorsos, Praterfahrten, Hofbälle und Bälle bei Hof. Die Figur des „Kaisers" aber wuchs in diesem barocken Milieu zum Legendären empor. Wenn er mit seiner goldenen Hofequipage, die mit den traditionellen weißen Lipizzanern bespannt war, in strammer Haltung durch die Straßen von Wien fuhr, neigten sich die beglückten Untertanen bis zur Erde. Sie neigten sich in ihrer Loyalität gelegentlich auch schon vor leeren Hofkutschen. Und wenn Seine Majestät anläßlich der Fronleichnamsprozession mit einem Stab von Hofwürdenträgern, Ministern und Diplomaten hinter dem Himmel herging, stand das gewöhnliche Volk Spalier von der Burg bis zum Stephansplatz und konnte sich vor Entzücken nicht fassen. Wohlhabendere Leute gaben große Summen aus, um das Schauspiel von einem Fensterplatz aus betrachten zu dürfen. Die einen sowie die anderen behaupteten, es sei ein Eindruck fürs ganze Leben.

*

Am 1. September 1893 fuhr ich mit meinem Vater nach Wien, um die nächsten zwei Jahre in einem dortigen Institut zu verbringen. Man verlängerte dadurch die Schulzeit der jungen Mädchen über das vierzehnte Jahr hinaus und schaltete gleichzeitig eine neutrale Periode ein, die dem Leben der Halberwachsenen noch einen etwas entsprechenden Inhalt bot, ehe sie mit sechzehn oder siebzehn Jahren als „heiratsfähig" erklärt und in die Gesellschaft eingeführt wurden.

Die verschiedenen Institute boten je nach dem Geschmack und den finanziellen Mitteln der Eltern mehr oder weniger Komfort. Es gab Klöster, in denen Nonnen unterrichteten, so zum Beispiel die Ursulinerinnen, wo man außer ein wenig verwässerter Bildung auch noch für die übrige Zeit seines Lebens den klerikalen Einschlag erhielt. Von den Klosterschulen war das Sacre Coeur die vornehmste. Hier konnte man, wenn man Glück hatte, sogar mit wirklichen Komtessen auf einer Schulbank sitzen! Außer dieser konfessionellen gab es Mädchenpensionate auf rein kommerzieller Basis, wo man mehr Gewicht auf die Zahlungsfähigkeit des Vaters als auf das Bekenntnis der Tochter legte. Dort erhielten die Zöglinge eine ihrem gesellschaftlichen Standard entsprechende Erziehung. Sie lernten etwas Sprachen, Klavier und Singen. Außerdem brachte man ihnen ein wenig Schliff bei, den obligaten Wiener Operettengeschmack sowie die Fähigkeit, über die empfangenen Kunsteindrücke geläufig plaudern zu können und auf diese Art ihre höhere Bildung zu dokumentieren[30]).

Das Institut, in das mein Vater mich brachte, war nicht geeignet, gesellschaftlichen Hochmut in mir großzuzüchten, aber es genoß mit viel Berechtigung den Ruf einer ausgezeichneten Schule, und dies hatte meine Eltern bestimmt, es für mich auszuwählen. Die Vorsteherin, Frau Szanto, entstammte einer alten Prager Gelehrtenfamilie, die Männer waren teilweise Gymnasial- und Universitätsprofessoren. Der in der Familie herrschende humanistische Geist hatte sich auch auf die Gattinen und Töchter erstreckt und sich seit Anfang des 19. Jahrhunderts von einer Generation auf die andere fortgeerbt. Frau Szanto war damals schon an die Siebzig, mit einer schneeweißen, in kleinen Löckchen gefalteten Scheitelfrisur, die ihr feines kleines Gesicht wie eine Haube umrahmte. Sie gefiel mir auf den ersten Blick. Ihre gelassene Art flößte mir vom ersten Moment an Vertrauen ein. Sie stellte mir verschiedene Fragen, die mein Wissen, meine Neigungen, gewissermaßen sogar die Eigenheiten meines Charakters betrafen und auf die ich ihr gern und ohne Rückhalt antwortete. Die Beziehung war hergestellt, und dies war umso wichtiger, als ich ja nun allein in der großen Stadt blieb, in dem fremden Milieu, unter fremden Menschen, ohne den Rückhalt des Elternhauses und die mir darin gebotene Sicherheit.

Ich muß gleich gestehen, daß mich der Wunsch, rascher vorwärts zu kommen und mehr zu lernen, auf die Idee gebracht hatte, mich nicht einfach nach der abgelegten siebten Klasse in Wien automatisch in die achte einschreiben zu lassen, sondern ich gedachte diese achte zu überspringen, und meldete mich zur Aufnahmeprüfung in die Fortbildungsklasse. Ich legte dieselbe mit gutem Erfolg ab und war glücklich, mit zu den Großen zu gehören, obwohl ich in meiner Klasse mit dreizehn die allerjüngste war.

Und nun meine ersten Eindrücke von dem neuen Milieu, in dem ich fortan leben sollte: Das Institut befand sich im zweiten Bezirk, an der Ecke der engen und unansehnlichen Negerlegasse und des Schöllerhofs, der vom linken Ufer des Donaukanals, zwischen der Stephanie- und der Ferdinandsbrücke in das Geschäftsviertel des zweiten Bezirks führte. Es glich mit seinen verrammelten Türen und blinden Fensterscheiben, hinter denen sich Warenniederlagen, Magazine und Kanzleien befanden sowie seiner ganzen Ausdehnung nach eher einem Gefängnishof als dem Zugang zu einer mit Öffentlichkeitsrecht ausgestatteten Schule, und auch ich selbst war bei seinem Anblick sehr enttäuscht, ja sogar erschrocken. Auch die im ersten Stock gelegene Schule mit dem sich daran anschließenden Pensionat schien mir dem Eindruck nach dunkel, luftlos und viel zu eng für eine so große Anzahl von Schülerinnen, denn zu den fünfundzwanzig Pensionärinnen kamen noch die Halbpensionärinnen und Externen hinzu, alles in allem wohl an die hundert. Die Schule bestand seit vierzig Jahren und war im Verlaufe dieser Zeit kaum renoviert worden. Die Möbel waren abgenutzt, die Wände gebräunt, die Schulbänke nicht sehr bequem. Auch am Geist der Schule hatte sich inzwischen nur wenig geändert. Erzieher und Lehrer waren, bis auf einzelne Ausnahmen, ältere Jahrgänge. Die meisten waren Idealisten reinsten Wassers und sahen ihre erzieherische Aufgabe als Mission an. Wir internen Pensionärinnen waren in ein paar enge Schlafzimmer eingepfercht, gewöhnlich vier in einem Raum. Als gemeinsamer Aufenthaltsort diente uns das geräumige Speisezimmer, in dem wir auch unsere Aufgaben machten. Wir hatten kein Badezimmer, nur einen schmalen Waschraum mit fünf oder sechs Becken, aber ohne fließendes Wasser, so daß jene, die zuletzt kamen, manchmal überhaupt kein Wasser mehr vorfanden und sich damit begnügen mußten, Hände und Gesicht etwas abzuspülen, sonst aber ungewaschen blieben.

Wir mußten uns mit dem Ankleiden beeilen, was gar nicht so einfach war, da wir alle bereits in hohe Fischbeinmieder eingepanzert waren, die geknöpfelt und geschnürt werden mußten, was viel Arbeit kostete. Halbschuhe wurden nur im Sommer getragen, sonst hohe Stiefel mit einer Menge kleiner Knöpfe. Die langen Haare unterlagen einer besonders zeitraubenden Prozedur. Sie wurden geölt, gekämmt, gebürstet, in zwei Zöpfe geflochten und mit Haarnadeln gleich einem Nest oder Bienenkorb, je nach ihrer natürlichen Fülle, an unserem Hinterkopf befestigt. Fräulein Johanna beaufsichtigte unsere Morgentoilette und half uns bei der Frisur. Um halb acht mußten wir fix und fertig am Frühstückstisch sitzen. Um acht begann der Unterricht, er dauerte bis eins, dann eine Stunde Mittagspause, ein Spaziergang in Reih und Glied, meist über die Praterstraße bis zum Praterstern und zurück, dann noch weitere Schulstunden, Handarbeit und Klavierüben bis um sieben. Nach dem Nachtmahl Erledigung unserer zahlreichen schriftlichen und mündlichen Aufgaben, und um Punkt zehn mußten wir in unseren Betten liegen. Zehn Stunden geistiger

Arbeit, ein anstrengendes Programm für junge Mädchen in den Entwicklungsjahren. Ich war jedoch sehr zufrieden mit dieser Zeiteinteilung und hätte dem Tag gern noch zehn weitere Stunden hinzugefügt, um desto mehr zu lernen. Der Unterricht war gut und interessant. Es lag etwas weltanschaulich Geschlossenes in der Art, wie man uns die Dinge vortrug. Alles, was wir lernten, stand in einem organischen Zusammenhang, der uns das Verständnis dafür erleichterte. Aber abgesehen von meinem wirklichen Interesse, kam auch mein Ehrgeiz dazu. Ich war die Jüngste in der Klasse und überdies eine „Neue" und wollte es den anderen, die oft schon seit Jahren da waren und unter sich eine Art Hierarchie herausgebildet hatten, unbedingt gleichtun. Hier gab es nur ein oben oder unten, dies hatte ich bald heraus. Ich wollte mich aber von den anderen nicht drücken lassen, sondern dort stehen, wo die Besten standen. Dazu gehörte aber entweder eine angeborene Frechheit und Rücksichtslosigkeit oder ausgesprochene Schulerfolge, mit denen man den anderen imponierte. In dieser Hierarchie, an deren Spitze Fräulein Johanna stand, gab es Lieblinge und schwarze Schafe. Erstere wurden in Fräulein Johannas Gefolge eingereiht und durften sich so manches erlauben. Die schwarzen Schafe aber dienten den anderen zur Zielscheibe ihres Spottes. Was immer sie sagten oder taten, sie wurden verlacht und persifliert.

Fräulein Johanna trug Französisch bei uns vor und sprach auch außerhalb der Schulstunden nur französisch mit uns in einer fließenden, korrekten, aber ziemlich preziösen Sprache, der man anmerkte, daß sie sie aus dem Buch erlernt hatte. Sie teilte unser Leben, saß mit uns am selben Tisch, schlief mit uns im gleichen Schlafraum, überwachte unsere Aufgaben und war in allen strittigen Fällen die oberste Instanz. Sie war über vierzig Jahre alt, mit einer Stupsnase, vorgewölbte Augen und ungeformten Lippen. Sie war eng geschnürt, so daß ihre Büste eher einer Probierpuppe als einem lebendigen Körper glich, trug hohe, steife Stehkrägen und über die Ohren gelegte spiegelblanke Haare, in die sich jetzt da und dort schon ein paar weiße Fäden mischten. Locken waren in ihren Augen ein Greuel, und es gelang ihr, durch Bürsten und Kämmen auch die widerspenstigsten Haare ihrer Zöglinge zu bändigen, so daß, nachdem sie uns morgens frisiert hatte, alles straff angespannt und ölglänzend glatt war. Nicht ein einziges eigenwilliges Löckchen durfte sich über unseren jungen Stirnen kräuseln! Denn sie verabscheute jede Koketterie. Jedes auf weibliche Erfolge gerichtete Streben wurde von ihr als Oberflächlichkeit und Leichtsinn verurteilt. So lebte sie seit fünfundzwanzig Jahren, ständig von einer wechselnden Schar junger Mädchen umgeben. Oft waren es die Kinder jener Mütter, die sie selbst in ihrer Jugend zu formen versucht hatte. Die Generationen wechselten, sie aber blieb immer dieselbe, immer gleich weltfremd, erstarrt in Abstraktionen, wie es in ihrer Lage nicht anders möglich war. Und sie erzog uns in dem gleichen Geist, indem sie dieser Weltfremdheit die Bedeutung einer höheren Tugend beilegte.

Ich teilte mein nüchternes kleines Schlafzimmer mit noch drei Mädchen. Eine war Olga Gussmann, deren Familie den Wiener Theaterkreisen angehörte und von der wir manches aus der geheimnisvollen Welt des Kulissenlebens erfuhren. Sie ging später selbst zur Bühne, war am Raimundtheater engagiert und heiratete den bekannten Schriftsteller Arthur Schnitzler. Meine zweite Schlafgenossin war eine rundliche kleine Ungarin, Ilonka Denes. Sie sprach ein gebrochenes Deutsch, ergänzte ihren mangelhaften Sprachschatz jedoch durch eingeschobene ungarische Sätze sowie ungezählte „kérem szépen" und „joj istenem". In meinen Augen zählte jedoch nur die dritte: Sofie Hartwig, die in unserem Institut die Rolle des unbestrittenen Stars spielte und durch große Begabung und sicheres Auftreten nicht nur ihren Mitschülerinnen, sondern auch den Professoren, insbesondere aber Fräulein Johanna, imponierte. Auch mir imponierte Sofie. Mehr noch, ich liebte sie mit einer unglücklichen Liebe, die lange unerwidert blieb, und bewunderte sie mit allen ihren guten und schlechten Eigenschaften. Sie war Wienerin, um zwei Jahre älter als ich, also fast schon erwachsen. Sie lebte seit sechs Jahren im Institut, obwohl ihre Eltern kaum ein paar Gassen weiter von uns wohnten. Was diese dazu bewogen hatte, sie aus ihrem Hause zu entfernen, wußten wir nicht. Sie selbst redete nur selten von dem Milieu, dem sie entstammte. Nur einmal erwähnte sie, daß sie lieber hier als bei ihren Eltern lebte, wo es außer ihr noch drei heiratsfähige Schwestern gab, die sie alle nicht ausstehen konnte. Es ging ihr ja auch nicht so schlecht. Sie hatte dreimal so viel Taschengeld wie wir, und ihre Lade war immer voll Süßigkeiten, Milchschokolade und Bonbons, von denen sie großzügig abgab. Auch zeichnete sie sich durch eine gewisse Eleganz aus, die uns anderen abging. Dies lag aber weniger an ihren besseren Kleidern, als an der Art, wie sie dieselben trug. Ohne ausgesprochen schön zu sein, wirkte sie mit ihrem olivenfarbigen Teint, den grünlichbraunen, schräggestellten, halbverschleierten Augen, den schön gezeichneten, nur etwas aufgeworfenen Lippen fremdartig und interessant. Sie hatte weitgehende Zukunftspläne, war nur noch nicht entschlossen, ob sie sich der Musik, für die sie eine starke Begabung hatte, oder der Bühnenlaufbahn widmen sollte. Vorläufig lebte sie ihre geistige Überlegenheit an allen schwächeren Elementen aus, zu denen leider auch ich in den ersten Wochen meines Aufenthalts gehörte. Sie war mir, obwohl wir in einem Zimmer schliefen und auf der gleichen Schulbank saßen, feindlich gesinnt. Ein Beispiel für viele andere: Wir hatten in der Fortbildungsklasse keine separaten Lehrbücher. Der Professor schrieb uns die auszuarbeitenden Aufgaben in einem Heft auf, das Sofie verwaltete und das sie reihenweise den anderen übergab, die die Exempel dann in ihre eigenen Hefte übertrugen. Unsere Mathematikstunde fiel auf einen Mittwoch. Die meisten anderen schrieben alles schon an den diesem Mittwoch folgenden Tagen ab, nur mir wurde das Heft bis zum letzten Moment vorenthalten, niemand kam mir dabei zu Hilfe, so groß war die Angst vor Sofie, und ich war wochenlang genötigt, meine mathematischen Aufgaben in größter Hast und im allerletzten Moment zu lösen. Es fiel mir nicht ein, Sofie zu verklagen. Ich war eine „Neue" ohne Rückhalt bei den Mädchen und den Professoren und wäre damit wahrscheinlich schlecht angekommen. Aber ich nahm stillschweigend die Konkurrenz mit ihr auf, entschlossen, es ihr im Lernen gleichzutun, ja sie womöglich sogar zu überholen. Im Zeichen dieses Wettbewerbs verschob sich die Situation allmählich zu meinen Gunsten. Aber es sollte noch viel Zeit vergehen, ehe der Bann gebrochen war und ich mich auf gleichen Fuß mit ihr stellen durfte.

Am besten gelang mir dies in der Literatur- und Aufsatzstunde, die wir bei unserm Direktor Professor Max hatten. Im

Aufsatz war ich gut, und Professor Max stellte mir häufig Fragen außer der Reihe über verschiedene literarische Themen, die mich stark interessierten und die ich fast immer zu seiner Zufriedenheit beantwortete. Seine Stunden waren schon dadurch besonders anregend, daß er über den vorgeschriebenen Stoff weit hinausging, die Literatur nicht als gesonderte Erscheinung, sondern als das Resultat einer historischen Entwicklung darstellte und uns dadurch eindrucksvolle Kulturbilder bot, die zugleich eine ganze Epoche umfaßten. Er war ein großer Verehrer Schillers, den er als Dichter Goethe vorzog. Er kannte ganze Abschnitte aus den Werken seines Lieblingsdichters in Vers und Prosa auswendig, besonders alle Monologe, und flocht sie mit viel Pathos und einer vor Bewegung zitternden Stimme in seine Vorträge ein. Nachher lernten auch wir diese Monologe auswendig und überraschten ihn in der nächsten Stunde damit, daß wir sie mit dem gleichen Pathos und der gleichen Bewegtheit rezitierten.

Schon im ersten Schuljahr lasen wir Schillers sämtliche Dramen, angefangen bei den „Räubern" bis „Wilhelm Tell", mit verteilten Rollen. Nur „Kabale und Liebe" ließen wir aus, es war nicht „klassisch" und entsprach daher auch nicht dem Geist unserer Schule. Sofie war das Privilegium aller Heldendarsteller vorbehalten, und da sie wirklich talentiert war, ja in gewissem Sinne die geborene Schauspielerin, genügte es ihr nicht, diese Rollen zu lesen, sondern sie „kreierte" sie wirklich, schmetterte, jauchzte, schluchzte zu Tode betrübt, als ob sie tatsächlich schon auf den Brettern des Burgtheaters stünde. Jeanette Azriel, eine geborene Beograderin, las die ihr zugeteilten Rollen der Thekla und Amalia mit einer trockenen, tiefen Stimme herunter, ohne sich in dieselben besonders einzuleben. Mir fielen die Gestalten aller Bösewichter und Intriganten zu, angefangen von dem verräterischen alten Piccolomini bis zu dem schleichenden Fuchs Franz Moor. Ich hatte schon zu Hause in pathetischen Deklamationen brilliert, da aber war es immer nur Uhland, Geibel oder der sanfte Chamisso gewesen. In der Verkörperung eines Meuchelmörders, wie Octavio es war, mußte ich unbedingt versagen.

Da aber kam es zu einem Zwischenfall. Bei der Rollenverteilung des „Don Carlos", den wir nach dem „Wallenstein" lesen sollten, erhielt ich zu meiner Überraschung die Rolle des

Marquis Posa, Sofie aber sollte den Philipp lesen! Ich war natürlich begeistert, denn Marquis Posa war mir die liebste Gestalt der ganzen Schillerschen Dichtung. Ich sah mich bereits auf den Knien liegen und König Philipp anflehen: „Sire, geben Sie Gedankenfreiheit!"

Sofie war im ersten Moment wie vor den Kopf geschlagen. Sie empfand diese Rollenverteilung als persönliche Beleidigung. Ihr Mund wurde schmal, und ihre grünlichen Augen phosphoreszierten. Sie erklärte mir mit dem ihr eigentümlichen spöttischen Lächeln: „Philipp ist immerhin ein König. Als Posa vor dir auf den Knien liegen? Niemals!" Und dann schwieg sie, als ob nichts geschehen wäre.

Am nächsten Tag war mein schöner goldgebundener Schiller, den ich erst unlängst zu meinem Geburtstag erhalten hatte, verschwunden und trotz allem Suchen in meinen und den Laden der anderen Mädchen nicht mehr aufzufinden. Nur das erste Blatt des „Don Carlos" fand ich irgendwo in einer Ecke, zerrissen in kleine Stücke. Bei der nächsten Literaturstunde erklärte ich Professor Max, ich sei einer so wichtigen Rolle wie der des Marquis Posa nicht gewachsen, und ersuchte ihn, er möge sie der Sofie geben.

Diese war bei meinen ersten Worten feuerrot geworden. Sprachlos starrte sie mich an. Ich war mit meiner Äußerung eigentlich nur einem spontanen Einfall gefolgt und wußte selbst nicht, wie ich dazu gekommen war. Sofie aber weigerte sich, die Rolle von mir quasi als Geschenk zu erhalten. Ich blieb jedoch fest und wiederholte meine Bitte an den Professor. Dieser blickte von einer zur anderen. Erriet er den Zusammenhang? Er sagte schließlich: „Gut, soll also die Sofie den Posa lesen." Und dann wandte er sich an mich: „Ihnen aber gebe ich eine besondere Aufgabe. Sie schreiben uns ein Referat über ‚Don Carlos' mit Berücksichtigung nicht nur der einzelnen Personen, sondern der gesamten historischen Zusammenhänge. Fühlen Sie sich dazu imstande?"

Ja! Ich fühlte mich dazu imstande und war selig! Voll Dankbarkeit blickte ich den Lehrer an, der den Konflikt verständnisvoll gelöst hatte. Dann sah ich auf Sofie, die perplex war und den Kopf abwendete. Noch war das Eis nicht gebrochen.

Ich schrieb ein paar Tage lang an meinem Referat, und es gelang. Professor Max las es der Klasse vor und sagte dann, ich hätte den Sinn des Kampfes um Freiheit und Menschenrechte gut verstanden, aber ich wäre auch Philipps Gestalt darin gerecht geworden. Ich hätte die Tragik seiner Einsamkeit, die ihn schließlich zu seelischer Erstarrung und zu Menschenhaß führen mußte, gut erkannt. Ich hatte hervorgehoben, daß der Mensch nur in der Berührung mit anderen Menschen zu seiner höchsten Entfaltung zu kommen vermag. Und er schrieb mir mit roter Tinte ein kalligraphisches „Ausgezeichnet" nebst seinem Namenszug unter den Aufsatz, ein erster Schulerfolg, über den ich strahlend vor Glück nach Hause berichten konnte.

Sofie zeigte in diesem Falle keinen Neid, sondern sagte, mehr zu den anderen als zu mir gewendet, der Aufsatz sei wirklich gut, und sie hätte mir so was nicht zugetraut. Sie ging über den Vorfall mit scheinbarer Gleichgültigkeit hinweg, aber sie behandelte mich fortan weniger schlecht, ja sie machte sogar leichte Annäherungsversuche, denen ich mit meinem ganzen Eifer entgegenkam. Welches Glück, wenn sie mich nach der Stunde um eine Auskunft ersuchte oder mich bat, ihr meinen Bleistift zu borgen! Und eines Tages bekam ich von ihr als Ersatz für meinen verlorenen Schiller ein noch schöneres Exemplar. Wir wurden Freundinnen. Man sah uns immer öfter beisammen, vertraulich flüsternd. Sie ging jetzt auch während unserer täglichen Spaziergänge mit mir im Paar und sprach mit mir über die Dinge, die sie selbst am stärksten interessierten. Wie stolz war ich auf diese Freundschaft, wie sehr habe ich sie bewundert und mich kritiklos ihrem Einfluß unterworfen! Sie war mir nicht nur an Jahren voran, sondern auch an Erfahrung, Sicherheit und Intensität weit überlegen. Sie hatte im Leben manches gesehen, wahrscheinlich auch in ihrer eigenen Familie, worüber sie jedoch niemals sprach. Sicher hatte sie unangenehme Eindrücke hinter sich. Woher sonst hätte ihre frühreife Skepsis kommen sollen? Ich selbst hatte zu Hause nur Gutes vor mir gehabt. Meine Eltern waren gütige Menschen, die eine strenge Pflichterfüllung, Takt und Anstand von uns verlangten, wie sie sie selbst ein Leben lang ausübten. In vielen Fällen steigerte sich diese Forderung, die sie an sich und andere stellten, zur wirklichen Güte. Mußte ich nicht überzeugt davon sein, daß die ganze Welt die Pflegestätte solcher und ähnlicher Tugenden war? Sofie aber sagte, dies wären veraltete Ansichten, mit denen man im Leben nicht sehr weit komme. Denn im

Leben dürfe man weder anständig noch gut sein, nur rücksichtslos und hart. Man dürfe sich nicht durchschauen lassen, niemals sagen, was man wirklich meinte, besonders wenn man die Absicht hatte, die anderen zu beherrschen, nicht aber sich von ihnen beherrschen zu lassen! Ich fragte sie, überwältigt von ihrer frühreifen Weisheit: „Auch als Frau?" „Als Frau erst recht!" und dann bewies sie mir, daß die der Frau zugewiesene Rolle als demütige Dienerin ihres Herrn und Gebieters ein überlebter Unsinn sei. So was las man heute nur noch in Chamisso. Ebenso überlebt aber sei das Gebot einer besonderen Frauenmoral. Man müsse nur die modernen Bücher lesen, Ibsens „Nora" zum Beispiel oder „Hedda Gabler", Wedekinds „Frühlingserwachen" und Strindbergs „Fräulein Julie". Bevor ich das alles gelesen hätte, könnte ich überhaupt nicht mitreden. Denn daraus ersehe man erst, wie die Frau in Wirklichkeit war, was sie wünschte und worauf sie abzielte, ohne den falschen Anstand, den Leute wie Fräulein Johanna, die selbst niemals was erlebt hätten, uns einzutrichtern suchten. Ihre Prüderie führte zu falschen Vorstellungen und nachher natürlich zu den bittersten Enttäuschungen, besonders auf dem Gebiet der Liebe, von der man ein solches Wesen machte. Sie selbst gäbe ja nicht viel darauf, aber sie ekele sich vor jeder Scheinheiligkeit hundertmal mehr als vor der nackten Wahrheit.

Wir führten diese Gespräche gewöhnlich in den Schulpausen. Sofie saß in legerer Pose auf dem Tisch und sah von oben auf mich herab. Wenn sie in Eifer geriet, flackerten ihre grünlichen Augen, die Stirn unter der dichten Haarkrone legte sich in Falten, und ihre Nasenflügel vibrierten. Meine Blicke hingen bewundernd an ihrer Erscheinung. Während wir anderen Mädchen alle noch ziemlich unentwickelt, entweder etwas zu lang oder zu plump waren, unharmonisch in den Formen, schlecht gekleidet und mit unseren glattgestriegelten Köpfen ohne jeden weiblichen Reiz, hatte Sofie, wie sie so dasaß, den Oberkörper etwas vorgeneigt und mit schlenkernden Beinen, die Geschmeidigkeit und Grazie eines jungen Tieres. Auch war sie von einem Geheimnis umwittert, das nicht einmal ich, die ihr nahestand, zu lüften vermochte. Sie führte ein Privatleben außerhalb des Instituts. Sie ging und kam, im Gegensatz zu uns anderen, ganz ohne Kontrolle, das heißt, wenn man ihr glauben wollte, ging sie natürlich nur zu ihren Eltern, die ein paar Gassen weit von uns wohnten. Jedenfalls hatte sie Zeit und Gelegenheit zu kleinen Aventüren, die uns anderen abgingen.

Als wir eines Nachmittags im Paar über die Praterstraße gingen, wies sie mit dem Kopf auf die gegenüberliegende Seite und sagte: „Du siehst dort drüben das graue Haus? Da wohnen meine Eltern. Es kommen allerlei Leute zu uns, auch Künstler und Schauspieler, und da geht es manchmal ganz lustig zu. Ich könnte dich ja auch einmal zu uns einladen, aber ich tue es lieber nicht. Du bist ja noch immer so schrecklich grün, und da will ich dir so was nicht zumuten. Ich hingegen bin ziemlich abgebrüht, und da macht es mir nichts mehr aus!" Sie sagte es mit gleichgültiger Miene, als ob sie wirklich so abgebrüht wäre und es ihr nichts mehr ausmachte. Nur ihre Stimme hatte einen dunklen Beiklang und war anders als sonst. Am gleichen Abend sagte sie zu mir vor dem Schlafengehen: „Du bist wirklich intelligent, und ich hab dich gern. Sonst hätte ich dich ja nicht zu meiner Freundin gemacht. Andererseits bist du aber noch ein schrecklich dummes Kücken. Nun, bei Gott, du glaubst einem jeden Unsinn, den man dir einzureden versucht, und das ist direkt gefährlich. Ich hingegen glaube an gar nichts. Aber ich versuche, mich selbst zu kennen, das heißt, so wie ich wirklich bin, nicht wie ich mich den anderen zeige. Das ist wichtiger als alle Jahreszahlen und die ganze Mathematik, die man uns hier beizubringen sucht, wichtiger als alle Back über Liebe und Ehe. Das alles ist mir zu grobkörnig, zu hausbacken und zu fad! Ich weiß zum Beispiel schon jetzt, daß ich nicht monogam veranlagt bin und für die Ehe nicht tauge. Auch will ich keine Kinder haben, bei Gott nicht! Ich bin für Randgebiete und Subtilitäten. Aber das verstehst du noch nicht. Übrigens sind auch die heutigen Männer mehr darauf aus. Was machst du denn für ein Gesicht?"

Ich war sehr erschrocken, nicht so sehr über Sofiens Offenheit, aber daß sie solche Dinge überhaupt wußte! Sie erklärte mir, man hätte nicht umsonst drei ältere Schwestern, die emanzipiert waren und kein Blatt vor den Mund nahmen. Und dann gab es zu Hause in ihrer Bibliothek natürlich auch verschiedene Bücher, zum Beispiel Prévost, der sehr belehrend war, aber doch ziemlich banal. Sie zog ihm die ganz Modernen vor, die die heiklen Themen angingen, ohne zu direkt zu sein, aber in gewissen Umschreibungen doch alles brachten. Auch in der bildenden Kunst liebte sie nur die Moderne, die unseren Gefühlen viel näher stand, weil wir subtiler geworden waren, nervöser, und stärkerer Reize bedurften, kurz, einer neuen Kunst. Ob ich denn das nicht einsehe?

Durch Sofie lernte ich die Namen vieler moderner Schriftsteller und Künstler kennen, die ich bisher nicht gekannt hatte. Nach allem, was sie mir darüber erzählte, barg sich dahinter eine mir unbekannte, ja sogar verbotene zauberhafte Welt, ein verschlossener Garten, in dem die Blüten in unerhörter Fülle und Üppigkeit wucherten. Einmal brachte sie mir ein Büchlein französischer Gedichte, die „Blumen des Bösen" von Baudelaire. Ich las sie mit wachsender Aufregung und einem bisher noch niemals empfundenen Entzücken. Wenn Fräulein Johanna das gewußt hätte, für die die französische Literatur mit Corneille begann und mit Racine endete! Auch Scribe war leider notwendig, um die Anfänger einzuführen, sonst aber ließ sie höchstens noch „Corinne" von Madame de Staël und die „Grille" von Georges Sand gelten. Selbst Molière erfreute sich nicht mehr ihrer Wertschätzung. Sie betrachtete ihn als Dichter irgendwelcher leichtsinniger Bouffonnerien und ließ uns ihn nur mit Rücksicht auf die fanzösische Sprache lesen.

So hatte die Natur Sofie nicht nur ein exotisches Äußeres verliehen, sondern sie war auch in ihrem Seelenleben höchst wechselnd und in vielen Punkten für mich ganz unfaßbar. Sie war bald kalt, bald warm, bald verletzend, bald einschmeichelnd. Sie verwirrte mich durch ihr wechselndes Wesen, durch ihre so deutlich zur Schau getragene Überlegenheit, aber ich liebte sie und ließ mir daher manches von ihr gefallen, was ich von jemand anderem nicht ertragen hätte. Anstatt auf diese Überlegenheit eifersüchtig zu sein, rang sie mir Bewunderung ab, und ich betrachtete diese Bewunderung als Sieg über meine eigene Schwäche und war sogar stolz darauf. Unsere Freundschaft dauerte über die Institutsjahre hinaus, wir korrespondierten miteinander und sahen uns gelegentlich wieder. Zum letzten Mal trafen wir uns im Jahre 1909, als wir beide bereits verheiratet waren. Sofie war damals bereits am Ziel ihrer Wünsche. Es war ihr gelungen, die vagen Träume ihrer Mädchenzeit zu realisieren, indem sie Schauspielerin wurde und die von ihr bewunderten problematischen Frauengestalten in

Ibsens, Strindbergs und Gerhart Hauptmanns Dramen auf der Bühne verkörperte.

✳

Merkwürdigerweise erwachte gerade hier in der Fremde mein latenter Patriotismus und nahm am Widerspruch der präpotenten Wienerinnen und Magyarinnen immer ausgeprägtere Formen an. Ich sehnte mich nach dem Boden, dem ich entwachsen war, nach der heimatlichen Luft, die mich in meiner Kindheit genährt hatte, nach dem Langen Hof, in dem ich meine Kinderspiele gespielt hatte, sowie überhaupt nach der Geborgenheit und Problemlosigkeit meiner Kinderjahre. In dieser Sehnsucht wurzelte auch mein Patriotismus. Liebe zur Heimat war es, ohne die Spur eines wirklichen Nationalismus, von dem ich ja keine Ahnung hatte. Heimat aber war mir die Stadt, in der ich geboren war, mit ihren grauen Gassen, die ganz ohne architektonischen Zauber waren, mir aber so vertraut wie meine eigene Wohnung. In der Entfernung schien auch das Kleine zu wachsen, alles verklärte sich ins Märchenhafte, alles gewann einen neuen Zauber. Vergoldet, vergrößert und verschönt durch die Trennung reihten sich die Heimatbilder vor meinem geistigen Auge als etwas Dahingegangenes und unwiederbringlich Verlorenes, wie es ja auch meine Kindheit war.

So schuf ich mir im Brauen dumpfer Gefühle ein neues Idol: die Heimat, die ich liebte. Nur war diese Liebe ein rein platonisches Gefühl und beruhte auf bloßen Illusionen. Ich hatte keine Argumente, um sie zu ihrer Verteidigung einzusetzen, konnte sie mit keinem der Realität entnommenen Beweis belegen. Außer meinem Gefühl waren da nur noch Phrasen und Tiraden aus dem Schullesebuch, an die ich mich erinnerte. Ich kannte ein paar patriotische Gedichte auswendig, ein paar schwärmerische Lieder, unter anderem die „Lijepa naša“. Von politischen Zusammenhängen aber hatte ich keine Ahnung.

In unser Institut kam niemals eine Zeitung. Jedenfalls kann ich mich nicht daran erinnern, jemals eine in irgendeiner Hand gesehen oder von irgend jemandem daraus zitiert gehört zu haben. Ich vermute daher, daß man uns aus pädagogischen Gründen aus den ziemlich stürmischen Strömungen der

Gegenwart prinzipiell auszuschließen versuchte. Auch bei unseren Diskussionen handelte es sich fast immer um literarische Fragen, um die Eindrücke unserer Theaterbesuche, um die gelesenen oder zu lesenden Bücher, manchmal auch um persönliche Abneigungen oder Sympathien, aber niemals um Dinge, die über diesen Rahmen hinausgingen.

Ich schrieb daher nach Essek und bat meine Eltern, mir einige kroatische Bücher zu schicken, was sie auch umgehend taten. Ich wollte versuchen, etwas daraus zu übersetzen, um es den anderen nahezubringen und sie dadurch vom Wert unserer Kunst und Literatur zu überzeugen. Ich übersetzte nach Eintreffen der Büchersendung ein paar Gedichte von Preradović,[31]) wobei ich mich bemühte, Reim, Rhythmus und Inhalt so genau wie möglich wiederzugeben, und las sie den anderen vor. Ich kann nicht sagen, wie weit sie mir gelungen waren und ob ich meinen Zweck damit erreichte. Denn so wie ich, beriefen sich auch die anderen auf ihre Vaterlandsliebe, besonders ein paar Magyarinnen, die schrecklich damit renommierten. Sofie behauptete hierauf, dies sei doch alles Unsinn und sie könne nicht verstehen, daß wir unsere Zeit damit verlören. Am ärgsten trieb es Denes Ilonka, die, sowie wir abends in unserm Schlafzimmer waren, damit begann, von Politik zu reden, natürlich nur, um mich zu reizen, denn auch sie wußte nichts Konkretes einzusetzen, genausowenig wie ich. Wir saßen in unseren langen weißen Nachthemden auf unseren Betten, knabberten Bonbons und Schokolade und sollten der Regel entsprechend längst schon schlafen, aber die Aufregung ließ uns nicht zur Ruhe kommen, und wir hielten, die eine wie die andere, flammende Propagandareden, die an Schärfe jenen im Wiener Reichstag nicht viel nachstanden. Der Umstand, daß wir uns auf kein wirkliches Wissen stützten, sondern nur instinktmäßig unserem inneren Drange folgten, zwang uns zu den stärksten Übertreibungen. Ich ging von der Tatsache aus, die Magyaren wären unsere Feinde, und daß ich sie deswegen haßte! Denes Ilonka aber fühlte sich zur Verteidigerin der heiligen Stephanskrone und ihrer Prärogative berufen. Sie schrie, alle Vorsicht vergessend, so daß es uns allen durch Mark und Bein ging, den Ungarn sei an meinem Haß nichts gelegen! Nicht s o v i e l machten sie sich daraus! Sie schnipste mir direkt vor der Nase mit ihren kurzen rundlichen Fingern. Sie fauchte wie eine gereizte Katze, es gäbe ihres Wissens überhaupt kein Kroatien, weder Land noch Leute, weder Verfassung noch Gesetze, nichts gäbe es von all dem, was sich widerrechtlich so nannte. Es gäbe überhaupt nur Ungarn und sonst gar nichts!

Ich versuchte sie zu unterbrechen: „Und die acht Komitate über der Drau?" Auch die acht Komitate über der Drau waren in ihren Augen nur Ungarn. Dann triumphierte sie: „Kossuth Lajos, ha? Was hast du dagegen zu sagen? Vörösmarty, Petöfi, Jókai Mór, ha?" Ich rückte mit meinem Preradović heraus, leider ohne besonderen Erfolg, denn Ilona überschrie mich: „Preradović? Wer ist das? Kenne ich nicht!" Sie lachte hohnvoll. Aber auch ich ließ mich nicht so leicht schlagen: „Und Nikola Šubić Zrinjski? Den wirst du doch kennen? Der hat euch Magyaren ja schön aus dem Dreck gezogen. Bei Szigetvár, wie du dich wohl noch erinnern wirst!" „Zrinyi Miklos? Und den nennst du einen Kroaten? Haha!" Sie platzte vor Lachen. „Er war ein Ungar! Ha!"

Der Zank artete immer mehr aus. Wir gingen zurück bis auf Koloman und Béla IV., zogen den unglücklichen Lajos heran, der bei Mohács ertrunken war, führten Maria Theresia und die Pragmatische Sanktion ins Feld, Trenk und seine Panduren, Napoleon, Deák Ferenc, Stroßmayer und was uns gerade sonst noch durch den Kopf ging. Und wir hätten vielleicht auch noch Adam und Eva zitiert, wäre nicht Fräulein Johanna, die unser Gezeter schließlich geweckt hatte, weiß wie ein Gespenst mit dem Kerzenleuchter in der Hand, im Türrahmen erschienen, um uns, entrüstet über die nächtliche Ruhestörung, tüchtig auszuzanken und in unsere Betten zu jagen.

✳

Die schönsten Stunden waren die bei Dr. Pick, dem Schwager unserer Vorsteherin, der in der wissenschaftlichen Welt den Ruf eines ausgezeichneten Biologen genoß. Er hatte seinerzeit in Jena gelebt, war ein Schüler und Mitarbeiter Haeckels gewesen, hatte dann selbst ein Werk über die Entwicklungsformen der Monozythen herausgegeben und erklärte uns jetzt in leicht verständlicher und doch eindrucksvoller Art den Aufbau der Organismen, angefangen von der Amöbe bis zum Menschen. Was aber noch wichtiger war: Er verstand es, ein leidenschaftliches Interesse für diesen Prozeß in uns zu wekken. Atemlos lauschten wir seinen Ausführungen. Ich aber entdeckte in seinen Stunden schon früh mein besonderes Interesse für Naturwissenschaften, das mich achtzehn Jahre später zum Studium der Biochemie anregte. Ich glaubte aber schon damals, das heißt in meiner Schulzeit, weder an die Weltschöpfung in sechs Tagen noch an den lieben Gott. An ihre Stelle war eine Leere getreten, und ich wußte nicht, womit ich dieselbe ausfüllen oder überbrücken könnte. Da gab es zahlreiche Fragen, die mich quälten, über das Woher und Wohin der Menschheit. Auch Dr. Pick konnte diese Fragen nicht restlos beantworten, aber er gab mir einen Faden in die Hand, an dem ich mich langsam weitertasten konnte. Das Gesetz des ewigen Werdens und Vergehens brachte ein wenig Licht in das Chaos meiner Gedanken. Dr. Picks Erläuterungen aber lösten die Spannung meines absoluten Nichtwissens. In das Gefühl unserer solipsistischen Einsamkeit drang plötzlich der erlösende Gedanke des Naturzusammenhangs. Auch lehrte er uns, daß es in der Natur keine Sprünge gebe, sondern nur eine evolutionäre Entwicklung. Er lehrte uns, daß es nicht nur einen Übergang von Art zu Art, sondern auch von der Pflanze zum Tier, wohl auch vom Anorganischen zum Organischen gebe, letzterer in den wunderbaren und schon ganz spezifischen Eigenschaften der Kristalle. Er sprach zu uns von der Einheit der Naturkräfte im Universum, von der Spektralanalyse, der Astrophysik und dem auf die Erhaltung von Kraft und Stoff beruhenden kosmischen Grundgesetz und suchte uns an diesem Axiom in Verbindung mit Darwins Entwicklungslehre alle biologischen und kosmischen Erscheinungen zu deuten. Es stand damals auf dem höchsten Stand, den die naturwissenschaftliche Forschung bis zum Jahre 1895 erreicht hatte, denn damals gab es noch keine Einsteinsche und Atomtheorie, Madame Curie hatte ihr Radium noch nicht entdeckt, und es gab im ganzen nur noch 70 chemische Elemente, deren Unübertragbarkeit ein für allemal festzustehen schien.

So gab uns Dr. Pick in den zwei Jahren, während welcher wir seinen Unterricht genossen, dem damaligen Stand der Wissenschaft entsprechend, eine feste Grundlage, auf der wir, falls unser Interesse diese zwei Jahre überdauern sollte, weiter zu bauen vermochten. Er gab uns das Verständnis für alle Lebenserscheinungen, die er durch seine Deutungen ihrem mystischen Dunkel entriß. Er gab uns die Möglichkeit, anhand derselben die letzten religiösen Vorurteile zu liquidieren und an ihre Stelle solidere, beweglichere und jedem Fortschritt offene Ideen zu setzen. Von Fräulein Johanna hörte ich, daß Dr. Pick eigentlich nur zufällig diese beiden Jahre bei uns unterrichtete. Trotz seines hohen wissenschaftlichen Ranges war er vor ein paar Jahren durch eine antisemitische Hetzkampagne von Jena vertrieben worden. Als Jude, der die Taufe mehr aus prinzipiellen als aus religiösen Gründen ablehnte, konnte er weder in Wien noch in Deutschland einen Lehrstuhl als ordentlicher Professor erhalten. Die Alma Mater war in den neunziger Jahren bereits ziemlich judenrein, und jeder Versuch der Habilitierung wurde im Keime erstickt, erstens durch den akademischen Senat, zweitens durch die deutschnationale und christlichsoziale Studentenschaft, die auf jeden derartigen Versuch mit lärmenden Demonstrationen antwortete.

So war es Professor Pick in Graz ergangen, wo er eine Weile als Dozent gewirkt hatte. Er war von einem Rudel farbentragender Studenten hinterrücks überfallen und mit Knüppeln niedergeschlagen worden. Blutend hatte man ihn aus der Aula getragen. Nach seiner Heilung aber zog er sich von seinem offiziellen Lehramte ganz zurück, übersiedelte nach Wien und begnügte sich mit dem kleinen Posten eines Mittelschulprofessors an unserer Schule.

Der „Fall“ eines so beliebten Lehrers, wie Dr. Pick es war, gab uns Mädchen Anlaß zu vielen Erörterungen. Es gab einzelne unter uns, die gern vergessen hätten, daß sie Jüdinnen waren, darunter auch ich, und denen dies bisher mehr oder weniger gut gelungen war. Aber die Zurücksetzung eines so bedeutenden Menschen ging uns allen nahe. Stand man als Jude also wirklich außerhalb des Gesetzes? Konnte man auch beim besten Willen nicht alles erreichen, wozu man sich berufen fühlte und was man wollte? Mußte man sich die Anrempelung und Insulte roher Menschen gefallen lassen, ohne daß sich die ganze Welt darüber empörte? Dies beleidigte mein Selbstgefühl, und ich konnte mich lange nicht damit abfinden. Wenn dies einem anderen geschehen wäre, hätte ich vielleicht nach gewissen logischen Begründungen gesucht, die auch dem Opfer einen Teil Schuld zuschoben. Aber Dr. Pick stand in diesem Punkte über jeder Verdächtigung. Er war ein bekannter Gelehrter, ein Mensch von achtunggebietendem Äußeren, seine vornehme Gesinnung konnte von niemandem angezweifelt werden. Er war sein Leben lang nicht auf äußere Vorteile aus gewesen, sondern einzig und allein auf seine Wissenschaft konzentriert. Wenn ein solcher Mensch geschlagen und verjagt werden durfte, dann war wohl auch sonst alles von roher Gewalt beherrscht, ein Verdacht, der sich um diese Zeit immer mehr in mir verfestigte und durch verschiedene Ereignisse bestätigt wurde, die sich zwar außerhalb unserer geschützten Institutsatmosphäre abspielten, von denen aber immerhin manches durchsickerte: Schlägereien im Parlament, Judenhetzen im Gemeinderat, das in den Gassen immer wieder auftönende Hepp Hepp! beim Anblick prononcierter Judentypen aus dem Osten.

Es war ein ganzer Fragenkomplex, der da plötzlich auf mich einstürmte. Ich empfand zum ersten Mal, daß man nicht nur sich selbst, nicht nur dem engen Familienkreis und gewissen selbstgeschaffenen intimen Beziehungen angehörte, sondern abhängig war von einer feindlichen Welt, daß in dieser Welt nicht die edlen und generösen Gefühle vorherrschten, sondern Dummheit, Engherzigkeit, ja sogar Bosheit, daß die Schwachen unter den Verfolgungen der Starken litten, und daß dies alles kein Zufall war, daß es nicht auf persönlichen Tendenzen beruhte, sondern auf einem wohlausgeklügelten und festgefügten System.

Es gab nur ein Mittel, um dem, was mich quälte, zu entrinnen und das seelische Gleichgewicht wiederzugewinnen. Dies waren unsere zahlreichen Theater-, Konzert- und Museumsbesuche, die jedesmal den größten Eindruck in mir zurückließen. Es war das überhaupt weitaus Schönste, was mir mein zweijähriger Wiener Aufenthalt zu bieten hatte, war mitbestimmend für meine weitere Entwicklung. Wöchentlich einmal gingen wir mit Fräulein Johanna in ein Museum, in das kunsthistorische oder naturhistorische, in die Lichtensteingalerie mit ihrem großen Schatz an Rubensbildern, in das Belvedere mit seinen unvergleichlich herrlichen Gobelins. Zweimal im Monat gingen wir ins Theater, dazwischen gelegentlich auch noch in ein Konzert. Ich kann nicht sagen, daß mein Kunstverständnis damals schon richtig geweckt war, aber auch die Ehrfurcht vor diesen großen Dingen bietet einen ersten Maßstab, und aus der andächtigen Bewunderung entwickelt sich allmählich das Verständnis. Ich war anläßlich dieser Besuche hingerissen, fasziniert und berauscht. Da war Rembrandt, Rubens und der Höllen-Breughel. Da waren Raffaels und Tizians Madonnen. Da war das Haus, in dem Beethoven gestorben war, der Stephansdom mit seinen aufstrebenden Pfeilern und der unvergleichlichen Glasmalerei, durch die das Licht in silberner Tönung sickerte. Schönbrunn und die graue Hofburg, die heitere Karlskirche und der von Donner in einem schönen Barock erbaute Brunnen, der den Neuen Markt schmückte. An keiner dieser Erscheinungen ging ich teilnahmslos vorüber. Ich lernte Renaissance, Barock und Rokoko voneinander unterscheiden, aus Formen, Farben und Klängen neue Assoziationen gewinnen und jeden dieser Eindrücke aus dem Emotionellen ins Gedankliche übertragen. Ich war mit Dankbarkeit gegen das Leben erfüllt, weil dies alles da war, weil es bestand, noch mehr aber, weil es für mich bestand und ich daran teilhaben durfte.

Am schönsten aber waren unsere Abende im Burgtheater, das damals noch eine der besten Bühnen der Welt, bestimmt aber die beste in deutscher Sprache war. Jeder dieser Theaterabende bedeutete ein großes Ereignis in unserem monotonen Schulleben, auf das wir uns Tage vorher durch Lektüre und Besprechung der betreffenden Stücke ernsthaft vorbereiteten. Ich sah in den beiden Jahren die berühmte Wolter in ihren wichtigsten Rollen, als Iphigenie, Maria Stuart, Lady Macbeth und Adelheid in Goethes Götz, Sonnental als Nathan und König Lear, Mitterwurzer als Othello und Wallenstein, Baumeister als Götz, Levinsky als König Richard den Dritten und den bei allen Backfischen des Instituts so überaus beliebten Fritz Krastel als ritterlichen Dunois und unwiderstehlichen Ritter vom Strahl.

Auch wir vier in unserem Zimmer mit Olga Gussmann und Sofie an der Spitze schwärmten für Krastel, die im Nebenzimmer für Reimer als Tempelherr und Lionel mit dem regelmäßig geschnittenen Profil eines jugendlichen Liebhabers und der blonden Lockenperücke. Aber abgesehen von diesen typischen Schwärmereien ging unsere Bewunderung viel tiefer.

Unser Interesse wurde gefesselt durch das prachtvolle Zusammenspiel so zahlreicher großer Künstler, die nicht nur die Haupt-, sondern auch die Nebenrollen besetzten. Alles war gleichmäßig ausgewogen und auf der gleichen Höhe. Es gab keine Tricks, keine besonderen Theatereffekte, keine billigen Einfälle, kein Herausfallen aus dem vorgeschriebenen Stil, keine Starmanieren, keine geistreichen Improvisationen und Mätzchen, sondern überall ein Festhalten an der guten alten Burgtheatertradition, die außerdem noch eine klassische deutsche Sprache pflegte, das sogenannte Burgtheater-Deutsch, wie sie schöner und reiner nirgends gesprochen wurde.

Trotz der dem Ensemble vorgeschriebenen festen Formen behielt das einzelne Talent noch immer genug Spielraum zur persönlichen Entfaltung übrig, und es war kein Zufall, daß gerade diesem Ensemble so viele große und individuelle Künstler entwuchsen. Welche Harmonie der Gesten! Welcher Wohllaut der Stimmen! Welche Schönheit im Schmerz, in der zornigen Erhebung, ja sogar noch im Zusammenbruch! Welche weiten Maßstäbe gewannen wir Mädchen an diesen großen, schicksalsbedingten Geschehnissen, die in strenger Logik vor unseren Augen abrollten und zu einem unvermeidlichen tragischen Schluß führten. Wie wir mitfühlten und mitzitterten! Wie so ganz wir diese Tiefen zu ergründen, diesem Höhenflug zu folgen versuchten! Unvergeßliche Abende waren es. Unvergeßlich noch jetzt nach Ablauf eines ganzen Menschenlebens, das mich von diesen Eindrücken trennt. Noch immer sehe ich Iphigenies edle Gestalt vor mir, höre das Wehklagen König Lears, sehe Lady Macbeth ihre dämonischen Verführungskünste entfalten, höre Sonnenthal-Nathan die Fabel von den drei Ringen rezitieren und beweine das Schicksal der unglücklichen Maria Stuart, das mir vor sechzig Jahren die heißesten Tränen entlockte.

War es ein Wunder, wenn wir Fünfzehnjährigen nach solchen Abenden die Welt mit heroischen Gestalten bevölkerten, wenn wir suchten, auch die Forderungen der Wirklichkeit an denselben zu messen? Wie eindringlich lebendig schien mir doch alles, was sich hinter den Rampenlichtern zutrug, wie schal und banal die Realität ohne den Abglanz verklärender Lichter, ohne Schminke, ohne Heldengebärden, ohne den von strengen Schicksalsmächten bedingten tragischen Ablauf der

Geschehnisse und ihren schließlichen Ausgang in Größe und Schönheit!

Kein Zufall war es, wenn vier unserer Mädchen später zur Bühne gingen, wie dies tatsächlich der Fall war, und wenn man von uns anderen behauptete, wir wären überspannt, verwechselten den Schein mit der Wirklichkeit und suchten die Übertragungen der Kunst und Literatur auch im täglichen Leben anzuwenden, wo sie keinen Platz hätten. Ich gebe zu, daß dies unter den obwaltenden Umständen tatsächlich eine Unklugheit und Überspanntheit war, aber bei der weltfremden Erziehung, die man uns angedeihen ließ, dem Idealismus, mit dem man uns imprägnierte, den romantischen Perspektiven, die man uns eröffnete, war es unmöglich, anders zu denken und zu empfinden. Wir überschätzten die Welt, in die wir langsam hineinwuchsen, waren übertrieben in unseren Forderungen an dieselbe, nährten uns von Illusionen, die uns unbedingt früher oder später zu Enttäuschungen führen mußten. Wir lebten unter künstlichen Bedingungen und füllten unsere Leere mit Luftgebilden, die wir uns selbst geschaffen hatten und die allmählich zur Grundlage unserer Existenz wurden. Wir füllten die weitgespannten Horizonte, denen wir entgegenstrebten, mit Licht und Farben aus. Wir belebten sie mit Formen und Klängen, die unserer Einbildungskraft entstammten. Wir schufen uns Fetische, die uns faszinierten, Götter, die wir anbeteten. Ebenso übertrieben aber waren wir in der Abschätzung unserer eigenen Möglichkeiten. Man zeigte uns die Maßstäbe der Kunst und Literatur zu Bildungszwecken, wollte jedoch nicht, daß wir ein Kriterium unseres eigenen, an eine bestimmte Umgebung gebundenen Lebens daraus machten. Sind junge Menschen einer so strengen Unterscheidung aber überhaupt fähig? War es vernünftig, ja auch nur ersprießlich, daß man uns auf diese Weise Dinge zeigte, die nicht für uns geschaffen waren?

Ich gebe zu: Wir waren überspannt, das heißt desorientiert, mit uns selbst in einem Konflikt, den wir aus eigenen Kräften nicht zu lösen vermochten. Ich fühlte dies am stärksten an dem Zustand, der mich befiel, als der Zeitpunkt meiner Heimkehr immer näher rückte. Ich empfand nicht mehr jene platonischen Heimwehschmerzen nach dem Drauufer und dem Langen Hof, sondern eine unmotivierte, unausgesprochene, darum aber nicht weniger quälende Angst. Angst vor dem Leben, in dem ich meine Kindheit zurückgelassen hatte und in das ich nun als Halberwachsene zurückkehren sollte, Angst vor der Horizontlosigkeit dieses Lebens und dem Unbekannten, das mich dort erwartete.

Noch erinnere ich mich des verregneten Herbstmorgens, da mein Vater mich abholte und ich nach einem mich zutiefst erschütternden Abschied von meinen Lehrern und Freundinnen die finstere Wendeltreppe in den nebelerfüllten Schöllerhof hinabstieg, der mir an diesem Morgen besonders grau und trostlos erschien. Ich weinte. „Freust du dich denn gar nicht auf Zuhause?" fragte mein Vater, indem er seinen Arm tröstend um meine Schultern legte. Ich nickte. Oh ja, ich freute mich! „Warum weinst du denn dann?" Ich schüttelte den Kopf. Ich wußte es nicht, konnte es also auch nicht sagen. Die Tränen kamen von selbst.

Am Ende des dunklen Hofes, der wie ein Schlund vor mir lag, erschien ein Licht. Der Himmel hellte sich auf. Dort lag die brausende Großstadt. Die Gassenzüge dehnten sich nach allen Seiten aus. Die Menschen rannten besinnungslos hin und her. Es war gut, in dem vorwärtsdrängenden Strom mit unterzutauchen und an den schweren Abschied nicht nur von den mir liebgewonnenen Menschen, sondern von einer ganzen Lebensperiode nicht mehr zu denken. Am gleichen Abend fuhren wir nach Hause. Meine Eltern hatten inzwischen die Wohnung gewechselt. Die vertraute Franzensgasse, in der ich jedes Kind gekannt hatte, war aus meinem Leben verschwunden und mit der alten Behausung auch der Lange Hof, die kleinen Proletarierwohnungen, die anspruchslosen Gärtchen der Nachbarschaft mit Himbeersträuchern, Maulbeerbäumen, Oleander und Portulazeen zwischen den roten Pflastersteinen, den weinumsponnenen Ziehbrunnen und den schattigen Lauben, in denen man sommers die Mahlzeiten einnahm. Wir waren in das neu emporgeschossene vornehme Stadtviertel übersiedelt und bewohnten in der Jägergasse eine Siebenzimmerwohnung mit Komfort.

Diese neue Wohnung besaß einen großen Vorteil: Ich hatte mein eigenes Zimmer, in dem ich täglich ein paar Stunden lang mein privates Leben führen, lesen und Ordnung in dem Chaos meiner Gedanken machen durfte. Ich war nach den beiden in

Wien verbrachten Jahren aus jeder Kontinuität herausgerissen, das Alte war nicht mehr da, das neue Leben aber, das mich nach meiner Heimkehr erwartete, bot mir nur wenig Anziehendes, und ich stand ihm unvorbereitet gegenüber. Die alten Beziehungen, Schule, Freundinnen, gemeinsame Exkursionen und Spiele, waren zur Vergangenheit geworden. Sie waren verdrängt durch die soviel stärkeren Wiener Eindrücke, ich war ihnen entwachsen und konnte nicht mehr daran anknüpfen. Wie ein Fremdling ging ich in den Esseker Gassen herum, sie schienen mir enger, die Häuser niedriger, die Menschen grauer geworden zu sein. Es gab keine strenge Schuldisziplin mehr, und ich konnte mich nur schwer in den Gedanken finden, daß es mit dem systematischen Lernen ein für allemal aus sein sollte.

Jede höhere Schulbildung war den Frauen damals noch verschlossen. Wohl gab es in Zagreb seit 1893 ein weibliches Lyzeum, die erste Lehranstalt dieser Art in der Monarchie. In Essek aber gehörte es nicht zum guten Ton, seine Töchter an dieser revolutionären Neuerung teilnehmen zu lassen. Man hielt sich, falls man die Mittel dazu hatte, lieber deutsche Gouvernanten, die bei den Halberwachsenen die Rolle des wachsamen Zerberus, des Hüters ihrer Moral, das heißt die der sogenannten Gardedamen, spielten und die jungen Mädchen auf Schritt und Tritt beaufsichtigten und begleiteten. Auch zog die Lyzealmatura keine praktischen Konsequenzen nach sich, denn die höheren Lehranstalten waren den Frauen, mit Ausnahme der Schweizer, noch auf lange verschlossen. Als Frauenberufe kamen auch nach dem Lyzeum höchstens noch die einer Lehrerin, Gouvernante oder Gesellschafterin in Betracht. Im privaten Leben aber waren superkluge Mädchen wenig beliebt. Sie wurden nicht nur von den Männern, sondern auch von ihren Geschlechtsgenossinnen als affektierte Schöngeister, Blaustrümpfe[32]), schlimmstenfalls sogar als Mannweiber bezeichnet, ausgelacht und gemieden. Sie fanden nur schwer einen Ehegefährten und blieben der Familie oft als verschrobene alte Jungfern am Halse, was nicht nur ein Ballast, sondern auch eine Schande war[33]).

Die Männer wehrten sich gegen die Zulassung der Frauen zur Universität und den freien Berufen mit der Begründung, die Frau sei unfähig zu jeder selbständigen Kulturarbeit, sie sei in ihrem Denkvermögen weniger differenziert, es mangele ihr an originellem schöpferischen Geist und an der Fähigkeit zu abstrahieren, wie man es heute noch von den Negern behauptet. Man schrieb tiefgründige psychologische Abhandlungen über das „Geschlechterproblem", in denen man feststellte, „die Frau lehne in ihrer tiefen Eingesenktheit in das eigene Sein alles Außenstehende ab". Man redete von der „Überbetonung des Geschlechtsmoments" als Ausdruck einer höheren Weiblichkeit, von der größeren „organischen Einheit" des weiblichen Wesens, von des Weibes „stärkerem Instinktleben und vegetativem Lebenstrieb", von ihrem „reizbaren und labileren Nervensystem", von ihrem „naturbedingten monatlichen Rhythmus und ihrem leichteren Gehirn". Man zog die Anatomie und die Physiologie heran, man berief sich auf die Medizin, auf nationalökonomische und ästhetische Normen und schließlich auf den Umstand, daß es gefährlich wäre, dem weiblichen Geschlecht den Arbeitsmarkt zu öffnen und die Lohnverhältnisse durch ihre Konkurrenz zu beeinträchtigen, wodurch dem Mann die Gründung einer Familie erschwert, ja in vielen Fällen sogar unmöglich gemacht würde. Ganze Bände wurden über dieses Thema geschrieben, die weiblicherseits eine Flut entrüsteter Repliken hervorriefen. Am weitesten ging darin wohl der Wiener Soziologe Professor Gruber, der in seinem Werk über Volkshygiene feststellte, er würde die Frauen nicht an die Universität zulassen, sondern sie lieber wie die Kühe auf die Weide schicken, um sie auf ihre einzige Berufung, die Mutterschaft, besser vorzubereiten. Dabei vergaßen die um ihr Vorrecht kämpfenden Männer den Umstand, daß die Frauen, denen sie um ihrer körperlichen Schwäche willen den Zutritt zur Medizin verweigerten, seit jeher in den körperlich weit anstrengenderen Berufen einer Pflegerin, Krankenschwester und Hebamme arbeiteten, daß sie in den Manufakturen und Fabriken an den Maschinen standen, die schwersten Feldarbeiten verrichteten sowie an zahlreichen anderen Stellen, in die das Leben sie hineinzwang, ihr Bestes taten. Dazu die Belastung im Hause, die Tyrannei eines mit allen gesetzlichen Vorrechten ausgestatteten Ehemannes, Geburt und Aufziehen der Kinder, eine übermenschliche Anstrengung, die man von Millionen Frauen in allen Länder verlangte, in der sie sich vorzeitig aufrieben und gegen welche die Männer in ihrer männlich bestimmten Welt nichts einzuwenden hatten.

218

Es war schwer, ja fast unmöglich, sich gegen einen solchen, von den Verhältnissen bedingten und von der Gesellschaft in ihrer Majorität widerspruchslos akzeptierten Zustand als Einzelindividuum aufzulehnen und den magischen Kreis alter Gepflogenheiten und Vorurteile aus eigener Kraft zu durchbrechen, besonders wenn man jung und unerfahren war, in einer entlegenen Provinzstadt lebte, wo es sich um eine ganze Atmosphäre handelte, in der alles aufeinander abgestimmt war und jede Abweichung vom Normalen als eine Gefährdung des allgemeinen Gleichgewichts gewertet wurde. Ich wußte bei mir, oder ahnte es wenigstens, daß dies alles ungerecht, unhaltbar und gewaltsam war und daß die Frau der sogenannten besseren Stände (denn nur von dieser ist hier die Rede, das Wohl und Wehe der Arbeiterin und Bäuerin beruhte auf anderen Grundlagen) im Jahrhundert der Aufklärung, des Liberalismus, des technischen Fortschritts und der unbegrenzten Möglichkeiten einen haarsträubenden Anachronismus bildete. Sie blieb in ihrer Stellung als Luxusweibchen hinter den Ereignissen ihrer Zeit zurück. Sie stützte sich nicht auf weibliche Stärken, sondern auf weibliche Schwächen, weil dies ihre Anziehungskraft in den Augen der Männer erhöhte. Frauen aber, die sich anmaßten, eine eigene Persönlichkeit zu besitzen, wurden als abartig, in besonders krassen Fällen sogar als monströse Naturphänomene gewertet wie etwa Kälber mit zwei Köpfen oder andere Zirkusattraktionen. Und wenn eine Frau auf kulturellem Gebiet einmal wirklich etwas leistete, redete man von den Ausnahmen, die die Regel bestätigten. So mußte auch ich mich, sehr gegen meine eigene Neigung, dem streng kontrollierten und standesgemäßen Leben der „Töchter aus gutem Hause" anpassen, das zwischen dem fünfzehnten und zwanzigsten Lebensjahr nichts anderes war als eine gespannte Wartezeit auf den großen Moment, da „Er, der Herrlichste von allen" auf den Plan trat und sich bereit erklärte, der von ihm Auserkorenen den Himmel der Liebe und den Hafen der Ehe zu eröffnen, womit das Frauenleben eigentlich erst begann. Das heißt, wenn man Glück hatte. Denn ging es erst einmal über die Zwanzig, war der damaligen Auffassung nach der richtige Moment auch schon verpaßt. Die Jugendgrenze war erreicht, nach der die erste Blüte zu welken begann. Es war nicht mehr der Märchenprinz, auf den man warten durfte, sondern man mußte nehmen, was sich gerade bot, und schloß eine Vernunftehe, bei der die materielle Versorgung ausschlaggebend war.

Die Wartezeit auf das große Ereignis füllte man mit allerlei unnützem Getändel aus: Sprachen, Klaviergeklimper, Malen auf Seide, mühsame Handarbeiten in allen Techniken unter der Voraussicht: „Schmücke dein Heim". Es gab Mädchenkränzchen mit viel Gekicher und Getuschel, Schlagsahne und süßem Gebäck. Es gab auch etwas häusliche Arbeit, zu der auch ich schon herangezogen wurde, aber auch das war so gut wie gar nichts. Ich räumte täglich mein Zimmer auf, obwohl wir ein gutes Stubenmädchen hatten, wischte aus pädagogischen Gründen im Salon Staub und schälte in der Küche Kartoffeln, zum größten Ärger unserer alten Köchin, der ich nur im Wege war. Mittags deckte ich den Tisch, weil auch das ein Programmpunkt meiner Erziehung zur guten Hausfrau war. An jedem Nachmittag ging ich mit meiner Mutter spazieren, fast immer in die gleiche Richtung und mit demselben Ziel: erst die Alleen, dann die Glacien bis zu jener Wegkreuzung, da die Straße aus der Festung in die Neustadt führte, und zurück. Schon an der ersten Straßenecke trafen wir Bekannte und blieben stehen. Man tat hocherfreut über dieses Zusammentreffen, obwohl man sich ohnedies fast täglich sah, und redete über dieselben Dinge, über die man schon gestern geredet hatte: häusliche Fragen, Dienstbotenkalamitäten, Küchenzettel und Toilettenangelegenheiten. Zwei Schritte weiter traf man andere Bekannte, die man mit demselben freudigen Eifer begrüßte, als hätte man sich eine Ewigkeit nicht gesehen, und mit denen dieselben Fragen besprochen wurden. All diese guten Freundinnen meiner Mutter sahen über mich hinweg, als ob ich Luft wäre. Die Dinge, die sie besprachen, ließen mich kalt, so daß ich vor Ungeduld aus der Haut fuhr. Ich zupfte meine Mutter am Ärmel, denn ich wollte rasch weitergehen, aber meine Mutter war in Fragen des Taktes und der Höflichkeit kompromißlos, und so mußte ich stumm wie eine Pagode neben den plaudernden Damen stehen, konnte höchstens unmutige Grimassen schneiden, von denen niemand etwas bemerkte.

Ganz schrecklich aber waren unsere gelegentlichen Besuche bei alten Tanten. Ich bin überzeugt, kein Mensch besaß sie in so großer Zahl wie ich. Die meisten lebten in bescheidenen Ver-

hältnissen in muffigen, engen Wohnungen, in denen es nach
körperlicher Ausdünstung und ranzigen Fetten roch. Sie neigten ihrer ganzen Veranlagung nach zur Melancholie, und das
Leben hatte sie auch nicht fröhlicher gemacht.

Tante Nina wurde von einer hysterischen Tochter malträ-
tiert, die ohne Mann geblieben war und ihre alte Mutter dafür
verantwortlich machte. Tante Rosa hatte mit ihren Kindern
auch kein Glück gehabt: Der einzige Sohn war jung gestorben,
die Tochter mit drei winzigen Kindern von ihrem Mann sitzen-
gelassen worden. Tante Bettina war freundlich, nett, ja in
gewisser Hinsicht sogar ein Schöngeist, denn sie zitierte Heine
und berief sich auf einen höheren philosophischen Standpunkt.
Nur so ertrug sie das Leben neben einem primitiven, herzkran-
ken und mürrischen Mann.

Tante Fanny war eigentlich keine richtige Anverwandte,
aber sie kannte meine Mutter von Geburt an, und wir gingen
zweimal im Jahr zu ihr zu Besuch. Ihr Mann war Spezereihänd-
ler in einer engen Seitengasse der Unterstadt. Der Laden war
keine Goldgrube, die Kundschaft gehörte dem ärmsten Teil
der Bevölkerung an und kaufte meistens auf Borg. Von Tante
Fanny aber sagte man, sie sei eine Verschwenderin. Sie ging
auch an Wochentagen in rauschenden schwarzen Taftkleidern
herum mit weißen Spitzenmanschetten und einer goldenen
Brosche am Kragen. Während der Mann sich von früh bis
abends in seinem Laden plagte, lag sie auf der Chaiselongue
und las sentimentale Romane, in denen auch Frauen ihrer Art
vom Leben noch etwas zu erwarten hatten.

„Warum gehen wir zu diesen Leuten?" fragte ich meine
Mutter. „Das kann dich doch unmöglich amüsieren." „Man hat
die Pflicht, seine alten Verwandten zu besuchen, ob es einen
amüsiert oder nicht." „Aber man hat auch Pflichten gegen sich
selbst!" Es war eine aufgelesene Phrase, aber es gefiel mir,
dieselbe anzuwenden und mir dadurch eine gewisse Wichtigkeit zu geben. Ich erklärte meiner Mutter, wir wären eine neue
Generation und stünden auf einem anderen Standpunkt. Es
war niemandes Pflicht, sich anderen zuliebe tot zu langweilen,
wie dies an diesem Nachmittag bei mir der Fall war, sondern
durch alle Mittel sein eigenes Ich zu fördern. Meine Mutter
sagte: „Man fördert sein eigenes Ich am besten, indem man
seine Pflicht gegen andere erfüllt."

Sie glaubte wirklich an das Gesetz einer solchen Pflichterfüllung und verging sich in ihrem langen Leben auch unter den schwierigsten Umständen niemals gegen das, was sie ihre Pflicht nannte. Ich selbst gebe zu, daß „Pflicht" im Zusammenleben der Menschen eine unumgängliche Kategorie ist. In der Anwendung auf mich selbst aber hatte dieser Begriff, der im Wörterbuch meiner Erzieher so häufig wiederkehrte, einen irritierenden Beiklang. Auch auf andere angewendet, schien er mir häufig als Obligation, die die Starken den Schwachen auferlegten, wodurch sie ihrer eigenen Bequemlichkeit dienten und das Leben, wenn schon nicht zu einer erfreulichen, so doch zu einer erträglichen Sache machten. Ich kannte Frauen in meiner Umgebung, die ihre Pflicht erfüllten, indem sie ihren ethisch minderwertigen und notorisch dümmeren Männern gehorchten. Ich sah Männer um ihrer amtlichen Pflicht willen jede bessere Regung in sich ersticken. Viele Mädchen waren gezwungen, ihre persönlichen Neigungen zu opfern, denn die Pflicht verlangte, daß sie sich den Wünschen ihrer Eltern unterordneten. Viele unglückliche Ehen wurden nur noch aus Pflichtgefühl aufrechterhalten, obwohl beide Partner einander haßten. Man kasteite sich um der Pflicht willen. Im Gefühl der Pflicht ordnete man sich lächerlichen Konventionen unter, paßte sich überlebten Gewohnheiten an, beging Handlungen, die mit Takt und Anstand nichts mehr zu tun hatten, sondern unter dem Zwange jahrelang geübter gesellschaftlicher Formen zu automatischen Gesten geworden waren.

Auch ich mußte mich mit so vielen anderen diesen Vorschriften beugen. Ich mußte mich dem „Man sagt" und dem „Man soll" fügen, mußte mich an das Gesetz der „goldenen Mitte" halten, sollte keine besonderen Eigenschaften entwickeln, keine Wünsche haben und keine Ansprüche stellen, die über das mir von der Gesellschaft zugebilligte Maß hinausgingen. Talente waren eine gefährliche Sache, jedes öffentliche Hervortreten der Frau zum mindesten kompromittierend, einerlei ob es sich um einen Hang zur Kunst, zur Bühne oder zu einem erweiterten Studium handelte.

Dies alles wirkte in der Periode meines Werdens hemmend auf mich ein, umsomehr als ich mir meiner eigenen Unfertigkeit voll bewußt war. Welch eine unnütze Vergeudung an Kraft und Energie in all diesen Kämpfen! Schmerzlich empfand ich den auf mich ausgeübten Zwang und hatte nur einen Wunsch: ihn zu durchbrechen und mir dadurch den Weg zur Weiterentwicklung aufzutun. Es war die einzige Pflicht, die ich bedingungslos anerkannte.

*

Indem ich diese Einzelheiten aus meiner frühen Jugend aufzeichne, will ich nicht etwa den Eindruck erwecken, als handle es sich um eine besondere Tragik. Dies hieße die Wahrheit fälschen und mir eine über mein Maß hinausgehende Bedeutung verleihen. Es gab Mädchen, die in meinem Alter bereits mitten im Daseinskampf standen, eine zwölfstündige Arbeit in den Fabriken verrichteten, in ungesunden Kellerwohnungen lebten, in einer Atmosphäre des Alkohols, des Lasters und der krassen Ungewißheit. Oder von jenen im Dorf, die ohne Schulen waren und infolgedessen weder lesen noch schreiben konnten. Oder den kleinen Näherinnen und Modistinnen, die in den Augen der Bürgerschaft Freiwild für junge und alte Lebemänner abgaben, verführt, verdorben und verlassen wurden. Ich war kein kleines Dienstmädchen, das schon als Kind fremde Kinder hüten mußte und der man bei kargem Lohn und wenig Essen eine für ihr Alter viel zu schwere und verantwortungsvolle Arbeit auflud. Nicht die Tochter eines kleinen Beamten, die bescheiden beiseite zu stehen hatte, während das Einkommen der Familie für die Ausbildung der Söhne draufging, die natürlich keinen Mann bekam und deren Los es war, nach der undankbaren „Tochterrolle" bis an ihr Ende die der „verschämten Armen" zu spielen.

Ich durfte mich mit all diesen Unglücklichen nicht einmal vergleichen. Ich war die Tochter einer angesehenen und wohlhabenden Familie, war von keiner besonderen Arbeit belastet, meine Eltern waren liebevolle und vernünftige Menschen, die mir ein gutes, wenn auch müßiges Leben bereiteten, und ich hatte die Aussicht, wenn alles programmgemäß weiterging, dieses gute und müßige Leben bis an mein seliges Ende führen zu dürfen. Dies aber war es ja gerade. Ich verabscheute dieses müßige Schlaraffenleben, ich hatte viel zu viel angeborenen Elan, um mich damit abzufinden, viel zu viel Initiative, um ein bloßes Objekt abzugeben, über das andere zu bestimmen hatten. Ich sollte also aller Voraussicht nach ein Leben lang nur so dahinvegetieren, wie fast alle Frauen meiner Bekanntschaft es taten, genußsüchtig, oberflächlich, an allen Daseinserscheinungen desinteressiert, soweit sie ihr kleines Ich, den täglichen Klatsch und ihren engsten Familienkreis nicht unmittelbar betrafen. Der Gedanke daran schien mir unfaßbar! Ich wollte einem derartigen Schicksal, das in meinen Augen dem eines gefangenen Tieres glich, um jeden Preis entgehen! Ich wollte nicht werden wie jene, lieber alles andere als das!

Da es leichter war zu wissen, was man nicht wollte, als sich ein Bild zu schaffen von dem, was wirklich lebens- und erstrebenswert war, richtete ich meine Wünsche auf naheliegende Dinge, die ich bei meinen Eltern durchzusetzen hoffte. Erstens wollte ich unbedingt weiterlernen, zweitens wollte ich mich nicht verheiraten lassen, sondern nur aus Liebe heiraten. So einfach dies heute auch klingen mag, war es für die damalige Zeit ein geradezu revolutionärer Gedanke!

Auf mein Drängen erlaubte man mir, die Stunden in Deutsch, die ich seinerzeit bei Pastor Pindor genommen hatte, bald nach meiner Heimkehr aus Wien wieder aufzunehmen. Da ich in Grammatik und Orthographie jetzt schon ganz fest war und viele der in Frage kommenden deutschen Klassiker in Wien gelesen oder im Burgtheater gesehen hatte, wählte der Pastor für diese Stunden eine Disziplin, die meinem damaligen höheren Bildungsgrad entsprechen sollte und die wir unter dem Gesamtnamen „Ästhetik" zusammenfaßten. Ästhetik war die Lehre vom Schönen, die Wissenschaft des guten Geschmacks. Wir lasen Schillers „Über die ästhetische Erziehung des Menschen", Lessings „Laokoon" und Oesers „Ästhetische Briefe an eine Jungfrau". Ich kam mir bei dieser gelehrten Lektüre zwar ungeheuer wichtig vor, langweilte mich dabei aber ebenso stark wie bei dem Besuch meiner alten Tanten. Natürlich faßte mein Pastor die Sache ganz akademisch auf und analysierte den Begriff des Schönen in langatmigen theoretischen Abhandlungen, die meinem Verständnis nur geringe Anhaltspunkte boten und schließlich in eine trockene Systematik ausarteten, dazu angetan, das Gefühl für Schönheit und ästhetische Werte auf immer in mir zu töten. Das Zimmer war weiß getüncht. Sein einziger Schmuck war ein hölzernes Kruzifix, das sich dunkel von der Wand abhob. Darunter hing eine Lithographie, Lu-

Hauptplatz der Oberstadt Essek um 1868. Gemälde von Anton Erben [20]

Poštarina u gotovom plaćena.

Pränumerationspreis:
Mit Zustellung Loko:
Vierteljährig . . . K 108.—
Monatlich . . . . K 36.—

Mit Postzusendung:
Vierteljährig . . K 108.—
Monatlich . . . . K 36.—

Einzelne Nummern 2 Kronen.

Die Drau

Unabhängiges Tagblatt. — Organ für Politik und Volkswirtschaft.

Erscheint täglich, mit Ausnahme der Sonn- und Feiertage.

Die Redaktion befindet sich in der Oberstadt, Deszathyčina ulica Nr. 35, I. Stock.
Administration ebendaselbst, Parterre (Gassenlokal).
Telephon:
Redaktion Nr. 194. — Administration Nr. 72.
Unfrankierte Briefe bleiben unberücksichtigt.
Manuskripte werden nicht retourniert.
Unversiegelte Zeitungsreklamationen sind portofrei.

Nr. 149 (6719) | OSIJEK, Montag, 5. Juli 1920. | Jahrgang 53.

Unser Staatsbudget.

Osijek, 5. Juli.

Der Finanzminister, Herr Dr. Kosta Stojanović, hat dem Provisorischen Nationalparlament im Laufe der vorigen Woche den Entwurf des neuen Staatsbudgets für das Jahr 1920/21 unterbreitet. Es zeigt ein Gesamterfordernis von 3,994,356,543.50 Dinar, welchem eine Bedeckung in der Höhe von 3,884,177,798 Dinar gegenüberstehn. Unter den präliminierten Einkünften figurieren: die Zölle mit 402,350,000, die Konsumsteuern mit 129,840,000, der Gewinn vom Bargeld mit 90,000,000, die Umsatzsteuer mit 400,000,000, von den Seebehörden 611,000, die Steuern mit 2,116,930,790, die Staatswirtschaftserträge mit 725,628,701 und die diversen Einkünfte mit

spitäler in Kragujevac, Šabac, Požarevac, Vranje, Gornji Milanovac, Negotin, Pirot, Užice, Jagodina, Kruševac und Prokuplje, schließlich Bezirksspitäler in Gradište, Obrenovac und Lazarevac zu erbauen. Der Forst- und Montanminister wird bevollmächtigt den Kohlenpreis um 25% zu erhöhen. Der Minister für Industrie und Handel wird beauftragt, sofort ein Gesetz zum Eigentumsschutz der Industrie zu verfassen.

Die Geschäfts-Umsatzsteuer beträgt 1%, nach Luxusartikeln 2%. Binnen 15 Tagen wird jeder Kaufmann oder Gewerbetreibender verpflichtet, einen Auszug seiner Geschäftsbücher vorzulegen und die Steuer zu entrichten. Uebertretungen dieser Bestimmungen werden mit 1000 bis 5000 Dinar geahndet. Fremde Staatsbürger haben jede Steuer im vorhinein zu erlegen.

Kroatien und Slovenien, sowie vom feierlichen Empfange Sr. kgl. Hoheit in Zagreb und Ljubljana in Kenntnis zu setzen. Es lebe Se. königliche Majestät König Petar! (Langhaltende Živiorufe.)

Abgeordneter Jaša Prodanović protestiert dagegen, daß der Präsident der Aufforderung der Regierung Folge geleistet habe. Nach Aufklärung der Angelegenheit erhebt sich

Ministerpräsident Dr. Vesnić, um folgende Erklärung abzugeben:

Meine Herren! Die Reise, die der Regent ... dieser Gelegenheit nach den Gegenden unserer Brüder unternommen hat, die sich mit uns in ... Staatsgemeinschaft vereinigt haben, übertraf ... ähnlichen Reisen, die bisher gemacht wurden. Die Regierung war der Ansicht, daß dieser Manifestation der Einheit ein noch stärkerer Nachdruck ...

Titelseite der meistgelesenen Esseker Zeitung – „Die Drau“ [21]

*Komitatsgasse mit dem Komitatshaus und der neuen
Kathedrale. Zeichnung von Šenoa* [22]

Das heutige Aussehen des „Kroatischen Nationaltheaters" gibt sehr getreu den ursprünglichen Zustand aus dem Jahre 1866 wieder [23]

Roda Roda im Jahre 1901. Fotografie von Knittel [24]

Wilma [25]

Lavoslav Vukelich (1840–1879) [26]

Milivoj von Vukelich (ganz rechts) in der Pose eines „Philosophen" bei einem Offiziersgelage [27]

thers mittelalterlich anmutender Bauernschädel. Rechts und links ein paar kalligraphierte Sprüche aus der Heiligen Schrift. Ich erinnere mich an das monotone Summen der Fliegen, das mich noch schläfriger machte. Der Pastor ging im Zimmer auf und ab, zitierte und dozierte. Er war ein Mann Ende der Dreißiger, sanguinisch, groß, breitschultrig, mit feisten Hängebacken und einem Grübchenkinn, das ohne Übergang aus den Falten des Halses herauswuchs. Bemerkenswert war die geölte Predigerstimme, mit der er den gewöhnlichsten Dingen eine besondere Prägung verlieh, alles mit Pathos durchtränkte und aufbauschte. Er erklärte mir, an Schiller anknüpfend, Schönheit sei Freiheit in der Erscheinung. Das Wesentliche der Kunstgegenstände sei, kein „Interesse" zu erregen, sie müßten daher „affektlos" genossen werden. Oder in einer weiteren Variation: Schönheit errege Zuneigung ohne Begierde nach ihrem Besitz. Ich konnte mir dabei nur wenig vorstellen, es fiel mir schwer, den Faden festzuhalten und mir sowohl bei dem Gelesenen als auch bei dem Gesagten das Geringste zu denken. Ein einziger Goethescher Vers trug zu meinem Kunstverständnis stärker bei als zehn Seiten von Oesers Briefen an eine Jungfrau oder Schillers ästhetische Theoreme. Ich wurde von Gähnkrämpfen befallen und sah ständig auf die Uhr in der Hoffnung, die Stunde wäre zu Ende.

Um die gleiche Zeit hatte ich ein Erlebnis, das meine Empfindsamkeit potenzierte und mich meine eigene Unfertigkeit und Unsicherheit noch schwerer empfinden ließ. Es war meine erste Begegnung mit dem Tod, ein Eindruck, der wahrscheinlich auf alle jungen Menschen bedrückend einwirkt. Meine Großmutter, die Mutter meines Vaters, war nach langer Krankheit im gleichen Herbst gestorben. Es war nicht so sehr ihr Verlust, der mich so stark erschütterte, als dieses geheimnisvolle Hinübergehen aus dem Leben in das Nichtsein, das Unentrinnbare unseres Schicksals, die Wesenlosigkeit unserer Existenz zu Bewußtsein. Die Maße verschoben sich. Was mir gestern noch unendlich groß erschienen war, schrumpfte heute in ein Nichts zusammen. Ich weinte die heißesten Tränen, aber ich weinte weniger um sie als um mich. Wozu leben, wenn das Ende so grausam, schmerzlich und unentrinnbar war?

Unter diesem Eindruck verstärkte sich mein Hang zur Mystik, und ich gab mich gewissen irrationalen Deutungen hin, die mich nur noch mehr in Widerspruch zu mir selbst brachten. Ich tat, was ich bisher noch niemals getan hatte: Ich begann, mich für religiöse Fragen zu interessieren in der vagen Hoffnung, etwas Tröstliches und Beruhigendes darin zu finden. In unserem Bücherkasten fand ich eine Bibel und fing an, darin zu lesen. Aber ich vertiefte mich nicht in das mir angestammte und mit seiner Legendenwelt teilweise schon bekannte Alte Testament, sondern in das Neue und lernte in dessen Darstellungen die Figur Christi zum ersten Mal kennen. Ich bewunderte diese Figur, aber schon mischten sich die ersten Zweifel ein. Warum einen Gott aus ihm machen, und ihn nicht als den Menschen verehren, der er in Wirklichkeit war? Ein Mensch wie wir alle und ein Gottessohn wie jeder von uns, der seine Aufgabe ernst nimmt? Seine Mission war Liebe. Ist das nicht unser aller Mission? Ist Menschenliebe nicht das einzige rettende Element, das über unser Alleinsein hinweghilft? Er starb am Kreuze; wie viele gibt es, die ihm nachfolgten und gleich ihm um ihres Glaubens willen den Tod erlitten? Eine Vorstellung, die von Kindheit an meine Empfindsamkeit bis zur Ekstase steigerte, und ich war geneigt, alle jene, die um ihrer Überzeugung willen sich hingegeben hatten und gestorben waren, anzubeten und ihnen um dieses Opfertodes willen zu glauben.

Dann aber kam ein neues Element hinzu, das sich in meinen aufkeimenden Glauben mischte und alles, was ich mir mühsam aufgebaut hatte, rasch wieder zunichte machte. Das waren die in den gleichen Evangelien angeführten Wunder, Christi Himmelfahrt, seine körperliche Gegenwart im Sakrament, vor allem aber das grausame Dogma der Sündenvergeltung, der Schrecknisse der Hölle, das heißt das, was dem Tode unwiderruflich folgen sollte. Ist es möglich, sich Gott als Rächer jener Sünden zu denken, die er selbst als Keime in uns gepflanzt hatte? Der bloße Gedanke daran erschien mir grausam und absurd. Nur ein perverses Gehirn konnte sich so etwas ausgedacht haben! Der seines freien Willens beraubte Mensch sollte, einem unerforschlichen göttlichen Ratschluß entsprechend, auch noch nach seinem Tode Höllenqualen erleiden?

Eines Tages verriet ich dem Pastor etwas von meinen religiösen Verwirrungen und Zweifeln. Ich weiß selbst nicht, wie es dazu kam. Aber wenn man eine Sache lange mit sich herumträgt, wenn man von ihr so voll ist, wie ich es damals war, entschlüpfen einem die Worte wie von selbst. Man macht sich Luft, indem man dem Unfaßbaren eine Form gibt, es in Worten ausdrückt und sich dadurch von seinem Druck entlastet. Vielleicht auch erwartete ich etwas Besonderes von ihm, eine Aufklärung, die mir aus der Bibeldarstellung nicht zuteil wurde, etwas Menschlicheres, Geistigeres, das über die bloßen Satzungen hinausging. Aber ich täuschte mich, denn es ereignete sich das gerade Gegenteil von dem, was ich erwartete. Es gelang dem Gottesmann, das religiöse Flämmchen, das in meinem Herzen aufgeflackert war und ein paar Tage, ein paar Wochen lang fortglomm und nach Nahrung, nach Bestätigung verlangte, schon im Keim zu ersticken, und zwar ein für allemal. Diese Periode grüblerischer Versenkung ins Irrationale war die letzte meines Lebens.

Der Pastor war sichtlich zufrieden über die sich ihm darbietende seelsorgerische Gelegenheit und benützte sie zu meiner Erleuchtung. Anstatt wie bisher von ästhetischen waren unsere Stunden fortan von religiösen Erwägungen erfüllt. Er erläuterte mir das Neue Testament, erklärte mir die Beziehung des Protestantismus zum germanischen und angelsächsischen Kulturkreis. Dann ging er auf die sogenannte Eschatologie über, das heißt auf die Lehre von den letzten Dingen, und erklärte mir mit besonderer Betonung, der Mensch vermöge sich sittlich nicht durch seine Werke, sondern nur durch seinen Glauben zu retten. Der Glaube sei das einzige Mittel menschlicher Erlösung. Des Menschen Handlungen aber seien nur als Eingebungen der Gnade Gottes zu werten. Nur durch sie finde der Mensch den Weg des Heils. Ohne sie sei alles vergebens. Ich sagte ihm: „Aber damit verliert der Mensch ja jede Eigeninitiative, jedes Eigenverdienst, jede Lust, sich zu betätigen, jeden Impuls, etwas Wertvolles zu schaffen, jede Neigung, sich aus eigenen Kräften zu bewähren. Er wird anstatt auf Kampf auf Ergebung verwiesen. Wozu dann überhaupt noch leben?"

Mit meinen Gegenbemerkungen brachte ich den Pastor in Harnisch, und er bewies mir, jetzt schon ganz auf der Höhe seiner priesterlichen Mission, der zweifelnde Mensch sei von vornherein verdammt. Er verwerfe die ihm von Gott offenbarte Lehre und schließe sich damit selbst aus Gottes Gnade aus. Ich fragte mit gepreßter Stimme, denn etwas Hartes saß mir in der Kehle: „Wenn man aber nicht glauben kann?" Er erwiderte mit Salbung: „Man muß beten und harren!" Ich schüttelte den Kopf. Beten und Harren? Das war eine Sache, die mir nicht lag. Meine Zweifel wurden zur Gewißheit. Niemals würde ich auf diese Weise selig werden! Aber mein Weltschmerz dauerte zum Glück nicht sehr lange. In jungen Leuten gibt es immer noch innere Quellen, die aus dem Organischen heraus alle geistigen Ablagerungen und Schichtungen durchbrechen, alles Künstliche hinwegschwemmen und die Träger immer neuer Lebensimpulse und Wünsche werden. Sie bereiten den Boden für eine neue Aussaat vor und erwecken die Hoffnung auf neue Ernten.

✳

Im Juli fuhren wir zur Erholung von der Esseker Sommerschwüle, den Staubwolken, den Gelsenschwärmen und dem schlechten Trinkwasser nach Velika, einer im Papukgebiet[34]) gelegenen kleinen Sommerfrische. Wir wohnten in einem alten Franziskanerkloster, dem auch der legendenumwobene Fra Luka Imbrišimović angehört haben soll, der mit seiner Heidukkenschar[35]) von hier aus zahlreiche Ausfälle gemacht und die Türken entscheidend aufs Haupt geschlagen hatte. Im 18. Jahrhundert war dieses Kloster mit seinen weitläufigen Liegenschaften in herrschaftlichen Besitz übergegangen und hatte 1896 eine neue Phase erlebt: Es war zu einer Sommerfrische hergerichtet worden.

Velika hatte eine Mineralquelle, die schon den Römern bekannt gewesen war. Es hatte zahlreiche murmelnde Bäche und einen von Algen durchwobenen schwarzgrünen Weiher, in dem es von Forellen wimmelte. Es gab eine malerische Burgruine, die der Überlieferung nach einmal eine von hohen Schutzmauern umgebene Kirche des Templerordens gewesen war, während andere Leute behaupteten, ein grausamer Aga habe dort gewohnt und die Burg zum Ausgangspunkt seiner Beutezüge ins slawonische Land gemacht. Mein Bedürfnis nach Romantik war also vollauf gedeckt.

Hier fühlte ich mich seit langem wieder glücklich. Ich machte Spaziergänge und weite Ausflüge. Ich genoß die Kühle des Bades, das geheimnisvolle Dunkel des Waldes, der voller Zyklamen war, das Gezwitscher der Vögel und das Gemurmel der Bäche, das einen Tag und Nacht begleitete. Hier fand ich unerwarteterweise auch einen Freund und Mentor, den ersten Menschen, der sich nach meiner Schulzeit für ein paar Wochen ausschließlich mit mir befaßte. Dies war der Bürgermeister von Požega[36]), Franjo Ciraki[37]), der einer der Mitbegründer und ersten Mitarbeiter des „Vijenac" gewesen war und sich mit seinen Gedichten und den „Florentiner Elegien" literarisch betätigt hatte.

Er war ein Mann um die Fünfzig. Mir erschien er an Alter und Weisheit ein Methusalem! Da er ein Bein verloren hatte und an Stelle desselben eine einfache Holzprothese trug, konnte er sich nur mühsam fortbewegen. Aber er überwand diese Schwierigkeit kraft seines Willens, und wir machten gemeinsame Spaziergänge in die nähere Umgebung. Wir botanisierten, denn die Pflanzenkunde war sein Steckenpferd, und ich glaube, daß es kaum jemanden in der Umgebung von Požega gab, der die dortige Flora so gut kannte wie er. Nach einem dieser Ausflüge, von dem wir eine Menge Material mit nach Hause brachten, regte er mich zum Anlegen eines Herbariums an. Wir kauften Papier und Klebstoff, eine Presse war schnell improvisiert, und so sammelten wir Pflanzen, darunter eine Menge mir unbekannter Exemplare, ordneten sie nach dem Linnéschen System und klebten sie ein. Diese Arbeit diente nicht nur Sammelzwecken, sondern förderte auch mein Interesse am Pflanzenleben, so daß ich Botanik als Hauptfach wählte, als ich mich viele Jahre später an der Münchner Universität inskribierte.

Wir saßen stundenlang in eifrige Gespräche vertieft beieinander, entweder in den kühlen Wandelgängen des alten Klosters, oder in dem von einer riesigen Kastanie beschatteten Hofviereck, manchmal auch in dem kleinen Park vor der Badeanstalt. Ciraki war der erste kroatische Intellektuelle, der mir begegnet war, und er war als solcher ein Typus. Er war in seiner Seele ein eifriger Patriot, aber als Bürgermeister dem herrschenden Regime verschrieben, als Schriftsteller durch sein Amt gehemmt, als Mensch in schwierigen häuslichen Verhältnissen lebend, ohne geistige Anregung. Durch seine Prothese war er in der Bewegung behindert, auf allen Gebieten mit mehr Wollen als Können ausgestattet, unverstanden und verbittert, aber noch immer vom Traum eines unerfüllten

Jugendideals überschattet. Aus der Problematik dieser Gegensätzlichkeit schöpfte er noch immer gewisse Energien, die ihn beredt machten und mit edlen Schlagworten erfüllten, mit Freiheits- und Gleichheitsparolen und einer Vaterlandsliebe, die ihre Grenzen am Khuenschen System fand, dem er sich, der Not gehorchend, mit so vielen anderen verschrieben hatte, und der Kränkung darüber, daß ihn das Schicksal zu einem so erniedrigenden Kompromiß zwang, einen Umstand, den er freilich niemals erwähnte.

Ich muß gleich hinzusetzen, daß unsere Intellektuellen damals fast alle dem Beamtenstande angehörten. Die freien Berufe der Ärzte, Techniker und Advokaten waren den wohlhabenden Ständen vorbehalten. Sie bedingten teilweise ein teures Auslandsstudium, teilweise eine kostspielige Einrichtung, für Advokaten aber ein längeres Zuwarten auf das Stalum agendi, zu dem die Mittel nicht immer ausreichten. Für Minderbemittelte gab es nur den Weg des städtischen oder Staatsdienstes, der mit Dornen bestreut war, mit der Aussicht auf ein langsames Emporklimmen von einer Gehaltsklasse in die nächste, wobei jeder Rest von Eigeninitiative und geistigen Amibitionen verlorenging. Jede Auflehnung war ausgeschlossen, und alles wurde aufgesaugt vom grauen Alltag mit tyrannischen Vorgesetzten, kleinen Kalamitäten des Dienstes und Scherereien des eigenen Haushalts, schäbigen Wirtshausvergnügungen und einer wachsenden Schuldenlast.

So gingen die meisten unserer Talente zugrunde. Der Verlauf ihres Lebens war typisch, mit kleinen Variationen. Es gab manche, die sich auch an ein solches Leben zu gewöhnen vermochten, die allmählich in dasselbe hineinwuchsen, sich darin verankerten und zu verknöcherten und durch nichts zu beirrenden Vertretern einer tadellos funktionierenden Bürokratie wurden.

Ciraki war es, der mich als erster auf diese Umstände, das heißt auf die besondere Beschaffenheit und die Lebensbedingungen unseres geistigen Milieus, aufmerksam machte. Ich hatte bisher immer nur sagen gehört: Der Kroate sei der geborene Beamte, er habe das in seinem Blut. Er habe das entsprechende Subordinationsgefühl und Sitzfleisch, er fühle sich nur wohl, wenn er in eine bestimmte Rangklasse eingereiht sei, nur sicher, wenn er einen Vorgesetzten über sich hätte. Er sei schon seiner Tradition nach dazu veranlagt.

Jetzt erfuhr ich zum erstenmal, wieviel Tragik hinter dieser Tatsache steckte, wie viele Menschenleben sich dabei aufrieben, wie viele Talente dabei zugrunde gingen, wie viele Werke ungeschrieben, andere nur Fragment blieben, denn ihre Autoren blieben nach vielversprechenden Anfängen am Wege stekken. Sie wurden gehemmt von der Angst, „oben" anzustoßen und dann ohne Existenz zu bleiben, denn nur von der Literatur konnte niemand leben. Bücher brachten es im besten Falle zu einer Auflage von 300 bis 400 Exemplaren, verkauft aber wurden selten mehr als einhundert. Es war teilweise auch auf diesen Umstand zurückzuführen, daß unsere Literatur gerade damals einen Tiefstand erlebte, so daß alles, was nach dem illyrischen Aufschwung gedruckt wurde, einem ziemlich blutlosen Epigonentum angehörte. Wobei der gute Wille, nicht aber die Leistung ausschlaggebend war. Es war eher ein vorsichtiges Herantasten an die Wirklichkeit, ja in vielen Fällen sogar eine Umgehung derselben, aber kaum irgendwo ein Versuch, sie in ihrem Kerne zu erfassen. Es war schwer, in einer solchen Zeit den Mut zur Wahrheit aufzubringen und künstlerisch auszuformen, was man wirklich meinte. Man hielt sich demnach an klassische Muster, an die Epen Puschkins und Mickiewicz', an russische Mystik und den eben in Mode gekommenen französischen Naturalismus. Nur selten ein Aklang an die Realität, und auch da nur in versteckten Anspielungen. So groß war der Terror, der die Gemüter bedrückte, so aussichtslos die Lage.

Auch Ciraki redete mit mir über diese Dinge mit einer gewissen Vorsicht, um ja nicht mehr zu sagen, als sich mit seiner offiziellen Stellung vertrug. Er beschuldigte unser Publikum, das, soweit es Geld besitze, dasselbe lieber für ausländische Bücher ausgebe. In den Familien las man das „Blatt der Hausfrau" und „Die Gartenlaube", wenn es hoch kam die Romane der französischen leichtfertigen Literatur. Der „Vijenac" aber hatte kaum 1500 Abonnenten. Er sagte mir, es sei die Aufgabe von uns Jungen, diesem Übelstande abzuhelfen. Er appellierte an mein patriotisches Gefühl: Ich sei hier geboren, ich zeige Interesse für alle Erscheinungen des Lebens, ich möge mein Interesse nicht an fernliegende Dinge verschwenden, sondern es jenen schenken, die seiner bedürften, der Heimat, die unsere geistigen Anstregungen nötig hätte. Die Einzelheiten unserer Unterredungen, die jetzt schon so weit zurückliegen, sind mir inzwischen entfallen, gewisse Dinge aber bis heute haften geblieben, wie dies bei allen Erinnerungen der Fall ist. Der Mensch speichert in seinem Gehirn das für ihn Wertvolle auf, das in gewissem Sinne Richtunggebende und Entscheidende. Ciraki aber gewährte mir den Einblick in eine mir bisher unbekannte Welt, die ein paar Jahre später die meine werden sollte. Daß er dies als erster getan hatte, blieb unvergeßlich in meinem Gedächtnis haften, und ich bin ihm noch heute dankbar dafür.

Ich schrieb damals ein Feuilleton (mein erstes!), das in der „Drau" abgedruckt wurde.[38]) Es war ein Panegyrikus auf Velika, wie er meiner damaligen Stimmung entsprach und bei den anwesenden Kurgästen eine Sensation erregte. Auch Ciraki gefiel er, und er redete mir nach diesem billigen Erfolg zu weiteren Versuchen zu. Ein paar Tage später brachte er mir das Schema zu einem künftigen Roman und verlangte von mir, ich möge es, vorläufig nur erst zur Übung, wie er immerhin vorsichtigerweise hinzusetzte, ausarbeiten und zu Ende führen. Der Roman hatte bereits einen Titel, „Marica i Ružica", was nicht sehr sensationell klang. Er erklärte, Marica und Ružica wären zwei junge Mädchen von verschiedener Wesensart, die eine emanzipiert, mit modernen Ansichten, geistreich, aber überspannt; die andere hausbacken, aber gütig und sanft. Er überließ es mir, diese beiden Figuren gegeneinander zu stellen, der einen oder der anderen den Vorzug zu geben und ihren Lebenslauf mit allen seinen Verwicklungen zu schildern. Er arbeitete zu diesem „Werk" einen schriftlichen Plan aus, eine Art Diagramm, in dem alles seine Rubrik hatte. Es war in Quadrate eingeteilt, in jedem Quadrat ein paar schriftliche Anhaltspunkte, die mir die Arbeit erleichtern sollten.

Wieviel Gutgläubigkeit und Naivität muß er gehabt haben und welch kolossale Überschätzung meiner bescheidenen Person, daß er mir zumutete, ich könnte mit sechzehn einen solchen Roman schreiben, und zwar in seinem Schema mit den verschiedenen Rubriken und Quadraten. Gleichzeitig welche Unterschätzung wirklichen literarischen Schaffens, das damit auf das Niveau eines primitiven Handwerks herabgezogen wurde! Es gelang mir ja gelegentlich ein kleines Gedicht, aber ein ganzer Roman, komponiert auf ein fertiges, fremdes, das heißt Cirakis eigenes Klischee: Exposition, Entwicklung, Verwicklung, Lösung, Katharsis, lehrreicher Schluß, wie ich es auf den von ihm mit kalligraphischer Sorgfalt beschriebenen Blättern vor mir hatte? Unmöglich!

Ich konnte das nicht. Erstens hatte ich damals schon viel zu viele gute Bücher gelesen und infolgedessen einen ehrlichen Respekt vor allem, was Literatur bedeutete. Zweitens fehlten mir dem wirklichen Leben gegenüber Urteilskraft und Erfahrung. Und was noch hinzu kam: Ich war um jene Zeit ganz lyrisch eingestellt, geradezu solipsistisch auf mein eigenes Ich konzentriert, wie dies bei fast allen unfertigen jungen Menschen der Fall ist. Ciraki aber hatte in unseren „intellektuellen" Gesprächen vielleicht mehr in mir gesehen, als ich in Wirklichkeit war, und hatte mir eine Rolle zugeschrieben, die mir zwar schmeichelte, die ich jedoch nicht zu erfüllen vermochte.

In den letzten Augusttagen wurden in der Umgebung von Požega die Sommermanöver des einheimischen 78er Regiments abgehalten. Wir hatten im Dorf ein paarmal Einquartierung und im Schloß Offiziersbesuch. Dann wurde im Refektorium zu den Klängen des alten Klaviers sogar getanzt. Und eines Tages erschien in der Galerie ein kleiner Leutnant, geschniegelt und gebügelt, wie er im Buche steht. Ein weinumsponnenes Gitter trennte uns von dem Nebentisch, an dem der Leutnant saß, und ich konnte durch die Laubwand seine Silhouette und das Aufglimmen seiner Zigarette sehen. Auf der weißen sonnenüberstrahlten Tischdecke zeichneten sich die Schatten der vom Winde bewegten Rebenblätter ab. Wir aßen Backhühner mit grünem Kopfsalat und nachher Strudel. Ich aß gewöhnlich mit meiner Schwester um die Wette, in der gegebenen Situation aber konnte ich keinen Bissen hinunterbringen.

Am gleichen Abend erhielt ich das erste Zeichen seiner Huldigung. Der Kellner Sami, ein halbverwachsener Zwerg, der in einem viel zu weiten, fleckigen Kellnerjackett wie in einem Kaftan steckte, legte mir mit einem halb verschmitzten, halb vertraulichen Lächeln zwei blaugesottene Forellen in brauner Buttersauce auf den Teller. Der Herr Leutnant habe sie nachmittags im Weiher gefangen und erlaube sich, sie dem Fräulein zu offerieren! Ein fatales Geschenk! Die Blumen eines Verehrers konnte man sich an den Busen stecken, ein von ihm geschenktes Buch lesen, Schokoladenbonbons mit Dank entgegennehmen und in der Einsamkeit seines Zimmers genießen. Die Forellen aber mußte ich essen, solange sie noch warm waren. Ich mußte sie essen unter seinen beobachtenden Blikken! Ich wußte, daß er durch die Laubenwand jeder meiner Bewegungen, jedem meiner Bissen aufmerksam folgte. Sie schmeckten herrlich im Dufte der braunen Buttersauce, geweiht durch meine besonderen Gefühle. Und doch konnte ich sie kaum hinunterbringen und war glücklich, als ihr nacktes Grätenskelett endlich auf dem Teller lag!

Natürlich mußte ich mich bei dem Leutnant nun bedanken, und dies war der Anfang unserer kurzlebigen Beziehung, die so flüchtig war wie diese letzten Sommertage und nicht einmal den Namen einer Liebelei verdiente. Der Begriff des „Flirts" war uns damals noch nicht bekannt.

Er war blond, hübsch, manierlich und geleckt. Er war mehr als beschränkt, aber in meiner damaligen Stimmung hätte mir auch ein wirklicher Esel gefallen. Unser von vielsagenden Blicken begleitetes Gespräch beschränkte sich auf ein paar Phrasen. Er fragte: „Fräulein tanzen?" Ich sagte: „Ja." Er fragte weiter: „Lieber Walzer oder Polka?" Ich flüsterte: „Beides!" Eine kurze Pause. Er drehte gedankenvoll an seinem idealen Schnurrbart herum. Dann eine weitere Frage: „Fräulein reiten?" Ich sagte: „Nein." Er erwiderte: „Schade. Hätte sie sonst leicht in der Manege eingeführt und Hohe Schule unterrichtet." Ich gab zu, es sei schade, obwohl ich bisher noch niemals daran gedacht hatte. „Aber doch wenigstens Tennis?" „Auch das nicht!" Es war zu sehen, daß ich in seiner Achtung fiel. Das beunruhigte und betrübte mich. Ich nahm mir vor, wenigstens Tennis zu erlernen, vielleicht auch Reiten, da dies offensichtlich zum guten Ton gehörte. Mein Vater lachte mich aus, wie dies jetzt öfter der Fall war. Die Sache beschäftigte mich. Das Bild des kleinen Leutnants verfolgte mich Tag und Nacht. Was war das? Liebe? Aber ich kannte ihn ja kaum. Ich vergaß mein Herbarium. Ich vergaß meinen ungeschriebenen Roman „Zora und Agathe". Ich vergaß sogar meinen Freund Ciraki, der sich gekränkt und enttäuscht zurückzog. Ich war nicht mehr das, was ich mir in den letzten Jahren zu sein eingebildet hatte. Keine Sappho, keine George Sand, keine Sonja Kovalevska. Mein künftiger Weltruhm rumpelte mit

einem jähen Ruck in nichts zusammen. Es gab keine hochgespannten philosophischen Reflexionen mehr über Sein und
Nichtsein, keine ausschweifenden Wünsche, wie ich sie noch
eben als Extrakt meiner Lebenssehnsucht in Worte gekleidet
hatte. Ich war nichts als ein närrisches, neugieriges, leichtgläu-
biges kleines Mädchen, wie sie zu Tausenden und Abertausen-
den in der Welt herumlaufen, in jeder Stadt, in jedem Dorf, mit
den ersten Anwandlungen von Gefallenwollen und Koketterie,
in einem Nebel von Unbewußtheit und Unorientiertheit, mit
einer aus der Literatur geschöpften Menschenkenntnis, die
mich leicht zu Irrtümern verleitete.

Noch war es nicht Liebe, was ich empfand. Ich kannte ihn ja
kaum. Es war eher die Situation und der landschaftliche Rahmen (Sonne, frische Luft, die mir gewährte größere Freiheit
der Bewegung), die mich zu diesen Gefühlen veranlaßten, die
ihm zum Hintergrund dienten und ihm ein verstärktes Relief
verliehen. Auch war er der erste Mann in meinem Leben, der
mir Aufmerksamkeit schenkte. Seine Blicke hatten mir zu
wissen gegeben, ich sei ein Weib und komme als solches in den
Augen der Männer bereits in Betracht. Warm wallte es mir bei
diesem Gedanken durch alle Glieder. Ja, dieser Umstand war
mir mit einem Mal wichtiger als alles andere. Ich empfand
instinktiv, aber mit größerer Klarheit als bisher, daß ich alles,
was ich vom Leben erwartete, Glück, Liebe, Erfolge und
Niederlagen, Kämpfe und Siege meinem Weibsein verdanken
würde! Nicht als bloßer Gedanke war diese Erkenntnis in mir
aufgeblitzt, sondern als heiß erstickendes Gefühl einer Leidenschaft – noch ganz ohne Gegenstand –, die mein Blut erwärmte,
die mich fiebern ließ vor übergroßer Freude und Erwartung.
Das Auftauchen des ersten jungen Mannes, der mir seine
Aufmerksamkeit schenkte, hatte diese Wandlung bewirkt.
Seine Person stand dabei gar nicht zur Diskussion. Er war
nichts anderes als ein zufälliges Objekt, das mir über den Weg
gelaufen war und meiner damaligen Stimmung entgegenkam.

Wir machten in Gesellschaft mehrerer Personen einen Ausflug in das sogenannte zweite Tal, zu den Wasserfällen und der
ehemaligen Glashütte „Dubrava". Aber wir waren zu schüchtern, um nebeneinander herzugehen, sondern auf dem Hinweg
führte „Er" die Truppe an, und ich bildete die Nachhut. Auf
dem Rückweg war es umgekehrt, da stapfte ich voran mit

seinem Gewehr auf der Schulter, das er mir am Wasserfall im Scherz umgehängt hatte, während ich ihm als Revanche einen Blumenstrauß, den ich am Wege gepflückt hatte, zum Tragen überließ. Der harte Riemen schnitt mir tief ins Fleisch, aber ich schwieg heroisch und trabte weiter, während er immer weiter zurückblieb. Zu Hause angelangt, fragte er mich, ob mir der Stutzen nicht zu schwer gewesen wäre. Ich sagte: „Oh, nein!" Dann fragte er mich, ob er meinen Blumenstrauß behalten dürfte. Ich sagte: „Oh, ja!" An diesem Abend sahen wir uns zum letzten Mal. Meine Schulter war wund, und ich mußte mir kalte Umschläge machen, um sie zu kühlen. Mein Vater lachte mich aus und sagte, dies sei der Tribut der Liebe. Nun könnte ich selber sehen, wie wenig die Sache sich auszahlte.

*

Im Herbst begann ich mit einem systematischen Unterricht, den mir Professor Matić erteilte, ein routinierter Schulmann, der seit Jahren in den wohlhabenden Häusern Privatstunden gab, und zwar hauptsächlich faulen und unbegabten Schülern, die er mit seiner Methode durch Nachprüfungen brachte und vor dem Durchfallen rettete. Um dies zu erreichen, mußte er das vorgeschriebene Material auf das Notwendigste reduzieren, nur das Wesentliche herausheben, Daten, Jahreszahlen, Formeln und Gesetze, die sich auch den trägsten Gehirnen schließlich einprägten.

Diese Methode war sicher gut in Anwendung auf seine schwarzen Schafe, die er mittels derselben auf eine möglichst schmerzlose Weise durch die Matura brachte. Auf mich angewendet aber, hatte sie ihre starken Nachteile. Auch ich wollte mich zwar auf diese Weise für die Matura vorbereiten, aber ich wollte noch mehr als das. Ich wollte vor allem wissen! Da die Stunden bei Matić aber das Maximum des damals für mich Erreichbaren waren, gab ich mich zufrieden und suchte dabei so viel wie nur möglich aus diesem Unterricht für mich herauszuholen.

Matić kam dreimal die Woche. Er war ein jovialer und freundlicher Herr, der niemals genug staunen konnte über den von mir aufgebrachten Eifer. Wir beschränkten uns nicht nur auf den Unterricht, sondern plauderten gelegentlich auch noch ein Viertelstündchen. Matić kannte die ganze Stadt und wußte so ziemlich alles, was darin vorging. Er erzählte mir allerlei Klatsch, manchmal aber auch ernstere Dinge, besonders solche, die sich bei ihnen in der Schule zutrugen, wo die Schüler der oberen Klassen bereits eigene Gruppen bildeten, ihre nationalistischen Ideen hatten, denen sie jetzt schon auf die verschiedenste Weise Ausdruck zu geben versuchten. Offen konnte dies ja nicht geschehen, aber es gab immer irgendeinen Anlaß, den man zum Ausgangspunkt spontaner Demonstrationen machen konnte. Die Professoren, die sich selbst in einer Zwangslage befanden, drückten die Augen zu, ja es gab unter den jüngeren sogar solche Elemente, die die patriotischen Gefühle der Schüler durch ihre Vorträge auch noch nährten, natürlich immer alles unter dem Deckmantel der reinen Wissenschaft, so daß ihnen niemand nahezutreten vermochte. Aber schließlich war auch diese reine Wissenschaft dehn- und deutbar, und es ließ sich dabei manche Wahrheit einschmuggeln, namentlich auf dem Gebiete der Geschichte und Literatur, die offen nicht herausgesagt werden durfte. Dies gefiel mir. Und diese inoffizielle Plauderstunden trugen viel dazu bei, daß ich dem Unterricht bei Professor Matić immer mehr Geschmack abgewann. Denn er führte mich dadurch nicht nur in Physik und Mathematik ein, sondern ich erfuhr durch ihn, daß es auch in Essek lebendige Quellen gab, die über das seichte Geplätscher unseres von allen Seiten eingeengten Alltags hinausdrängten. Es gab junge Menschen, die den Elan einer jeden frischen Jugend in sich trugen, die fühlten, dachten und etwas wollten, vorläufig noch! Ob sie damit auch etwas erreichen würden, war eine Frage, die der Zukunft angehörte und die ich mir damals noch gar nicht stellte. In ihrem bloßen Wollen schien mir der Keim einer bemerkenswerten Kraft zu liegen. Dem Wollen folgt die Tat, einmal, vielleicht nach Jahren, vielleicht nach Jahrzehnten. Mir aber schien, ja ich war fest überzeugt davon, daß kein Wollen jemals umsonst gewesen, daß es leer in der Luft verpufft wäre. Es wird, wenn schon zu nichts anderem, zu einer besonderen Atmosphäre, aus der die Späteren ihre Kraft schöpfen. Und auch das ist schon viel.

Einmal zeigte ich meine Übersetzungen aus dem Kroatischen, die ich noch in Wien gemacht hatte. Er fand sie gut und regte mich zum Weiterarbeiten an. Er brachte mir eine Antho-

logie älterer und neuerer Gedichte, und ich machte mich sofort
ans Werk. Die Verse flossen mir leicht aus der Feder, als ob ich
dies alles selbst gedacht und gedichtet hätte. Ich war imstande,
mich in des Dichters Stimmungen und Empfindungen einzuleben, seine Begeisterung und seine Schmerzen nachzufühlen
und seine Worte in entsprechender Form und in dem gleichen
Rhythmus wiederzugeben. Es war keine mechanische Arbeit,
die ich leistete, sondern Nachdichtung im wahren Sinne des
Wortes. Ich übersetzte Bogović, Badalić, Alaupović, Šenoa,
Gjuro Arnold, Tresić-Pavičić, Kranjčević und Begović[39]. Am
besten gelangen mir die zarten Volkslieder mit ihrem musikali-
schen Rhythmus und dann auch „Smail-aga Čengić", von dem
ich den ersten Gesang übersetzte. Diese Gedichte erschienen
fortan fast jede Woche in der Sonntagsnummer der „Drau"[40],
gelegentlich im „Agramer Tageblatt", in der „Agramer Zeitung"[41], in Budapester und Wiener Blättern und noch im
gleichen Jahr in der in Stuttgart erscheinenden Zeitschrift „Aus
fremden Zungen" in ein und derselben Nummer mit Gorkis
„Barfüßlergeschichten", die seinen Namen in Europa bekannt-
machten. Welches Glück, als ich aus Stuttgart mein erstes
Dichterhonorar erhielt, ganze fünf Mark! Zu gleicher Zeit
erhielt ich die Dank- und Anerkennungsschreiben unserer
einheimischen Poeten, die mit meinen Übersetzungen sehr
zufrieden waren. Sie sandten mir Exemplare ihrer eigenen
Werke mit schönen Widmungen. Begović schrieb mir, er habe
meine Übersetzungen dem bekannten österreichischen Schriftsteller und „Führer" der Wiener „Modernen" Hermann Bahr
vorgelegt, der sie zu den besten gezählt habe, die er kenne.
Vladimir Jelovšek schickte mir ein Buch mit der Widmung
„Jedinoj Osječanki literatkinji" („Der einzigen Schriftstellerin
aus Essek"). Zwischen mir und Tresić entwickelte sich eine
schöngeistige Korrespondenz.

Mein Vater mußte sehen, wie ich immer mehr in ein Geleise
einbog, das seinen Wünschen widersprach. Er war trotz seiner
liberalen Gesinnung, was das Familienleben anbelangte, noch
ganz in patriarchalischen Vorurteilen befangen. Er verabscheute die Schöngeister weiblichen Geschlechts, lachte sie
zum mindesten aus und trat energisch gegen alle weiblichen
Emanzipationsbestrebungen auf, die er für bloße Schaum-

schlägerei hielt. Dies geschah teilweise aus Überzeugung, teilweise aber in Anlehnung an die in Essek herrschende Meinung, eine Frau habe nichts anderes zu sein als das, was der Mann von ihr verlangte. Mein Vater verlangte von mir, daß ich dieser Meinung Rechnung trage und mir nicht selbst meine Heiratschancen verderbe. Er war überzeugt davon, daß mich dieser intellektuelle Betrieb nicht nur dem wirklichen Leben entfremdete, sondern auch in dem mir vertrauten Kreis immer mehr isolierte, daß ich meine Interessen auf Dinge richtete, die mit meiner künftigen Mission als Hausfrau nichts zu tun hätten.

Um mich von dieser gefährlichen Richtung abzulenken, wurde ich, der damaligen Sitte entsprechend, als Siebzehnjährige in die Gesellschaft eingeführt. Ich bekam eine Wiener Toilette, das erste lange Kleid, aus Roßhaarstoff und rauschender Seidenunterlage gearbeitet, die Schoß in Keilen geschnitten, sechs Meter breit, ein gutes Stück über den Boden hin schleifend, so daß man sie ständig in Falten raffen und mit der Rechten hochhalten mußte, ein Handgriff, der viel Geschicklichkeit erforderte, dem damals herrschenden Geschmack entsprechend der weiblichen Gestalt aber erst die richtige anmutige Linie verlieh. Dazu ein paar enorme Ballonärmel und ein mit Fischbein gestützer hoher Halskragen, der überdies noch mit allerlei Rüschen, Spitzen und Schleifen garniert war.

In dieser Aufmachung, die mich mir selbst entfremdete, besuchte ich nun an der Seite meiner Eltern die Häuser, in denen sie verkehrten. Die Kaffeejausen waren ziemlich zwanglos, und man konnte auch ohne besondere Einladung kommen und gehen. Der Tisch war gedeckt, und man erhielt immer etwas Gutes vorgesetzt, denn die Essekerinnen waren musterhafte Hausfrauen, ihre Speisekammern mit köstlichen Vorräten angefüllt, aus denen man im Notfall immer etwas herausgreifen konnte. Es gab außer den rotbäckigen Äpfeln, die sich den ganzen Winter über hielten, feines Dunstobst in länglichen Flaschen, alle mit einem entsprechenden Etikett versehen, Quittenkäse, Nüsse und trockenes Gebäck, öfter auch noch Schinken und Leberpasteten, so daß man auch bei diesen improvisierten Besuchen niemals zu kurz kam. Bei den offiziellen Gelegenheiten aber, Geburts-, Namens- und Hochzeitstagen, Jubiläen, Verlobungen und Kindstaufen, bedurfte es natürlich einer feierlichen Einladung, und sie waren von einem durch langjährige Gewohnheit geweihten Zeremoniell umgeben. Auch in unserem Haus gab es gelegentlich solche Festmahle, ja sogar richtige Bankette. So erinnere ich mich an die Tage, wenn fremde Gäste nach Essek kamen, die die Handelskammer besuchten, Deputationen, Konferenzen und Kongresse, die dann immer auch bei uns eingeladen waren. Es kam eine Aushilfsköchin ins Haus, Frau Arthofer, die ihre Künste angeblich beim Wiener Sacher erlernt haben sollte und wirklich ausgezeichnet kochte. Der Tisch war festlich gedeckt mit herrlichem Damast, blitzendem Silber, feinstem Porzellan und schönen Blumenarrangements. Die Speisen und Weine waren vorzüglich, die dabei gehaltenen endlosen Reden über das Wohl und die Prosperität des Landes aber echt langweilig. Die Betreffenden meinten es zwar gut mit ihren Reden, bei den im Lande herrschenden Verhältnissen aber war dies alles doch nur in den Wind gesprochen.

Am lebhaftesten ging es natürlich in der Wintersaison zu, wo der ersten Soiree automatisch eine ganze Reihe folgte, denn jeder Eingeladene mußte sich für die ihm erwiesene Ehre revanchieren. Bei all diesen Einladungen bildeten die kulinarischen Genüsse natürlich den wichtigsten Teil des Programms, und ich kann heute noch nicht verstehen, wie es den Menschen möglich war, solche Quantitäten an Nahrungsmitteln in sich hineinzuschlingen, besonders die Frauen, die alle fest geschnürt waren, so daß sie bei Anlegung ihrer Stahlpanzer häufig ein bis zwei Hilfskräfte benötigten, die rechts und links an den Schnüren zogen, bis alles in der richtigen Form war und saß!

Um nur einige der Rundgänge zu erwähnen, die bei solchen Gelegenheiten obligat waren: Man begann mit einer Tasse Bouillon (um den Appetit zu eröffnen), die an und für sich ein ganzes Festmahl darstellte. Zum Entree wurde gewöhnlich kalter Schill in Sauce tartare gereicht, garniert mit harten Eiern, Zitronenscheiben und Kaviar. Dann warmer Fisch mit Kartoffelpüree, Lungenbraten in einem farbigen Kranz junger Gemüse, Wild in pikanter Rahmsoße mit Preiselbeeren – man darf nicht vergessen, daß Essek sich in einer der wildreichsten Gegenden Europas befindet –, Geflügel, Salat, Kompott, Eisbomben mit Schlagobers, Torten, kleines Gebäck, Jardinetto, das heißt Äpfel, Orangen, Südfrüchte, kandiertes Obst und

Krachmandeln. Dazu die feinsten Weine, Slibowitz, Liköre und schwarzer Kaffee.

Es dauerte gute drei Stunden, bis man dies alles konsumiert hatte, und im Verlaufe dieser anstrengenden Beschäftigung, ja auch nach derselben waren die Blicke nur auf die Schüsseln und Teller gerichtet im Bestreben, von all den guten Stücken immer noch das beste zu erwischen. Trotzdem gab es Leute, die auch bei vollem Magen ihren Witz nicht endgültig verloren hatten und die Mahlzeit mit lustigen Geschichten, Anekdoten und Randbemerkungen würzten, kurz, immer etwas zu sagen hatten. Dies waren die sogenannten „guten Gesellschafter", die man um dieser Eigenschaft willen überall gern einlud. Der Hang, den Dingen etwas von ihrer Härte zu nehmen, indem man sie glossiert und ihnen womöglich eine komische Seite abgewinnt, war den meisten Juden, ja auch den weniger intelligenten zu eigen. Es ist eine Gepflogenheit, die im inneren Verkehr unter Juden überall angewendet wird und mit der sich dieselben häufig über peinliche, ja unhaltbare Situationen hinwegzusetzen suchen. Der jüdische Witz geht vom Elegischen zur Selbstironie über und wurzelt häufig in tiefgreifenden philosophischen und psychologischen Betrachtungen. Er äußert sich in Wortspielen, Kalauern, gut geprägten Aphorismen, in der jüdischen Rabulistik, der jüdischen lebensbejahenden Einstellung und der geistigen Überlegenheit allen grotesken und tragischen Zufälligkeiten des Lebens gegenüber. Auch ich hatte diese zugespitzte Sprache von Kindheit an sprechen gehört. Sie war so ziemlich einem jeden Juden eigen. Ein humorloser Jude war ein Feind seiner selbst, denn er war seinem unsicheren Schicksal doppelt haltlos ausgeliefert. Worte besitzen eine innere Kraft. Sie werden nicht nur von der Logik diktiert, sondern zwingen einem die Logik häufig erst auf. Sie sind keine leere Hülle, in die der Gedanke sich zufällig kleidet, sondern wirken auf das Gedankliche zurück, indem sie dasselbe nicht nur der Form, sondern auch ihrem Inhalt nach bestimmen. Das leichte Wort beschwingt den Gedanken und macht auch ihn leichter. Die gute Pointe gleicht scheinbar unversöhnliche Gegensätze aus und wirkt befreiend, weil sie zum Lachen anregt.

Auch ich erwarb mir in dieser Gesellschaft schon in jungen Jahren den Blick für gewisse menschliche Schwächen und entwickelte den mir angeborenen Sinn für Humor. Ich gewöhnte mich daran, meine Nebenmenschen nicht nur als das zu nehmen, was sie waren oder zu sein vorgaben, sondern ich suchte sie zu analysieren und bei ihren Handlungen die inneren Beweggründe zu erraten. Dieses Interesse am Menschen war überhaupt stärker und ursprünglicher in mir entwickelt als alles andere. Ich erkannte früh, daß es nicht nur böse und gute Menschen gab, sondern zahlreiche Abstufungen und Gegensätzlichkeiten, die sein Studium erst richtig interessant machten. Am meisten aber fesselten mich jene Erscheinungen, die vom Typischen abwichen und auf irgendeinem Gebiet eine besondere Originalität bekundeten. In jedem sogenannten „Sonderling", mochte er auch in die Reihen der vom Wege Abgekommenen, ja der Eigenbrötler und verkrachten Genies gehören, sah ich einen Menschen, wert meines Mitfühlens und meiner Sympathie, und zwar um so mehr, als solche Leute in der Esseker Gesellschaft Objekte eines billigen Spottes waren, Man verachtete sie schon darum, weil sie es im Leben zu nichts gebracht hatten, karikierte und verlachte sie ohne Berücksichtigung ihrer wirklichen Qualitäten, die im Zwange mißlicher Umstände verkümmert und degeneriert waren.

Es gab in Essek wie in jeder Kleinstadt ein paar Leute, die nach einer stürmischen Jugend mit allerlei Vorsätzen, Ambitionen und sogar Talenten steckengeblieben waren. Einstige Politiker, die jetzt nur noch Politikanten waren und in einem Beisel, dem „Roten Hahn" oder in der Rochusgasse, aufrührerische Reden hielten, als könnten sie zwischen zehn und zwölf Uhr nachts, ehe sie auf schwankenden Beinen nach Hause torkelten, noch immer die Welt aus den Angeln heben! Es gab ein paar Musiker, die einmal von Weltruhm geträumt hatten und jetzt im Theaterorchester das Flügelhorn bliesen oder untalentierten Schülerinnen effektvolle „Salonstücke" eindrillten, die sie alsdann am Klavier herunterdroschen („Das Gebet der Jungfrau" oder „Die Glocken von Corneville", die gerade damals große Mode waren). Es gab Propheten irgendeiner Theorie, die in Ermangelung eines dankbaren Publikums den Steinen predigten. Um bei einem nahen Beispiel zu bleiben, will ich nur meinen früheren Zeichenlehrer Adolph Waldinger[42]) erwähnen. Er war ein wirkliches Talent, der die Gegend um Essek in ungezählten Bildern und Skizzen festgehalten hatte, indem er ihrer das Auge ermüdenden Monotonie noch immer dankbare malerische Effekte abgewann und als erster Motive aus den unüberschaubaren slawonischen Eichenwäldern malte. Die Stadt hielt ihn für einen verschrobenen Kopf und zeigte für seine Bilder nicht das geringste Interesse. Er wurde, nur um seine Familie ernähren zu können, Amtsdiener im Kaufmännischen Verein, ein Posten, den ihm mein Vater aus Mitleid verschaffte. Dort konnte er die Stuben auskehren und die Öfen heizen. Seine Bilder wurden von niemandem beachtet oder gekauft.

*

Das Zentrum der Stadt bildete die um das Jahr 1860 emporgeschossene Komitatsgasse. Gleich am Anfang, auf ihrer rechten Seite, befand sich die Oberstädter Pfarrkirche, ein intim wirkender Barockbau ohne besondere Prätentionen auf Stilechtheit, aber der Umgebung, die aus niedrigen Häusern und großen Gärten bestand, aufs beste angepaßt. Sie wurde später durch eine Kirche aus Backstein im pseudo-gotischen Stil ersetzt, die einen unechten und nüchternen Eindruck machte wie ein Bauwerk aus dem Anker-Spielbauksten. Etwas weiter von der Kirche befand sich das einstöckige Komitatshaus, in dem auch der Gerichtshof und die Gefängnisse untergebracht waren. Jedes Jahr wurden dort ein paar Leute aufgehängt, ein Schauspiel, das um die frühe Morgenstunde stattfand und gewöhnlich halb Essek auf die Beine brachte. Auf der linken Seite der Komitatsgasse hatten sich in den sechziger Jahren die zugereisten Kaufleute angesiedelt und sich daselbst komfortable und ansehnliche Geschäftshäuser erbaut. In der gleichen Front befand sich das schönste Gebäude der Stadt, das Kasino, dessen Bau die ansehnliche Summe von hunderttausend Goldgulden gekostet hatte. Einen Teil des Hauses nahm das „Grand Hotel" ein, das beste der Stadt. Im Parterre befand sich ein geräumiges Kaffeehaus, im ersten Stock das städtische Kasino, in dem sich die Herren der besseren Gesellschaft nach dem Mittagessen trafen. Die Mitgliedschaft war an bestimmte Kriterien gebunden, sie unterlag einer strengen Auswahl und bedeutete in diesem Sinne eine Bestätigung des guten Verhaltens, der Integrität, Solvenz und politischen Verläßlichkeit der endgültig Aufgenommenen. Graf Theodor Pejačević war Vorsitzender und mein Vater Gründer und langjähriger Sekretär (später Vizepräsident) dieser Institution. So wie das Kasinogebäude anerkanntermaßen das schönste Gebäude der Stadt bildete, waren auch die Räume, weitläufig, mit riesigen Fenstern und einem schönen Parkettboden versehen, gut und ihrem Zweck entsprechend eingerichtet, das Beste, was Essek auf kulturellem Gebiete jemals geleistet hatte. Es gab ein Spielzimmer mit Billardtischen, ein Restaurant, Versammlungslokalitäten, vor allem aber das Lesezimmer mit zahlreichen aufliegenden Blättern. Am meisten gelesen wurde der ökonomisch informative „Pester Lloyd", der das Leibblatt der Kaufmannschaft bildete, sowie die Wiener „Neue Freie Presse", der man, obwohl sie voll vorgefaßter Meinungen und schwülstiger Phrasen war, in bürgerlichen Kreisen ein besonderes literarisches und kulturelles Niveau zuschrieb, nach dem sich der deutschsprechende österreichische Mittelstand jahrelang blindlings richtete. Dann noch die beiden regierungsfreundlichen Lokalblätter „Slawonische Presse" und „Drau", die dem Bedürfnis der Einheimischen nach gesellschaftlichem Klatsch Genüge leisteten. Der verfemte „Obzor", den man in diesem durch und durch magyaronischen Kasino nur um der Kuriosität willen las, um dann besser auf ihn losschimpfen zu können, indem man ihn der „Ideenlosigkeit, Wankelmütigkeit, politischen Scharlatanerie, des Konservativismus und Klerikalismus" zieh, und ihm alles Böse, das sich im Lande ereignen mochte, zuschrieb. Schließlich gab es noch die „Narodne Novine", die amtliche Informationen erteilte, und die Zeitung der Pravašen, „Hrvatska", die man auch nur einer gewissen Objektivität zuliebe gelegentlich in die Hand nahm.

Viel unterhaltender waren die „Leipziger Illustrierten", die im Leben der Damaligen etwas Ähnliches darstellten wie heute der Dokumentarfilm, die ziemlich stereotypen und langweiligwitzigen Wiener „Fliegenden Blätter" und die obszönen „Wespen", die eher ins Gebiet der Pornographie gehörten, von den Herren aber um so eifriger gelesen und belacht wurden.

Kroaten, Serben, Schwaben und Juden saßen dort Tag für Tag einträchtig beisammen. Es gab keine Rassenvorurteile und keine Stammesanimositäten, sie waren alle Esseker, eingefleischte Lokalpatrioten, für die es außerhalb ihrer Stadt nichts zu suchen gab. Die wirkliche Moral war nur in Essek zu Hause. Nur das war schön und gut, was in Essek dafür galt. Die Esseker Wahrheiten waren über jeden Zweifel erhaben.

Naturgemäß gab es ja auch in Essek kleine Sorgen. Die Zeit bleibt nicht stehen, auch wenn man im Lande der Phäaken lebt und jahrelang nichts anderes zu tun gehabt hat, als sich redlich zu nähren und Tatsachen nicht zur Kenntnis zu nehmen. Abgesehen von den kommunalen Angelegenheiten, der Kanalisation, der Steuerquote und dem leider unlösbaren, immer wieder hervorgeholten und ad acta gelegten Wasserleitungsprojekt war es die aus dem rebellischen Zagreb herüberwehende scharfe Luft, die die Leute irritierte. Was hatten die dort oben nur immer zu stänkern? Nicht etwa, daß man sich selbst davon betroffen gefühlt hätte, da möge Gott, ihr geruhsames Temperament und die ihnen eingeborene Loyalität sie gnädigst vor bewahren! Sie waren keine Rebellen, sondern solide Geschäftsleute und Hausväter! Aber die Jungen! Man hatte Söhne, die in Zagreb studierten, und wenn man hörte, was für gefährliche Sachen die Studenten dort anzettelten, standen einem direkt die Haare zu Berge! Zum Beispiel dieser ruchlose Akt, der anläßlich des allerhöchsten Besuches seiner Majestät erfolgte, nämlich die Verbrennung der ungarischen Fahne, ein Vorgang, der in den Augen der Esseker dem Lande nur Schaden zufügte und es auch vor dem Ausland kompromittierte[43]).

So wurde dieser Vorfall noch lange hinterher im Esseker Kasino kommentiert. Die dortigen Herren waren nicht nur Magyaronen, sondern auch gut habsburgisch orientiert, was ja in dieser schwarzgelben Festungsstadt, in der die Militärparaden an der Tagesordnung waren, niemanden wunder nehmen konnte. Man war es von Kindheit an gewohnt, daß „Österreichs bewaffnete Macht" in den Straßen aufmarschierte, der höchstkommandierende General mit dem dekorativen Federbusch auf dem Tschako und hoch zu Roß allen anderen voran! Man freute sich dieser Macht. Sie war angesichts der immer unruhiger werdenden Zeiten eine Gewähr der eigenen Sicherheit. Und das war alles, worauf es den Herren an ihren Honoratioren- und sonstigen Stammtischen ankam!

Franz Joseph I. hatte das Glück gehabt, nach einer von Kriegen und Revolutionen gestörten Anfangsperiode, die ihn einen Teil seiner Erbgüter und seinen Titel als römisch-deutscher Kaiser gekostet hatte, zwischen 1866 und der Annektionskrise eine Friedenspause von mehr als vierzig Jahren einschalten zu dürfen. Er hatte schon früh die Erfahrung gemacht, daß Kriege niemals zu etwas Gutem führen, und das war der wichtigste Beitrag, mit dem er das Wohl seiner Völker förderte. Diese wußten es ihm zu danken. Der alte Mann in der Hofburg wurde von ihnen zum Symbol erhoben. Solange er lebte, hatte man nichts zu befürchten, weder Umsturz noch Krieg. Er hielt auf Ordnung und Ruhe in seinen Staaten, sorgte dafür, daß die Saat nicht allzusehr ins Kraut schoß und daß es im Notfall gute Feuerwehrspritzen gab, um jeden Brand schon im Keim zu ersticken. Darin waren alle „konstruktiven Elemente" mit ihm einig, das heißt jene, die bei einer Änderung des Status quo nichts zu gewinnen, aber alles zu verlieren hatten, genauso wie er selbst.

✳

Mein Vater hatte eine Theaterloge gemietet, und wir gingen den ganzen Winter hindurch jeden zweiten Tag in das kleine Theater, das sich in ziemlicher Unscheinbarkeit in dem weitläufigen Komplex des Kasinogebäudes versteckte. Es hätte, so wie es damals war, längst einer gründlichen Reparatur bedurft. Die Lackfarbe der Wände war nachgedunkelt, die Goldverzierungen hatten ihren Glanz verloren, in den roten Stoffdraperien der Logen saß der Staub einiger Jahre, in den Sesseln gab es zerbrochene Federn, und der Samt der Logenbrüstungen war an vielen Stellen abgewetzt.

Die deutschen Truppen kamen und gingen mit jeder Saison. Es waren zweit- und drittrangige Kräfte, unter die sich manchmal auch etwas Besseres verirrte. Die Bühne verfügte nur über geringe technische Hilfsmittel und Requisiten. Die Garderobe war abgenutzt und schlecht assortiert. Das Orchester wurde von der Militärmusik besorgt, die hauptsächlich in Blechinstrumenten und Paradewärschen brillierte. Es gab keine elektrische Beleuchtung, nur Gasflammen, die beim geringsten Luftzug unruhig hin und her zuckten und den Gesichtern eine kreideweiße Färbung verliehen.

Die Truppe kam Anfang September und zog nach Ostern wieder ab, vorausgesetzt, daß sie sich nicht früher schon verkrachte, was öfter vorkam, denn sie befand sich ständig am Rande des Ruins. Die Gagen wurden unregelmäßig ausgezahlt, so daß auch der stolzeste Heldenliebhaber manchmal genötigt war, seiner Hausfrau den Hof zu machen, um sie für die schuldig gebliebene Miete zu entschädigen. Die Damen dieser bunten Welt waren auf generöse Liebhaber angewiesen, auf ein paar meist schon angegraute Esseker Lebemänner, die ein paar Monate lang im Laster schwelgten, indem sie die Wahl zwischen der Primadonna und dem letzten kleinen Chormädchen hatten, wenn sie dieselben nur soutenierten.

Der Direktor einer solchen Wandertruppe mußte mit allen Wassern gewaschen, gegen alle Eventualitäten gerüstet, Geschäftsmann, Scharlatan und guter Psychologe in einer Person sein. Er mußte es verstehen, die Reklametrommel zu rühren und seinem Publikum auch das Unmögliche zu versprechen. Sein Repertoire mußte jedes Genre umfassen: Burlesken, Grotesken, Possen, Lustspiele, Salonstücke, Schauerdramen und Schwänke. Er mußte heute Grillparzers „Ahnfrau" und morgen die „Lustige Witwe" geben, Opern, Ballettabende, Matineen, Galavorstellungen, Debüts, Gastspiele, Benefizabende, Jubiläen, Neuinszenierungen und auch sonst alles, wovon er voraussetzen durfte, daß es seine ewig leere Theaterkasse füllen würde. Ich glaube, es war gerade diese Vielseitigkeit des Repertoires und die große Zahl der Neuaufführungen, die das Esseker Theater noch irgendwie über Wasser hielten. Niemand wollte das gleiche Stück zweimal sehen. Das Theaterpublikum reduzierte sich jedoch auf ein paar Habitués aus der Oberstadt und der Festung. Die Unterstädter waren zum größten Teil Serben und warteten lieber auf ihre Truppe aus Novi Sad, teils aber waren sie unheilbare Spießer, die sich im Winter nur ungern hinter dem Ofen hervorlocken ließen, um „Trilby" oder „Die schöne Galathee" zu genießen. Ich erinnere mich, daß es in der Saison 1897 bei uns Premieren gab, die den Erstaufführungen in Wien und Berlin um wenige Tage folgten, so Sudermanns „Heimat", Hauptmanns „Hannele" und Hirschfelds „Mütter", aber keines dieser Stücke hielt sich länger als ein paar Abende im Repertoire. Dieses Tempo stellte auch bei einer nur oberflächlichen Einstudierung der

Stücke die größten Anforderungen an die Arbeitskraft, das Gedächtnis, die Geistesgegenwart und Bühnenroutine der Schauspieler. Es waren keine Musteraufführungen, wie dies bei der geringen Zahl der Hauptdarsteller und der heterogenen und zufälligen Zusammensetzung dieses nicht aufeinander eingespielten Ensembles gar nicht sein konnte. Aber es waren immerhin anerkennenswerte Leistungen, die häufig einen nicht uninteressanten literarischen Hintergrund besaßen und die nicht sehr großen künstlerischen Ansprüche der Esseker Bürgerschaft in vollem Maße befriedigten.

Charakteristisch für diese Bühne war auch noch folgender Umstand: Die meisten der Darsteller waren entweder zu jung oder zu alt, das heißt, sie standen entweder am Anfang oder am Ende ihrer Karriere. Unser Theater war, wie die meisten Provinzbühnen, eine Versuchsstation für angehende Musenjäger, die die Aufgabe hatten, das ganze Repertoire, angefangen bei Sardous „Théodora" und Onets „Hüttenbesitzer" bis zu den Blumenthal-Kadelburgschen Zugstücken „Zum weißen Rößl", „Großstadtluft" und „Ein Tropfen Gift" im kleinen Finger haben. Ein Heldenliebhaber mußte über einen tadellosen Frack, die Salondame über ein falsches Hermelincape und ein Lorgnon verfügen, um sich mittels dieser Requisiten als unverfälschte französische Marquise zu legitimieren. Sie mußten nicht nur spielen, sondern auch tanzen und singen können. Sie mußten in komischen Rollen auftreten, schwäbeln, jüdeln und im Wiener Fiakerdialekt reden. Sie mußten Einfälle haben und ihr Publikum gelegentlich mit improvisierten Einlagen und durchsichtigen Anspielungen auf lokale Größen amüsieren. Die Operettendiva mußte mit dem Theaterkritiker flirten, und der Bonvivant den kleinen Schulmädchen, die ihn nach jeder Probe vor dem Theater erwarteten, mit der Unwiderstehlichkeit seines Auftretens imponieren. Dies war die heitere Seite der Affäre, denn es betraf jene Jungen, die noch alles vor sich hatten, die hier auftraten, um sich ihr Tremolo abzugewöhnen, und für die die Esseker Bühne das Sprungbrett zu einer weiteren Karriere bedeutete. Schlimmer erging es jenen, für die mit dem Esseker Engagement die Karriere zu Ende war, die Abgespielten, Enttäuschten und Verkrachten, die den Weg über Olmütz, Saaz, Preßburg, Eisenstadt zurückgelegt hatten, um in unserer pannonischen Provinz zu landen, wo sie für kurze Zeit noch einmal ein Refugium fanden. Sie hatten ausgeschriene Stimmen, teils viel zu leise, teils heiser kreischend. Ihre Gesichter waren in grimassenhaften Falten erstarrt, so daß sie ihren eigenen Masken glichen. Sie hatten rheumatische Gelenke und steife Knie. Ihr Pathos war ohne Schwung und ihre Komik ohne Wirkung, so daß selbst der benevolente Theaterkritiker nur freundschaftlich raten konnte, Herr X oder Fräulein Y möge sich mit Rücksicht auf ihren schlechten Gesundheitszustand lieber von der Bühne zurückziehen. Herr X und Fräulein Y konnten nach Ablauf der Saison kein neues Engagement mehr bekommen, weder in Olmütz, noch in Saaz, noch in Wallachisch-Meseritsch, womit ihre eigentliche Tragödie erst begann. Sie waren nach vierzig Jahren Bühnentätigkeit auf die Straße geworfen und konnten dort langsam verhungern.

Der Winter gehörte der Wohltätigkeit, ein Begriff, der mit dem Amüsement der Bürgerschaft in unmittelbarem Zusammenhang stand. In der Stadt gab es drei karitative Frauenvereine, den katholischen, den serbischen und den jüdischen, die aufopfernd für ihre Armen sorgten und in der Saison ihre sogenannten „Wohltätigkeitsbälle" gaben und außer diesen gelegentlich auch noch ein paar Kränzchen, Maskeraden, Teeabende, Dilettantentheater mit und ohne lebende Bilder, Verkaufsbasare, Tombola, „Venezianische Nächte" mit roten und grünen Lampions und bengalischem Feuer, Märchendarstellungen aus „Tausendundeiner Nacht", und als Clou der Saison ein echt japanisches Kirschblütenfest, bei dem der Kimono für beide Geschlechter, ob dick oder dünn, obligatorisch war. Waren die Bedürfnisse der einheimischen Armen gedeckt, gab es zum Glück noch immer einen Feuerwehr-, einen Veteranenund einen Schützenverein, dem zu Ehren man tanzen konnte. Es gab die „Schlaraffia"[44]) mit ihrem „Gschnasabend", der jedem Blödsinn Tür und Tor öffnete, die steiferen Unterhaltungen im Offizierskasino, der sogenannten „Ressource", und den exklusiven Kasinoball mit einer Estrade, auf der die Damen Patronessen ihre neuesten Wiener Toiletten zur Schau stellten. Auch sonst gab es ständig den einen oder den anderen Vorwand zu Tanz und zu Amüsement. Abgebrannte Dörfer, Erdbeben in fernen Zonen, Hungersnöte und Überschwemmungen. Im Notfall gab es noch immer die Bekleidung der armen Negerkinder im dunkelsten Afrika, die sich die mitleidigen Esseker Damen zu Herzen nahmen. Ein Komitee wurde gegründet, an dessen Spitze die suggestiven Namen der Gräfin Lilla Pejačević und der Baronin Tilly Althan standen. Sitzungen wurden abgehalten, Pläne entworfen, die der Phantasie der Unbeschäftigten den breitesten Spielraum gaben. Ein paar aufopfernde Damen gingen von Haus zu Haus und verkauften die Eintrittskarten, andere stellten ihre kreativen Talente bei der Ausschmückung der Säle zur Verfügung. Ein paar aufopfernde Herren der guten Gesellschaft übernahmen das Amt der Arrangeure. In jedem Hause, wo es eine erwachsene Tochter oder eine noch immer lebenslustige Mama gab, wurde Material besorgt, kombiniert und geschneidert. Tänze wurden eingeübt, neue Haartrachten ausprobiert. Die unmittelbar Beteiligten kamen ein paar Wochen lang überhaupt nicht mehr zu sich. Sie liefen auf Proben, sangen und deklamierten, als ob es die Karriere ihres Lebens gelte. Auch ich war anläßlich dieser Aufführungen meistens in Hauptrollen beschäftigt, so einmal im Rokokokostüm, einmal als russische Bäuerin (in Samt und Seide, goldstrotzend und mit buntem Flitter bestickt) und einmal in einer deutschen Komödie, wo ich die Rolle einer „unverstandenen Frau" zu spielen hatte. Dies war meinen Eltern aber durchaus nicht recht. Sie hielten es für ein böses Omen und fürchteten auch, die anderen könnten anzügliche Bemerkungen machen. Sie kamen der Sache zuvor, indem sie mich anstatt in der vorgeschriebenen ziemlich saloppen Toilette, in der ich diese überspannte, närrische und lächerliche „Unverstandene" kreieren sollte, in weiße Seide kleideten, mit einem malerisch um die Schulter geschlungenen himmelblauen Schal und einem entzückenden Spitzenhäubchen im Haar. Sie fanden es besser, ich sähe anziehend auf der Bühne aus als, meiner undankbaren Rolle entsprechend, lächerlich und närrisch. Es gab bei meinem Erscheinen ein kleines Hallo, die Regie war unzufrieden über die Stillosigkeit meiner Aufmachung, aber es war zu spät, um irgendetwas daran zu ändern, und ich trat als „Unverstandene" in Weiß und Himmelblau auf wie ein Unschuldsengel aus einem Backfischroman.

Trotz des eifrigen Zuspruchs, den diese Aufführungen genossen, blieb an Barem gewöhnlich nicht viel dabei übrig. Die Einnahmen gingen für Dekorationen, Saalmiete, Musik,

Lampions, Koriandoli und Papierschlangen sowie sonst allerlei Spesen und Regien drauf. Und nachdem alles abgerechnet war, reichte es gerade noch zu einer symbolischen Geste, mit der man die Abgebrannten tröstete, und zu ein paar Taschentüchern, mit denen man die nackten Negerkinder beglückte.

Aber wir Jungen zerbrachen uns über diese nicht ganz geklärten Hintergründe keineswegs den Kopf. Wir freuten uns auf die einmalige Gelegenheit, mit den Vertretern des anderen Geschlechts zusammenzutreffen, verschiedene Leute kennenzulernen, zarte Bande anzuknüpfen, die unter Umständen sogar zu einer späteren Heirat führen konnten. Natürlich schlossen diese Begegnungen ein wirkliches Kennenlernen von vornherein aus. Sie fanden unter falschen Voraussetzungen statt, im Ambiente eines lichterstrahlenden Saales, mit Musikbegleitung, Blumen, Seide, fremdartigen Gerüchen, bewundernden Blicken, Komplimenten und auch sonst allem, was die Stimmung aus dem Alltagsleben herauszuheben und zu steigern vermochte.

Ich erinnere mich noch des Eindrucks, den ich bei meinem ersten Ball unmittelbar nach Betreten des Saales empfing. Ich erinnere mich des starken Herzklopfens und der Angst, die ich vor diesem ungewohnten Ereignis empfand. Ich mußte alle meine Kräfte zusammennehmen, als gelte es einen Sprung ins eiskalte Wasser. Dann aber ging die Türe auf, und ich fühlte mich in ein Feenreich versetzt. War das wirklich mein Bild, das der hohe venezianische Spiegel an der gegenüberliegenden Wand zurückstrahlte? Es mußte wohl so sein, denn hinter mir gingen meine Eltern. Ich sah sie im Spiegel, den Blick auf mich gerichtet, zufrieden lächelnd. Und da mußte ich auch mich natürlich erkennen, phantastisch aufgemacht, wie ich gerade war, umbauscht von himmelblauer Seide, mit nackten Schultern, Blumen am Ausschnitt meines Kleides, Blumen in der hohen Lockenfrisur, gekrönt von ein paar kunstvoll geflochtenen und aufgesteckten Zöpfen, enggeschnürt in der Taille, auf meinen hohen Lackstöckelschuhen unsicher einhertrippelnd, bald blaß, bald rot in meiner unbeschreiblichen Aufregung, die allmählich freudiger Erwartung wich.

Die Mütter ließen sich in den rotsamtenen Sesseln längs der Wände nieder, um von hier aus ihrer Aufgabe als Gardedamen gerecht zu werden, das Tun und Treiben zu beobachten und mit

Argusaugen ihre Kücken zu bewachen. Die Väter suchten sich alsbald zu drücken. Sie verschwanden in den Spielsälen, um sich bei einer Kartenpartie oder auch bei einem Glase Wein über die ihnen aufgezwungene Rolle zu trösten. Die Töchter saßen neben den Mamas und spähten hinter dem Fächer hervor nach dem ersten Tänzer. Welches Glück, wenn er sich zögernden Schrittes schließlich näherte, sich vorstellte und das „Fräulein" zum Tanze aufforderte! Mit klopfendem Herzen folgte man diesem willkommenen Kavalier, der einen aus der Unsicherheit des Wartens erlöste und den man zehn Minuten vorher noch nicht gekannt hatte. Zögernd berührte man den rauhen Stoff seines Ärmels. Man fühlte den festen Griff seiner Hand, seinen nahen Atem und das Spiel seiner Muskeln, und plötzlich war jede Konvention durchbrochen, und es gab nichts mehr als den Tanz. Man ließ sich von den Rhythmen des Walzers weiter und weiter tragen und genoß mit Entzücken die Gelöstheit der eigenen Glieder, die Freiheit der Bewegung, die Koordiniertheit der Schritte mit den Schritten des Partners im Dreivierteltakt. Nichts Schöneres auf der Welt als dieses atemlose Dahinfliegen, von einem Arm in den anderen gleiten und alles vergessen, was draußen hinter einem zurückblieb. Man fühlte sich seiner Alltagsbestimmung entledigt und in eine übergeordnete Daseinsform versetzt. Träume, Illusionen, Phantastereien, die uns allen innewohnende Lust an fremden Rollen, Travestien und Verkleidungen fanden in diesen Stunden zwischen zehn und sechs ihre Bestätigung. Es gab keine Ruhepause, es gab kein Innehalten. Die Füße bewegten sich wie von selbst, und der Tanz wurde zur einzig treibenden Kraft. Man fühlte sich leben in ihm, wesenhaft und organisch, mit jedem Blutstropfen, mit allen Sinnen. Man tanzte bis in den frühen Morgen hinein und hätte noch länger getanzt, wären um sechs nicht die Lichter ausgelöscht worden und die todmüden Mamas nicht mahnend mit der Garderobe bereitgestanden. Erst dann erinnerte man sich, daß es draußen eine Wirklichkeit gab, und machte sich mit einem Seufzer des Bedauerns auf den Weg durch die feuchtkalten und menschenverlassenen, also doppelt trübseligen Gassen nach Hause.

*

Unsere Tänzer auf diesen Bällen waren größtenteils Offiziere. Im allgemeinen besaßen die meisten Eltern aus bürgerlichen Kreisen eine Heidenangst vor den Trägern des zweifarbigen Tuchs, die als Ehegatten für ihre Töchter nicht in Frage kamen. Aber auf dem Parkett machten sie eine gute Figur und waren als Tänzer daher willkommen. Die Eltern waren sogar stolz darauf, wenn wir von ihnen engagiert wurden, und so machten wir an einem Abend alle Waffengattungen durch, vom simplen Infanteristen bis zu den Pionieren und den ziemlich eingebildeten Artillerieoffizieren, die sich für was Besseres hielten. Wir wurden gelegentlich sogar von einem hoffnungsvollen Generalstäbler oder einem ordensgeschmückten, behäbigen Major zur Quadrille aufgefordert, während die kleinen Leutnants für Polka und Galopp in Betracht kamen. Die Offiziere waren mit wenigen Ausnahmen keine einheimischen Elemente. Sie stammten aus allen Teilen der Monarchie und wurden alle paar Jahre von Przemyśl nach St. Pölten, von Pilsen nach Graz, von Sarajevo nach Essek geworfen. Sie kannten kein richtiges Heimatgefühl, denn auch der Begriff ihres Österreichertums war ziemlich abstrakt. Sie kannten auch keine Bodenständigkeit und keine menschliche Bindung außer ihrer Fahnentreue und den rein formalistischen Beziehungen ihrer Clique. Schon in der Kadettenschule wurden sie entpolitisiert und jeder Realität entfremdet, soweit dieselbe ihre militärischen Belange nicht berührte.

Eine Ausnahme in dieser Beziehung machten nur die Domobrancen[45], die, was das militärische Ansehen anbelangte, zwar auf der untersten Stufe der Leiter standen, sich jedoch in der Mehrzahl einen gewissen patriotischen Sinn bewahrt hatten, umsomehr als sie Kinder des Landes waren und in den meisten Fällen schon aus Patriotismus aus den gemeinsamen Kadettenschulen in den Status der Domobrancen übergegangen waren, in manchen Fällen auch direkt aus dem Zivil nach Ablegung der Matura und Absolvierung des Einjährigfreiwilligenjahres. Manche der älteren Offiziere hatten noch an der Grenze gedient und es vom Feldwebel bis zum Hauptmann, unter Umständen sogar bis zum Major gebracht. Sie hatten die rauhen Manieren und den kriegerischen Geist ihrer militärischen Vorfahren, aber nichts von der geschniegelten Glätte, die die „gemeinsamen" Offiziere charakterisierte, nichts von ihrem exklusiven Kastengeist, ihrer bornierten Selbstüberhebung und Arroganz, die teilweise ihrer Person, teilweise aber dem ganzen bevorzugten Stande galt.

Insgesamt bildeten diese Herren vom Militär auch in Essek eine Art Status für sich, an den niemand zu rühren, ja den man meistens nicht einmal anzuzweifeln wagte. Denn jeder schiefe Blick wurde von den Trägern des bunten Rocks schon als Beleidigung gewertet, friedliche Leute wurden dabei, ohne es zu wollen, in die peinlichsten Affären hineingezogen, es kam zu Duellen, die häufig einen blutigen Ausgang nahmen, in schlimmeren Fällen zu Attacken mit der Hundepeitsche auf offener Straße. So erinnere ich mich eines Falles, wo der Esseker Journalist S. anläßlich eines Promenadenkonzerts im Stadtgarten von einem Rudel wildgewordener Offiziere durchgeprügelt wurde, weil er sie in seinem Blatte mit ein paar versteckten Anspielungen angeblich verletzt haben sollte. Auch der später als Schriftsteller bekannte Roda Roda[46], der damals im Esseker Artillerie-Regiment als Oberleutnant diente, zeichnete sich in derartigen Attacken aus. Er war, noch ehe er Dichterlorbeeren brach, als „schneidiger" Offizier bekannt, als wilder Draufgänger, der auf niemanden Rücksicht nahm und vor keinem Hindernis zurückschreckte. Ein ausgezeichneter und berühmter Parforcereiter, ritt er eines Abends in dem Hause, dessen Parterre er bewohnte, die Treppen zum ersten Stock empor und brach hoch zu Roß ins Speisezimmer des Professor Šišić ein, wo die Familie gerade beim Nachtmahl um den Tisch saß! Ein weiterer kleiner Spaß, den Roda Roda sich erlaubte, war der Überfall am hellichten Tage und auf dem menschenüberfüllten Korso auf den jungen Konzepienten Dr. K., den er mit seiner Reitpeitsche durchprügelte, weil jener angeblich der damals in Essek gastierenden Burgschauspielerin Adele Sandrock zu nahe getreten war. Für Roda Roda war das Ganze nur eine Episode, die seine Popularität im Kreise seiner gleichgesinnten Kameraden hob. Für den auf diese Weise bloßgestellten und gezüchtigten Dr. K. aber ein schicksalsvoller Eingriff, der seinem Leben eine tragische Wendung gab. Der Betreffende konnte die ihm angetane Schmach nicht überwinden, er verließ die Stadt und das Land, ließ sich zuerst in Wien nieder mit der Absicht, sich in der Menge zu verlieren. Da er es dort zu keiner Existenz brachte, wanderte er nach Südafrika aus, wo seine Spur sich endgültig verlor[47].

Außer den Offizieren gab es in Essek eine zweite Kategorie junger Männer, das waren die sogenannten „Fertigen", die sich selbst zur Elite zählten. Sie hatten ihre Studien beendet, waren in festen Stellungen, Advokaturskonzipienten, Ingenieure und Ökonomen. Sie hatten zwar nicht die Beschränktheit und das Draufgängertum des Militärs, waren dafür aber auch keine Kurmacher, sondern höchst vorsichtig in der Wahl ihrer Beziehungen, denn sie fürchteten sich, irgendwo hereinzufallen, sich irgendwo zu verlieben und dann eine schlechte Partie zu machen. Sie wichen diesem drohenden Verhängnis aus, indem sie den Begriff der Liebe von dem der Ehe aufs strengste trennten. Während sie, was die Ehe anbelangte, geduldig auf ihre große Chance, das heißt die entsprechende Mitgift, warteten, erledigten sie die „Liebe" mit kleinen Dienstmädchen, Gouvernanten und Modistinnen, die sich leicht beschwatzen, billig haben und ohne größere Schwierigkeiten wieder abschieben ließen. Man zahlte ihnen eine kleine Abfindung aus und die Sache war erledigt. Kam es wider Erwarten zu unliebsamen Folgen, so wurden dieselben vertuscht. Die Betreffende unterzog sich bei einer sogenannten „Engelmacherin" einer grausamen Operation. Blieb sie am Leben, würde sie sich wohl hüten, ihre Schande auszuplaudern. Starb sie, konnte der Geliebte die Hände in Unschuld waschen, denn er war nicht schuld daran.

Noch weniger Komplikationen ergaben sich aus den Beziehungen zu verheirateten Frauen, die von den Esseker Löwen immer als die ideale Lösung ihrer sexuellen Bedürfnisse angesehen wurden. Es gab genügend junge Weibchen, die an irgendeinen trockenen Geschäftsmann verheiratet worden waren und die Langeweile dieser Ehe durch ein mondänes Verhältnis zu kompensieren suchten. Ihre Eroberung war eine leicht durchführbare Sache, und bei dem sich daraus ergebenden Dreieck fühlten alle Teile sich durchaus wohl. Ja selbst der betrogene Ehemann genoß die Vorteile einer solchen Beziehung, man ging aufs Liebenswürdigste mit ihm um, und überdies wußte er von gar nichts. Der Liebhaber aber genoß alle Annehmlichkeiten des fremden Nestes, das ganze verführerische Drum und Dran, mit dem das liebende Weibchen sich umgab, um ihn umso mehr zu fesseln, eine Eleganz und ein Komfort, den nicht er, sondern der betrogene Ehemann bezahlte.

Es gab noch eine Sorte von Männern: die soliden Spießer, schwachbezahlte Beamte, Angestellte und kleinere Kaufleute, denen es bei ihrer Auserwählten hauptsächlich auf Sparsamkeit, Wohlerzogenheit und häusliche Tugenden ankam. Sie redeten mit ihr noch vor der Verlobung vom Budget, ihren Lieblingsspeisen und der Zahl der Kinder, die sie zu haben beabsichtigten. Sie trugen Gummizugstiefel, Zelluloidkrägen, genähte Krawatten, gewendete Anzüge und einen meist ziemlich ruppigen Backenbart. Schönheit war in ihren Augen nur eine Falle für die Tugend, Bescheidenheit eine Eigenschaft, die alle äußeren Vorzüge aufwog. Auch gingen sie gern mit der Dame ihrer Wahl ein bis zwei Jahre herum, um sie auf Herz und Nieren zu prüfen, ehe sie sich endgültig entschlossen. Ihre Ehen wurden trotz dieser sorgfältigen Vorbereitungen und Erwägungen nicht glücklicher, denn sie wurden später sehr häufig zu Pantoffelhelden, die nach der Pfeife des Weibchens tanzten. Die Frau kochte ihnen weder ihre Lieblingsspeisen, noch hielt sie sich an das von ihm aufgestellte Programm. Es gab Vorwürfe und Szenen, wenn der Mann, seiner alten Gewohnheit entsprechend, sich am Stammtisch unter gleichgesinnten Seelen bei einem kühlen Tropfen mit Betrachtungen über die Verdorbenheit der Welt zu trösten versuchte. Die Zelluloidkrägen und Gummizugstiefeletten mußten der Mode weichen und schließlich sogar der imponierende Backenbart geopfert werden, kurz, alles ging quer in der kleinen Welt ihrer Voraussetzungen, nur daß sie dies alles zu spät, in den meisten Fällen zu ihrem Glück aber überhaupt nicht bemerkten.

Eine vierte Kategorie bildeten die jungen Studenten, die an auswärtigen Fakultäten inskribiert waren, meistens in Wien, denn die Zagreber Franz-Josefs-Universität besaß nur drei Fakultäten, außer der Juridischen und Philosophischen nur noch eine Theologische. Mediziner und Techniker mußten woanders studieren, und da kam natürlich vor allem die Hauptstadt der Monarchie in Betracht, deren Schulen und Kliniken Weltruhm besaßen. Die Studenten kamen in den Ferien nach Hause und brachten neue Parolen und Ideen mit, die jenen Kreisen entstammten, mit denen sie draußen zufällig in Berührung kamen. Panslawismus, Sozialdemokratie, „Europäische Horizonte" waren die Schlagworte dieser neuen Jugend, die sich teils nach Osten, teils nach Westen orientierte, von Tur-

genjews „Väter und Söhne" über Arzibaschews „Sanin" bis zu
Strindbergs gesellschaftlichem Nihilismus und Ibsens absoluten moralischen Forderungen, in einem gedanklichen Chaos,
das zur Verdunklung des Gedankens noch mehr beitrug und
dem sich die meisten vergebens zu entziehen versuchten.

Auch ich hatte ein paar gute Freunde noch aus der Kindheit
her, die in Wien studierten und mir all das „Neue", das sie
inzwischen erfahren hatten, brühheiß servierten. Rudi war ein
Cousin meiner Freundin Lida, er studierte Medizin, sah ziemlich unscheinbar aus, unter Mittelgröße, mit dem Gesicht eines
Riesenbabys, blond, rosig, kugelrund, erweckte jedoch in
gewissen Momenten den Verdacht, daß er es faustdick hinter
den Ohren hatte. Er interessierte sich hauptsächlich für sein
Fach, und da war er wirklich auf seinem Platz. Sonst aber war er
nur noch für gutes Essen.
Fritz war Rudis Kollege und wohnte bei dessen Cousine Lida
in Untermiete. Wir trafen uns fast täglich in Lidas hinter dem
Hause gelegenen geräumigem Hof, der den meisten Höfen der
Esseker alten Häuser glich, mit ein paar Jasmin- und Flieder-
büschen in den Ecken, ein paar bunten Beeten, einen weinumsponnenen Ziehbrunnen und einem schattenspendenden
Maulbeerbaum in der Mitte. Im Schatten dieses Baumes stand
eine Bank, auf der wir gerade noch Platz hatten. Fritz balancierte gewöhnlich auf der Lehne und ließ seine langen Beine
baumeln. Er war gut gebaut, mit einem hübschen Kopf und
einer dunklen Haarmähne, die er ständig mit den Fingern
bearbeitete. Er hatte graue durchdringende Augen und etwas
Gespanntes in seinem Wesen, als wäre er ständig auf dem
Sprung nach etwas Neuem, Überraschendem, Eklatantem, das
ihn in seiner Meinung bestätigen sollte. Er hatte sich in Wien
der Sozialdemokratie angeschlossen, verleugnete dabei aber
keineswegs seine gefühlsmäßige Einstellung. Von marxisti-
schen Ideen war er gerade noch angeweht, soweit er dieselben
aus Zitaten der Redner bei den dortigen Arbeitermeetings und
der sozialdemokratischen Presse entnommen hatte, und die er
seiner romantischen Veranlagung gemäß in verschiedenen
Variationen abwandelte.
Das große Wort aber führte in allen Gesprächen mein
Jugendfreund Vlado, der, wenn auch nicht immer ganz logisch,

so doch umso apodiktischer in seinen Behauptungen war. Er war ein sogenannter „Feuergeist", der sich mit allem befaßte, was ihm gerade zuflog: Feminismus, Individualismus, Anarchismus, kurz, was gerade aktuell war und ein anregendes Gesprächsthema abgab. Er war älter als die beiden anderen und hatte schon zweimal die Fakultät gewechselt. Von der Philosophie war er zur Medizin und nach einem einjährigen Studium derselben auf die Technik übergegangen. Er war dünn und hochaufgeschossen, sein Anzug abgetragen und eng, so daß seine schmale Gestalt noch schmaler darin aussah. Sein Kopf, der dem mageren Halse aufsaß, an dem der Adamsapfel scharf hervorstach, schien viel zu gewichtig für seine dünne Gestalt. Er gehörte zu jenen Studenten, die sich von allem Anfang an durch Instruktionsstunden und Privatunterricht fortbrachten. Auch in Wien arbeitete er als Zeichner in einem Fachinstitut und verdiente gerade genug, um nicht zu verhungern. Um so größer war sein Ehrgeiz, und umso stärker betonte er seine Kompromißlosigkeit in einem Leben, das ihn zu ständigen Kompromissen zwang.

Vlado war um vier Jahre älter als ich. Aber wir wohnten Haus an Haus in der Franzensgasse, und da waren wir als Kinder beim Spielen öfter zusammengekommen. Als wir älter geworden waren, trafen wir uns auf dem Heimweg von der Schule. Da aber sahen wir hochmütig aneinander vorbei. Ich schien ihm viel zu jung für ein Gespräch, er aber langweilte mich mit seinen überspannten Ideen. Aber jetzt, da er in den Ferien nach Hause kam, umweht von der Fama seiner Wiener Erlebnisse, mit seinen großen runden Eulenbrillen und dem zurückgeschlagenen Byronkragen, fand ich Vlado interessant. Er erklärte mir schon bei unserer ersten Zusammenkunft, er sei aus prinzipiellen, biologischen, sozialen, am meisten aber aus individuellen Gründen gegen die Frauenemanzipation. Es ergab sich, daß er auf theoretischem Gebiet gut beschlagen war, er zitierte Stindberg und Nietzsche, ging von seinem prinzipiellen Weiberhaß dann rasch auf benachbarte Gebiete über, das heißt auf einen Haß, der die ganze Gesellschaft umfaßte. Er hatte seinen Bakunin gut studiert, dessen Ideen fielen wie platzende Granaten in das festgefügte Gebäude seiner angestammten Spießbürgerlichkeit. Sein Vater war ein kleiner Postbeamter, sein Großvater ein solider, weinbauender

Schwabe gewesen. Er aber zerpflückte nun alle anererbten und anerzogenen Prinzipien von Gut und Böse, der Rest waren Traumspiralen und blaue Rauchschwaden, die er aus seiner neuerworbenen Stummelpfeife in die Luft blies.

Fritz widersprach ihm. Das Frauenrecht gehörte mit in den Rahmen aller übrigen sozialen Fragen und seine endgültige Lösung würde erst mit der Evolution unseres ganzen gesellschaftlichen Systems im Sinne des Sozialismus erfolgen. Rudi zuckte die Achseln. Er erklärte, eine kranke Niere oder ein schönes Magengeschwür interessierten ihn weit mehr als die gesamten in der Luft schwebenden Theorien, die die Menschen sich in ihrer Entwicklung künstlich schufen. Eine kranke Niere läßt sich heilen, ein Magengeschwür operieren. Die Lösung der gesellschaftlichen Probleme stünde außerhalb der Macht des einzelnen, sie seien der Geschichte anheimgegeben. Darum sei es besser, man befasse sich mit greifbaren Dingen, und zwar intensiver und ausschließlicher. Dabei komme man zu endgültigen Resultaten, jedes endgültige Resultat aber bedeute eine Etappe auf dem Weg des Fortschritts. Lida hatte eine riesige Wassermelone herausgebracht, die wir zu fünft auf unserer Bank sitzend verzehrten. Wir aßen langsam mit beschaulicher Miene und spuckten die Kerne aus.

Vlado wollte das Gespräch jedoch unbedingt zu Ende führen und begann jetzt von einem Thema zu reden, bei dem wir zwar niemals einer Meinung waren, das uns jedoch alle stark interessierte. Dies war die Frage der „freien Liebe", in der auch Fritz mit ihm einig war, indem er auf die natürliche Veranlagung des Weibes hinwies, vor allem aber auf die soziale Hygiene, die diese Frage zu einer akuten und allgemeinen machte. Während Fritz jedoch für das natürliche Recht der Frau plädierte, die über ihren eigenen Körper zu verfügen hatte, war Vlado der Ansicht, man müsse auch dieses Problem vom Standpunkt des Mannes erwägen und lösen. Der Mann, erklärte Vlado, sei in seinem Triebleben nicht monogam, sei aber im Ausleben desselben auf allen Seiten gehemmt, er sei auf Objekte angewiesen, die seinen Bedürfnissen nicht zu entsprechen vermochten, und zwar hauptsächlich auf die Prostitution. Im Verlaufe seiner Erörterungen kamen jedoch häufig die haarsträubendsten Dinge zu Tage, so daß wir Mädchen ihn anflehten, nicht weiterzugehen. Er aber sagte, dies seien alltägliche Erscheinungen, nur dumme Gänse stießen sich daran, alles andere aber, was wir unter „Geschlechterproblem" verstünden, wären nur romantische Platitüden.

Nach der Frauenfrage kam die Frage der persönlichen Freiheit, die Frage der nationalen Orientierung, Großkroatentum, Südslawentum oder Panslawismus, Kunstrichtungen und Moden, russischer Realismus und französische Dekadenz. Jeder sagte das, was er wußte, öfter auch nur das, was er voraussetzte oder meinte. Zu einem wirklich gültigen Urteil kam es im allerseltensten Fall. Die Gespräche bewegten sich ständig auf hohen Bahnen, in vielen Fällen auf des Messers Schneide. Unser kühler Intellektualismus war in den meisten Fällen jedoch nur eine Maske, hinter der sich unser Wunsch nach Selbstbestätigung und Selbstbehauptung versteckte. Wir zankten uns um des Kaisers Bart, wo es sich im Grunde nur um unser eigenes Ich handelte. Denn das Problem unseres eigenen Lebens war noch ungelöst, und wir sahen dem Kommenden in ständiger Spannung und Erwartung, aber auch in einer heimlichen Angst entgegen.

Unsere Dispute wurden immer heftiger, so daß wir niemals damit zu Ende kamen, denn in den Jahren des Werdens gibt es kein letztes Wort, nur Etappen und den offenen Weg, der von Erfahrung zu Erfahrung an ein noch unbekanntes Ziel führt. Dazu kam der rein egoistische Wunsch, uns einander in möglichst günstigem Licht zu zeigen, Eindruck aufeinander zu machen und an der Reaktion unseres Partners nicht nur den Wert der von uns vertretenen Wahrheit, sondern auch den eigenen Wert zu ermessen. Um unser selbst willen gerieten wir in Streit. Uns selbst galt der große Eifer, auch wenn wir uns dem Anschein nach restlos für eine abstrakte Wahrheit und einen lebenswichtigen Gedanken einsetzten. Denn unser eigenes Ich mit seinen dunklen Trieben, seinem geheimnisvollen Gären, seinem unwiderstehlichen Drang nach etwas, dem wir Jungen keinen Namen zu geben wußten, war das eigentliche Problem, dessen Lösung das Leben von uns verlangte.

*

Am 1. September reisten Fritz und Rudi nach Wien zurück, um ihre Studien dort fortzusetzen. Wir trafen uns noch einmal zum

Abschied, und zwar diesmal nicht in Lidas Garten, sondern in den Glacien, wo wir im Halbdunkel eine Weile auf und ab wandelten. Die Jungen wollten, daß wir Mädchen sie zum Abschied küßten. Lida kam ihrem Wunsche nach und küßte sie herzhaft. Ich aber erklärte entschieden: „Nein!" Ich sagte ihnen, daß unsere Beziehung auf Kameradschaft beruhe, und da kämen Küsse nicht in Betracht. Der phlegmatische Rudi antwortete: „Na schön, dann nicht!" Fritz fügte spöttisch hinzu, ich möge mich nicht fürchten, er habe nicht die Absicht, mich zu fressen: „Küsse gibt man, oder man gibt sie nicht!" Vlado aber behauptete, es sei Unsinn, einem Kuß eine übertriebene Bedeutung beizumessen, mehr als ihm zukam, und er sei sicher, daß ich ihn beim Abschied küssen werde. Ich wiederholte mein entschiedenes Nein. Er sagte: „Nun, wir werden ja sehen. Ich bleibe bis zum fünfzehnten, und da hast du noch Zeit, dir die Sache zu überlegen. Wenn du nichts dagegen hast, komme ich abends noch auf einen Sprung zu dir."

Da wir uns seit unseren Kindertagen kannten, waren die Besuche, die mir Vlado von Zeit zu Zeit machte, nichts Ungewöhnliches. Er kam manchmal auch abends. Dann saßen wir zu zweit auf unserer kühlen Terrasse, die auf den Garten hinausging, und plauderten nicht anders, als wenn wir zu dritt oder zu fünft wären. Meine Eltern befanden sich zu jener Zeit auf einer Badereise, und meine Großmutter ging zeitig ins Bett.

So saßen wir auch an jenem Abend auf der Terrasse, hörten die Grillen zirpen und sahen den Sternschnuppen nach, die in einer schönen goldenen Kurve den Horizont streiften und ins Nichts hinabfielen. Während wir uns sonst meistens stritten, begann Vlado an jenem Abend, mir auf eine besondere Art den Hof zu machen. Er rückte seinen Sessel näher an den meinen heran und sagte: „Du wirst mich küssen! Ganz bestimmt. Alles andere ist doch nur Geschwätz, sentimentaler Unsinn und Gefühlsduselei. Damit stellt man die natürlichen Dinge nur auf eine falsche Basis. Nun, du weißt ja: Ich bin kein Minnesänger und außerstande, zärtlich zu flöten. Du aber bist doch ein modernes Weib. Da darf man die Dinge auch ruhig bei ihrem Namen nennen." Ich war stolz darauf, in seinen Augen ein modernes Weib zu sein, imstande auf Minnegesang zu verzichten und die Dinge beim Namen zu nennen. Freilich hatte ich mir die Beziehung zwischen Mann und Frau meinen

Romanbüchern entsprechend ganz anders ausgemalt. Dort gab es berauschende Situationen, die das Blut in Wallung brachten. Ich aber empfand Vlado gegenüber von alledem gar nichts.

Vlado fuhr fort: „Auch die Liebe ist heute nur eine Angelegenheit des höheren seelischen Raffinements. In ihrer höchsten Gestaltung ist sie überhaupt nur zwischen verfeinerten Kulturmenschen möglich." Dies leuchtete mir ein. Auch ich berief mich ja gern auf mein höheres Kulturmenschentum. Aber ich rückte meinen Sessel darum doch ein Stück von dem seinen, denn sein Haar begann, mich zu kitzeln, sein Ellenbogen berührte den meinen. Dies aber wollte ich nicht.

Und da begann er auf einmal ganz haarsträubende Dinge zu erzählen, die das vorher von ihm erwähnte „seelische Raffinement" betrafen und die mir die Gänsehaut über den Rücken jagten. Er sprach von den gefälligen kleinen Wiener Mädeln, die sich niemals bitten ließen, auch er hatte in Wien eine solche Kleine, die ihm gleich nach seiner Ankunft um den Hals fallen, ihn küssen würde. Er sprach von den stilisierten Reformweibern, die unter Umständen gar nicht so abscheulich waren, von pikanten und in allen Künsten der Liebe erfahrenen Tingeltangeldamen und gefällige Bierkellnerinnen, die außer ihrem Krügerl frisch vom Faß weg auch noch andere Dinge willig servierten. Er wollte sie alle gehabt haben, obwohl ich ihm dies natürlich nicht glaubte, und wenn ich errötend den Kopf abwendete, erklärte er mir, meine Bildung sei lückenhaft, wie es ja bei einem Provinzgänschen nicht anders zu erwarten war. In der Großstadt aber sei die Prüderie ein längst überwundener Standpunkt. Übrigens könne von Liebe zwischen uns gar nicht die Rede sein, denn ich sei gar nicht sein Typ. Sein Typ waren richtige kleine Weibchen, die sich nicht zierten und nicht bitten ließen. Zugegeben, daß diese Sorte meistenteils ziemlich stumpfsinnig war, aber das zählt in der Liebe nicht mit. Dann fügte er noch hinzu: „Wie gesagt, kleine Luder gibt es ja von jeder Sorte, aber wenig Mädel, mit denen man ein vernünftiges Wort reden kann, wie zum Beispiel mit dir. Aber du machst dich rar. Man hat im Verkehr mit dir den Eindruck, als hätte man es nicht mit einem Frauenzimmer zu tun, sondern, nun wie soll ich mich dir nur verständlich machen, also zum Beispiel mit einer antiken Vase, die äußerst zerbrechlich ist und die man sich darum nicht rauh anzufassen getraut."

Das mit der Vase gefiel mir, nur daß er mir trotz diesen poetischen Vergleichs immer näher rückte und mich nicht mehr nur mit den Ellenbogen berührte, sondern ungeachtet der Zerbrechlichkeit der Vase, die er eben selbst konstatiert hatte, mit seiner Hand meinen Arm umklammerte und mich näher an sich heranzuziehen suchte. Ich wehrte mich, so gut ich nur konnte, und wir kämpften miteinander, jetzt schon Brust an Brust, aber ohne einen Laut von uns zu geben, denn wir fürchteten, die anderen Hausinsassen zu alarmieren. Er umklammerte meine Schulter und suchte meinem Gesicht näher zu kommen. Ich stemmte meine Fäuste gegen seine Brust, wich ihm aus und bog den Kopf nach hinten. Der stumme Kampf ging weiter, ich weiß nicht, wie lange er dauerte. Ich war in Schweiß gebadet, und auch ihm rannen die Tropfen über die Stirn. „Du wirst mich küssen!" „Nein!" „Ich bitte dich darum. Ehe ich abreise!" „Niemals!" Was als Spiel begonnen hatte, wurde von seiner Seite zur echten Leidenschaft. Er flehte, bettelte, drohte. Zum Schluß erklärte er mir seine Liebe, jetzt schon in ganz anderem Ton als früher. Er erklärte mir, er werde ohne diesen Kuß nicht abreisen und werde infolgedessen das Semester verlieren. Ich blieb bei meinem „Nein, nein und niemals!" Ich stieß es in triumphierendem Ton heraus, denn ich fühlte meine momentane Überlegenheit, empfand aber instinktiv, daß ich diese Überlegenheit nur so lange behielt, als ich seinem Drängen widerstand und meinen Kuß dadurch zu etwas besonders Wertvollem machte.

Das Spiel wiederholte sich eine Woche lang jeden Abend. Vlado verlor jede Selbstbeherrschung, und ich glaube, daß er sich im Verlaufe dieser Woche ernstlich in mich verliebte und daß er mich schließlich ganz ohne zynischen Nebengedanken um diesen Kuß bat. Seine Rolle war demnach klarer als meine, und ich muß mich noch heute fragen, was mich zu dieser Haltung veranlaßte. Mädchenhafte Scheu? Aber ich hätte ihn ja gar nicht hereinlassen müssen, wenn er Abend um Abend kam. Ich hätte ihn ein für allemal an der Tür abweisen können, anstatt mit ihm auf der Terrasse zu sitzen, dem Zirpen der Grillen zuzuhören und den fallenden Sternschnuppen nachzublicken, bis das Geplänkel aufs neue begann.

Meine Eltern kamen zurück, und Vlado reiste ab, ohne seinen Kuß erhalten zu haben. Ich selbst blieb in einer Stimmung zurück, in der ich nicht wußte, ob ich um eine Erfahrung reicher oder um eine Gelegenheit ärmer geworden war. Die Wirrnis in mir war nicht kleiner geworden, die Langeweile aber hatte sich nach der Abreise meiner Freunde nur noch vergrößert. Ich las ziemlich viel, und zwar alle Bücher, die mir in die Hand gerieten, machte die mühsamsten Handarbeiten und nahm meine Klavierstunden wieder auf, übte stundenlang Kramer und Czerny, nur um mir die Wartezeit etwas zu verkürzen. Denn nur darauf kam es mir jetzt noch an. Ich betrachtete mein Leben als Provisorium, dessen Leere irgendwie ausgefüllt werden mußte, ehe der große Moment kam, den ich in zahlreichen Träumen bereits vorwegnahm und der sich mit wachsender Reife in immer deutlicheren Bildern auskristallisierte.

*

Mein Vater sagte mir: „Man muß sein Auge auf naheliegende Dinge richten. Auch ein gewisses Maß von Opportunismus ist uns da erlaubt. Man tue das, was einem nützt unter der Bedingung, daß man seinem Nebenmenschen damit nicht schadet. Man vermeide alle Zweideutigkeiten und Dunkelheiten und mache sich ein klares Bild von allen Erscheinungen des Lebens."

Ich schüttelte den Kopf. Ich liebte mystische Dunkelheiten, hoffte auf wunderbare Überraschungen. Auch war ich gegen jeden Opportunismus und gegen jede allzu weitgehende Logik. Mein Vater erklärte mir hierauf mit nachsichtigem Lächeln, dies wären jugendliche Überspanntheiten, die sich im Laufe der Jahre von selbst verlören. Er konnte und wollte nicht glauben, daß seine Tochter ihr Leben lang eine schlechte Rechnerin bleiben würde.

Diese Gespräche fanden im Laufe unserer abendlichen Spaziergänge statt. Ich begleitete meinen Vater jetzt öfter nach dessen Bürostunden, wobei wir uns gewöhnlich auf den Korso begaben, um dort ein wenig auf und ab zu gehen. An der Ecke der Kapuzinergasse im Reisnerschen Haus befand sich seit kurzem das neueröffnete „Café Korso", in dem die Elite der Stadt, Beamte, Angestellte, Offiziere und, den Gewohnheiten der Großstädte entsprechend, jetzt auch schon Damen verkehrten. Dort gingen wir jeden Abend ein paarmal an den erleuchteten Spiegelscheiben vorüber. Und eines Tages sagte mir mein Vater in gutmütig neckendem Ton, indem er auf das Eckfenster wies: „Siehst du den kleinen Oberleutnant dort in der Eckloge? Du hast doch ein Faible für Originale! Nun, dieser Oberleutnant ist ein solches. Man könnte auch sagen, ein weißer Rabe in unserer Armee. Er kennt seinen Schopenhauer auswendig, studiert Rülphs Metaphysik in Oktavbänden und redet über Kant, als ob er mit ihm auf einer Schulbank gesessen hätte, kurz gesagt, ein Philosoph in Uniform!"

Dies alles war natürlich nur scherzhaft gemeint, denn mein Vater hatte weder für Schopenhauer und Kant, noch für Rülphs Metaphysik in vier Oktavbänden etwas übrig. Und hätte er gewußt, welchen Eindruck er mir mit seinen Worten machte, er hätte sich lieber die Zunge abgebissen, als sie auszusprechen.

Mehr als fünfzig Jahre sind seither verflossen, jenes Gespräch aber ist mir in Erinnerung geblieben, als wäre es gestern gewesen. Ich sehe den menschenüberfüllten Korso vor mir, an der Ecke desselben das hellerleuchtete Fenster und hinter den Spiegelscheiben ein schmales Profil, das sich über ein auf dem Kaffeehaustisch liegendes, aufgeschlagenes Buch neigte. Als ich zu ihm hinüberschaute, sah er auf. Unsere Blicke hingen aneinander, und der Kontakt war hergestellt. In einem einzigen Augenblick war alles zusammengefaßt, was mein späteres Leben ausmachen sollte, und auch alles, was ich bisher in meinen Träumen vorweggenommen hatte.

Später hörte ich von meinem Vater, daß der Philosoph in Uniform Milivoj Vukelich heiße. Ich bedauerte, daß ein solcher Mensch Offizier sein mußte, und wollte mehr über ihn wissen. Mein Vater aber konnte oder wollte mir mehr nicht sagen. Aber ich fand alsbald andere Nachrichtenquellen, wie dies ja immer der Fall ist, wenn man sich für etwas interessiert. Dies ist natürlich nicht bloßer Zufall, denn man arbeitet ja mit allen Mitteln, mit Aufwendung seiner ganzen Schlauheit, mit der ganzen Intensität seines Willens, bewußt oder unbewußt darauf hin. Man sucht die Gesellschaft von Leuten, die den Inbegriff unserer Wünsche kennen, bringt unmerklich das Gespräch darauf. Man freut sich über jeden neuen Wink, über jede Einzelheit, kurz über alles, was ihn betrifft und was man auf diese Art über ihn erfährt. Man hört etwas von seinen

Lebensgewohnheiten, seinen Neigungen, seinen Fähigkeiten. Man lernt die Bücher kennen, die er gerne liest und folgt ihm in Gedanken auf den Wegen, die er täglich geht. Das Bild tritt immer mehr aus dem Nebel des Unbekannten heraus, aber es ist noch immer nicht Realität, denn dies alles existiert ja vorläufig hauptsächlich nur erst in unserer Einbildung. Es ist wie ein aufregender Roman, den man liest, gewoben aus Wahrheit und Dichtung, der über jeden geschriebenen Roman weit hinausgeht und uns von Kapitel zu Kapitel in stärkere Spannung versetzt.

Persönlich hatten wir miteinander nichts gemeinsam als das Geheimnis unserer Blicke. Diese Blicke wurden immer deutlicher, immer sprechender, immer unverhüllter. In ihnen drückte sich unser ganzes Wesen aus, Mut und Zaghaftigkeit, Glaube an das Leben, das heißt an jenes Leben, das uns einmal zusammenführen sollte, und Angst davor, wir könnten den Augenblick versäumen, auseinandergerissen werden, ohne das erlebt zu haben, was uns vorschwebte. In unseren Blicken erkannten wir Tag für Tag mit wachsender Deutlichkeit, daß dieses Gefühl über unseren bewußten Willen hinausging, daß es unser Schicksal war, dem weder er noch ich zu entrinnen vermochten.

Er war vierundzwanzig, ich siebzehn. Wir hätten uns schon damals endgültig finden und vereinigen müssen, so jung, so vertrauensvoll, so liebend wie wir es waren. Wir hätten unser Glück in der gleichen Stunde erleben müssen, ehe das Leben Zeit gehabt hätte, uns mit allerlei tragischen Erfahrungen zu prägen. Mit dem Zauber des Unerwarteten und Plötzlichen hätte es uns überkommen müssen, ohne daß wir genötigt gewesen wären, erst jahrelang darauf zu warten. Wie ein unerhört großes, unerhört beseligendes Geschenk hätte es uns vom Himmel fallen müssen. Später war es schon nicht mehr dasselbe, denn auch wir waren nicht mehr dieselben, nicht mehr so aufnahmefähig, so bereitwillig zum Glücklichsein, so voll von einem tiefen Glauben, dieses Glück geben und empfangen zu können. Schatten drängten sich dazwischen, wie Asche legte es sich auch auf unsere Gefühle. Aber das Schicksal wollte es so: Jahre vergingen von dem Moment, da wir uns an der Korsoecke zum ersten Mal sahen, bis zu dem Moment unserer endgültigen Vereinigung.

*

Meine beste Nachrichtenquelle war auch in diesem Falle Professor Matić, der so ziemlich die ganze Stadt kannte und in alle ihre Geheimnisse privater und öffentlicher Natur aufs beste eingeweiht war. Er erzählte mir zwischen Algebra und den Jahreszahlen der Geschichte von kommunalen Streitigkeiten im Gemeinderat, in Aussicht stehenden Verlobungen und drohenden Ehezwistigkeiten. Er kannte auch meinen Philosophen in Uniform und versorgte mich mit verschiedenen Einzelheiten über denselben, die meinen Träumen zur Nahrung dienten und meiner Geschichte alsbald zur Schlußpointe verhalfen. Er brachte mir die Gedichte von Lavoslav Vukelich, dem Vater meines Ideals. Wie teuer war mir jedes Wort daraus, das etwas Licht auf sein intimes Leben warf! Mit welch leidenschaftlichem Interesse verfolgte ich seinen Entwicklungsgang, indem ich ihn unwillkürlich mit dem seines Vaters identifizierte. Ich lernte die Welt kennen, aus der er hervorgegangen war und in seiner Kindheit gelebt hatte. Dies alles lag zwar abseits und weit zurück, trug jedoch seine Tragik in sich und war mit dem Nimbus der Irrealität und Romantik umgeben. Aber ich wollte ihn ja gar nicht in seinem grauen Alltag kennenlernen und dadurch meine Gefühle banalisieren. Ich wollte mich an den Mythos halten, mit dem ich nebst dem Vater auch dem Sohn die goldene Gloriole verlieh.

Das bekannteste Gedicht von Lavoslav Vukelich – „Bei Solferino" – übersetzte ich ins Deutsche und es erschien in der Weihnachtsnummer der „Drau"[48]). Bei mir selbst hoffte ich, durch dasselbe die Aufmerksamkeit meines Unbekannten zu erwecken und eine Annäherung herbeizuführen, was mir auch wirklich gelang. Milivoj Vukelich las das Gedicht seines Vaters, erfuhr in der Redaktion meinen Namen und ließ bald darauf, der damaligen gesellschaftlichen Etikette entsprechend, bei meinen Eltern anfragen, ob er mich besuchen dürfe, um mir seinen Dank abzustatten.

Milko sollte uns an einem Sonntagnachmittag besuchen. Nichts kam meiner Aufregung gleich, die diesem Besuch voranging. Ich freute mich wahnsinnig, aber meine Freude war nicht größer als meine Angst. Wie würde alles ausfallen? Wie würde mir zumute sein, wenn ich ihm das erste Mal gegenüberstand? War es richtig von mir gewesen, diesen Besuch herbeigeführt zu haben, den Traum in Wirklichkeit übergehen zu

lassen, die Distanz, die uns bisher getrennt hatte, zu überbrük-
ken und aus einer Beziehung, die dem Spiel meiner Phantasie
den weitesten Raum gewährte, etwas Handgreifliches zu machen?

Was hatte ich dabei zu gewinnen? Ich wußte mir auf diese
Frage keine Antwort. Ich würde ihn kennenlernen, aber gab
ich dadurch nicht auch gleichzeitig mein Geheimnis preis, jenes
Geheimnis, das seit Wochen der Inhalt aller meiner Gedanken
gewesen war und das mich stärker an ihn fesselte als jedes
offene Bekenntnis? Niemand hatte darum gewußt außer mir
und ihm. Nun würden alle es wissen, würden sich einmischen,
würden mich mit indiskreten Bemerkungen verfolgen, mit
Ratschlägen versehen, mit Direktiven belästigen. Und was
noch schlimmer war, sie würden sich fortan auch mit ihm
beschäftigen, würden ihn beurteilen und kritisieren, belächeln
und bespötteln, wie dies in unseren Kreisen immer der Fall
war, wenn jemand anders war als die anderen. Ja vielleicht,
und bei diesem Gedanken wuchs meine Angst ins Riesengroße
an, würde er bei näherer Bekanntschaft auch mich enttäu-
schen?

Er kam um die angesetzte Stunde. Und er enttäuschte mich
nicht. Denn alles Gedankliche in mir war ausgeschaltet vor
dem Strom der Gefühle, die mich in seiner unmittelbaren Nähe
zu überwältigen drohten. Ich hörte kaum, was er sagte, nur der
warme Ton seiner Stimme klang an mein Ohr. Wir saßen uns in
dem roten Plüschsalon meiner Eltern zum ersten Mal gegenüber. Die ganze Familie war zugegen, aber ich sah nur ihn. Es
wurde natürlich mancherlei geredet. Verschiedene Themen
wurden berührt. Es schien mir, dies alles sei groß, bedeutungs-
voll und wunderbar, aber schon eine Stunde später hätte ich es
nicht zu wiederholen vermocht. Er erzählte von sich. Gewiß.
Er formte seine Sätze anekdotisch aus, schmückte sie mit
Bildern, erweiterte sie mit lyrischen Betrachtungen. Selbst
meine sonst ziemlich nüchterne Mutter ließ sich vom Schwall
seiner Worte hinreißen, und meine Großmutter sagte nachher,
ihr gefiele dieser Oberleutnant, der ähnlich redete wie die
Helden ihrer romantischen Jugend, da Worte alles waren und
man sich an ihrem Klange kritiklos berauschte. Für mich aber
blieb dies alles gleich unfaßbar und zauberhaft, wie es an jenem
Abend gewesen war, da wir beide uns zum ersten Mal gesehen

hatten. An die Worte aber kann ich mich nicht erinnern, denn sie waren ja in unserem Falle ganz unwesentlich. Das, was uns beiden auf der Zunge lag, wurde dabei nicht ausgesprochen.

Meine Eltern waren der Meinung, daß die Angelegenheit mit diesem Antrittsbesuch ein für allemal erledigt sei. Er hatte mir seinen Dank abgestattet, dies war eine bloße Formsache, jeder weitere Verkehr mit einem jungen Mann jedoch, der als Bewerber für mich nicht in Betracht kam, wäre überflüssig, ja sogar schädlich. Wir beide waren natürlich anderer Meinung. Wir waren gewillt, nachdem wir das Glück dieser ersten Annäherung genossen hatten, die Bekanntschaft um jeden Preis fortzusetzen, ja sie womöglich noch inniger zu gestalten, so daß uns niemand mehr voneinander zu trennen vermochte. Es gelang uns denn auch bei unseren Ausgängen kurze und unauffällige Zusammenkünfte herbeizuführen. Nachmittags hatte er keinen Dienst, ich richtete dementsprechend auch meine verschiedenen Ausgänge ein. Sowie ich mit meiner Mutter die Gasse betrat, um spazierenzugehen oder eine Kommission zu besorgen, tauchte er an der nächsten Straßenecke auf und schloß sich uns an. Er lieh mir Bücher und Zeitschriften, denn er interessierte sich nicht nur für Philosophie, sondern auch für moderne Literatur, und dies gab einen Vorwand für immer neue Zusammenkünfte ab. Er war als einziger Esseker auf die von Ludwig Jakobowsky redigierte Berliner Zeitschrift „Die Gesellschaft" abonniert, ein Blatt, das damals repräsentativ für die moderne deutsche Literatur war und in welchem Dehmel, Liliencron, Arno Holz und andere Avantgardisten schrieben. Außerdem hielt er sich die in Stuttgart erscheinende „Aus fremden Zungen", die Übersetzungen aus allen Sprachen brachte. Diese Lektüre bot mir eine Fülle neuer Eindrücke und gewährte mir durch ihre Vielseitigkeit Einblick in verschiedene Kulturen, die mir bis dahin unbekannt gewesen waren. Dies war um so bedeutungsvoller, als man in Essek aus Prinzip keine neuen Bücher kaufte, höchstens hier und da mal eine billige Unterhaltungs- oder Reiselektüre. Sonst war man auf das angewiesen, was einem der Zufall gerade in die Hand spielte, oder auf Fritsches Leihbibliothek, die einzige in der Stadt, die bei Ebers, Spielhagen, Gerstäcker und Gustav Freytag stehengeblieben war und deren vergilbte und zerlesene Bände seit Eröffnung des kleinen Ladens, das heißt seit gut dreißig Jahren, weder ergänzt noch erneuert worden waren. Zum Geburtstag erhielt man Lyrikanthologien in Prachtausgabe mit unschädlichen Poemen von Geibel, Hölty und Anastasius Grün. In den Familien war man auf die „Gartenlaube", das „Blatt der Hausfrau" oder, wenn es hoch kam, auf „Vom Fels zum Meere" und die „Wiener Mode" abonniert. Zeitschriften wie „Die Gesellschaft" oder „Aus fremden Zungen" waren bei uns etwas ganz Neues. Mit ihnen eröffnete sich mir nicht nur ein neuer Blick auf die Welt, sondern ich lernte daraus, daß meine eigene Problematik kein vereinzelter Fall war, sondern daß auch andere daran teilhatten. Als Milko merkte, mit welchem Eifer ich las und daß uns das Gelesene immer neuen Stoff zu anregenden Erörterungen gab, kaufte er alles, wovon er annehmen konnte, es würde mich interessieren, und brachte es mir.

Anläßlich dieser Spaziergänge erfuhr ich auch so manches aus seinem Leben. Er erzählte von seiner Kindheit. Er war zart, empfindsam, schüchtern und wißbegierig gewesen. Er lebte bedrückt von den engen Verhältnissen des damaligen Beamtendaseins. Sein Gesichtskreis ging über das Kasernenleben weit hinaus. Seine Interessen umfaßten den ganzen Ideenkreis der Gegenwart. Seine seelischen Konflikte, ausgehend vom rein Persönlichen, erweiterten sich ins allgemein Menschliche, er kam jedoch niemals bis zu einer letzten Konsequenz.

Um seiner patriotischen Gefühle willen war er sofort nach der Ausmusterung aus der Kadettenschule von den Gemeinsamen zu den kroatischen Domobrancen übergetreten. Interessanterweise aber war sein Patriotismus, wie dies bei den meisten Offizieren der Fall war, ganz unpolitisch. Auch verstand er, sein geistiges Rebellentum mit der ihm anerzogenen militärischen Disziplin ganz gut in Einklang zu bringen, so wie auch seine Mißachtung der Autorität eigentlich immer nur theoretischer Natur war. Seine Vaterlandsliebe entstammte eher dem Gefühl seiner Stammeszugehörigkeit und hatte daher eine ausgesprochen aristokratische Färbung. Tausende von hochgewachsenen bärtigen Männern, die die Lika[49]) bevölkerten und denen man nachrühmte, daß sie nur Söhne zeugten, ganze Dörfer, in denen nur Abkömmlinge der Vukelichs hausten, und sich ständig mehrten. Dies war der Stamm, auf den

Milko zurückblickte. Darin bestand seine Verbundenheit mit dem Lande.

Er hatte die Lika noch vor seinem dritten Jahr verlassen, war von da nach Krapina, dann nach Varaždin, wo er das Gymnasium besuchte, nach Karlovac, wo er die Kadettenschule absolvierte, und dann nach Zemun und Essek, seinen ersten Garnisonen, übersiedelt. Aber die Legende seiner engeren Heimat begleitete ihn, wohin immer er auch gehen mochte. Mit unzerreißbaren Fäden war er an sie gebunden, an ihre Bergwelt, ihre harten Menschen, ihre Tragik und Geschichte. Sie war arm, vernachlässigt und verwahrlost. Um so inniger liebte er sie. Keine Eisenbahn führte damals noch über ihr Felsengebiet, nur eine mittelalterliche Postkutsche, die im Winter zur Zeit der großen Schneewehen wochenlang nicht verkehrte. Dann war sie ein Gebiet der Einsamkeit, abgeschnitten vom großen Weltverkehr, ohne Post und Zeitungen.

Milkos Gebundenheit an die Lika war vor allem poetischer Natur. Seine eigentliche Welt aber war identisch mit der des aufgeklärten Westens sowie aller historischen und aktuellen Phänomene der europäischen Kultur. Er lernte Französisch und Englisch. Er las nicht nur historische und philosophische Werke, sondern ausländische Zeitungen. Für die Übergriffe des Regimes sowie überhaupt für unsere ganze Innenpolitik hatte er nur ein allgemeines „Nein!", ohne auf die Einzelheiten näher einzugehen und dieses Nein mit Daten und Argumenten zu belegen.

Weit mehr als die Probleme der Politik, die er in Bausch und Bogen als unmoralisch und abscheulich befand, interessierten ihn die Probleme der Literatur, wobei er bedingungslos auf Seiten der „Jungen" stand. Besonders liebte er die Skandinavier: Arne Garborg, Geyerstam, Jonas Lie, die das unbeschränkte Recht des Individuums verkündeten und die Politik im allgemeinen als eine Affäre übelster Korruption und krimineller Machenschaften brandmarkten. Dies entsprach seiner eigenen Weltanschauung und seinem sorgfältig gepflegten Solipsismus. Immer wieder erklärte er mit Überzeugung, er wolle außerhalb des Getriebes bleiben und mit öffentlichen Angelegenheiten nicht einmal in Gedanken etwas zu tun haben.

*

Zu Ende der achtziger Jahre begann der soziale Aufstieg meines Vaters. Er trat aus dem Textilgeschäft aus und übernahm die Vertretung der Versicherungsgesellschaft Franco-Hongroise. Daneben beschäftigte er sich mit national-ökonomischen Fragen, schrieb einschlägige Artikel in einheimischen und Budapester Blättern und war auf diesem Gebiete einer der besten Fachleute im Land. Er beteiligte sich an vielen Gründungen, die ihre Entstehung seiner Initiative verdankten, so die im Jahre 1885 ins Leben gerufene Pferdebahn, die den lahmen Omnibus ersetzte, aber fast ebensoviel Zeit brauchte, um aus der Oberstadt in die Unterstadt zu gelangen. Er gründete die Glasfabrik, das Diana-Dampfbad, die Unionmühle, in deren Direktorien er saß. Er war Vorsitzender des Kaufmännischen und Sekretär des Kasinovereins, Vizepräsident und später Präsident der Slawonischen Handels- und Gewerbekammer. Er war eine gute Erscheinung, hochgewachsen, mit einem sympathischen klugen Gesicht, ein weithin bekannter, guter Redner, der sich mit viel Sorgfalt und Geschmack kleidete und Wert darauf legte, einen günstigen Eindruck zu machen. Dies erreichte er hauptsächlich durch seine große Liebenswürdigkeit, die nicht nur auf äußeren Formen beruhte, sondern auf einer tiefen Güte und einem warmen Interesse an menschlichen Dingen und Schicksalen. Er sprach ein gewähltes und gepflegtes Deutsch, das er zur Zeit seines Studiums in Wien erlernt hatte. In seinen offiziellen Reden und beim Schreiben gebrauchte er rhetorische Wendungen, schmückende Bilder, Beiwörter und Vergleiche. Er schuf schöne zusammengesetzte Sätze, die jedoch niemals unübersichtlich waren. Er drückte Dinge, die sich auch einfacher sagen ließen, in gewählten Worten aus, denen häufig die schlichte Unmittelbarkeit fehlte und die wie absichtliche Umschreibungen wirkten. Es war die typische Ausdrucksweise jener, die an einer Sprachgrenze wohnen, die die Sprache zunächst aus dem Buche erlernt hatten und denen der reine Klang einer Muttersprache auf immer versagt blieb.

Auch mein Vater sprach nur gebrochen ungarisch, denn seine Geburtsstadt Mohács hatte eher eine serbische und schwäbische als eine ungarische autochthone Bevölkerung. Er lernte von allem ein wenig, ohne es jemals ganz zu erlernen. In Wien lernte er Deutsch und hielt sich dabei an die literarische

Wendung, weil sie ihm vornehmer und schöner erschien als das gewöhnliche Wiener Kaffeehausdeutsch. Er übernahm diesen Sprachstil aus seiner Lektüre, aus Büchern, Broschüren und vor allem aus der vielgelesenen „Neuen Freien Presse", an der sich ganze Generationen des österreichischen Mittelstandes nicht nur die politische Meinung und den literarischen Geschmack, sondern auch ihren mehr oder weniger bombastischen Stil ausgebildet hatten. Er war auch bei öffentlichen Anlässen in der Kammer, im Kaufmännischen Verein und im Kasino gezwungen, deutsche Reden zu halten. Man sagte ihm nach, er sei ein besonders guter Redner gewesen, er aber bedauerte es aufs tiefste, seine Vorträge nicht in der Landessprache halten zu können. Er nahm eine Zeitlang bei dem Advokaturkandidaten Dr. Levinsky kroatische Privatstunden, brachte es aber niemals über die Anfangsgründe hinaus. Besondere Schwierigkeiten machte ihm die Deklination mit den sieben Fällen. Aber er las damals, wie ich mich genau erinnere, den „Smail-aga Čengić"[50]) von Mažuranić und war von dem Werke so tief beeindruckt, daß er mir noch nach Jahren nahelegte, dasselbe ins Deutsche zu übertragen. Man sagte mir später nach, ich hätte den guten Stil meines Vaters geerbt, was sich natürlich auf das Deutsche bezog, und zwar ausschließlich auf die äußeren Formen. Stil ist jedoch nichts Äußerliches, sondern die Art, wie man äußere Eindrücke innerlich verarbeitet und wie man sie dann zum Ausdruck bringt, um bei anderen adäquate Bilder hervorzurufen. Und ich glaube, daß ich in diesen Dingen schon etwas weiter gegangen bin als mein Vater. Zu seiner Zeit war der Optimismus sozusagen obligatorisch. Man vermied es prinzipiell, die Dinge zu vertiefen, denn aus jeder Vertiefung ergaben sich neue Konflikte. Man hielt sich lieber an das leicht faßliche Schema und war zufrieden, wenn das Rechenexempel restlos aufging. Wir aber, die wir noch als junge Menschen die Jahrhundertwende überschritten hatten, waren kritischer gestimmt als die uns vorangegangenen Generationen, und dies brachte uns frühzeitig in Konflikt mit der allgemeinen Meinung. Die Deszendenztheorie eröffnete uns einen neuen Weg. Wir lebten im Zeitalter eines hochgespannten Individualismus, der in den Werken Ibsens und Strindbergs zum Ausdruck kam. Wir machten schon um die Jahrhundertwende die erste Bekanntschaft mit dem wissenschaftlichen Sozialismus, zumindest mit gewissen mehr oder weniger utopistischen Abzweigungen desselben. Wir waren skeptisch, kritisch und weit weniger zufrieden als unsere Alten, die es sich an dem genügen ließen, was ihnen geboten wurde. Und das war in einer abgelegenen Provinzstadt wie Essek herzlich wenig. Dort existierte nichts, was den Menschen geistig zu fördern vermochte. Es gab keinerlei Natureindrücke, keine künstlerischen Erlebnisse, keine historischen Reminiszenzen. Es gab keine Baudenkmäler aus früheren Jahrhunderten außer der aus der Türkenzeit stammenden, in Verfall befindlichen alten Festung, die sich in eine schwarzgelbe Habsburgerkaserne verwandelt hatte; keine stilvollen alten Kirchen, keine Denkmäler, keine Bildergalerien und Museen, ja nicht einmal das bescheidenste Dokument einer künstlerisch ausgestalteten Vergangenheit; nichts, was an irgendeinen Kampf, an Aufschwung oder Niederlage erinnert hätte. Aber auch der enge Kontakt mit der Natur fehlte, wie er sich sonst aus dem Kleinstadt- und Dorfleben ergibt. Der leicht erworbene Wohlstand wirkte nicht fördernd, sondern eher hemmend auf die Lebensgeister ein. Vor allem aber gab es keine Menschen von wirklichem Niveau, die einen anregenden Gedankenaustausch möglich gemacht hätten. Während Zagreb und einzelne seiner Nachbarstädte wie Varaždin und Karlovac von der Illyrischen Bewegung[51]) berührt worden waren, die die Geister erweckte und den Menschen höhere Ambitionen einflößte, ihnen vor allem das Bewußtsein ihrer nationalen Eigenart gab und die Liebe zu ihrer eigenen Sprache, war in Essek von alledem nichts zu verspüren. Dort gab das schwäbische Element den Ton an. Aber auch dieses Esseker Schwabentum war im Verlaufe zweier Jahrhunderte, abgetrennt von seinen ursprünglichen Quellen, in seiner Eigenart degeneriert und erstarrt. Dies machte sich vielleicht weniger in der bäuerlichen Bevölkerung geltend, die an den alten Volkssitten festhielt, die alte Redeweise pflegte und die alte Tracht trug, als in der Stadt, die nicht nur selbst dem Einfluß des deutschen Elements unterlag, sondern wo auch die Deutschen zahlreichen fremden Einflüssen unterworfen waren, sich außerdem für die höhere Rasse hielten, an vielen maßgebenden Stellen saßen, angefangen vom Bürgermeister bis zum Stadtpanduren, und noch verstärkt wurden durch das österreichische Offizierskorps, Steirer, Tiroler, Sudetendeutsche und Wiener, die oft jahrelang in der Stadt verblieben, dort heirateten und sich als Herren der Situation fühlten.

Die Esseker des 19. Jahrhunderts waren nicht eigentlich reaktionär. Sie waren aber auch nicht fortschrittlich, sondern politisch vollkommen indifferent. So kam es dazu, daß im Jahre 1848 Essek die einzige Stadt in Ungarn war, die dem Rufe des Banus Jelačić[52]) keine Folge leistete, aber nicht etwa darum, weil die Esseker sich mit den revolutionären Magyaren identifizierten, sondern weil sie Ruhe haben wollten. Sie ließen die Magyaren kampflos in ihre Stadt hinein und saßen, während die anderen für eine mehr oder weniger gute Sache diesseits und jenseits der Drau ihr Leben ließen, zu Hause hinter dem warmen Ofen. Enthusiasmus war in der Stadt der siebziger, achtziger und neunziger Jahre eine unbekannte Eigenschaft. Man hielt sich an das Sprichwort „Das Hemd ist einem näher als der Rock" und kümmerte sich um fremde Angelegenheiten nur insoweit, als sie einen gelungenen Unterhaltungsstoff abgaben. Leute, die in ihrer Jugend noch gewisse Ideen verfolgt und die Spur eines über das allgemeine Niveau hinausgehenden Ehrgeizes besessen hatten, mußten in einem solchen Milieu rasch verflachen, oder sie wurden auf ein Seitengleis gedrängt, wurden Sonderlinge, Eigenbrötler und Phantasten. Sie jagten Phantomen nach, ritten ihr Steckenpferd oder warfen sich auf irgendeine Liebhaberei, sammelten Marken und Spazierstöcke, spielten Schach und Tarock, gaben sich dem Trunke hin, wurden Rechtsverdreher und Querulanten, lebten ihre überschüssige Energie an kleinen Objekten aus, quälten sich und andere mit ihren fixen Ideen oder setzten sich einfach zur Ruhe, bebauten ein Stück Garten und überließen es ihren Kindern, mit dem Kopf an eine Wand zu rennen, die sich weder durchbrechen noch umgehen ließ.

Denn dies ist der Fluch der kleinen Stadt: Es gibt keine Flucht aus ihrem Bannkreis. Dies war besonders in Essek der Fall, wo zu den beschränkten Ideen auch noch ein außerordentlich reiches Essen hinzukam. Der Mensch wird im allgemeinen weder als Heros noch als Märtyrer geboren. Wozu kämpfen, fragten sich auch die Esseker der damaligen Jahre, wo doch das Leben wie von selbst in der größten Sorglosigkeit dahinfloß?

Man verdient sein Geld ohne große Mühe, man hat täglich sein gutes Essen auf dem Tisch, Brat- und Backhühner, fette Donaukarpfen, Enten und Gänse, Würste und Schinken, ein feines gefülltes Kraut mit allen Zutaten, Knödel, Strudel und Krapfen, dazu noch ein frisch gezapftes Scheppersches Bier und seine Kartenpartie im Kasino oder doch wenigstens in den kleinen Beiseln der Peripherie, wo man sich dem Laster heimlich hingeben konnte, während man zu Hause je nach seiner Veranlagung den guten Ehemann oder den kleinen Haustyrannen spielte.

Jeder gute Esseker, der es sich leisten konnte, trug sein Speckbäuchlein stolz vor sich her und fuhr sommers, wenn er die Mittel hatte, nach Marienbad, um die überflüssigen Kilos wieder loszuwerden. Zu fruchtbar und reich war diese vielbewässerte slawonische Tiefebene, in großen Massen gedieh das Wildgeflügel in ihren ausgedehnten Schilfwäldern, zu süffig und leicht war der Wein der nahen Baranja und der Fruška Gora[53]), zu ergiebig das Leben in den schönen schwäbischen Dörfern mit fetter Milch, Butter, Käse und weißem Brot, zu süß und saftig die im Herbst auf den Markt gebrachten Äpfel, die Melonen, Trauben, Pfirsiche und Birnen. Wo es aber keine großen Sorgen gibt, da gibt es auch keine großen Gedanken.

So lebten in den Jahrzehnten zwischen 1880 und der Jahrhundertwende zirka achtzig Prozent der guten Esseker, während die restlichen zwanzig tief unter diesem Niveau standen. Da waren zum Beispiel die drei Esseker „Bettler", die ein jedes Kind kannte, der eine ein alter grauhaariger Zigeuner mit nur einem Fuß und einer Stelze, die er so geschickt zu gebrauchen verstand, als wollte er sich zum Schnelläufer ausbilden. Der zweite war jung, aber auch er hatte nur einen Fuß, und während der andere stramm einherschritt, war bei diesem die Stelze um ein paar Zentimeter kürzer, so daß er stark hinkte. Die dritte war eine närrische und versoffene Alte, die „Baba Pućpuruć!", der die Kinder in Scharen nachliefen und schrien: „Pfui, Baba Pućpuruć!", worauf sie in Zorn geriet, die Kinder mit unflätigen Worten überschüttete und mit ihrem Stecken bedrohte, bis sie lachend davonstoben.

Auch sonst gab es in der Podravina zahlreiche Raufbolde, Säufer und Luftmenschen ohne regelmäßigen Verdienst. Dazwischen gelegentlich ein paar Diebe, Einbrecher und Totschläger, so daß sich auch hier das Leben nicht als bloße Schäferidylle abspielte, daß es Friedensstörer gab, die von der vorgezeichneten Linie abwichen, die zuviel Paprika in ihre Suppe taten, und dann kam es zu Wirtshausraufereien und eingeschlagenen Köpfen. Es kam zu Erbschaftsstreitereien wegen einer alten Scheune, ein paar Klafter Erde, einer Kuh. Die Äxte traten in Aktion, die Dächer flammten auf. Auch gab es an der Peripherie ein paar richtige Lasterspelunken, die Rendezvousplätze der Stehler und Hehler, die berüchtigte „Palilula" auf dem Wege zwischen Retfalu und dem Dörfchen Kravice und die sogenannte Csingi-lingi-csárda[54]), wo sich nachts eine Menge Gesindel traf, kurz eine richtige Unterwelt inmitten der großen Esseker Gemütlichkeit. Es gab in den kleinen Lokalblättern anregende Rubriken, die diesen Stoff mit einem großen Aufwand an Witzigkeit und Lokalkolorit behandelten. Es gab jedes Jahr ein paar schöne Prozesse, zu denen das Publikum sich drängte wie zu einer Opernpremiere. Außer den kleinen Rechtsbrechern, die man sich um billiges Geld zum Holzsägen mieten konnte und die mit einem einzigen Konstabler als Schutzwache in aller Gemächlichkeit durch die Straßen trabten, gab es die Staatsgefangenen in der Festung, die mit ihren geschorenen Köpfen, aschgrauen Gesichtern und grauen Sträflingskleidern schon viel beunruhigender aussahen. Die „großen Nummern" aber, von denen die Zeitungen berichteten, bekam man nur zweimal zu sehen: zuerst am Tage ihrer Verurteilung und dann noch einmal am frühen Morgen, wenn sie in den Hof des Komitatshauses geführt wurden, um dort auf den Galgen gehängt zu werden.

Ich lebte in einer Kleinstadt. Das Augenmerk aller war auf mich gerichtet. Man begutachtete meine Kleider, meine Haltung, meine Art zu lachen und zu reden. Man kritisierte meine Eigenheiten, meine Neigungen und meinen Geschmack. Man wußte, womit ich meine Zeit ausfüllte, was ich las und mit wem ich umging. Die Augen einer ganzen Stadt waren wie Scheinwerfer auf mich gerichtet, in deren verräterischem Licht sich nichts verbergen und nichts unterschlagen ließ. Alle Fehler kamen zu Tage, kleine Nachlässigkeiten und Unterlassungssünden wurden festgestellt. Noch schlimmer aber war es mit gewissen Vorzügen, die über die Norm hinausgingen, im Programm daher nicht vorgesehen waren. Die allgemeine Meinung der Kleinstadt duldete keine Abweichung von der Linie. Alles, was darüber hinausging, wirkte als beleidigende Selbstüberhebung. Das Leben war ein für allemal in festen Formen aufgebaut, die sich im Verlauf der letzten Jahrzehnte nur wenig geändert hatten. Innerhalb derselben war bisher alles aufs beste gediehen. Die Vermögen waren gewachsen, die Geschäfte hatten sich erweitert, die Beziehungen sich befestigt. Man fühlte sich sicher in seiner Haut, saß zufrieden auf dem angewiesenen Platz innerhalb des festgefügten Systems, von dem man annahm, es würde die Ewigkeit überdauern, und wollte sich von vorlauten, modern angekränkelten Leuten nicht hineinstümpern lassen in diese solide Welt, in der alles seinen Namen, seine Rangordnung und seinen Preis hatte. Nur Narren waren gesonnen, die Dinge zu überzahlen, kriminelle Typen aber bildeten sich ein, man könne in dieser Welt etwas umsonst haben.

Während sich in den achtziger Jahren noch alles in ruhigem Fluß langsam aber stetig vorwärts bewegte, kam es in der Mitte der neunziger Jahre zu einem Umbruch. Der Konflikt zwischen den Alten und Jungen, der bis dahin nur eine Ausnahmeerscheinung gewesen war, gewann immer mehr an Aktualität und wurde draußen in Europa zu einem in der Kunst und Literatur häufig abgewandelten Thema. Die Parole der „Jugend" wurde aufgeworfen. Jugend aber bedeutete eine Ablehnung überlebter Vorurteile und somit auch den verschärften Kampf zwischen den Generationen, denn die Alten waren nicht gesonnen, ihre Positionen zu räumen und das Recht der Jungen auf Selbstbehauptung und Selbstbestimmung anzuerkennen.

Die Wellen dieses Kampfes gingen so hoch, daß sie mit ihren letzten Ausläufern sogar bis nach Essek drangen! Nicht nur Milko, sondern auch andere Leute wurden zu Vertretern der „Modernen". Interessanterweise waren es gerade ein paar Esseker Studenten, die sich die Erneuerung des Lebens in Kroatien zur Aufgabe gemacht hatten, und zwar weniger auf politischem als auf literarischem Gebiet. Diese Gruppe junger Studenten, die derzeit in Wien inskribiert waren, übernahmen diese Mission wohl im Protest gegen den jahrelang erfahrenen Druck der Kleinstadt. Da waren vor allem Guido Jeny, Plavšić, Schmidt-Jugović, Camillo Hofmann, Otto Kraus und noch ein paar andere, die sich, angesteckt von dem in Wien herrschenden Geist, mit Kunst und Literatur befaßten. Von Plavšić erhielt ich den ersten Band der Münchner „Jugend" mit Bildern von Th. Th. Heine, Gulbransson, Hans Thoma und dem Grafiker Ephraim Lilien, mit satirischen Skizzen aus der Feder des witzigen „Karlchen", Chansons von Bierbaum und Falke, Brettellieder von Wedekind und Wolzogen, die mit ihrer frischen Respektlosigkeit geradezu faszinierend auf uns wirkten! Etwas später erschien der nicht weniger amüsante „Simplizissimus" anstelle der langweiligen „Fliegenden Blätter" und des immer mehr stagnierenden Berliner „Kladderadatsch". Der „Simplizissimus" schuf die Figur des „Serenissimus", in dem das mittelalterliche Vorbild einer bornierten Autorität aufs unbarmherzigste verspottet wurde.

Die Alten fühlten sich von diesen Attacken schwer getroffen. Der Kampf war eingeleitet und sollte in den nächsten Jahren immer schärfere Formen annehmen. Er ging vom Allgemeinen auf das Familienleben über und machte sich in einer wachsenden Renitenz der Nachkommenschaft bemerkbar, die sich, auch ohne Freud und Adler gelesen zu haben, gegen die elterliche Tyrannei auflehnte. Die Alten aber konnten diesen Zug der Jugend nach Freiheit und Selbständigkeit unmöglich verstehen. Sie hielten ihn für ein Zeichen sträflicher Entartung und der Abweichung vom rechten Weg. Sie ahnten die Gefahr, die ihnen von dorther drohte: Es war ein Angriff auf ihre Gesinnungstreue, ihren staatserhaltenden Konservativismus und ihre Wertheimkassen. Dies alles wurde plötzlich in Frage gestellt, pietätlose Hände wagten es, daran zu rühren, und ihre eigene Nachkommenschaft unterschätzte die Größe des Werks, das sie sich über Jahrzehnte hinweg erbaut hatten. Tragisch war es, wenn es sich dabei um einen Sohn und Erben handelte, noch tragischer aber, wenn eine Tochter im Spiel war. Der Sohn konnte sich mit der Zeit die Hörner ablaufen und dann wieder in geordnete Bahnen einbiegen, mit einer Tochter aber erlebte man in einem solchen Fall nur Schande! Sie machte sich einer doppelten Entgleisung schuldig, denn sie lehnte sich nicht nur gegen die Gepflogenheiten des ihr angestammten Kreises auf, sondern auch gegen ein Naturgesetz, das dem Weibe ein für allemal seine Stellung innerhalb der Familie angewiesen hatte. Diesem Gesetz nach ist sie dem Willen der Eltern untertan und später ihrem Gatten Gehorsam schuldig. Mit öffentlichen Angelegenheiten wie Politik und soziale Ordnung hat sie nichts zu schaffen. Auch soll sie sich jeder eigenen Meinung enthalten, die in ihrem Munde nur „unweiblich" wirkt und durch deren Äußerung sie sich einerseits lächerlich, andererseits verhaßt macht. Die ganze Sippe, Tanten, Cousinen, Freundinnen und Bekannte saßen in einem solchen Fall über sie zu Gericht und sagten ihr Böses voraus, denn nie und nimmer würde sie auf diese Weise einen Mann kriegen!

*

Ich erbat mir von meinen Eltern anläßlich meines achtzehnten Geburtstages, der auf den 8. Februar 1898 fiel, einen Hausball, zu dem ich mir die Gäste selbst einladen durfte. Ich tat dies in der Hoffnung, Milko wieder bei uns einzuführen und ein Stündchen ungestört mit ihm zu verplaudern, was uns in den letzten Tagen immer mehr erschwert worden war. Meine Eltern willigten ein, und ich traf meine Vorbereitungen. Das große Speisezimmer wurde ausgeräumt und ergab einen angemessenen Tanzsaal. Auch das Klavier wurde hineingeschoben, und ich bat Milko, seinen Freund Djuka Jakobac mitzubringen, der ein guter Pianist war und versprochen hatte, uns die Tanzmusik zu besorgen. Zwei Büffets wurden aufgestellt, eines im Salon für die Erwachsenen, eines in meinem Zimmer für die Jugend. Ich arrangierte alles nach bestem Wissen, belegte die Silberplatten mit Kaviar- und Schinkenbrötchen in buntem Mosaik, baute den kalten Geflügelbraten in einem Blumenkranz bunter Radieschen, kleiner Essiggurkenblätter und zartgrüner Petersilie auf. Im Hintergrund standen hohe Aufsätze mit Torten, feinem Gebäck und Obst, dazwischen ein paar Bouteillen mit Dessertweinen, Likören und überall blühenden Blumen, so daß das Ganze nicht nur anregend auf den Gaumen, sondern auch anziehend für das Auge wirkte.

Mein Zimmer hatte eine rosa Tapete, an den Sitzgelegenheiten hellgrüne Cretonnebezüge mit rosa Blütenranken. Der

Toilettentisch hatte weiße Spitzenvorhänge, und auf seiner Platte stand allerlei blitzendes Gerät wie auf einem Altar. Neben dem Fenster mein kleiner Schreibtisch, neben dem Kanapee meine Bücherstellage, an der Wand zwei schöne Lithographien, die ich noch in Wien von meinem Vater erhalten hatte: die Köpfe von Schiller und Heine in goldenem Rahmen.

Auch auf meine Toilette hatte ich an jenem Abend besonderen Wert gelegt. Ich hatte sie zum Geburtstag erhalten: ein schönes, elfenbeinweißes Seidenkleid mit eingewebtem Streublumenmuster, das mir sehr gefiel und das ich an jenem Abend zum ersten Mal trug. Ich strahlte vor Freude, denn ich war mir bewußt, daß so ein achtzehnter Geburtstag keine kleine Sache sei! Ich war von jedermann beglückwünscht und von vielen Seiten reich beschenkt worden. Von meiner Großmutter erhielt ich wie zu jedem Geburtstag, so weit ich mich zurückerinnern konnte, einen Dukaten. Nun waren es bereits achtzehn, im Grunde keine kleine Summe, die ich sorgsam aufbewahrte. Als ich noch ein Kind war, hatte ich die phantastischsten Pläne, Gott weiß, was ich mir für diese Summe nicht alles kaufen wollte. Jetzt aber dachte ich daran, sie für meine Hochzeitsreise zurückzulegen, und sie hat dann auch tatsächlich diesem Zweck gedient!

So war alles schön und in Ordnung. Das Schönste aber sollte erst kommen. Das war die Stunde mit ihm, auf die ich all die Tage gewartet und um deretwillen ich diesen ganzen komplizierten Apparat in Szene gesetzt hatte. Nur darum hatte ich die vielen Leute eingeladen, darum ertönten die Musikklänge auf dem Klavier, dufteten die Blumen, erweckten die feinen Weine und die verschiedenen Leckerbissen die Begierden. Darum hatte auch ich mich so schön gemacht, alles um dieser einen Stunde willen, der ich voll Ungeduld entgegensah, so daß das Herz mir bis zum Halse klopfte, jedesmal wenn die Glocke an der Entreetür ertönte.

Natürlich hatte ich, den gesellschaftlichen Verpflichtungen meiner Eltern gemäß, auch ein paar notorische Salonlöwen der Hautevolee einladen müssen, die an Jahren zwar noch jung waren, sonst aber in schroffem Gegensatz zu allem standen, was ich mir selbst unter wirklicher Jugend vorstellte. Sie waren in gesicherten Stellungen und „gute Partien", ein Begriff, der sie mir besonders unausstehlich machte. Sie waren dementsprechend aufgeblasen und arrogant, auch uns Mädchen gegenüber, im Gefühl, daß sie sich alles erlauben durften. Aber sie hatten tatsächlich keinen besonderen Grund dazu, denn ihre Vorzüge bestanden lediglich in gut gemachten Anzügen, einem sicheren Auftreten und gefälligen Tischmanieren. Auch ihr Geschmack war problematisch, was sich natürlich auch in ihrer Konversation äußerte: Im Theater zogen sie die leichte Operettenmusik und die hübschen Beine der Primadonna allen anderen Kunstoffenbarungen vor. In der Lektüre schätzten sie die pikante Pointe, in der Malerei die Nuditäten. Ließen sie sich mit uns Mädchen auf einen Flirt ein, blieb die Tür zu einem vorsichtigen Rückzug immer offen. Am meisten schockierte mich der Umstand, daß sie die Koketterie über alle anderen weiblichen Qualitäten stellten. Es war das einzige Verständigungsmittel zwischen Mann und Weib, das sie kannten und auf das sie reagierten. Niemals suchten sie etwas anderes als diesen flüchtigen Reiz, dieses Geplätscher anzüglicher Worte, dieses unmotivierte Lachen, diese vieldeutigen Blicke aus den Augenwinkeln heraus, im guten Bewußtsein, daß dies alles ja sowieso zu nichts Ernstem führte und sie selbst einer jeden Verantwortung enthob.

Die jungen Mädchen paßten sich natürlich diesem Stil an. Im Grunde wollten sie ja auch nichts anderes. Bei oberflächlicher Betrachtung stellten sie das Idealbild der damaligen Gouvernantenerziehung dar, das sogenannte „unbeschriebene Blatt". Während die Männer für ihren persönlichen Gebrauch natürlich andere Typen vorzogen, schätzten sie diese Unberührtheit von Gefühlen, Eindrücken und Erfahrungen bei jenen Mädchen, die als ihre zukünftigen Ehegattinnen eventuell in Betracht kamen. Sie schätzten die farblose Persönlichkeit ebenso wie die bleichsüchtigen Gesichter, die sich hinter Sonnenschirm und Schleier vor jedem Lichtstrahl verbargen, so daß sich alles im Schutzwall guter Manieren vollzog, angenehm abgerundet, ohne Unebenheiten und Ecken. Erst der eigene Mann sollte als Erwecker auftreten, er sollte der toten Materie Leben einhauchen, die schlafende Puppe erwecken, inspirieren und nach seinen Wünschen ausformen. Nur, daß die wenigsten Männer zu dieser Rolle befähigt waren. Sie waren keine „Erwecker" und nur selten imstande, die schlafende Puppe nach ihren Wünschen auszuformen. Dies tat später das Schicksal, indem es ihre verborgenen Kräfte ans Licht zog, sie aber in vielen Fällen auch endgültig deformierte.

✳

Milko kam als einer der letzten. Er sah mich an und lachte. Auch ich lachte. Dann reichten wir einander die Hände im Ausdruck größter Freude. Jakobac saß schon am Klavier, und die Paare drehten sich im Tanz. Milko erklärte mir, daß er nicht tanze. Aus Prinzip! Aber ich glaube, es war eher Verlegenheit. Er wollte sich nicht öffentlich zur Schau stellen. Ich sagte: „Aber ich muß mit meinen Gästen tanzen!" Er nickte: „Ich werde Ihnen zusehen!" Er tat es wirklich. Und ich sah, während ich mit einem nach dem anderen tanzte, ständig zu ihm hinüber. Ich sah, wie sein Gesicht sich verdüsterte. Er war traurig. Später gestand er mir, er sei eifersüchtig gewesen.

Während die Jungen sich im Speisezimmer amüsierten, saßen die Erwachsenen im Salon. Es war der enge Kreis meiner Eltern, lauter Leute, die auch sonst zu uns kamen: Tante Tinka, Tante Sophie, die Reinfeldischen, Fräulein Lipschitz. Eine neue Attraktion war inzwischen hinzugekommen, eine schicke junge Budapesterin, Frau Gerö, deren Mann seit kurzem in einer hiesigen Fabrik als Direktor wirkte. Sie war rothaarig, sommersprossig und sehr mokant. Die Provinz, in die sie gegen ihren Willen verschlagen worden war, blieb hinter ihren gesellschaftlichen Ansprüchen weit zurück. Sie maß alles nach ihrem Budapester Maßstab, intrigierte die Leute mit spitzen kleinen Bemerkungen und gelegentlich mit dicken Auftragereien, indem sie andere als Beispiel heranzog, die sie in Budapest nur aus der Perspektive des Váci Corso gekannt hatte, wo sie in ihren eleganten Karossen an ihr vorbeigefahren waren, ohne sie jemals als ihresgleichen zu behandeln oder gar jemals zum Tee zu bitten. Immerhin wußte sie, was in jenen Kreisen als schick galt, was man dort meinte und redete, wie man sich dort kleidete und benahm. Und während sich die Essekerinnen ihre Moden sozusagen selbst schufen, indem die eine der anderen nachmachte, bis alles zu einem Klischee wurde, erschien Frau Gerö mit Toiletten aus allerersten Häusern, piekfein und utriert in Farben und Machart, wie sie die Essekerinnen bisher nur aus den Pariser Modeblättern gekannt hatten und die alles, was in dieser Saison als modern gegolten hatte, weit hinter sich ließen. In Essek trug man zum Beispiel noch immer die hohen Stahlmieder und die schmalen Gummigürtel mit scharf betonter Taille. Man trug Schinkenärmel mit Organtineinlagen und die Röcke schon vom Schluß ausgehend verbreitert. Frau Gerö trug Modelle mit breiten, in Falten gelegten, in der Farbe scharf abstechenden Seitengürteln, die auch noch einen Teil des Bauches mit umspannten, so daß die Vorderfront eine sanft geschweifte Linie ergab, aus der der Busen wie ein Balkon herausragte. Sie trug keine Schinkenärmel, sondern die Verbreitung erfolgte erst unterhalb des Ellbogens, wo sie ein richtiges Säckchen ergab, das erst am Handgelenk von einer engen Stulpe zusammengerafft wurde. Der Rock erweiterte sich erst in der Höhe der Knie, wodurch die Figur von Grund auf verändert wurde. Auch stellte Frau Gerö die ungewöhnlichsten Farbkontraste zur Schau: Schwarz-weiß gestreifte Taftseide mit kirschroter Garnierung, einen Changeant Foullard in nilgrüner und silbergrauer Variation mit schwarzen Spitzeninkrustationen, pflaumenblauen Velvetsamt mit einem Aufputz aus Goldbrokat. Ihre Hüte waren entweder mit riesigen Pleureusen geschmückt, deren Fransen ihr bis in die Augen hingen, oder kleine Bibis aus Blumen und Seide, die wie Nester in ihren aufgebauschten Haaren verschwanden. „Pfui!“ sagten die bisherigen Modeköniginnen, die sich Gleiches nicht zu leisten vermochten. Denn jede dieser Modekreationen erschien ihnen als eine Attacke auf den guten Geschmack und flößte ihnen gleichzeitig Respekt, Neid und Abneigung ein. Sie wirkte auf die Gemüter wie ein Erdbeben: aufregend und zerstörend. Für viele Leute wurde sie zur fixen Idee, die sie bis in ihre Träume hinein verfolgte. Auch die Geröschen „Jours“ gaben Anlaß zu zahlreichen Kontroversen. Sie liquidierte die Altwiener Jausen mit Schlagoberskaffee und Rosinengugelhupf, empfing nur am Donnerstag mit Tee und Sandwiches, die sie von einem Stubenmädchen in weißer Tändelschürze und Spitzenhäubchen herumreichen ließ. Ihre beiden Jungen, fünf und drei Jahre alt, trugen Matrosenanzüge mit langen Hosen, und sie behauptete, in Budapest sei dies die große Mode, auch der kleine Erzherzog Albrecht, Sohn Ihrer Königlichen Hoheit, der Erzherzogin August, Gattin des Palatins Joseph, trage solche Hosen.

Ich lauschte zwischen einem Tanz und dem anderen auf das Stimmengewirr im Salon. Ich hörte Tellergeklapper, Gläserklirren und das glucksende Lachen Tante Tinkas. Sie schienen sich also ganz gut zu unterhalten und würden wohl nicht merken, wenn ich mich ein wenig zurückzog. Die Paare drehten sich im Tanz. In einer Viertelstunde würden sie mit der Quadrille beginnen, ich aber hatte mich bisher nicht dazu engagieren lassen mit der Begründung, ich hätte schon meinen Tänzer. Ich trat also auf Milko zu, der einsam in seiner Ecke saß, nahm ihn beim Arm und sagte: „Dieser Tanz gehört Ihnen. Wir wollen ihn verplaudern." Dann führte ich ihn in mein Zimmer ans Büffet. Ich füllte ihm den Teller und goß ihm ein Glas ein. Dann setzten wir uns nebeneinander auf das Kanapee.

Das war es, worauf ich den ganzen Abend und all die Tage, da ich diesen Abend vorbereitete, gewartet hatte. Er nippte an seinem Glas, den Teller aber stellte er neben sich, ohne etwas anzurühren. Ich redete ihm nicht zu, denn ich begriff, daß er jetzt nicht essen wollte. In der kurzen Zeitspanne, die wir dort in meinem Zimmer auf dem kleinen Kanapee nebeneinander saßen, wechselten wir kaum zehn Worte, und doch brachte dieses Schweigen uns näher als Worte es vermocht hätten. Ein Leben lang hätten wir so beisammen sitzen wollen, schweigend, Seite an Seite. Nichts anders wünschten wir, als einander nahe zu sein und mit unseren Blicken ineinander zu versinken. Unsere Hände lagen auf der Sofakante, nicht zehn Zentimeter voneinander entfernt. Aber es fiel uns nicht ein, über diese zehn Zentimeter hinauszugehen, sie ineinander zu legen, einander auch nur mit einer Fingerspitze zu berühren.

Liebespaare sind überzeugt davon, daß ihre Stimmung etwas Einmaliges ist und daß niemand anders vor ihnen etwas Ähnliches empfunden hat. So erschien auch uns diese Viertelstunde als ein über alle menschlichen Begriffe hinausgehendes Wunder. Dieses Bewußtsein lag in unserem Schweigen, in unserem Lächeln, in unserem gebannten Blick. Aber der Bann wurde alsbald auf andere Weise gebrochen, denn plötzlich öffnete sich die Tür und mein Vater erschien in ihrem Rahmen. Er hatte mich bei den Tanzenden draußen gesucht und nicht gefunden. Noch niemals hatte ich ihn so böse gesehen. Nur mühsam beherrschte er sich und zwar hauptsächlich um der anderen Gäste willen, die nicht hören sollten, was zwischen mir und ihm vorging. Er sagte mit gepreßter Stimme: „Ich muß staunen über dein schlechtes Benehmen! Du ziehst dich zurück, um dich deinem eigenen Vergnügen zu widmen, anstatt als Gastgeberin für das Vergnügen der anderen zu sorgen. Geh sofort zu deinen Gästen!" Er wies mit der Hand nach der Tür. Milko würdigte er keines Blickes und ließ auch mir keine Zeit, mich bei ihm zu entschuldigen. Es blieb mir nichts anderes übrig, als das Zimmer zu verlassen. Da die Paare eben zur Quadrille antraten und ich rasch einen Tänzer fand, mußte ich mich ihren Reihen anschließen und mittanzen. Ich sah nur noch, wie Milko sich von meiner Mutter verabschiedete und ging. Am nächsten Tag erklärte mir mein Vater in entschiedenem Ton, die Liebelei mit dem Oberleutnant müsse aufhören. Er wünsche keine weiteren Besuche desselben und verbiete mir auch jeden Verkehr mit ihm außer dem Hause. Die Beziehung zu diesem jungen Menschen könne unmöglich zu etwas Ernstem führen. Er gehöre einem Milieu an, das mit dem unsrigen nichts gemein hätte, das Militär sei eine Welt für sich, mit einem übertriebenen Standesdünkel neben den elendsten Lebensbedingungen. Schon als Jude, mehr aber noch seiner Denkungsart nach habe er mit dieser Welt nicht das geringste gemein, und er wünsche nicht, daß seine Tochter sich ihre Freunde aus diesen Kreisen wähle. Auch persönlich sei ihm der Oberleutnant, auf den er mich leider selbst aufmerksam gemacht hätte, bei näherer Bekanntschaft wenig sympathisch. Um ein guter Offizier zu sein, sei er viel zu sehr Philosoph, und um ein guter Philosoph zu sein, viel zu sehr Offizier. Er befahl mir, alle Bücher, die ich von Milko erhalten hatte, ob geliehen oder geschenkt, kurz, diese ganze entartete Literatur am gleichen Tage zurückzuschicken. Man sehe an dem gestrigen Vorfall, wie korrumpierend diese Bücher bereits auf mich eingewirkt hätten, wie sie mein gesundes Urteil und meinen Sinn für Anstand und Lebensart verdorben hätten. Er wünsche, daß die Sache damit ein für allemal beendet sei! „Dieser ‚Svengali', (so nannte er Milko) hat dich ja förmlich hypnotisiert. Ich als Vater aber darf das nicht dulden. Du wirst fortan keinen Schritt mehr allein auf die Gasse tun. Wenn du ausgehst, geschieht es in Gesellschaft deiner Mutter!"

Daß mein Vater, der das Idol meiner Kindheit gewesen war,

mir das antun konnte! Ich war nicht nur erschüttert über das Verbot, sondern empört über die Art, wie man mit mir umging. Der Glaube an die elterliche Autorität brach in mir zusammen. Er kümmerte sich nicht um meine Gefühle, aber was noch schlimmer war, er ignorierte meine Beweggründe, das heißt meine ganze Einstellung zum Leben, die sich trotz aller angewandten Gegenmittel immer deutlicher in mir herauskristallisierte: meine geistigen Bestrebungen, meinen Wunsch nach Entwicklung und menschlichen Werten. Dies alles wurde mit einer wegwerfenden Geste als bloße Kinderei abgetan. Daß ich lernen wollte, daß ich tatsächlich meiner ganzen Veranlagung nach dazu geschaffen war, daß meine Interessen weitere Gebiete umfaßten als die engbegrenzten des damaligen Frauenlebens, die über Kinderkriegen, Küche und Klatsch nicht hinausgingen, daß man das, was ich für mein Echtestes und Bestes hielt, meinen Wissensdrang und mein Verlangen nach einer ernsten, nützlichen Betätigung, als die Auswüchse eines exaltierten Charakters wertete und mit allen Mitteln dagegen vorging, dies alles verletzte mich tief und befestigte mich in meinem Entschluß, wenigstens dort, wo mein Ureigenstes in Frage stand, das heißt in meinem Gefühlsleben, fest zu bleiben und mich nicht beeinflussen zu lassen.

Diese Erfahrung war um so schmerzlicher, weil sie mich völlig unvorbereitet traf. Ich hatte zu meinem Vater ein herzliches, ja vertrautes Verhältnis gehabt. Ich schätzte seine Intelligenz, mehr aber noch seine wirkliche Herzensgüte, an der ich bisher niemals gezweifelt hatte. Er war nachsichtig, einsichtsvoll und loyal allen menschlichen Schwächen gegenüber, immer bereit zu raten und zu helfen, wie er es auch in vielen Fällen tat. Er konnte von gewinnender Liebenswürdigkeit sein, insbesondere mit Untergebenen und kleinen Leuten, die ihn alle vergötterten. Warum also gerade mir gegenüber diese große Einsichtslosigkeit und Härte, die mich unbedingt zum Trotz aufstacheln mußten? Auch meine Mutter litt darunter und hätte mir gern geholfen, nur daß dies leider nicht in ihrer Macht lag. Jeder Versuch dazu führte nur zu neuen Ausbrüchen seines Unwillens.

Ich wurde tatsächlich eine Weile als Gefangene behandelt, und mein einziger Kontakt mit der Außenwelt sowie meine einzige Ablenkung waren meine Stunden bei Professor Matić.

Ich warf mich jetzt wieder mit größtem Eifer auf das Lernen, erstens weil es mich von meinem Kummer ablenkte, zweitens hatte ich jetzt alle Aussicht, mit dem Stoff bis zum Sommer fertig zu werden, und Matić erklärte mir, ich könne die Matura dann ohne weiteres ablegen, er garantiere mir für den Erfolg. Dies tröstete mich ein wenig, und ich machte bereits allerlei Pläne: Vielleicht würde es mir gelingen, nach der Matura meinen Eltern die Erlaubnis zu einem weiteren Studium abzuringen! Von Matić hörte ich auch, daß Milko unlängst einer Assentkommission zugeteilt worden war und die Stadt für zwei Monate verlassen hatte. Dies brachte rein äußerlich etwas mehr Ruhe in mein Dasein. Auch meine Eltern mußten davon erfahren haben, denn am 1. April wurde meine Quarantäne aufgehoben, und ein paar Wochen später schickte man mich zu meiner Tante nach Zagreb in der Hoffnung, ich würde im Verlauf einer längeren Trennung meine unmögliche „Liebelei" mit dem Oberleutnant, der mich offensichtlich durch die Zauberkünste eines Svengali in seinem Bann festzuhalten suchte, vergessen.

*

Es war das erste Mal, daß ich nach Zagreb kam. Ich fand die Stadt über jede Erwartung hinaus schön und interessant: Es war nicht nur das politische, sondern auch das kulturelle Zentrum eines Landes, und dies merkte man auf Schritt und Tritt.

Die jungen Mädchen, mit denen ich in Zagreb verkehrte, waren anders. Sie besuchten fast alle das Lyzeum, das sich nicht nur durch den erweiterten Lehrplan, sondern mehr noch durch den daselbst herrschenden Geist von der Esseker Höheren Töchterschule stark unterschied. Die Professorinnen waren zum großen Teil wirklich gebildete Frauen, wie unter anderem Maria Jambrišak, Camilla Luzerna und Jagoda Truhelka, die auch theoretisch für die Gleichberechtigung ihrer Geschlechtsgenossinnen auf kulturellem und politischem Gebiet eintraten und ihre Lehrtätigkeit am Lyzeum als eine Art Pionierarbeit betrachteten. Sie waren bestrebt, ihren Schülerinnen nebst dem vorgeschriebenen Wissen auch einen fortschrittlichen

Geist zu vermitteln und sie dadurch zu einer Weiterarbeit auf diesem Gebiet zu befähigen.

Ich muß hier einfügen, daß ich im Trubel der mir gebotenen Zerstreuungen, der zahlreichen neuen Eindrücke und Bekanntschaften auch den Zweck, den ich mit dieser Reise verband, nicht ganz vergessen hatte. So machte ich von allem Anfang an verschiedene Schritte, um mir die Erlaubnis zur Ablegung der Matura als Privatistin zu verschaffen. Ich muß gleich hinzusetzen, daß mich in diesem Streben niemand unterstützte, ja, daß man mir im Gegenteil zahlreiche Hindernisse in den Weg legte und alles dazu tat, um die Ausführung dieses Plans zu vereiteln. Ich muß jedoch, auch wenn ich es beschämend finde, doch der Wahrheit zuliebe gestehen, daß ich in den letzten Wochen ziemlich flau geworden war und mich mit weniger Energie für die Sache einsetzte, als zu ihrem Gelingen notwendig gewesen wäre. Ich war abgelenkt, hatte immer etwas anderes vor, das mich in Anspruch nahm und zerstreute, so daß ich es versäumte, im richtigen Moment die richtigen Wege zu gehen. Trotz meines schlechten Gewissens hatte ich vor mir selbst ständig allerlei Ausreden, und wenn ich dann doch etwas unternahm, verfehlte ich im ersten Anlauf die richtige Stelle. Ich wendete mich an Leute um Rat, die mit der Sache unmittelbar nichts zu tun hatten und die mich an andere Leute wiesen, so daß ich mehrere Instanzen durchlief, ohne zu einem Resultat zu kommen. Schließlich sagte man mir, ich müsse mich mit einem Bittgesuch direkt an den Banus wenden. Dazu benötigte ich außer meinem Geburtsschein auch meine letzten Zeugnisse, die ich aus Essek verlangte, die man mir jedoch lange nicht schickte, um die Sache immer mehr zu verzögern und womöglich ganz zu verhindern.

Ich selbst verlor mit der Zeit meine anfängliche Sicherheit. Nachdem ich mit der Direktion des Lyzeums persönlich gesprochen hatte und diese mir in wohlmeinendster Weise versichert hatte, die Prüfungen wären, wenn es sich um Privatistinnen handelte, besonders streng, zweifelte ich plötzlich an meinem Wissen. Es schien mir nach allem Gehörten, ich sei nicht genügend vorbereitet und es wäre vielleicht besser, schon um einer Blamage auszuweichen, die Sache um ein weiteres Jahr zu verschieben. Es war ein Komplex der verschiedensten widerspruchsvollen Empfindungen, der mich zu diesem durchaus nicht ehrenvollen Rückzug veranlaßte. An erster Stelle war es Leichtsinn. Ich war überzeugt davon, jedes Versäumnis ließe sich bei etwas gutem Willen wieder nachholen. Ich wußte damals noch nicht, daß es Versäumnisse gibt, die entscheidend für ein ganzes weiteres Schicksal werden. Zweitens war es verdrängte Lebensangst: Es schien mir plötzlich unmöglich, die sich vor mir auftürmenden Hindernisse in direktem Ansturm zu nehmen, ich wollte sie lieber umgehen und die Sache hinausschieben. Drittens waren es die zahlreichen ablenkenden Eindrücke, die meine Gedanken beschäftigten und mich zu keiner Sammlung kommen ließen. Alles, was ich hier sah und erlebte, schien mir ungeheuer wichtig, so daß ich nichts davon verlieren wollte und außerstande war, mich mit etwas anderem intensiv zu beschäftigen.

Alles wäre vielleicht anders verlaufen, hätte ich damals mir und anderen bewiesen, daß es mir mit dem Studium wirklich ernst sei und daß ich durchzusetzen vermochte, was ich mir vorgenommen hatte. So gab ich den anderen einen triftigen Grund, auch alles andere, was ich später vorhatte, als bloße Spielerei aufzufassen.

Ich muß gleich hinzufügen, daß ich die versäumte Matura dreizehn Jahre später als verheiratete Frau und Mutter von vier Kindern ablegte. Ich inskribierte nachher an der Münchner naturwissenschaftlichen Fakultät. Dies war im Jahre 1911. Drei Jahre später brach der Erste Weltkrieg aus und verhinderte die Beendigung meines Studiums.

*

Das Wiedersehen mit Milko nach mehrmonatiger Trennung gab uns beiden die Gewißheit, daß wir in allen Dingen aufs wunderbarste übereinstimmten. Um diese auf den ersten Blick entstandene große Neigung besser zu ergründen, muß ich noch einmal in die Vergangenheit zurückgreifen, denn in ihr sind bereits alle Keime enthalten, die Milkos komplexe Figur zusammensetzten. Aus ihr ergaben sich auch jene Grenzen, über die er niemals hinauszugehen vermochte. Die jahrhundertelange Unfreiheit seines Stammes belastete ihn mit ihrer Schwere und zwang ihn zur Selbstbeschränkung. Die traditionelle Armut desselben machte ihn zu einem Verächter des Geldes sowie allem, was damit zusammenhing. Eine Überlieferung von Blut und Tränen bedrückte sein Gemüt. Dies alles gab ihm die stolze Haltung, war aus seinem Gesicht herauszulesen und war die Grundlage jener Affinität, die uns zueinander zog. Denn die Verschiedenheit unserer Lage war nur eine scheinbare. Auch ich war der Abkömmling eines unterdrückten Volkes, war belastet mit der Tradition einer tragischen Vergangenheit, war im Protest gegen unsere kleinbürgerliche Gegenwart, in Angst vor einer unsicheren Zukunft. Ähnliche Ursachen übten die gleiche Wirkung auf uns aus, so daß wir beide gleich empfindsam, unruhig und skeptisch waren. Dies kam in unserem Verkehr schon von allem Anfang an zum Ausdruck und gab mir das große Verständnis nicht nur für Milkos Stärken, sondern auch für seine Schwächen.

Wir waren in jener Zeit tatsächlich nur noch auf einen sporadischen Ideenaustausch angewiesen, und zwar niemals in unmittelbarem Kontakt oder unter vier Augen, sondern immer nur in Gesellschaft anderer. Da mir strengstens untersagt war, ihn zu empfangen, ja auch nur auf der Gasse mit ihm zu verkehren, organisierten wir im Winter 1899 Zusammenkünfte bei gemeinsamen Freunden, wo wir uns in kleinerer oder größerer Gesellschaft trafen. Aber auch da fühlten wir uns so gut wie allein. Die Anwesenheit der anderen war leider ein notwendiges Übel, das wir so wenig wie möglich zur Kenntnis nahmen. Wir saßen in ihrem Kreis, aber unsere Augen hingen ständig aneinander, wir hörten kein Wort von dem, was gesprochen wurde, und was immer wir selbst auch reden mochten, es hatte einen verborgenen Sinn, den niemand verstand außer uns. Auch jede Geste hatte eine besondere Bedeutung, die von den anderen übersehen wurde, uns aber sagte sie viel Beglückendes und gab uns für die Tage der Trennung, die jedem solchen Beisammensein folgen mußte, neue Zuversicht.

Aber auch diese bescheidenen Freuden sollten uns bald genommen werden. Ich durfte in die Häuser, in denen Milko verkehrte, nicht mehr gehen. Aber wir hatten uns inzwischen feierlich verlobt. Milko steckte mir den Brautring seiner Mutter, den diese bis zu ihrem Tode getragen hatte, an den Finger, und wir versprachen aufeinander zu warten, wie lange es auch dauern mochte. Ich selbst fühlte mich durch diesen Akt stärker an ihn gebunden als durch jede gesetzliche Trauung. Und dies war umso beruhigender für mich, als ich jetzt in das Alter kam, in dem die Frage meiner Verheiratung immer aktueller wurde. Es meldeten sich bereits gewisse Freier, die meinem Vater nur zu gelegen kamen, und er bestürmte mich auf jede Weise, die sich mir bietende gute Gelegenheit nicht leichtsinnig zu versäumen, und zwar um meiner unvernünftigen, kindischen und unrealisierbaren Phantastereien willen, die ich in meiner Unerfahrenheit mit Liebe identifizierte. Und überhaupt: Was bedeutete der Begriff der Liebe in einem Frauenleben? Ein Nebelgebilde, das vor dem scharfen Tageslicht der Realität in ein Nichts zerfließen muß. In einem Frauenleben bedeutet die vor Sorgen gesicherte Existenz an der Seite eines braven Mannes alles Wünschenswerte. Was darüber hinausgeht, gehört in die Welt der Romane sowie gewisser krankhafter Vorstellungen, mit denen die Jugend sich nährt.

Dies hörte ich täglich. Vorwürfe, Beschwörungen, Schilderungen des Abgrundes, in den ich mich stürzen wollte, in den schwärzesten Farben. Und was das Schlimmste war: An dieser Kampagne nahm eine ganze Sippe teil. Bekannte und Verwandte fühlten sich berufen, mir den Kopf zurechtzusetzen, mich vor dem Irrweg und dem Straucheln zu bewahren, mir meine Kindespflicht in zahlreichen Variationen vor Augen zu führen. Mir zu erklären, wie schlecht und unvernünftig ich handle, nicht nur gegen mich selbst, sondern gegen meine Eltern, gegen die festgefügte Tradition einer Familie, gegen die Gepflogenheiten einer ganzen Stadt, in der es keine individuellen Wünsche und Neigungen gab.

Natürlich gab es auch Leute, die meinen Kampf mit Interesse oder Neugier verfolgten. Es gab sogar Wohlgesinnte darunter, die nichts dagegen hatten, wenn ich die Kastanien aus dem Feuer holte. Ihr verständnisvolles Zulächeln aber war mir nicht weniger unangenehm als die Animosität meiner Gegner. Das Traurigste aber an der uns gewidmeten Aufmerksamkeit war, daß uns überallhin alle Augen folgten, und wenn wir uns draußen einmal irgendwo trafen, es meinen Eltern unverzüglich hinterbracht wurde. Meine Mutter suchte die Sache freilich immer zu vertuschen, aber sie kam meistens meinem Vater zu Ohren, denn überraschenderweise nahmen auch gesetztere Herren an dem um uns kreisenden Klatsch teil, und dann gab es tragische Auftritte, die mich entsetzlich erschütterten. Da uns der persönliche Verkehr immer mehr erschwert und schließlich ganz unmöglich gemacht wurde, griffen wir zu dem einzigen Mittel, durch das wir den Kontakt noch weiter aufrechterhalten konnten: Wir schrieben einander, obwohl wir in der gleichen Stadt lebten, täglich lange Briefe. Ich schrieb natürlich direkt an seine Adresse, da ich seine Briefe im Hause jedoch nicht empfangen durfte, schrieb er mir poste restante unter dem poetischen Decknamen „Angela Donati". Um mich wissen zu lassen, daß ein Brief für mich auf der Post sei, ging er täglich um die gleiche Stunde an meinem Fenster vorüber und grüßte mich, indem er seine weißen Handschuhe beim Salutieren in der Hand hielt.

Unsere Köchin Vicky, die die ominöse Marie abgelöst hatte, besaß für eigene und fremde Liebesverhältnisse das größte Verständnis und holte mir am Nachmittag, nachdem sie mit ihrer Arbeit zu Ende war, meinen Brief ab. Oft aber konnte ich es vor Ungeduld nicht aushalten, und ich trieb Vicky mit Bitten, Schmeicheleien und allerlei Bestechungen zur Zeit der größten Arbeit vom Kochherd weg auf die Post. Inzwischen rührte ich die Einbrenne, schälte Kartoffeln, putzte Gemüse, ja knetete gelegentlich sogar den Teig an, wobei ich mehr vom Kochen erlernte als früher durch die verschiedenen pädagogischen Maßregeln, durch die man mich dazu antrieb. Und während ich auf diese Art in der Küche wirksam war, holte Vicky mir meinen Schatz.

Ich muß gleich hinzufügen, daß dieser Schatz mich allzu häufig bittere Tränen kostete, denn Milko war längst schon krank vor Ungeduld, überreizt und nervös. Er war eifersüchtig auf jenes Leben, das ich ohne ihn führte, von dem er nichts wußte und an dem er keinen Anteil hatte, eifersüchtig auf jeden Lufthauch, der mich berührte, mißtrauisch, selbstquälerisch, nicht geneigt, noch jahrelang in diesem Zustand auszuharren, wie uns dies bevorstand, aber noch weniger geneigt, mich zu verlieren oder aufzugeben. Seinen ungerechtfertigten Vorwürfen folgten immer neue Liebesbeteuerungen, diesen aber immer wieder neue Vorwürfe. Er beschuldigte Gott und die Welt, ja schließlich sogar mich für unser Ungemach. Mein Gefühl für Milko wurzelte vor allem in der Überzeugung, daß er der Liebe bedürftiger sei als jeder andere. Seine pessimisti-

sche Veranlagung, seine Empfindsamkeit, sein starkes Phanta-
sieleben, seine intensiven geistigen Interessen, das ihn innerlich verzehrende Feuer, nicht zuletzt seine starke dichterische
Begabung waren so unvereinbar mit seiner Lage als Offizier,
dem Zwang der Subordination unter geistig weit tieferstehende
Vorgesetzte sowie der Rohheit des militärischen Dienstes, daß
er sich, abgesehen von der uns aus unserer eigenen Tragik
erwachsenen Qual, tief unglücklich fühlen mußte. Ich bildete
mir ein, ihm in meiner Liebe für dies alles Ersatz bieten zu
können.

Was sonst aber hätten wir in unserer Lage tun sollen? Ich war
minderjährig.[55]) Wir bedurften zum Heiraten nicht nur der
elterlichen Zustimmung, sondern auch einer hohen Kaution.
Offiziere konnten sich erst ohne Kaution verehelichen, wenn
sie zu Stabsoffizieren aufgerückt waren. Dies sollte bei Milko,
der im Range eines Oberleutnants stand, noch gute fünfzehn
Jahre dauern. Sollte er den Dienst quittieren und ein kleiner
Finanz- oder Postbeamter werden? Damit richtete ich ihn
moralisch und materiell zugrunde. Er war trotz aller Gegenbe-
hauptungen, der Schikanen des Dienstes und der Übergriffe
präpotenter Vorgesetzter, trotz Kant und Schopenhauer stolz
auf seinen goldbetreßten Rock, stolz auf seine militärische
Ausnahmestellung. Dieser Stolz gehörte mit zu den Gegensätzlichkeiten seines Charakters, die ich nicht immer ganz verstand. Denn ich liebte ihn nicht, weil er diesen bunten Rock
trug, sondern trotz desselben, über meinen eingefleischten
Antimilitarismus und überzeugt pazifistischen Standpunkt hinweg. Der Mann, den ich liebte, war leider ein Offizier, da war
nichts zu machen, da gab es keine Abhilfe, ich mußte diese
Tatsache mit in Kauf nehmen.

Oder sollten wir einfach von zu Hause weglaufen und meine
Eltern dadurch vor ein fait accompli stellen? Ich wäre auch
dazu bereit gewesen. Ich träumte in stillen Stunden von einer
solchen Idylle auf einer weltfernen Insel, einer Palmenhütte,
einem Traumland, wo niemand uns mehr zu kränken und zu
stören vermochte. Nicht umsonst hatte ich noch im Institut
„Paul und Virginia" gelesen. Nur mußte man leider auch in der
schlichtesten Hütte, weit fort von jeder Zivilisation, etwas zu
essen haben. Andererseits hätte man Milko bei jedem derartigen Versuch unweigerlich vor ein Ehrengericht gestellt und

wahrscheinlich wegen Entführung einer Minderjährigen auch zivilrechtlich verfolgt. Es blieb uns also nichts anderes übrig, entweder miteinander zu brechen oder zu warten. Da uns das erstere ganz unmöglich war, wählten wir die zweite Alternative: Wir wollten warten, bis sich die Verhältnisse zu unseren Gunsten geändert haben würden, bis irgend etwas Unerwartetes erfolgte, das Schicksal irgendwie eingriff, denn daß mein Vater seinen Willen jemals ändern würde, darauf konnte ich bei meinem bereits sehr herabgeminderten Optimismus nicht mehr rechnen. Es blieb also vorläufig nichts anderes übrig: Wir schrieben uns endlose Briefe, holten das letzte an Gefühlsseligkeit aus uns heraus, alle Leidenschaft von seiner, alle Liebeshingabe von meiner Seite. Papierene Küsse und Umarmungen, die unsere Seelen mit ebensoviel Bitterkeit wie Genugtuung erfüllten.

In diesen Briefen, die wir drei Jahre lang wechselten, waren kaum irgendwelche realen Beobachtungen enthalten, es gab keine Schilderungen äußerer Erlebnisse, nichts von Beziehungen zu anderen Menschen, bemerkenswerten Vorgängen, objektiven Bemerkungen, als ob wir im luftleeren Raum lebten, allein auf der Welt, taub und blind für alles, was um uns vorging. Milko steigerte sich darin zeitweilig in eine poetische Ekstase hinein, in philosophische Betrachtungen, Abstraktionen und sonstige Lyrismen, die der bloßen Impression entsprangen und im Grunde nur ein Spiegelbild seiner Persönlichkeit und seiner Wünsche ergaben. Es waren die Projektionen jener Bilder, die sein Inneres mit ihrer Überfülle belasteten, wie sie später auch in seinen literarischen Werken zum Ausdruck kamen, seinen Novellen, die die Realität immer gerade noch streiften, im Grunde aber nur visionäre Bilder und Gesichte wiedergaben, die sich gelegentlich bis ins Diabolische steigerten, gelegentlich von einer überraschenden Naivität zeugten.[56])

So gingen unsere leidenschaftlichen Beteuerungen täglich her und hin. Ich hätte vielleicht ein Leben lang so fortgeschrieben, mir ein Leben lang mit vor Rührung tränennassem Gesicht diese Idealbilder ausgemalt, doch Milkos Reaktionen waren ganz anders. Für ihn bedeutete dies alles einen allzu quälenden Zustand, der ihn in seinem Stolz und in seiner männlichen Würde verletzte. Er fügte sich dem Unvermeidlichen, aber er war kein Abälard, seine Natur war nicht auf schmachtende Bekenntnisse, Passivität und jahrelange Askese eingestellt. Das Leben setzte ihn ständig Versuchungen aus. Es gab genug Mädchen und Frauen in der Stadt, die sich zu Trösterinnen berufen fühlten und bereit waren, jene Rolle zu spielen, die mir vorläufig versagt war.

✱

So wurde die Situation für uns beide immer unerträglicher. Der auf mich ausgeübte Terror wuchs. Ich schüttelte zu allen mehr oder weniger wohlgemeinten Ermahnungen nur den Kopf, ich war durch nichts zu überzeugen. Aber ich verlor in diesem Zustand jede Frische, jeden wirklichen Lebensmut, jede Initiative. Ich hatte mit meinen Übersetzungen aufgehört. Ich hatte meine Unterrichtsstunden aufgegeben. Ich mied jede Zerstreuung, denn ich wollte mich durch äußerliche Dinge von dem, was mich so ganz beherrschte, nicht ablenken lassen. Mein großes Interesse konzentrierte sich auf einen Punkt: Ich wollte Milko um keinen Preis aufgeben!

Es kamen Heiratsanträge für mich, „günstige Partien" wie man mir sagte, von Leuten in angesehenen Stellungen, mit einem soliden Einkommen. Man redete mir zu und sagte mir, wie sehr ich meinen Unverstand noch einmal bedauern würde. Ich hatte diese Leute früher kaum jemals gesehen. Ich hatte nichts gemeinsam mit ihnen, keinen Gedanken, kein Interesse, von Liebe gar nicht zu reden. Wie sollte, wie konnte ich sie also heiraten? Man sagte mir, die Liebe komme später in der Ehe, auch andere Mädchen heirateten so und würden in ihrer Ehe glücklich. Ich schüttelte nur den Kopf. Niemals würde man mich in einer solchen Sache überzeugen!

Viele meiner Freundinnen hatten tatsächlich schon geheiratet und zwar ganz auf die gleiche Art, wie man sie mir vorschlug. Es gab lärmende Hochzeiten, herrliche Brautgeschenke, große Dinners mit feierlichen Reden, die dem zukünftigen Glück des jungen Paares galten, das sich vorher zwei- bis dreimal gesehen hatte, ohne jemals ein intimeres Wort miteinander zu wechseln, von wirklichen Zärtlichkeiten gar nicht zu reden. Alles war eine Angelegenheit der Berechnung, ja sogar der Spekulation: Mitgift, Einkommen, Familienbeziehungen waren dabei ausschlaggebend. Es gab Fälle, wo Mädchen die abgelegten Liebhaber ihrer Mütter heirateten, und niemand fand etwas Besonderes daran. Eine meiner Freundinnen hatte einen Bewerber. Natürlich durfte sie ihn nur in Begleitung einer Gardedame, in diesem Falle eine noch hübsche und junge Gouvernante, treffen. Sie gingen täglich zu dritt in den Glacien spazieren. Er machte der Tochter den Hof und unterhielt zur gleichen Zeit ein Liebesverhältnis mit der Gouvernante. Nachdem das junge Paar von seiner Hochzeitsreise nach Venedig heimgekehrt war, verblieb die Gouvernante als „Stütze" in ihrem Hause. Jedermann kannte den Zusammenhang, der Fall ergab einen amüsanten Gesprächsstoff bei den Nachmittagsjausen und im Kasino, man lachte darüber, ohne sich aufzuregen, es war höchstens eine „Pikanterie" des gesellschaftlichen Lebens, das heißt eine Sache, wie man sie den Männern niemals verübelte. Es gab natürlich auch junge Mädchen, die unglücklich liebten, die aber, ihrer Sippe gehorchend, entsagten und dann „par depit" den ersten besten nahmen, den man ihnen vorschlug, weil sowieso alles gleich war. Ich hatte eine Freundin. Sie war reizend, hübsch, anziehend und lebenslustig, aber aus einer kinderreichen Familie und ohne Mitgift. Ein junger Arzt verliebte sich in sie. Er war intelligent und hatte eine gute Praxis. Ein wahrer Glücksfall für meine Freundin. Aber es gab einen Haken: Der Betreffende war geschieden, und die Ehe mit einem Geschiedenen setzte den Austritt aus der katholischen Kirche und den Eintritt in ein anderes Bekenntnis voraus, sei es das griechisch-orthodoxe oder protestantische. Der Vater meiner Freundin wollte von einer derartigen Lösung nichts wissen, er wollte keinen geschiedenen Schwiegersohn haben, auch wenn es ein angesehener Arzt war und seine Tochter ihn liebte. Der Doktor erhielt eine abschlägige Antwort. Da aber außer meiner Freundin noch vier andere unversorgte Mädchen im Hause waren, setzte die Familie alles daran, dieselben auf eine billige Art loszuwerden. Was meine Freundin anbelangte, meldete sich alsbald ein neuer Bewerber. Er war von irgendwo aus der dunkelsten Provinz, Getreidehändler, nicht mehr ganz jung, mit einem kränklichen und verlebten Aussehen, gelblichen Hängebacken und dicken Tränensäcken unter den wasserblauen Augen. Meine Freundin fand ihn verabscheuenswert, aber sie heiratete ihn, weil ihr jeder andere Ausweg versperrt war. In der Brautnacht wollte sie sich aus dem Hotelfenster stürzen und mußte gewaltsam daran gehindert werden. Nach zweijähriger Ehe erkrankte der Mann an einer progressiven Paralyse, mußte in eine Anstalt überführt werden, wo er noch weitere zehn Jahre lebte, ohne daß sich die Frau von ihm scheiden lassen konnte. Gleichzeitig erwies sich, daß er gänzlich mittellos war, und sie mußte in ihr Elternhaus zurückkehren, voll Groll und Bitterkeit neben die jüngeren Schwestern.

Ich könnte noch mehr solcher Fälle aufzählen: eine meiner Cousinen wurde schon in der Brautnacht von dem ihr aufgezwungenen Mann mit einer Geschlechtskrankheit angesteckt und blieb zeit ihres Lebens siech und kinderlos. Eine meiner Bekannten verfügte über eine kleine Mitgift, die die Eltern mühsam zusammengespart hatten. Sie heiratete einen Witwer mit drei Kindern, der die Mutter seiner Frau im Hause behalten hatte und offenbar mit ihr lebte. Mit der Mitgift der zweiten bezahlte er seine Schulden und schickte sie dann wenige Monate nach der Hochzeit unter einem durchsichtigen Vorwand zu ihren Eltern zurück.

Natürlich endeten diese konventionellen Ehen nicht immer mit einem Bruch, im Gegenteil. Sie bildeten in vielen Fällen ein schweres Joch, das beide Teile, den eisernen Gesetzen einer unverbrüchlichen Konvention folgend, bis an ihr Lebensende trugen. Es gab Frauen, die grau und alt wurden, ohne je erfahren zu haben, was Liebe ist. Sie verloren schon in den ersten Jahren ihres ehelichen Zusammenlebens Reiz und Frische. In der Gleichgültigkeit gegen ihren ehelichen Partner verloren sie jedes Interesse, weiterhin als Weib zu wirken. Es gehörte übrigens zu den ehelichen Gepflogenheiten, daß die Frau von ihren wirklichen Gefühlen nichts verraten durfte. Die Kühle des Gehabens wurde ihr von der Gesellschaft als Tugend angerechnet, in den Augen des Gatten aber war sie eine Gewähr für die Wahrung der ehelichen Treue. Von einer Frau, die sich dem eigenen Gatten gegenüber passiv verhielt, die sich als temperamentlos erwies und ihre ehelichen Pflichten der Not gehorchend aber ohne Eifer und Eigeninitiative erfüllte, war auch außerhalb der Ehe nichts zu befürchten. Die patriarchalischen Verhältnisse galten natürlich nur für die Frauen, während die Männer sich zwanglos auslebten. Wehe der Frau, die von ihrem Gatten bei einem Ehebruch, ja auch nur bei einem Versuch zu einem solchen, ertappt wurde. Welche Tragik, wenn die gewaltsam unterdrückten Gefühle dann doch einmal durchbrachen, wenn sie sich von ihrem Temperament hinreißen ließ und an einer fesselnden Erscheinung Interesse gewann, wenn sie nicht umhin konnte, eine ihr entgegengebrachte Neigung zu erwidern, oft auch nur um der Leere einer ihr aufgezwungenen Ehe zu entgehen und in ihr Leben ein wenig Wärme und Abwechslung zu bringen. Damit war ihr Schicksal schon so gut wie besiegelt! Mochte das Geheimnis auch noch so sorgfältig gewahrt werden, Kleinstadtklatsch, Familienintrigen, Neid der guten Freundinnen zogen schließlich alles ans Licht. Alle Geheimnisse wurden offenbar, auch harmlose kleine Angelegenheiten zu Staatsaffären aufgebauscht. Der beleidigte Gatte sah sich gezwungen, seine Ehre zu retten. War er Reserveoffizier, kam es zum Duell, andernfalls zu Zusammenstößen, Beleidigungen, Ohrfeigen, ja sogar zur Anwendung der Hundepeitsche, womöglich angesichts eines zahlreichen Publikums auf öffentlichem Platz. Was die schuldige Ehefrau anbelangte, wurde ihr ein skandalöser Scheidungsprozeß angehängt, sie verlor ihr Heim, ihre Kinder, ihr Recht auf Alimentation, ja sogar die Rückgabe der Mitgift wurde in Frage gestellt. Kurz, das Leben einer derartig Gezeichneten war damit so gut wie erledigt.

*

Die Jahre zwischen 1898 und 1900, die mein Leben mit soviel Schwerem belasteten, wären mir ganz unerträglich gewesen, hätte ich nicht gerade damals systematisch und intensiv zu lesen begonnen und mir auf diese Weise allmählich eine neue Welt eröffnet. Ich hatte lange unter dem Mangel an guten Büchern gelitten, nun war diesem Übel wenigstens teilweise abgeholfen. Erstens versorgte mich Milko noch weiter (natürlich heimlich) mit guter Lektüre. Er kaufte die Bücher von seiner kärglichen Oberleutnantsgage, war dadurch gezwungen, zwei Jahre lang ohne Nachtmahl zu Bett zu gehen, und stürzte sich überdies in beträchtliche Schulden. Für mich aber bedeuteten diese Bücher weit mehr als Zerstreuung, obwohl auch dies eine wichtige Rolle spielte, sie lieferten mir ein reichliches Material zum Nachdenken und trugen viel dazu bei, daß ich mein gestörtes Gleichgewicht schließlich doch wiederfand. Außerdem war in Fritsches Buchhandlung ein wenig neues Leben gekommen. Dort arbeitete jetzt ein junger Geschäftsführer, Trpinac, mit dem ich mich rasch anfreundete. Da wir nur ein paar Häuser weit wohnten, lief ich nach Tisch, während die Meinigen zu Hause ihre Siesta hielten, rasch hinunter, und da um diese Stunde niemand im Geschäft war, plauderte ich mit Trpinac, was aber viel wichtiger war, er hatte nichts dagegen, wenn ich in den Büchern ein wenig herumstöberte, ja er räumte schon im voraus alles, wovon er voraussetzte, es könnte mich interessieren, besonders aber alle Neuerscheinungen, auf den Ladentisch und ließ mich darin blättern. Er war auch mit Milko gut befreundet, der sicher zu seinen besten Kunden gehörte. Wenn er sah, daß mir ein Buch gut gefiel und mich nur schwer davon trennte, lieh er mir dasselbe, ich durfte es auf ein paar Tage mit nach Hause nehmen, wo ich es rasch auslas (manchmal die ganze Nacht durch), und wenn ich es wiederbrachte, gab er mir ein anderes.

Er wußte wahrscheinlich gar nicht, was er mir damit bot. Meine Lage war so unhaltbar, alles so hoffnungslos und ohne Ausweg, daß ich unbedingt einer Stütze von außen bedurfte. Da mir die Menschen dieselbe nicht boten, flüchtete ich in die Welt der Bücher, in die ich mich mit Leib und Seele einlebte. Dies bedeutete mir einen unendlichen Trost. Ich gewann daran nicht nur neue Erkenntnisse, Definitionen und eine Vertiefung meines Denkens, sondern auch eine richtigere Beurteilung meiner eigenen Lage. Ich erkannte sehr bald, daß mein Fall kein Einzelfall war, sondern daß diese Dinge damals gerade in der Luft lagen. Es war für die Frau eine revolutionäre Epoche, in der sie das alte, ihr von den Jahrhunderten auferlegte Joch zu durchbrechen und den Mythos ihrer Inferiorität zu widerlegen suchte. Noch war es ein Kampf auf dem Papier mit Argumenten, Beispielen und Beweisen, besonders aber mit einem passiven Widerstand, den wir der Tyrannei des Elternhauses und des zur Norm erhobenen „ehelichen Gehorsams" entgegensetzten. Aus meinen Büchern erfuhr ich, daß es draußen eine Bewegung in dieser Richtung gab, die sich die „Befreiung der Frau" zum Ziel gesetzt hatte. Sie wollte auch für uns das Recht auf Studium, Arbeit, politische Wahlbefähigung und Wählbarkeit, in der Ehe die Gleichstellung, außerhalb derselben aber das Recht der unehelichen Mutter und des unehelichen Kindes erkämpfen. Die engherzigen mittelalterlichen Paragraphen und Einschränkungen, die das Leben eines jeden weiblichen Wesens erst vom Willen des Vaters, dann vom Willen des Gatten abhängig machten, sollten endgültig fallen!

Diese Luft wehte vor allem aus den Büchern der Nordländer zu uns herüber, die diese Probleme als erste aufgerollt hatten, und mit Ibsen an der Spitze gegen die Vorurteile, die geheimen Laster und die Suggestionen der öffentlichen Meinung ankämpften, wie sie einem jeden kleinbürgerlichen Milieu zu eigen sind. Auch uns zwang die öffentliche Meinung zu einem Scheinleben, das sowohl unserer Natur als auch unseren Wünschen zuwiderlief. Sie zwang uns zur Heuchelei, besonders in dem Falle, wo wir nicht die Kraft zur offenen Auflehnung hatten. Daraus ergab sich eine ganze Reihe innerer Widersprüche, ja sogar manchmal nervöser Komplexe. Man war nicht imstande, die zu sein, die man wirklich war, und da man sich dem vorgeschriebenen Typus nicht anzupassen vermochte, war man im Grunde gar nichts.

Die nordischen Schriftsteller aber segelten unter dem Motto: „Sei dein!" Sei, was du bist. Entwickle dich zu dem, was du werden kannst! Sogar Björnson, der sonst stark im christlichen Konservativismus wurzelt, erklärt an einer Stelle: „Jeder Mensch hat eine innere Berufung. Wenn er seiner Berufung nicht folgt, wird er untauglich zu allen anderen Dingen." Auch Ibsen geht von dem Standpunkt aus: „Subjektivität vor allem!" Er schafft Frauentypen wie „Nora" und „Hedda Gabler", die, einem halbbewußten Triebleben folgend, eine prinzipielle Befreiung suchen. Sein „Brand" steht auf dem Standpunkt: „Alles oder nichts". Wohl kommt noch keiner dieser Typen zu einer wirklichen Befreiung, aber sie sind die, die den Weg andeuten und die ersten Schritte machen.

Ich durchmaß in jenen Tagen den weiten Weg, der über Ibsen, Jakobsen, Strindberg, Geyerstam hinaus ins Freie führte. Es war jedoch nicht einfach, zu sagen: Das Recht ist auf meiner Seite! Der Weg bis zur völligen geistigen Freiheit führte über zahlreiche Irrtümer, Hindernisse, ablenkende Eindrücke und tragische Rückfälle hinweg. So vieles mußte überwunden werden, und zwar ohne Rücksicht auf eventuelle Opfer und ohne Pietät für liebgewordene Gewohnheiten, mußte ausgerissen werden mitsamt der Wurzel, auch wenn es einem noch so sehr ans Herz gewachsen war. Persönliche Bindungen mußten gelöst, Erziehungsmaximen verleugnet, Überlieferungen liquidiert werden. Dies alles aber ging nicht in geradem Fluß vor sich. Was man an dem einen Tag als unumgänglich anerkannt hatte, wurde vom anderen widerlegt. Was in einer raschen Eingebung als Ziel vor uns aufstand, rückte bei reiferem Nachdenken in die Ferne. Wo war die Wahrheit? Ja, gab es überhaupt eine solche? Und in jenen Tagen, die nur von Gedanken erfüllt, an Erlebnissen aber arm waren, erkannte ich zum ersten Mal den Wert des Suchens und daß die Auseinandersetzung mit uns selbst, so zweifelhaft sie auch manchmal erscheinen mag, über jedes Ziel hinausgeht. Unser ist der Weg.[57]) Und daß wir ihn begehen, entspricht unserer Wahrheit und unserem inneren Trieb. Wohin er uns aber führen wird und wo er einmal nach Jahren der Bemühungen und des Kampfes sein Ziel findet, wissen wir nicht.

Dieser Weg aber, den ich damals einschlug, führte mich vorerst zu einem gesteigerten Ich-Gefühl. Ich gewann aus meiner Lektüre ein ganzes Arsenal von Schlagworten, Parolen, Kampfaufrufen, mehr oder weniger pathetischen Phrasen, mittels derer es mir gelang, den neuen Wein in die alten Schläuche zu gießen. Es war kein Zufall, daß diese erste Anregung von den Skandinaviern ausging. Die maßgebendsten Verlagshäuser in Deutschland brachten sie serienweise heraus, und sie waren demnach auch uns weit zugänglicher als die Franzosen und Russen, die viel seltener und auch dann nur inkomplett übersetzt wurden. Darum kamen sie auch früher nach Essek, als dies zum Beispiel mit Maupassant, Flaubert, ja sogar Tolstoi und Turgenjew der Fall war. Sie standen uns damals näher, und zwar nicht nur in ihren Romanen und Dramen, sondern auch in den theoretischen Abhandlungen der Ellen Key über „Liebe und Ehe" und dem „Jahrhundert des Kindes", das wir Jungen andachtsvoll wie die Heilige Schrift lasen.

Als Frau erkannte ich bald, daß es sich in diesem Kampf nicht ausschließlich um die Befreiung unserer Persönlichkeit, sondern um die Solidarität mit unseren Geschlechtsgenossinnen handelte, das heißt um einen Kampf, der uns aus der solipsistischen Isolierung unweigerlich hinausführen mußte.

Aus dieser Erkenntnis ergab sich eine weitere Konsequenz: Die endgültige Befreiung der Frau kann nur im Rahmen einer neuen, freieren Gesellschaftsordnung erfolgen. Diese Erkenntnis führte uns automatisch in das Gebiet der Gesellschaftswissenschaften ein und brachte uns in weiterer Folge in Berührung mit dem Sozialismus.

Was die Frauenfrage anbelangt, gab es damals zwei Richtungen, und ich wußte lange nicht, für welche ich mich entscheiden sollte. Die eine vertrat die Ansicht, die Frau müsse sich zuerst eine höhere Kultur und Bildung aneignen, ehe sie politisch mitarbeiten und -beraten könne. Zuerst also Öffnung der höheren Schulen, Gymnasien und Universitäten, und damit die Schaffung eines fachlich und sachlich gebildeten weiblichen Kaders. Die anderen waren der Ansicht, daß die Frau vor allem das passive und aktive Wahlrecht erkämpfen müsse. Erst damit gelange sie in die Möglichkeit, für das Wohl ihrer Geschlechtsgenossinnen zu wirken und Gesetze zu schaffen, die diesen zugute kämen. Unter den verschiedensten Werken der Frauenrechtlerinnen, die die Frage mit mehr oder weniger Objektivität zu beleuchten suchten, fiel mir auch Bebels Schrift „Die Frau und der Sozialismus" in die Hand. Ich erwartete stärkere Hinweise auf die Stellung der Frau im oder auch nur zum Sozialismus, erhielt darin jedoch unerwarteterweise den ersten Unterricht auf dem Gebiet der sozialistischen Theorie. Ich las das Buch, wie man ein Märchen liest, zuerst mit ungläubiger Spannung, dann mit wachsender Begeisterung. Ich hatte von diesen Dingen außer in meinen Gesprächen mit Rudi und Vlado kaum jemals etwas gehört. Und nun tat sich mir eine neue Welt auf, nicht jene Welt vieldeutiger Symbole und halber Lösungen, wie sie die Literatur mir bisher geboten hatte, sondern ein festes und überzeugtes Versprechen, daß sich alles wenden, ja, daß in absehbarer Zeit alles besser werden würde. Es ergaben sich daraus märchenhafte Möglichkeiten, Glück für alle, Nahrung, Arbeit, gesunde Wohnungen, Sport und Spiele, die den Körper stählten. Die Frauen mußten ihr Recht nicht mehr erbetteln und erweisen, es ergab sich von selbst in einer Welt, in der die Gleichberechtigung zur herrschenden Maxime wurde. Die Kinder mußten nicht mehr hungern, sie wurden nicht mehr zur Zwangsarbeit herangezogen, sondern durften lernen, ob arm oder reich, wozu sie Talent hatten.

Die bloße Eröffnung einer solchen Perspektive ging über alle psychologischen Erwägungen hinaus. Hier vereinigte sich alles, was ich gefühlsmäßig empfand und gedanklich als richtig erkannte. Es gab kein Zurück mehr auf die verlassenen Positionen, sondern nur noch ein Weiterschreiten, wenn auch nur langsam, wenn auch nur schrittweise, auf dem einmal betretenen Weg. Seit meinem zwanzigsten Jahr wich ich niemals von diesem Weg ab: Das waren die Wahrheiten, die Bebel mich damals als erster, wenn auch nicht gerade in einer einwandfrei wissenschaftlichen, so doch in einer umso eindringlicheren Weise lehrte.

Am 1. Mai 1900 wurde Milko auf Veranlassung meines Vaters nach Gospić versetzt. Man dachte, uns durch diese definitive Trennung ein für allemal auseinanderzubringen. Gospić lag damals so gut wie außerhalb der Welt, zum mindesten aber wie auf einem anderen Kontinent. Es hatte noch keine Eisenbahn, nur eine langsam und beschwerlich über Berg und Tal hintrottende Postkutsche, die zur Zeit der großen Schneewehen ihren Verkehr ganz einstellte. Eine Versetzung nach Gospić bedeutete daher etwas Ähnliches wie eine Konfinierung oder einen Strafakt für politische Unzuverlässigkeit oder administrative Vergehen.

Wir waren beide schwer betroffen, um so mehr als man uns nicht einmal gestattete, Abschied voneinander zu nehmen. Irgendwelche verantwortungslosen Elemente hatten die Fama verbreitet, Milko habe die Absicht, anläßlich dieses Abschieds erst mich und dann sich zu erschießen. Man internierte mich demnach in einem nach dem Hof zu gelegenen Zimmer, das ich bis zu seiner Abfahrt nicht mehr verlassen durfte. Umsonst wartete er tagelang in der Nähe unseres Hauses, um mich bei einem meiner Ausgänge zu erhaschen oder mich wenigstens am Fenster noch einmal zu sehen. Dieses Warten vergrößerte unsere Qual, und es dauerte nicht lange, bis meine Großmutter, die nur noch selten das Haus verließ, sich entschloß, Milko in seiner Wohnung aufzusuchen und ihn zu bitten schon um meinetwillen, die die Qual dieser Spannung unmöglich länger ertragen konnte, die Stadt zu verlassen. Sie sagte ihm: „Reisen Sie in Gottes Namen. Auch Gospić liegt nicht außerhalb der Welt. Solange man lebt, gibt es immer noch eine Hoffnung.

Und auch ihr werdet euch wiedersehen!" Sie weinte, und die Tränen der alten Frau bewogen ihn, noch am gleichen Abend abzureisen. Mein Zimmerarrest wurde aufgehoben, aber ich hatte mich in den letzten vierzehn Tagen so heruntergebracht, daß ich zehn Kilo abgenommen hatte. Und auch mein Herz hatte gelitten. Ich war, nachdem man die Tür meines Käfigs öffnete, so schwach, daß ich mich kaum auf den Füßen hielt.

Aber meine ganze Energie, ja, alle meine Gedanken waren fortan darauf gerichtet, ein Wiedersehen herbeizuführen, und zwar so bald wie möglich, noch ehe die Trennung uns den Elan genommen hatte. Ich bat meine Eltern, mich nach Zagreb fahren zu lassen, denn ich wußte von Milko, daß das Gospićer Bataillon schon im Juni auf Regimentskonzentrierung nach Karlovac kommen würde. Dieser Umstand mußte also um jeden Preis ausgenutzt werden. Man ließ mich ohne weiteres fahren, nur zu meinem großen Leidwesen fuhr auch mein Vater mit mir. Er hatte geschäftlich in Zagreb zu tun (vielleicht wollte er mich auch nur im Auge behalten), und der Ausflug sollte, wie man mir zu meiner Enttäuschung mitteilte, nicht länger als acht Tage dauern.

Kaum war ich in Zagreb angelangt, begann ein Hin und Her von Poste-restante-Briefen und Telegrammen. Milko versprach zu kommen, erhielt dann aber im letzten Moment keinen Urlaub, ja es war fast unmöglich, einen solchen auch nur für einen Tag, für ein paar Stunden im Verlaufe der großen Frühjahrsübungen, die gerade eingesetzt hatten, zu erwirken. Montag, Dienstag, Mittwoch vergingen. Er kündigte sich an und sagte eine Stunde später telegraphisch wieder ab. Ich konnte die Spannung kaum länger ertragen. Was die langen Jahre sowie die letzten schweren Wochen nicht vermocht hatten, geschah in diesen paar Tagen, in denen Hoffnung und Enttäuschung einander ablösten. Etwas in mir gab nach. Ich geriet in einen Zustand der Apathie und des nicht mehr Weiterkönnens. Etwas in mir schien gebrochen. Ja, ich war es müde, gegen das Unmögliche weiter anzukämpfen.

Samstag sollte ich abreisen. Freitag nach dem Mittagessen ging ich noch einmal auf die Post, obwohl ich nichts Bestimmtes erwartete. Und gerade in dem Moment, da ich in das Postgebäude einbiegen wollte, sah ich Milko mir entgegenkommen. Er war eben mit dem Zug eingetroffen, und der Zufall hatte uns um die gleiche Stunde und an der gleichen Stelle zueinander geführt! Er war eben ohne Urlaub durchgebrannt, mußte jedoch am gleichen Abend wieder in Karlovac sein. Und auch ich reiste am nächsten Morgen wieder heim nach Essek. Die nächsten Stunden bis zur Abfahrt seines Zuges aber gehörten uns!

So hatte der Zufall über unser Leben entschieden! Wäre ich an jenem 19. Juni 1900 nur um zehn Minuten später auf die Post gegangen, wohin meine Ungeduld mich ständig zog, ich hätte ihn nicht mehr getroffen, und dann wäre in meinem Leben vielleicht alles ganz anders gekommen. Ich hätte vor der Aussichtslosigkeit unseres Kampfes vielleicht anders entschieden. Sein Leben hätte in einem neuen Gesellschaftskreis eine neue Wendung genommen.

So aber geschah das Wunder: Wir trafen uns in der großen Stadt, zehn Minuten nachdem er aus dem Zug gestiegen war! Es war so unfaßbar, daß uns vorerst der Atem stillstand und wir kein Wort zu sagen vermochten. Ich nahm seinen Arm, und wir gingen schweigend nebeneinander her. Zum ersten Mal waren wir frei und allein, wenn auch mitten im Verkehr der Straßen, denn niemand von all den Vorübergehenden kannte uns, niemand schenkte uns auch nur einen Blick. Wir waren nicht in Essek, wo uns indiskrete Blicke und Bemerkungen begleiteten. Hier würde uns niemand aufhalten oder stören. Schon nach den ersten gemeinsamen Schritten fiel alles, was uns jahrelang bedrückt und gehemmt hatte, von uns ab. Alles Trübe gehörte der Vergangenheit an. Zum ersten Mal waren wir nichts weiter als zwei junge Menschen, beglückt, beieinander zu sein und einander lieben zu dürfen.

Der Tag war mild, der Himmel leicht bewölkt. Ein Duft von Linden hing in der blauen Luft. Die Ferne war von leichten Nebelschleiern verhangen, so daß auch räumlich nichts anderes mehr da war als wir beide. Wir bogen in den um diese Stunde ganz menschenleeren Botanischen Garten ein, umgingen den Weiher, auf dem ein paar elfenbeinweiße Nymphazeen schwammen, und verloren uns schließlich im dichten Schatten der dortigen Bäume.

*

Im Herbst des Jahres 1900 steigerte sich die Tragik meines Jugendlebens. Mein Vater erkrankte an einem schweren Nervenleiden, dessen Keime schon seit langem in ihm gelegen hatten, und meine Mutter sah sich genötigt, seine Arbeit im Büro fortan selbst zu führen, mir aber fiel seine Pflege zu. Zwei Jahre war dies meine vornehmliche Aufgabe, die ersten Monate war dies noch zu Hause, da sich sein Zustand jedoch ständig verschlimmerte, brachten wir ihn nach Wien und ein paar Wochen später in ein bei Wien gelegenes Sanatorium, die Nervenheilanstalt Priesnitztal, wo wir viele Monate verblieben. Erst teilten wir uns in seine Beaufsichtigung und Pflege, dann aber mußte meine Mutter nach Hause fahren, um seine abgebrochenen Geschäfte zu ordnen und uns die weitere Existenz zu sichern. Mein Vater war niemals ein großer Geldverdiener gewesen, seine Interessen waren öffentlichen Dingen zugewendet, der Handelskammer vor allem, in der er wichtige Entschlüsse faßte und sie mit überraschender Energie in kurzer Zeit durchsetzte. Er nahm an der Konstituierung der Slawonischen Vicinalbahn-Aktiengesellschaft sowie an der Eröffnung der ersten Linien dieser Bahnen und später an ihrer Erweiterung teil. Er war an der Regulierung der Flüsse und der Erhaltung ihrer Schiffbarkeit interessiert. Es wurden wichtige Neuerungen in der Handels- und Gewerbegesetzgebung eingeführt. Dies alles nahm seine Zeit in Anspruch und fesselte sein Interesse weit mehr als die des Geldverdienens und der Erweiterung seines Vermögens. Wir lebten von seinem monatlichen Einkommen, daneben gab es gerade noch soviel, als er und meine Mutter von ihren beiderseitigen Vätern ererbt hatten. Dies aber waren keine großen Summen.

Meine Mutter mußte sich von seinem Krankenlager losreißen und versuchen, für die Familie zu retten, was zu retten war. Vieles war in Unordnung geraten. Viele Verbindungen waren abgerissen. Viele Leute, die sich bisher als unsere Freunde ausgegeben hatten, kehrten sich jetzt ab, suchten die Situation auszunutzen, suchten an sich zu reißen, was mein Vater in seiner tragischen Lage, die ihn von jeder Aktivität ausschloß, nicht mehr festzuhalten vermochte. Meine Mutter mußte sich vorerst eine Übersicht über alle schwebenden Angelegenheiten verschaffen. Sie war im Geschäftsleben vollkommen unerfahren, war immer davon ferngehalten worden, ihre ganze

Richtung war eine schöngeistige gewesen, Sprachen, Literatur, Musik, die sie im Elternhaus studierte. Und auch in der Ehe blieb sie in allen Dingen, die ihren häuslichen Kreis überstiegen, unerfahren. Trotz ihres engen und liebevollen Zusammenlebens vermied es mein Vater, sie in „ernste" Dinge einzuweihen. Er sprach niemals über seine geschäftlichen Angelegenheiten mit ihr, weder von seinen Erfolgen noch von seinen Mißerfolgen. Dies entsprach den damaligen Ansichten: Frauen hatten mit ernsteren Dingen nichts zu tun, sie verstanden sie nicht, sie waren ihnen nicht gewachsen. Außerdem schadeten sie ihrem weiblichen Charakter, indem sie sie beschwerten und in eine Welt der harten Sachlichkeit mit hineinzogen, vor der jeder liebevolle Gatte sie gern verschont sah, denn er hielt auch die klügste Frau noch immer für ein halbes Kind.

So trat auch meine Mutter vollkommen unvorbereitet an ihre neue Aufgabe heran. Es handelte sich nicht nur darum, den Dingen tatsächlich gewachsen zu sein, sondern noch mehr, die in Budapest befindliche Direktion der Französisch-Ungarischen Versicherungsgesellschaft, deren Repräsentant für Kroatien und Slowenien mein Vater war, von ihrer Fähigkeit zu überzeugen und sie zu veranlassen, diese Repräsentanz mit allen ihren Verpflichtungen und Benefizien auf s i e zu übertragen, was ihr schließlich auch gelang.

Während ihrer wochenlangen Abwesenheit blieb ich mit dem Schwerkranken allein. Wir mußten sparen, hatten daher keinen privaten Pfleger, sondern alle Obliegenheiten fielen auf mich allein. Ich war die ganze Zeit auf das Zimmer angewiesen, denn ich durfte ihn ja nicht eine Minute sich selbst überlassen. Das Zimmer war im ersten Stock, klein wie eine Gefängniszelle, mit zwei Eisenbetten, einem Tisch, einem Kasten, zwei Sesseln. Das Fenster war vergittert. Es ging auf einen Wirtschaftshof hinaus, der von Stallungen und Scheunen begrenzt war. Von der lieblichen Landschaft dieser Gegend (Priesnitztal lag in unmittelbarer Nähe von Mödling) sah ich gerade nur noch einen schmalen waldbewachsenen Bergstreifen, darüber ein Stück blauen Himmels und die hinziehenden Wolken, die ich häufig nur zu sehnsuchtsvoll mit meinen Blicken verfolgte.

Natürlich gab es noch andere Leute im Hause, ja es war vollgestopft mit Kranken bis unters Dach. Die Leute, die ungefährlich waren, konnten sich im Garten und in der näheren Umgebung der Anstalt mehr oder weniger frei bewegen. Bei meinen kurzen Spaziergängen, die noch zur Zeit der Anwesenheit meiner Mutter erfolgten, lernte ich viele von ihnen kennen. Ich gewöhnte mich an ihre verwirrten Reden, ihre Angstschreie, ihre gelegentlichen Zornausbrüche. Dazwischen gab es auch ein paar frühere Dichter und Künstler, die heute nur noch Wracks darstellten. Viele waren zu fein besaitet, zu empfindsam, mit einem Übermaß an Phantasie begabt, und da sie dem realen Leben nicht gewachsen waren, flüchteten sie in eine Welt der Träume, wie sie der Alkohol und die Narkotika verleihen.

Ich vertrieb mir die Zeit mit mühsamen Handarbeiten und in den Stunden, da mein Vater schlief, mit Lektüre. In der dortigen Bibliothek fand ich unter vielerlei Schund die gesammelten Werke von Zola in deutscher Sprache. Ich machte mich daran, sie durchzulesen, vom ersten Band der „Rougon-Macquarts" bis zu „Dr. Pascal". Wie eine riesige Freske entrollte sich das von Zola geschilderte bunte Leben vor meinen Augen. So in einem Zuge gelesen, fügte sich ein Bild ins andere und wurde gerade durch seinen Naturalismus, durch die peinlich genaue Ausarbeitung aller Einzelheiten, durch die Vielseitigkeit der Milieuschilderung, die Erfassung so ungezählter Typen, die alle Klassen und Schichten von oben bis unten umfaßten, alle Schwächen und Laster, aber auch alle Wünsche und schmerzlichen Erwartungen der Menschen aufwiesen, machte mir dies alles, besonders an dem Hintergrund der jetzt von mir selbst erlebten tragischen Realität gemessen, den allergrößten Eindruck.

Mein einziger Verkehr in diesen Wochen war der junge Hilfsarzt Dr. Otto, der mir in meiner schwierigen Lage nicht nur Helfer und Berater, sondern zu einem wirklichen Freund wurde. Diese Freundschaft trug zahlreiche Früchte und zog sich in unveränderter Herzlichkeit über fast vierzig Jahre hin, bis zu jenen Tagen, da Dr. Otto ein Opfer des Hitlerregimes wurde und in einem deutschen Lager zugrunde ging.

Er kam, sowie sein Dienst es ihm zuließ, zu mir aufs Zimmer, plauderte mit mir manchmal bis in die Nacht hinein, brachte mir Blumen, Bücher und Obst, und wenn er merkte, daß mich die Pflege allzusehr erschöpfte, besonders nach schlaflos verrachten Nächten, während welcher mich die Angstvisionen meines Vaters nicht zur Ruhe kommen ließen, wenn ich vor Müdigkeit tatsächlich nicht mehr weiter konnte, nahm er mich bei der Hand, führte mich auf sein Zimmer und zwang mich, ein paar Stunden auszuruhen, indem er mir versprach, in der Zwischenzeit bei meinem Vater zu bleiben, was er dann auch wirklich tat.

Ich hatte vor Dr. Otto keinen Menschen gekannt, dessen Interesse so ausschließlich auf seinen Nebenmenschen gerichtet war. Für ihn gab es keine philosophischen Deutungen, keine psychologischen Spekulationen, sondern nur Kranke, der leidende Mensch, der seiner Hilfe bedurfte. Er beschränkte sich in dieser Hilfe niemals nur auf das Medizinische, sondern erfaßte den Menschen als ein Opfer seiner seelischen Komplexe, Kämpfe und Schwächen. In dieser Hölle des Leidens war er immer strahlend vor Heiterkeit und teilte allen mit, wessen sie am meisten bedurften: den Zaudernden Mut, den Verzagenden Zuversicht, den ganz Deprimierten einen neuen Glauben an sich selbst. Wenn er nicht zu helfen vermochte, brachte er doch immer etwas Licht mit sich, das auch in die undurchdringlichste Dunkelheit fiel, ein wenig Zerstreuung, ein freundliches Wort, eine Aufmunterung, einen Hinweis auf eine immer noch mögliche Zukunft. Dies aber war in einer Heilanstalt wie Priesnitztal mehr wert als alle Medizinen. Die Patienten, die ihr Bewußtsein ganz oder doch teilweise erhalten hatten, vergötterten ihn. Und wenn es für ihre düsteren Tragödien auch nur selten wirkliche Hilfe gab, waren sie ihm dankbar für seine Fürsorge und seinen Trost.

Auch medizinisch suchte er jeden Fall für sich zu analysieren und alles bloßzulegen bis auf die Wurzel. Er setzte sich mit den Familienmitgliedern in Verbindung und suchte auf sie einzuwirken. So gelang es ihm manchmal, bereits aufgegebene Fälle zu retten, Menschen zu heilen und sie ihrer Umgebung zurückzugeben. Er tat dies mit vollem Einsatz seiner Persönlichkeit. So hatte er sich erst unlängst mit einem jungen Mädchen verlobt, nur um sie vor dem Selbstmord zu bewahren. Sie war ihm damals nicht mehr als alle anderen Patienten, aber er gab sein Leben hin, um das ihre zu erhalten.

In den Abendstunden, die wir miteinander verbrachten, gewährte er mir Einblick in seine innere Welt, und ich erkannte, daß alles, was ich hier leistete, daran gemessen nur winzig klein war. Ich erkannte noch etwas: daß Menschenliebe nicht nur in ihrer Auswirkung auf andere, sondern auch in bezug auf uns selbst ein unvergleichlicher Wert ist, daß man ohne sie nicht leben kann, aber auch nicht leben soll, daß in ihr die Lösung fast aller Probleme vorweggenommen ist. Man muß kein Christ sein, um dies zu erkennen und zu erfüllen.

*

Der Sommer verging, und mein Vater wurde immer kränker. Welche Qual für mich, ihn in einem solchen Zustand zu sehen! Und auch von Milko kamen Briefe, die ganz verzweifelt waren, immer voll von unbegründeten Vorwürfen und Drohungen mit Selbstmord. Anstatt mich zu trösten, fielen seine Worte wie schwere Tropfen der Bitternis in die Dunkelheit meiner Atmosphäre. Oft wagte ich nicht, sie zu öffnen und zu lesen, sondern trug sie bis abends geschlossen in meiner Tasche herum. Die Spannung war so groß, daß sie mein Nervensystem endgültig zu ruinieren drohte. Ich verlor jede Spur von Optimismus, litt an schwerer Schlaflosigkeit, was kein Wunder war, denn nicht nur mein Vater wanderte oft nächtelang ruhelos im Zimmer umher, sondern auch unter und über mir, in den anstoßenden Zimmern links und rechts gab es unruhige Kranke. Man hörte ihr Gestöhne, plötzliche Angstschreie gellten durch die Nacht. In der Voraussetzung, daß ich ohnedies nicht einschlafen, oder zumindest rasch wieder aufwachen würde, gewöhnte ich mich daran, bei schwachem Kerzenlicht lange zu lesen. Ich litt daher nicht nur an Schlaflosigkeit, sondern ich verlor in jener Zeit sogar das Bedürfnis nach Schlaf. Ich fürchtete mich davor, einzuschlafen und in jenen Momenten mit nur halbem Bewußtsein die Kontrolle über mich zu verlieren, hinabzusinken in jenes Nichts, von dem ich mich bedroht fühlte. Tagsüber war ich müde, im Verkehr mit den übrigen Kranken den tristesten Eindrücken ausgesetzt. Ich war tatsächlich am Ende meiner Kraft und im Begriffe, sowohl körperlich als auch seelisch endgültig umzukippen. So fand mich meine Mutter, als sie zurückkam. Und da der Zustand meines Vaters jede Genesung vollständig ausschloß, wollte sie mir aus meiner unerträglich gewordenen Lage endlich heraushelfen und diesem ganzen unhaltbaren Zustand ein Ende bereiten. Sie schrieb Milko hinter meinem Rücken einen Brief, in dem sie bat, zu uns zu kommen. Und eines Morgens, als ich in den Park hinunterging, stand er vor mir da! Wir waren beide sprachlos vor Freude! Es war die offizielle Anerkennung unserer Beziehung. Wir mußten uns nicht mehr verstecken, heimliche Wege gehen und vor Skandalen zittern. Arm in Arm durften wir jetzt durch den Park wandeln, den Wald durchstreifen, der inzwischen eine herbstliche Färbung angenommen hatte, aneinandergelehnt, aufatmend, befreit von Angst. Wir durften einander alles sagen, was jahrelang unterdrückt werden mußte, einander noch viel tiefer erkennen, als dies bisher der Fall gewesen war. Wir waren beide der jahrelangen Spannung so müde, so erschöpft von dem langen Kampf, der erste Elan unserer Gefühle war verraucht, wir hatten nicht mehr die Kraft, ihn in seiner wilden Jugendstärke zu empfinden. Aber diese Gefühle waren inniger geworden, reifer und milder wie dieser bunte Herbst, der mit seinem gedämpften Licht unsere Gesichter vergoldete. Alles war gut im Bewußtsein der uns gegebenen Sicherheit. Ein heiterer Ton stahl sich in unsere Beziehung, der uns beiden neu war und uns entzückte. Wir konnten scherzen, was uns bis jetzt immer versagt gewesen war! Unsere Jugend mit allen ihren verdrängten Instinkten machte sich plötzlich geltend. Wir erinnerten uns daran, daß noch ein langes Leben vor uns lag. Nichts mehr von Entsagung und Vorsicht! Keine Selbstmordgedanken mehr! Sondern volles Vertrauen auf unser künftiges Glück! In langen Gesprächen bauten wir nun unsere gemeinsame Zukunft aus, mit ganz anderer Sicherheit als bisher in unseren Briefen, denn nun wußten wir, daß sie uns gehörte!

Über einen Monat blieb Milko in Priesnitztal, dann aber näherte sich die Zeit, da wir unseren Kranken wieder nach Hause bringen mußten. Dies erfolgte am 1. November 1901. Es dauerte noch fast neun Monate, ehe die letzten Hindernisse beseitigt waren, die unserer endgültigen Vereinigung entgegenstanden. Das Geld für die Kaution mußte beschafft werden. Davon wurde ein Haus gekauft, und die Kaution darauf intabuliert. Auch die Religionsfrage mußte geregelt werden, denn ich sollte mich nach dem Wunsche meiner Mutter nicht taufen lassen, in Kroatien gab es aber noch keine Zivilehe. Wir mußten uns also die Gemeindezugehörigkeit in dem naheliegenden Darda[58] verschaffen, was auch ein paar Monate in Anspruch nahm. Nun stellte sich aber plötzlich heraus, daß auch das ungarische Kriegsministerium, dem Milko seinem Status nach angehörte, nur kirchliche Trauungen anerkannte. Es mußte also ein Priester gefunden werden, der uns nach der Trauung auf dem Standesamt trotz unseres unterschiedlichen Religionsbekenntnisses auch noch den kirchlichen Segen erteilte und dies durch einen amtlichen Trauschein bestätigte. Und dann noch etwas: Ich war bis zu meinem vierundzwanzigsten Jahr noch immer minderjährig und bedurfte der schriftlichen Einwilligung meines Vaters. Meine Mutter, die aus Pietät die Entmündigung meines Vater vermeiden wollte, mußte das betreffende Schriftstück also selbst unterzeichnen, ein ungesetzlicher Vorgang, der ihr ziemliche Skrupel bereitete. Es war das erste Mal, daß sie sich auch nur in Gedanken gegen den Paragraphen verging. Nun tat sie es mir zuliebe, obwohl es ihr schwer genug fiel.

Erst im Sommer 1902 war alles so weit geordnet, daß wir an eine Eheschließung denken konnten. Da aber kam ein weiteres Hindernis, ein weiterer Aufschub: Milko war inzwischen nach Ungarn und zwar in das abgelegene siebenbürgische Csikszereda versetzt worden, ein Nest, hoch in den Karpaten direkt an der Waldgrenze der Bukowina gelegen, vierzig Stunden Bahnfahrt von Essek, dreißig von Budapest, sechs von der letzten, direkt an der rumänischen Grenze gelegenen größeren Stadt Brassó (Kronstadt). Ein Urlaub vor den großen Herbstmanövern schien ausgeschlossen zu sein, uns aber wurde jeder weitere Tag zur Pein, so sehr drängte es uns nach einer fünfjährigen Wartezeit zueinander. Da aber kam am 17. Juli ein Telegramm von Milko, er sei an das Sterbelager seines Bruders Vlatko gerufen worden. Er reise zu diesem nach Zlatar, wolle aber vorher heiraten und mich gleich mitnehmen.

So vollzog sich alles weitere in höchster Hast im Verlauf von fünf Tagen. Wir waren noch nicht einmal aufgeboten, und es mußte der Dispens des Pécser Erzbischofs verlangt werden. Koffer und Kisten mußten gepackt werden, kaum daß mir etwas Zeit übrigblieb für die wichtigsten Abschiedsbesuche. Am 20. Juli traf Milko ein, zwei Tage später wurden wir in Darda getraut und erhielten auf dem Standesamt dort gleich auch den kirchlichen Segen des reformierten Geistlichen am Ort. Ich schwor ihm Gehorsam und er mir Schutz. Ich schwor, ihm folgen zu wollen, wohin seine Wege ihn führten. Ich schwor, ihm treu zu bleiben in Leid und Freud, und er, mir beizustehen, bis der Tod uns trennte. Dann wechselten wir die Ringe. In fünf Minuten war geschehen, worauf wir lange Jahre gewartet hatten. Wir waren Mann und Weib.

✳

Der Traum war ausgeträumt, die Wirklichkeit begann. In unserem Falle trat dies besonders deutlich zutage, da wir in unseren Gefühlen und Gedanken, hauptsächlich aber in unseren Briefen bereits alles vorweggenommen hatten. Wir hatten unsere Gefühle bis zur Ekstase gesteigert, das uns unerreichbar erscheinende Ideal vergoldet, ausgeschmückt und unseren geheimsten Wünschen entsprechend ausgestaltet. Wir suchten in ihm die Erfüllung all unserer Lebenswünsche, jede Emotion, jeden Reiz, jede Glücksmöglichkeit.

Kann das reale Leben dem Menschen überhaupt so viel bieten? Kann ein Mensch dem anderen so ganz und gar alles sein, wie wir es voneinander erwarteten? Spielen da nicht schon vom ersten Moment an tausend störende Einzelheiten hinein, Unscheinbarkeiten im Grunde, die aber trotzdem geeignet sind, das allzu lichte Bild etwas zu verdunkeln? Praktische Fragen müssen gelöst werden. Man trifft mit Leuten zusammen, die an dem Gaukelspiel unserer Sinne und Gefühle keinen Anteil haben und daher erkältend wirken. Man verpaßt den Zug, das Hotelzimmer geht auf einen lärmenden Hof hinaus, man verliert ein Gepäckstück, man verrechnet sich in den Preisen, man wird bei einem Ausflug vom Regenschauer überrascht und holt sich in der Ehe den ersten Schnupfen. Kleinigkeiten, gemessen an der Seligkeit unseres endlichen Beisammenseins, und doch, da eine kleine Verstimmung, dort ein unmerkliches Zaudern, ein Stocken der Stimme, die anders klingt als bisher. Weit schicksalsvoller aber war der Umstand, daß unsere Ehe im Schatten eines Sterbelagers begann. Vlatko, der mit dreißig Jahren an der Schwindsucht dahinsiechte, vertraute Milko in diesen Stunden seine junge Frau und ihre beiden Kinder, die dreijährige Sascha und die einjährige Dana, an. Sascha kam im Jahre 1915 in mein Haus, wo sie jahrelang blieb. Auch die Witwe gelang es uns zu versorgen. Damals aber lag dieser Schatten und diese Verpflichtung schwer auf unseren Gemütern, wenn wir auch beide darüber schwiegen.

Zehn Tage verbrachten wir in den slawonischen Bergen, und das Glück unserer Liebe besiegte auch diese Schatten. Dann reisten wir in einer vierzigstündigen Fahrt der neuen Heimat entgegen. Am 1. August trat Milko seinen Dienst in Csikszereda an, und ich hatte Zeit, mich zurechtzufinden und über alles nachzudenken. Der hoch in den Karpaten liegende Ort war größer als ein Dorf und kleiner als ein Marktflecken. Es war der letzte Vorposten Ungarns in dieser Gegend, zwar ganz in der Nähe der rumänischen Grenze gelegen, aber von einer autochthonen ungarischen Bevölkerung, den sogenannten Csikern, bewohnt. In dieser Grenzstation gab es mehr Militär als Einwohner. Der Ort war schmutzig und staubig, landschaftlich aber von großer Schönheit. Leider gab es weit und breit keinen Menschen, der anders als ungarisch redete, so daß ich niemanden verstand und von niemandem verstanden wurde, was anfangs zu großen Schwierigkeiten Anlaß gab, denn wir mußten uns einrichten und installieren, ich mußte Einkäufe machen, Schlosser und Tischler heranziehen, wurde aber zu meinem großen Leidwesen von niemandem verstanden.

Unsere erste Wohnung war unglaublich verwahrlost, voll niedlicher kleiner Mäuse, die auf unserer Bettdecke herumhüpften und die ich, nachdem ich auf Milkos Wunsch über Nacht eine Falle aufgestellt hatte, wo sich dann ein oder auch mehrere Tierchen fingen, am Morgen in den Hof hinaustrug und die ich, nachdem ich mich davon überzeugt hatte, daß keine Katze in der Nähe lauerte, herausließ, so daß sie noch am gleichen Abend wieder auf unseren Betten herumhüpften.

Milko tröstete mich, wir würden bald eine andere Wohnung finden, und dies war wirklich der Fall, so daß wir fortan alle sechs Monate umzogen, im Verlaufe der nächsten zwei Jahre insgesamt sechsmal. Dreimal wechselten wir die Garnison: von Csikszereda wurde Milko noch im gleichen Jahre nach Brassó (Kronstadt) versetzt, von da nach Barot und dann nach Budapest an die Ludovica Akademie, was tatsächlich ein Avancement für ihn bedeutete. Er kam auch später nicht mehr zurück zur Truppe, sondern arbeitete fortan als Professor an den verschiedenen Kadettenschulen für Geschichte, Kriegsgeschichte und kroatische Sprache, was sowohl seinen Fähigkeiten als auch seinen Neigungen weit mehr entsprach.

Bei jeder Übersiedlung gab es, abgesehen von dem Ein- und Auspacken der Kisten, beschädigte Möbel, zerbrochenes Geschirr, verlorengegangene Gegenstände. Am Abend saßen wir einander am Tisch gegenüber und rechneten. Es stellte sich heraus, daß Milko noch von seiner Junggesellenzeit her Schulden hatte, für Uniformen, Bücher, Reisen nach Essek und zurück. Auch Wechselunterschriften gab es für falsche Freunde, die sich weigerten zu zahlen, so daß wir nun herangezogen wurden. Dies alles mußte in Ordnung gebracht und beglichen werden, ehe Kinder kamen. Auch unsere Möbel hatten wir teilweise auf Abzahlung genommen, und sie mußten in monatlichen Raten abgezahlt werden. Nach Hause schreiben um Geld, gleich in den ersten Monaten? Ich wollte es um jeden Preis vermeiden! Hatte man mir nicht immer gesagt, daß es so kommen würde, und nun sollte ich gleich damit beginnen, wo meine Mutter schon mit der Kaution ein so großes Opfer für mich gebracht hatte, wo sie überdies auch noch den kranken Mann hatte, was ihre Ausgaben vergrößerte, und die Sorge um meine Schwester, die jetzt schon achtzehn war und früher oder später gleichfalls verheiratet werden mußte?

So begann denn der Kampf um den Kreuzer, den ich buchstäblich in der Hand umdrehte, ehe ich ihn ausgab. Zwei Jahre dauerte dieser Kampf, und während der Zeit konnten wir uns tatsächlich nicht das geringste leisten. Dies war nicht leicht für ein junges Ehepaar, und Milko zweifelte zwar niemals an meinen intellektuellen Fähigkeiten, umso häufiger aber an meinen wirtschaftlichen Künsten. Er konnte niemals begreifen, daß es leichter sei, Schulden zu machen als dieselben auszuzahlen. Am 1. August 1904 war, wie ich es vorausberechnet hatte, die letzte Fälligkeit beglichen, unser Konto stimmte, und wir konnten uns fortan auf ein fast doppeltes Einkommen stützen. Am fünfzehnten desselben Monats kam mein Sohn Branko zur Welt.

Die Ludovika Akademie, in der wir jetzt wohnten, lag schon fast außerhalb der Stadt in einem der schönsten Parks von Budapest, dem sogenannten Orczy-Garten, mit schattigen kleinen Hainen, stillen Teichen, Blumenanlagen und gepflegten Wegen. Dort wandelte ich auf und ab einen ganzen Frühling lang, in der Erwartung eines neuen großen Glücks. Für Milko war der Roman eigentlich schon zu Ende, für mich aber begann ein neues Kapitel voll Inhalt und tiefem Sinn.

Diese Tage und Wochen, dieser ganze von Blüten, Sonnenschein und einer neuen Hoffnung erfüllte Frühling gab mir ein neues Wollen, neue Vorsätze, einen neuen Aufschwung. Schon lebte ich mit meinem Kind, das ich als lebendiges Wesen in mir empfand, das mein war, jetzt noch ganz mein. Ich fühlte mich erhoben durch eine mir bisher unbekannte Kraft, und mein Glück ging über alles Bisherige hinaus. Der Juni kam. Die Linden dufteten. Die Rosen blühten in unerhörter Pracht. Noch niemals war der Himmel so blau gewesen, das Grün der Rasen noch niemals so schimmernd und licht. Ich saugte dies alles in mich ein, Farben, Düfte, neue Eindrücke, nicht etwa nur in einem dumpfen Instinkt, sondern voll bewußt, indem ich mich als das Gefäß empfand, dessen Inhalt ein neues Leben war. Ihm wollte ich dies alles geben, ihn schon in seinem Werden beeinflussen, mit meinem Blut dies alles in ihn ergießen. Groß und stark sollte er werden, vor allem aber glücklich. Im Zeichen der Liebe, die ich in dieser Zeit empfand, wollte ich sein leise pochendes Herz mit Liebe erfüllen. Wie sehr ich ihn nur liebte, noch ehe er geboren war! Mehr als alles!

Im Juli reiste ich nach Essek, wo ich die letzten Wochen vor seiner Geburt ungeduldig, ja fassungslos vor Freude verbrachte. In der Nacht vom 14. zum 15. August fühlte ich, wie sein leises Pochen dringender wurde, wie sein Wunsch, ans Licht der Welt zu geraten, meinen ganzen Körper erschütterte. Ich fühlte die ersten Wehen, und nun wußte ich: Heute würde es sein. Aber ich mußte noch ganze siebzehn Stunden warten, siebzehn Stunden meine ganze Kraft aufwenden, um ihm zu helfen. Schmerz und Seligkeit verschmolzen in ein einziges Gefühl, dem ich keinen Namen weiß, das aber ungezählte Mütter vor mir empfunden haben und nach mir empfinden werden. Es ist die Ekstase, in der sich die Extreme ausgleichen, nicht mehr Schmerz oder Entzücken, sondern ein Drittes, das einzig und allein der weiblichen Kreatur in den Stunden ihrer höchsten Erfüllung gegeben ist.

Die Spannung wächst ins Ungeheuerliche und kaum noch Tragbare. Und da, da ist es! Muskel, Nerven und Sinne geben nach, erschlaffen plötzlich, ganz ohne Übergang, in einem einzigen kurzen Moment zu süßer Ruhe. In diesem Moment aber ertönt schon der Schrei einer bisher noch niemals gehörten Stimme. Ein Kind war geboren, mein Sohn, mein Branko. Eine Stunde später liegt er in meinem Arm. Beim schwachen Licht der Nachtlampe betrachte ich sein Gesicht. Seine Augen sind blau und blicklos nach innen gekehrt. Ich halte ihn. Ich lehne meine Wange an sein flaumiges Köpfchen. Tränen steigen in mir empor, eine stumpfe Trauer, der ich keinen Namen weiß. Aber ich will nicht wissen, was die Zukunft ihm, was sie mir vorbehalten hat. Ich trockne die feuchten Spuren ab, die meine Tränen auf seiner Wange zurückgelassen haben. Dicht aneinandergeschmiegt schlafen wir ein.

Editorische Notiz

Den hier veröffentlichten Memoiren Wilma von Vukelichs diente ein fast 400 Seiten umfassendes Typoskript als Druckvorlage, das wir im Februar 1989 im Nachlaß von Wilmas bester Freundin entdeckten. Die jüngste Tochter der Autorin vermutet jedoch, daß ihre Mutter auch die Erinnerungen aus der Zeit nach 1904 niedergeschrieben habe. Diese Manuskripte konnten bisher aber nicht gefunden werden.

Das Typoskript haben wir sinngemäß geordnet, wobei wir zwei Kapitel ausließen und auch sonst mehrere Textstellen leicht kürzten, immer sorgfältig darauf achtend, die Kontinuität des Erzählens nicht zu unterbinden. Die Streichungen betreffen in erster Linie jene Teile, die sich zu ausführlich mit der Lokalgeschichte befassen.

Für das heutige Sprachempfinden wirken die betont österreichische Wortwahl, der eigentümliche Satzbau und die zuweilen übermäßig verwendeten Archaismen etwas fremd. Wir haben jedoch bewußt alles so belassen, um dieser Prosa den Reiz des Provinziellen und Verklungenen zu erhalten. Die Schreibweise „Essek" des Originalmanuskripts wurde beibehalten.

Die Schriftstellerin hat es unterlassen, ihrem Werk einen Titel zu geben. Er wurde, wie auch die Überschriften der einzelnen Teile der Memoiren, vom Herausgeber gesetzt, der zu diesem Zweck sprechende Zitate aus ihren Lebenserinnerungen herausgriff.

In die vorliegende Form brachte Wilma von Vukelich ihre Aufzeichnungen in den Jahren 1953 und 1954 auf Grund früherer Notizen, in ihrem Agramer Heim. Sie werden im Historischen Archiv der Stadt Osijek (Essek) aufbewahrt.   V. O.

Quellennachweis der Abbildungen

Galerie der Bildenden Künste, Osijek: Umschlag, 5, 7, 8, 14, 15, 17, 22

Slawonisches Museum, Osijek: 20, 21

Historisches Archiv, Osijek: 2

Privatbesitz der Familie Mihovilović: 1, 6, 9, 10, 12, 25, 27

Archiv Vlado Obad: 3, 4, 11, 13, 16, 18, 19, 23, 24, 26

Anmerkungen:

[1]) Bis 1702 bildeten die Festung und die Oberstadt eine Verwaltungseinheit, dann erreichte die Oberstadt die Selbständigkeit. Zwei Jahre später wurde auch die Unterstadt eine eigenständige Stadtgemeinde. Diese Gespaltenheit dauerte über 80 Jahre (bis 1786) und ihre negative Nachwirkung ist bis heute zu spüren: Eine klare städtebauliche Konzeption ist nie verwirklicht worden – die drei Stadtteile erstreckten sich 15 km entlang der Drau, nur von einer Straße durchzogen.

[2]) Das Schnittwarengeschäft Hermann-Weiss wirkte durchgehend bis nach dem Zweiten Weltkrieg und gehörte zu den bekanntesten Läden der Unterstadt. Die Nachkommen der Familie Hermann wohnen noch immer in Osijek, der alte Parterrebau mußte aber 1978 einem neuen Warenhaus weichen.

[3]) Kroatische Bezeichnung für die Gegend an der Drau. Drauebene.

[4]) Das Dorf ist etwa 10 km von Beli Manastir entfernt und heißt heute Popovac, es hat aber keine jüdischen oder deutschen Einwohner mehr.

[5]) Kroatische Bezeichnung für die katholischen kroatischen Bauern, die in den ethnisch gemischten Gegenden mit Ungarn, Serben und Schwaben zusammenleben, auch Schokazen.

[6]) Eine der bekanntesten und einflußreichsten Großgrundbesitzerfamilien in Slawonien, Herren über 40 000 Morgen Land, die Schlösser in Virovitica, Našice und Osijek. Später berichtet die Autorin vom Grafen Theodor Pejačević (1855–1928), der im politischen und kulturellen Leben der Stadt Essek eine bedeutende Rolle spielte. Ab 1903 versah er in Zagreb das Amt des Banus, d. h. ungarischer Statthalter der südlichen Grenzmarken, die höchste politische Instanz in Kroatien.

[7]) Der Park wurde im Jahre 1750 auf einer Fläche von 42 500 m^2 und im Stil der französischen Gartenarchitektur angelegt – ein beliebter Treffpunkt der vornehmen Gesellschaft, mit Promenadenkonzerten und Blumenkorso. Aus dem Stadtgarten sind heute nur einige Statuen und ein Brunnen erhalten geblieben, die jetzt aber das Stadtzentrum zieren.

[8]) Der Lange Hof blieb bis heute fast unverändert. Der Ausgang zur Franzensgasse wurde zwar zugemauert, die Toreinfahrt zur Komitatsgasse benutzen aber auch weiterhin etwa zehn Familien, die gemeinsam im Hof wohnen. Neben den aneinandergereihten armseligen Häuschen sind hier noch Werkstätten, Holzschuppen, kleine Blumengärten und der unvermeidliche Ziehbrunnen zu sehen – hundert Jahre sind verstrichen, alles ist aber beim alten geblieben!

[9]) Im Esseker Dialekt offensichtlich = Schandkerl. Die Mundart wurde zwischen den Weltkriegen noch eifrig gesprochen, weil ein Drittel der Einwohner der Stadt deutschsprachig war; nach 1945 ist sie aber verschwunden, ohne vorher linguistisch untersucht und phonetisch festgehalten worden zu sein.

[10]) Ein luftiger Lattenbau, in dem vor allem Maiskolben aufgespeichert werden.

329

¹¹) Dieser Teil der Festung, errichtet auf dem anderen Ufer der Drau zur Verteidigung der Brücke, besteht noch heute, ist aber in einem desolaten Zustand.

¹²) Ein Laden mit Kolonialwaren trug als Schutzzeichen das Standbild eines Negers. Da die Neger damals für „wilde Menschen" gehalten wurden, bekam die ganze Straße danach den Namen. Diese wichtige Verkehrs- und Einkaufsstraße trug seither den Namen Dessaty, mit gutem Grund, weil die alte Frau ihr ganzes Vermögen der Stadt vermacht hatte. Die kommunistischen Machthaber haben dann 1945 die Dessatygasse in „Straße der Republik" umbenannt – die alte Legende geriet in Vergessenheit.

¹³) Sliwowitz, Pflaumenschnaps, typisch für Slawonien.

¹⁴) Übliche Art der Züchtigung der Schulkinder: Schläge mit einer Rute oder einem Lineal auf die Handfläche.

¹⁵) Anfangsvers der kroatischen Nationalhymne.

¹⁶) Kroatischer Edelmann und Banus (1543–1556), viel gefeierter Nationalheld, gefallen bei der heldenhaften Verteidigung der Festung Szigetvár gegen die Türken, 1566. Sein Nachkomme gleichen Namens – auf ungarisch Miklós Zrínyi (1620–1664) – verfaßte ein Epos über die Belagerung von Szigetvár in ungarischer Sprache, und so werden die beiden Helden in der Volksüberlieferung oft verwechselt.

¹⁷) Sein richtiger Name lautete Attila Uray und er verrichtete die seelsorgerischen Pflichten in Baan von 1870 bis 1905. „Uray war so beliebt und tat für die Pfarrei so viel Gutes, daß man nach seinem Tode den Hauptplatz des Dorfes Uray-Platz nannte." Die Angabe ist dem Buche „Unvergessene Heimat – Braunau/Baranya" (1985) entnommen, das von den ehemaligen schwäbischen Einwohnern dieser Gegend herausgegeben wurde. In der Zeitspanne von 1890 bis 1941 lebten in Baan beständig über 1700 deutsche Ansiedler – heute ist dort kein einziger mehr zu finden.

¹⁸) Schon seit dem Ausgang des 18. Jhs. wirkte in der Stadt die „Schola Graphidis Essekini" – die älteste Malerschule auf dem Balkan! Adolf Waldinger (1843–1904) war die hervorragende schöpferische Persönlichkeit des Esseker Malerkreises im 19. Jahrhundert. Seine Zeichnungen und Gemälde weisen eine Qualität auf, die sich mit der zeitgenössischen europäischen Malerei durchaus messen kann. Die Kunstakademie besuchte er in Wien und arbeitete dort auch bei mehreren bekannten Meistern.

¹⁹) Nachdem die Festung ihre militärisch-strategische Bedeutung verloren hatte, machte man sich daran, die Befestigungsanlagen abzureißen, um den nötigen Platz für die Ausdehnung der Stadt zu schaffen. Die Arbeiten zogen sich, mit Unterbrechungen, von 1906 bis 1923 hin. Das alte Mauerwerk verschwand, und die Stadt war um eine erstklassige Attraktion ärmer.

²⁰) Ungarischer Aristokrat mit Grundbesitz in Ungarn und Slawonien, 1883 zum Banus in Kroatien ernannt. Er stand für brutale Unterdrückung jeglicher kroatischen Autonomie, für absolutistische Herrschaftsweise. In Essek wurde seine großungarische Politik unterstützt, weil die kroatische Bevölkerung in der Minderheit war.

²¹) Ein für die Südslawen charakteristischer Reigentanz.

²²) Kroatischer Hochruf.

²³) Politische Partei in Kroatien, die nach 1880 einflußreich wurde. Durch die Loyalität dem Wiener Hof gegenüber, durch die antiungarische und antiserbische Politik erhoffte man sich mehr Autonomie für Kroatien und die Vereinigung des Landes mit Bosnien und Herzegowina.

²⁴) Die Anhänger der politischen Tageszeitung „Obzor" (1860–1941), die beständig gegen die ungarische Hegemonie bzw. gegen Khuen Héderváry kämpfte.

²⁵) Das kroatische Abgeordnetenhaus.

²⁶) Sein Urgroßvater war Österreicher, die Familie ließ sich aber in Essek kroatisieren, so daß der Enkel, der Bischof, zum Anführer einer breiten Volksbewegung wurde. J. J. Strossmayer (1815–1905) war auch einer der Vorkämpfer der jugoslawischen Vereinigung, Begründer der Zagreber Universität wie der „Jugoslawischen Akademie der Wissenschaften und der Künste", und dank seines Reichtums ein überaus großherziger Förderer der Kunst.

²⁷) Ein hoher Würdenträger der serbisch-orthodoxen Kirche. Hier wird das ironisch und beleidigend für den katholischen Bischof verwendet, weil er im Geiste der Versöhnung und Annäherung der beiden Richtungen gewirkt hatte.

²⁸) Die politischen Anhänger von Ante Starčević, des Hauptideologen der Pravašen.

²⁹) Zagreber Literaturzeitschrift (1869–1903).

³⁰) Auf eine literarisch ergreifende Weise, durch feine Ironie geprägt, stellt Wilma von Vukelich solche Pensionate in den ersten Kapiteln ihres einzigen publizierten Romans „Die Heimatlosen" (Deutsch-Österreicher Verlag, Leipzig/Wien 1923) dar.

³¹) Petar Preradović (1818–1872), hoher Offizier in der k.u.k. Armee und einer der besten Dichter der „Illyrischen Bewegung". Im österreichischen Dienste vergaß er seine Muttersprache, lernte sie später wieder, um patriotische Gedichte schreiben zu können.

³²) Frauen, die einseitig ihre Gelehrsamkeit hervorheben (nach den Mitgliedern eines literarischen Damenkreises um 1750 in London, die blaue Strümpfe trugen).

³³) Die Esseker Autorin schildert hiermit die Feindlichkeit gegenüber dem weiblichen Intellekt in der österreichischen Provinz am Ende des 19. Jhs. Es ist daher verständlich, daß in ähnlicher Entrüstung darüber auch die Frauen in Deutschland berichtet haben, natürlich viel früher als Wilma von Vukelich. Johanna Kinkel z. B., die vor dem Umbruchjahr 1848 einen literarischen Zirkel in Bonn geführt hat, schildert sehr überzeugend, daß eine gescheite Frau, die in einer Damengesellschaft viel und anhaltend gesprochen habe, der Kritik aller anderen ausgesetzt sei, daß man sie vorlaut und unbescheiden finde. Führe aber eine „Gans" den ganzen Abend das Wort, so werde sie nicht getadelt, nicht einmal bemerkt: die meisten Damen

bildeten sich sogar ein, mitgeredet zu haben, weil ihnen „jene Gans" aus der Seele gesprochen habe.

[34]) Niedriges Gebirge, etwa 70–100 km westlich von Osijek.

[35]) In den von den Türken besetzten Gebieten des Balkans kleinere Kampfeinheiten, die versteckt in den Bergen lebten und von dort aus die türkischen Truppen und Kaufleute überfielen. Hajduken sind in zahlreichen Volksliedern besungen worden – eine sonderbare Verknüpfung von Räubertum und Befreiungskampf. Der bosnische Franziskanermönch Fra Luka Ibrišimović lebte zu Beginn des 17. Jhs. Die slawonischen Klöster Velika und Našiće gehörten damals zur Dotation des bosnischen Bischofs.

[36]) Ein reizendes Städtchen unterhalb des Papuk, alter Sitz verschiedener Kultureinrichtungen, Geburtsort einiger slawonischer Schriftsteller.

[37]) Auch Ciraki (1847–1912) verbrachte sein Leben in Požega . Während des Studiums in Zagreb war er Mitarbeiter und Herausgeber der literarischen Zeitschrift „Vijenac". Seine Gedichte sind jedoch blaß und epigonenhaft. Eine politische Karriere schien ihm bedeutender als jene literarische gewesen zu sein. Länger als 20 Jahre war er Bürgermeister von Požega und Abgeordneter im Sabor. Obgleich Mitglied der Khuenschen Regierungspartei, bewies er im praktischen Wirken seine patriotische Gesinnung.

[38]) In der Tat, im Jahrgang 1897 (Nr. 92) der „Drau", der wichtigsten Esseker Zeitung deutscher Zunge (1868–1929), ist das genannte „Original-Feuilleton" zu finden. Der Text beträgt ganze zehn Spalten, ist aber nicht gezeichnet.

[39]) Lauter kroatische Dichter, vorwiegend die Zeitgenossen der Autorin.

[40]) Alle Beiträge waren vereint unter dem poetischen Titel: „Blüten aus Kroatiens Dichterwald".

[41]) Zagreber deutschsprachige Zeitungen, die vor den kroatischen gegründet worden waren.

[42]) Osijek hat heute eine starke Maler-Kolonie und so ist es verständlich, daß man den alten Meister Waldinger mit einem Denkmal im Zentrum der Stadt geehrt hat. Ein literarisches Denkmal hat Wilma ihrem Lehrer in dem Roman „In engen Grenzen" gesetzt.

[43]) 1895 kam Kaiser Franz Joseph I. nach Zagreb, um das neue Theaterhaus feierlich zu eröffnen. Der Banus Khuen Héderváry ließ den Monarchen aus dem Zug auf die Erde aussteigen, die er aus Ungarn beschafft hatte. Der erste Schritt des Kaisers in Kroatien sollte auf ungarischem Boden getan werden! Diese Provokation des Banus erwiderte die patriotisch gesinnte Zagreber Jugend mit der öffentlichen Verbrennung der ungarischen Fahne.

[44]) Das Esseker politische Tageblatt „Slawonische Presse" stellt in der Neujahrsnummer 1904 „Schlaraffia" als einen internationalen Verein vor, der sich zum Ziel gesetzt hat, „Männerfreundschaft, Kunst und Humor" zu pflegen. Vom humoristischen Charakter des Vereins zeugt auch die Bestimmung, jedes Politisieren sowie das Debattieren über nationale und konfessionelle Fragen sei grundsätzlich verboten.

[45]) Nach 1868 gegründete Heereseinheiten in Kroatien, die in der Landessprache befehligt wurden. Erst 1912 wurden diese Truppen der „gemeinsamen" Armee der Monarchie gleichgestellt.

[46]) In Slawonien aufgewachsen, diente Roda Roda auf eigenen Wunsch von 1894 bis 1901 als Offizier in der Esseker Garnison. Viele seiner frühen Werke sind thematisch an seine slawonische Heimat gebunden.

[47]) In „Roda Rodas Roman" beschreibt der berühmte Humorist ausführlich seinen Militärdienst, auch den Überfall auf den Konzipienten Dr. K. (bei ihm – Schroth) erwähnt er voll Stolz und mit einer überaus charakteristischen Überheblichkeit: „Es war Sonntag, Sonnenschein – die Bürgerschaft, sicherlich auch Schroth, promenierte vor dem Café Corso. Ich ließ satteln und ritt hinauf. Nevery und Schiefer mit mir – als Zeugen. Am Dom saßen wir ab und übergaben unsre Gäule den Dienern. Schroth wandelte schon geschniegelt daher. Ich zog ihm ein paar mit der Nagaika über. Er griff in die Tasche nach dem Revolver. Eine gute tiefe Terz auf den Unterarm machte ihn zurückzucken. Der Infanteriebrigadier, Generalmajor Makowicka, trat herzu. Ich grüßte mit der Linken und hieb mit der Rechten weiter. Bis Schroth kopfüber in das geschlossene Fenster einer fremden Wohnung entwich. Ich werde dich lehren, du Schwein, dich vor den Banausen mit Manjas Briefen brüsten! – – – Diese Schilderung wäre unvollständig, wenn ich Schroths ferneres Schicksal nicht an den Rand malte: Vor aller Welt gestäupt, seiner Reservecharge verlustig, war er aus der Gesellschaft gestoßen. Wanderte aus nach Holländisch-Indien. Wurde durch den Weltkrieg Milliardär. Wenn Geldbesitz sein Himmel ist, habe ich ihn dahin emporgetrieben." W. v. Vukelich berichtet ganz anders von den Folgen dieser „Heldentat"!

[48]) Die Übertragung ist eigentlich am 1. Januar 1898 auf der ersten Seite des literarischen Beiblattes erschienen. „Aus dem Kroatischen übersetzt von W".

[49]) Eine Gebirgsgegend in Kroatien, nördlich des Bergmassivs von Velebit. Einstige Grenze zum Osmanischen Reich.

[50]) Das bekannteste Heldenepos (1846), in dem der Kampf der Balkanvölker gegen die Türkenherrschaft besungen wird. Sein Autor, Ivan Mažuranić, war einer der verdienstvollsten kroatischen Politiker, auch Banus (1873–1880).

[51]) Bewegung der kroatischen Intelligenz, später auch des ganzen Volkes, für eine nationale „Wiedergeburt" und für die Annäherung an die anderen slawischen Völker (1830–1848).

[52]) Dem Rufe des Wiener Hofes und der konservativen Machthaber aus Ungarn folgend, kämpfte Jelačić mit den kroatischen Einheiten 1848 gegen die Revolutionen in Ungarn und Wien.

[53]) Niedriges Gebirge an der Donau, westlich von Novi Sad.

[54]) In ihrer ursprünglichen Bauweise besteht diese bekannte Vorstadtkneipe auch heute. Nur die Gäste haben sich verändert: Jetzt kehren die Liebhaber von Fischspezialitäten dort ein.

[55]) Das gesetzlich vorgeschriebene Alter für das Erreichen der Mündigkeit war damals 24 Jahre. Diese Vorschrift zielte darauf ab, die Kinder möglichst lange vom Willen der Eltern abhängig zu machen.

[56]) Unter dem literarischen Pseudonym Milkan Lovinac veröffentlichte Milivoj Vukelich nur eine Sammlung von Novellen in kroatischer Sprache. Weitere Manuskripte seiner Werke, auf kroatisch und deutsch, befinden sich im Historischen Archiv der Stadt Zagreb.

[57]) Es ist kein Zufall, daß diese Sätze uns so sehr an die Stellungnahmen expressionistischer Autoren erinnern. Wilma von Vukelich diagnostiziert die anfängliche Auseinandersetzung zwischen den „Alten" und „Jungen", was später zur grundlegenden Thematik des Expressionismus erhoben wird. Die jungen Schriftsteller prostestieren emphatisch gegen die veralteten Lebensformen des Bürgertums, sind aber nicht imstande, dem Neuen klare Umrisse zu geben. Auch für sie ist das Suchen und Unterwegssein wichtiger als das Finden und Ankommen. Ist übrigens bei Georg Kaiser nicht zu lesen: „Im Aufbruch das Ziel!"?

[58]) Darda liegt im Komitat Baranya, das damals unter ungarischer Verwaltung stand.

VERÖFFENTLICHUNGEN
DES SÜDOSTDEUTSCHEN KULTURWERKS

Schriftenreihen herausgegeben von Anton Schwob

Reihe B: Wissenschaftliche Reihe

Reihe C: Erinnerungen und Quellen

Reihe E: Miscellanea

Auslieferung: HEROLD Druck- und Verlags-GmbH.
Verlagsauslieferung
Postfach 95 02 06, D-8000 München 90